“十二五”普通高等教育本科国家级规划教材
2011年普通高等教育精品教材

系统动力学

（第二版）

钟永光　贾晓菁　钱　颖　等编著

科学出版社
北　京

内　容　简　介

本书以培养系统思考能力为主线、传授系统动力学知识为辅线，弱化微分方程式等数学知识，强化文本、曲线图来呈现复杂系统的动态本质特征，精心选取大家所熟知或能相对准确感知的复杂系统为教学案例，旨在使不同数学水平的读者都能理解。随教材附带的系统动力学软件指南，主要包含 Anylogic、Powersim Studio、STELLA 系统动力学领域三大主流仿真软件。第二版主要修订了第 6 章、第 7 章、第 8 章等。

本书可作为管理科学与工程类、工商管理类、公共管理类、农业经济管理类、物流管理与工程类下各专业本科生和研究生的教材。

图书在版编目(CIP)数据

系统动力学/钟永光，贾晓菁，钱颖等编著.—2 版 .—北京：科学出版社，2013

“十二五”普通高等教育本科国家级规划教材　2011 年普通高等教育精品教材

ISBN 978-7-03-038365-5

Ⅰ.系…　Ⅱ.①钟…②贾…③钱…　Ⅲ.系统动力学-高等学校-教材　Ⅳ.N941.3

中国版本图书馆 CIP 数据核字(2013)第 189944 号

责任编辑：方小丽 / 责任校对：陈玉凤
责任印制：吴兆东 / 封面设计：蓝正设计

科学出版社出版
北京东黄城根北街 16 号
邮政编码：100717
http://www.sciencep.com
北京厚诚则铭印刷科技有限公司印刷
科学出版社发行　各地新华书店经销
*
2009 年 1 月第　一　版　开本：787×1092　1/16
2013 年 8 月第　二　版　印张：19 3/4
2024 年 1 月第二十一次印刷　字数：470 000

定价：58.00 元

(如有印装质量问题，我社负责调换)

第二版前言

麻省理工学院斯隆管理学院系统动力学小组的标志性学术成果之一是 *The Limits to Growth*(《增长的极限》)。1972 年,麻省理工学院四位年轻的科学家 D. H. Meadows、D. L. Meadows、J. Randers 和 Behrens Ⅲ W W 出版了《增长的极限》,从人口、工业、污染、粮食生产和资源消耗等重要全球性因素出发,建立了全球分析模型,第一次向人们揭示了反馈回路使全球性发展问题成为一个复杂的整体,敲响了可持续发展的警钟,被西方一些报纸称为“70 年代的爆炸性杰作”。在第 1 版出版 20 年后的 1992 年,D. H. Meadows、D. L. Meadows、J. Randers 又出版了 *Beyond the Limits*: *Confronting Global Collapse Envisioning a Sustainable Future*(《超越极限:正视全球性崩溃,展望一个可持续的未来》),对 1972 年在《增长的极限》中的研究进行了 20 年来的更新。在第 1 版出版 32 年后的 2004 年,D. H. Meadows、J. Randers 和 D. L. Meadows 出版了 *The Limits to Growth*: *The* 30-*Year Update*,对第 1 版进行了 30 年来的更新,并且在书中庄重承诺,“我们计划在 2012 年,在本书第 1 版出版 40 周年的时候,再次进行更新”。斯隆管理学院系统动力学小组的学术追求深深地影响了我们:每个人都应有点执着的狂,都应为历史、为未来、为永恒、为终极持之以恒地做点什么。我所团结的团队愿为系统动力学的传播添砖加瓦。

本书第一版出版以来,先后 4 次印刷,2011 年获教育部普通高等教育精品教材。同时,也收到北京邮电大学、中国科学院数学与系统科学研究院、复旦大学、南昌大学、哈尔滨工业大学等院校师生的反馈,提出了很多建设性的意见。本次主要修订第 6~8 章,由毕业于挪威卑尔根大学系统动力学专业钱颖博士撰写,钟永光博士修改完成。我们计划在 2016 年推出本书的第三版,请您将宝贵建议发至 zhongyongguang@qdu. edu. cn。

岁月如歌,上下求索。

钟永光

2013 年 5 月 18 日

第一版前言

随着经济、技术、社会以及环境的迅速变化，我们生活所处的各种系统也变得越来越复杂。其实，今天我们面对的许多问题恰恰源于我们过去自身行为所带来的那些没有预料到的副作用。太多的时候，我们为了解决一个问题而采取的措施，往往使情况变得更糟，或者又造成了新的问题。

在这个充满复杂性的动态世界里，想要作出有效的决策，我们就必须先成为系统思考者——扩大我们心智模型的边界，并开发利用一些工具来理解复杂系统的结构是怎样决定其行为的。

系统动力学是一个视角，它能帮助我们理解复杂系统的结构和动态行为特性；同时，系统动力学也是一门严谨的建模学科，它为我们提供了规范的计算机仿真复杂系统的工具，使用这种工具，我们可以设计和制定出更有效的政策。总而言之，这些工具能帮助我们建立一个管理者的“飞行模拟器”——一个空间可以被压缩、时间可以被放慢的微观世界，在这个世界里，我们能感受到决策的长期副作用，提高学习速度，建立对复杂系统的理解，并制定出合理的结构和策略以获得更大的成功。在过去的10年里，美国许多业绩极佳的企业、咨询公司和政府已经应用系统动力学来解决危机事件；许多具有创新精神的管理学院和商学院正在讲授系统动力学，而学生也非常感兴趣，选学这门课的学生数量正日趋增加；从幼儿园到高中，数以百计的小学和中学正在将系统思考、系统动力学和计算机仿真融入他们的教学课程中去。一句话，系统动力学的教学与应用越来越广泛。

本教材主要向大家介绍系统动力学的建模过程，动态系统的行为模式与结构、路径依赖与正反馈、系统基模、流率基本入树建模法和反馈环计算法、政策分析、模型测试及新产品的销售过程建模、项目管理建模等应用案例。

1. 即使你没有坚实的数学基础，也不用怕本教材的理论教学

本教材充分借鉴荣获国际系统动力学领域最高奖——Jay Wright Forrester 奖（Jay W. Forrester 为系统动力学的创始人）——教材 *Business Dynamics*，*Systems Thinking and Modeling for a Complex World* 的成功做法，以培养系统思考能力、兴趣为主线，以传授系统动力学知识为辅线，强主弱辅，主辅兼顾，为此弱化微分方程式等数学知识，强化文本、曲线图和基本代数学的方式来呈现复杂系统的动态本质特征，使之能为具有不同数学水平的读者所理解，特别是为管理学门类下的各本科专业学生和管理者所接受。上述教材的作者 John D. Sterman，先后于 1988 年和 2002 年两次荣获 Jay Wright Forrester 奖，5 次获得麻省理工学院(MIT)斯隆管理学院教学优秀奖，现任麻省理工学院斯隆管理学院和工程学院工程系统系“Jay W. Forrester”讲席教授、麻省理工学院系统动力学研究小组主任以及刊物 *System Dynamics Review* 的副主编。

系统动力学是从控制论和现代非线性动力学发展而来的，其建立的理论和模型都有严格的数学基础。系统动力学也是一种实用的工具，能够使政策的制定者解决他们组织所面对的紧迫问题。高校里管理学门类下管理科学与工程一级学科、工商管理一级学科、公共管理一级学科、农林经济管理一级学科各本科生的数学教学要求不同，基础也就参差不齐；现实中部分管理者没有学过非线性的微分方程，许多管理者也已经忘记了他们曾经所学的微积分知识。为了使系统动力学成为解决问题的有用的工具，并使之能为管理学门类下最大范围内的本科生和职业经理人所理解，故本书尽量少使用数学公式来呈现系统动力学，学生不需要通过微积分学或微分方程式来了解那些材料。这样处理的目的是为了培养学生对问题的直觉能力和对概念的理解能力。同时，由于系统动力学也是一门严谨的建模方法，为兼顾这种科学方法的严谨性，本书所有的概念都是用文本、曲线图和基本代数学的方式来呈现的，那些有深度的材料和数学方法上的细节在参考文献和脚注中予以说明。较高的数学能力虽然有用，但这里要培养的系统思考能力、寻找事物因果回路的能力却更为重要。

2. 即使你没有工作经验，也可以无障碍地学习本教材的案例

本教材精心选取能为大家所熟知或者能相对准确感知的复杂系统为教学案例。由于系统动力学的研究对象是社会经济等复杂系统的结构与行为关系，因此教学案例本身描述的就是一个复杂系统，对案例的描述往往会拖沓冗长，并且需要一定的工作经验才能准确理解。但绝大多数在校生从小学、中学到大学，基本上以学习为主，他们在学习“系统动力学”课程之前大多没有什么工作经历，结果学生往往由于缺乏情景认知而难以深刻体会，因缺乏亲身体验而影响学习的兴趣和积极性。特别重要的是，系统动力学教学的主要任务是讲解“复杂系统的结构和动态行为特性的关系”，而不是介绍复杂系统本身。缘由于此，我们精心选取了教学案例——尽管案例本身描述的是一个复杂系统，但一定是为大家所熟知或者能相对准确感知的系统。这样我们对复杂系统本身的描述便能删繁就简，即对其描述本着越简单越好的原则；对该系统的系统思考、结构与行为的关系，本着越透彻越好的原则进行。本教材精心选取以下案例：新产品的销售过程建模、管理可再生能源游戏、传染病的传染过程建模、项目管理建模、天然气的勘探与生产建模、网络与通信公司的赢利策略建模、宏观经济周期性发展的机制建模、存货管理模型。

3. 支持师生的教、学与科研活动

将学术成果转化为教学内容，把科学研究与大规模人才培养相结合，避免知识创新徘徊于学者圈子，造成资源浪费，这是一个理论上没有争议、实践上却很有难度的工作。因为科研强调突破，教学强调普适，如果学生不掌握充足的预备知识，就急于让他们接触前沿的东西，这无异于拔苗助长，违反循序渐进的教学规律。将科研成果直接用于教学内容比较唐突，接口工作便是连接二者的关键。为了引导学生进入研究型的学习状态，适当保留阅读难度是有好处的。一读就懂的教材是自学教材，不是大学教材，既要考虑教师介入的因素，也要相信学生的理解能力。对有些深度的问题，给学生留有独立理解的空间可以培养他们的创新精神。在本教材中，我们采用在行文中加入一些必要的准备知识，并用著者-出版年制标明准备知识的来源，这样便疏通了学生的进入渠道。

本套教材配备了学生用光盘和教师用光盘。学生用光盘主要包括系统动力学领域三大主流仿真软件的上机指导和用户指南：STELLA上机指导、Anylogic用户指南、Powersim Stdio用户指南；教师用光盘主要包括教材中例题和习题的系统动力学模型、Vensim软件的用户指南、绘制因果回路图的案例（管理你的工作负荷、传染病的传染过程建模、天然气的勘探与生产建模、网络与通信公司的赢利策略建模、宏观经济周期性发展的机制建模、项目管理建模、存货管理模型等）。这部分我们的初衷是：以上所指的四大软件自带的Help文档相当于《新华字典》，而这里的上机指导和用户指南相当于"小学语文课本中的汉字常见3000字"，在"汉字常见3000字"之外不认识的"字"，大家可以去查《新华字典》。这四大仿真软件分别可以从以下网站免费下载：①http://www.xjtek.com；②http://www.powersim.com；③http://www.iseesystems.com/index.aspx；④http://www.vensim.com。

学生用光盘可直接向出版社索要。

4. 本教材的分工与反馈

本教材由青岛大学钟永光副教授负责拟定大纲及统稿工作，并撰写第 1、5 章及附录；清华大学讲师卫强博士撰写第 2 章；中央财经大学副教授贾晓菁博士撰写第 3、4、11、12 章，并参与统稿工作；清华大学副教授朱岩博士也参与撰写第 5 章；复旦大学副教授李旭博士撰写第 6～9、13 章；Caterpillar Logistics Services Inc. 亚太区客户经理、麻省理工学院物流与供应链管理专业李楠硕士和青岛大学讲师吴鹏硕士合作撰写第 10 章；挪威卑尔根大学系统动力学专业博士生钱颖撰写第 14 章；卑尔根大学以论文 *Not Only the Tragedy of the Commons*：*Misperceptions of Bioeconomics* [Management Science，1998，44(9)：1234～1248]荣获 2000 年度 Jay Wright Forrester 奖的 Erling Moxnes 的研究生郑龙斌硕士撰写第 15 章。

学生用光盘由青岛大学钟永光副教授负责软件选择、校译及统稿工作。Anylogic 用户指南由下列人员共同完成：国家环境保护部信息中心张波博士，青岛大学讲师张宁（南京大学博士生），青岛大学讲师吴鹏硕士，清华大学国家 CIMS 工程技术研究中心博士生徐炜达，北京林森科技发展有限公司陈永刚经理；Powersim Studio 用户指南由郑龙斌硕士完成；STELLA 上机指导由教授级高级工程师袁永根完成。

为了方便师生的教、学及科研，编写团队制作了配套的教辅资料，包括教学大纲、教学日历、教案、多媒体课件、实验大纲、实验指导书、实验报告样稿及相关科研文献资料等，选用此教材的老师可与科学出版社联系获得这部分资料。

由于编写团队所掌握的学术资源和教学资源有限，特别是水平的限制，教材中难免有不妥之处，希望读者不吝指正，以便我们能够尽快更正。请发电子邮件到"zhongyongguang@qdu. edu. cn"。

5. 致谢

饮水思源，感谢复旦大学王其藩教授，是他把笔者引入了充满探索色彩的系统动力学教学与科研领域。王其藩教授1981年赴美国MIT斯隆管理学院访问，1983年受聘为该校系统动力学研究中心终身成员，回国后推动系统动力学在国内外的发展，出版专著《系统动力学》，并获1990年第五届全国优秀科技图书奖二等奖，且于2006年当选国际系统动力学学会主席。也非常感谢南昌大学贾仁安教授。贾仁安教授自1986年在南昌大学开设系统动力学课程以来，22年中一直为系统动力学的教学和科研奋斗，并以江西省规模养殖污染物处理为研究对象，在科学出版社等出版了系列原创性成果，2002年贾仁安教授编写的由高等教育出版社出版的《系统动力学——反馈动态性复杂分析》教材也使笔者深受启发。非常感谢复旦大学副教授张显东博士对本教材章节安排提出的建设性意见，非常感谢清华大学副教授朱岩博士提供材料、术语修正等诸多方面的支持，非常感谢挪威卑尔根大学系统动力学专业博士生钱颖给予技术方面的支持。毕业于挪威卑尔根大学的系统动力学硕士陈杰，对如何吸收国外系统动力学的教学经验提出了宝贵意见；吉林大学尹铁岩副教授、华东理工大学郑庆寰讲师、西班牙加泰罗尼亚理工大学Juan Martín García教授、伦敦商学院Kim D. Warren教授也给予了大力支持，硕士研究生伯大辉、孔丽娟也参与了本教材的部分校对工作，九思艺术设计工作室武汉理工大学设计艺术学专业博士研究生刘洋为本书设计了别致典雅且极具课程特色的标志。特别地，科学出版社张兰编辑给予了细致入微的帮助，在此一并致谢。

钟永光

2009年1月18日

目　录

第二篇 系统动力学应用篇

第一篇

系统动力学理论篇

第 1 章 系统动力学的历史与未来

1.1 什么是系统动力学

系统动力学(system dynamics,SD)是系统科学理论与计算机仿真紧密结合、研究系统反馈结构与行为的一门科学,是系统科学与管理科学的一个重要分支。

系统动力学认为,系统的行为模式与特性主要取决于其内部的结构。反馈是指 X 影响 Y,反过来 Y 通过一系列的因果链来影响 X;我们不能通过孤立分析 X 与 Y 或 Y 与 X 的联系来分析系统的行为,只有把整个系统作为一个反馈系统才能得出正确的结论。

由于非线性因素的作用,高阶次复杂时变系统往往表现出反直观的、千姿百态的动态特性。系统动力学模型可作为实际系统,特别是社会、经济、生态复杂大系统的"实验室"。系统动力学研究处理复杂系统问题的方法是定性与定量结合、系统综合推理的方法,其建模过程就是一个学习、调查、研究的过程。模型的主要功用在于向人们提供一个进行学习与政策分析的工具,并使决策群体或整个组织逐步成为学习型组织。

1.2 国外系统动力学的历史

国际系统动力学的创立与发展经过了以下几个重要阶段。

1.2.1 第一阶段:20 世纪 50～60 年代系统动力学的诞生

系统动力学的出现始于 1956 年,其创始人为美国麻省理工学院的福瑞斯特(Jay W. Forrester)教授[①]。初期系统动力学主要应用于工业企业管理,处理诸如生产与雇员情况的波动、市场股票与市场增长的不稳定性等问题。1958 年 Forrester 在《哈佛商业评论》上发表了奠基之作(Forrester,1958),1961 年出版的《工业动力学》(Forrester,1961)是系统动力学理论与方法的经典论著,此学科早期的称呼——"工业动力学"即因此而得

① 由于 J. W. Forrester 在系统动力学领域的杰出贡献,国际系统动力学学会自 1983 年起设立 Jay Wright Forrester 奖。该项奖为年度奖,每年评选一次,用于奖励国际范围内过去 5 年里对系统动力学领域有突出贡献者,获奖者将获得一枚奖章和 5000 美元。已经发表的、出版的或适于出版的论文、著作、研究报告和咨询报告都可以申请,作品要求原作是英语或译成英语。

名。1968年Forrester又出版了《系统原理》(Forrester,1968),重点讲述了在系统中产生动态行为的基本原理以及系统结构和动态行为的概念。《系统原理》一书中所讨论的原理在系统的分析、决策和预测中具有普遍性和广泛的适用性。尔后,Forrester又从宏观层次研究了城市的兴衰问题,并于1969年出版了《城市动力学》(Forrester,1969);N. J. Mass对城市动力学模型进行了扩充,于1974年出版了《对〈城市动力学〉阐释·第一卷》(Mass,1974);W. W. Schroeder等对城市动力学模型进行了更深入的扩展与研究,于1975年出版了《对〈城市动力学〉阐释·第二卷》(Schroeder,1975);L. E. Alfeld等用简明易懂的文字,以城市模型为例讲授建模方法,于1976年出版了《城市动力学导论》(Alfeld,Graham,1976)。尔后,系统动力学的应用范围日益扩大,几乎遍及各类系统,深入到各种领域。显然此学科的应用已远远超越"工业动力学"的范畴,所以改称为"系统动力学"。

1.2.2 第二阶段:20世纪70～80年代的发展成熟

这一时期的标志性成果是系统动力学世界模型与美国国家模型的研究①。

20世纪70年代初,拥有来自26个国家75名科学家的罗马俱乐部②(the Club of Rome)困惑于世界面临人口增长与资源日益枯竭的前景。鉴于当时一些惯用的工具难以胜任对此复杂问题的研究,于是他们寄希望于系统动力学的方法。在1970年6、7月间,经过一个多月的酝酿和召开学习讨论会,俱乐部的成员对Forrester教授提出的世界模型的雏形(WORLD Ⅱ)颇感兴趣并受到鼓舞。于是罗马俱乐部决定提供财政支持,在麻省理工学院成立一个由Forrester教授的学生梅多斯(Dennis Meadows)教授为首的国际研究小组,承担世界模型的研究任务。Forrester、Dennis Meadows先后建立WORLD Ⅱ与WORLD Ⅲ模型,这一研究引起了广泛关注与持续争论。主要成就有:WORLD Ⅱ模型及以此为基础的《世界动力学》(Forrester,1973b);WORLD Ⅲ模型及以此为基础的《增长的极限》(Meadows D H et al.,1972)和《趋向全球的平衡》(Meadows D L et al.,1974)。

《增长的极限》③被西方一些报纸称为"70年代的爆炸性杰作",它从人口、工业、污染、粮食生产和资源消耗等重要的全球性因素出发,建立了全球分析模型。他们得出结论:"如果让世界人口、工业化、污染、粮食生产和资源消耗方面现在的趋势继续下去,这个行星上的增长极限将在今后一百年中发生。最可能的结果将是人口和工业生产力双方有相当突然和不可控制的衰退。"④《增长的极限》的结论是"悲观主义"的,似乎给人们描绘了一幅"世界末日"式的图景,然而它的内容既包含着警告,也包含着希望。该书尖

---

① 这一时期的总结,本书参见了:王其藩. 系统动力学. 北京:清华大学出版社,1998. 2,3

② 罗马俱乐部成立于1968年4月,是由来自10多个国家的近100名代表组成的、非政府间的国际组织。他们就当代社会的人口、粮食、能源、环境等问题进行跨学科的综合性研究,已写出10多个综合性的研究报告,颇具影响。

③ 这是罗马俱乐部关于世界性问题的第一份报告,已经被译成27种文字,出版了1200多万册,详见http://www.clubofrome.org。

④ 〔美〕德内拉·梅多斯,乔根·兰德斯,丹尼斯·梅多斯. 增长的极限(第2版). 李宝恒译. 成都:四川人民出版社,1984. 19,20

锐地提出了关系到全球人类"生死存亡"问题的紧迫性，同时也给出了一个非常乐观的希望："2. 改变这种增长趋势和建立稳定的生态和经济的条件，以支撑遥远未来是可能的。全球均衡状态可以这样来设计，使地球上每个人的基本物质需要得到满足，并且每个人都有实现他的个人潜力的平等机会。3. 如果世界人民决心追求第二种结果，而不是第一种结果，他们为达到这种结果而开始工作越快，他们成功的可能性就越大。"①

几乎在同一时期，从1972年开始，Forester领导的麻省理工学院系统动力学小组，先后在数十家企业公司、本国和外国的政府部门的财政资助下，几乎倾其全组力量之半，历时11年，约耗资600万美元，完成了一个方程数达4000个的全国系统动力学模型。该模型把美国的社会经济问题作为一个整体加以研究，解开了一些在经济方面长期存在的、令经济学家们困惑不解的疑团，如20世纪70年代以来通货膨胀、失业率和实际利率同时增长等问题。这些研究揭示了美国与西方国家的经济长波的内在机制，美国70年代以来的通货膨胀、失业率和实际利率同时增长等问题，其代表性的人物有Sterman(1985，1986，1989)、Saeed(1986)、Forrester(1989)。

在此期间，SD在项目管理领域的应用也有了新的发展。1980年K. G. Cooper用SD模型来分析、量化在一个大型的军事造船工程中成本超额的原因，这是SD在大规模工程管理中最初的运用，同时也是运用得最成功的一个(Cooper，1980)。1970年，Ingalls Shipbuilding of Pascagoula赢得了美国海军的一份大合同——为它们建造一支拥有30艘新驱逐舰的舰队。加上1969年签订的9艘LHA(直升机登陆攻击舰)，Ingalls发现自己境况可喜，获得了世界上最大的两个造船项目，并开始展望多年的大量销售和高额利润。然而到了20世纪70年代中期，Ingalls陷入困境，成本超出计划5亿美元以上。在海军多次拒绝弥补Ingalls的这些成本之后，Ingalls向海军提起诉讼，要求取得预期发生的5亿美元损失。最终Ingalls求助于SD来量化因海军的设计更改而导致的损失，1978年6月双方庭外和解，Ingalls得到4.47亿美元。

这些研究使SD受到了世界范围的关注，促进了它在世界范围内的传播与发展，确立了其在社会经济问题研究中的学科地位。

1.2.3　第三阶段：20世纪90年代到目前，系统动力学的广泛应用与传播

在这一阶段，SD在世界范围内得到广泛的传播，其应用范围更广泛，并且获得了新的发展。"从公司的战略研究到艾滋病病毒与人类免疫系统间的斗争。SD也被用于各种产业——上至航天飞行器，下到锌工业，以及从艾滋病到福利改革的各种问题"(Sterman，2000)。

1. 在宏观领域

《增长的极限》一书发表20年之后，原著作者D. H. Meadows、D. L. Meadows和J. Randers于1992年出版了《超越极限：正视全球性崩溃，展望一个可持续的未来》

① 〔美〕德内拉·梅多斯，乔根·兰德斯，丹尼斯·梅多斯. 增长的极限(第2版). 李宝恒译. 成都：四川人民出版社，1984. 19，20

(Meadows D H et al.,1992)。该书对1972年在《增长的极限》中的研究进行了20年来的更新。研究者们研究了1970～1990年的全球发展,并利用这些数据对《增长的极限》和WORLD Ⅲ模型进行了更新。书中重复了原来的观点,在1992年他们得出结论认为,20年来的历史发展总体上仍然支持了D. H. Meadows等在20年前所得出的结论。但该书1992年版也提出了一个重要的新发现:人类已经超出了地球承载能力的极限。这一事实和结论是如此重要,因此其研究者选择将它反映到该书的书名中。为了进一步阐明研究者们一贯坚持的一些基本观点,并再次澄清人们对《增长的极限》一书的一些误解(这些误解主要包括:第一,《增长的极限》是不是对未来的预测? 或者说,《增长的极限》是不是预言人类社会必然走向"崩溃"? 第二,增长的极限是不是仅仅基于一些资源趋于枯竭的现实可能? 一些相信技术力量的乐观派认为技术力量将使增长的极限不复存在,这是他们对极限是否存在质疑最多的地方;第三,作者们是否在鼓吹"零增长"? 零增长是人们对《增长的极限》的主旨最通俗的解读),D. H. Meadows①、J. Randers和D. L. Meadows于2004年出版了*The Limits to Growth:The 30-Year Update*,该书正如英文书名的副标题所表述的那样,是对第1版问世30年后所作的更新。其主要结论和核心思想和1992年版一样,没有对第1版作出重大补充或发展。该书的出版意义在于:第一,再次澄清了人们对《增长的极限》一书的一些误解。第二,进行了数据更新,大部分统计数据截至2000年左右。利用这些新数据作者向我们描述了当今世界的实际状态,并给我们提供了距离极限还有多远或者已经超出极限多远的直观认识。第三,对WORLD Ⅲ系统动力学模型本身作了一些改进。

需要特别说明的是,其实《增长的极限》并不是在预测世界的未来,这正如作者D. H. Meadows、J. Randers和D. L. Meadows在*The Limits to Growth:The 30-Year Update*前言中所述的那样:"我们写这本书的目的,不是要预测21世纪实际上将会发生什么,我们也不是在预测一个什么样的未来将会发生。我们只是给出了一些不同的模拟场景:在纸面上21世纪可能会演变出的10种不同画面。我们这么做的目的是为了鼓励你学习、反思并作出自己的选择。我们也不相信目前所能得到的这些数据和理论能让我们对世界将在未来的一个世纪中会发生什么作出准确的预测。但是,我们确信已有的这些知识能让我们剔除一些不切实际的未来场景。现有的事实已经使许多人对未来持续增长的模糊预期破灭——这些只是一相情愿的愿望,很有吸引力但却是错误的,可遇而不可求。如果我们的分析能让国际社会的公民们重新思考,并使他们对将在他们的未来生活中扮演重要角色的地球物质极限有更多的了解和尊重,那么这种分析就是有益的。"②

R. F. Naill于1992年用SD分析了国家能源政策计划(Naill,1992),R. F. Naill等用SD分析了美国旨在减轻全球气候变暖的能源政策所花费的成本(Naill,1992)。

---

① D. H. Meadows,她更广为人知的名字是Dana,是一位世界级的思想家、作家和社会活动家,于2001年2月去世。为纪念Dana Meadows和鼓励下一代学生在系统动力学领域有所成就,国际系统动力学学会自2001年起设立Dana Meadows奖。该奖为年度奖项,授予每年在国际系统动力学年会上最优秀的学生论文作者。

② 〔美〕德内拉·梅多斯,乔根·兰德斯,丹尼斯·梅多斯. 增长的极限. 李涛,王智勇译. 北京:机械工业出版社,2006:XX,XXI

2. 在项目管理领域

传统的项目管理方法假定项目能够按照项目开始时编制的“最优”计划进行，而忽略了返工的影响，导致对时间和成本的低估。但是由于项目的独特性，与之相关的各种信息是随着项目的展开不断完备的，因而在实际的项目运作中返工常常不可避免，其影响也是不可忽视的。这种影响往往是非线性的，在传统的网络图中难以表达，并且超出了项目管理者脑力所能达到的理解范围（Alexandre，1996）。系统动力学提供了一种自上而下的，从战略层面描述项目进展、估计项目时间、成本风险的方法。这种方法将项目视为一个整体，而不是一系列任务的简单组合，并能有效地描述项目中的返工等回路和任务间的非线性关系，有助于项目管理者理解项目过程对项目表现的影响，从宏观上对项目进行估计和把握。这方面的典型成果是 T. K. Abdel-Hamid 等于 1991 年出版的《软件项目动力学：一种综合方法》（Abdel-Hanrid，Madnick，1991），为此获得 1994 年的 Jay Wright Forrester 奖。

3. 学习型组织领域

20 世纪 90 年代初，麻省理工学院的 P. M. Senge 博士在 Forrester 对企业设计理念的基础上，出版了《第五项修炼——学习型组织的艺术和实务》（Senge，1990）。由于 Senge 的贡献，他于 1992 年获得世界企业学会的开拓者奖。从《第五项修炼》中我们可以看到，Senge 从系统的、整体的角度，运用系统动力学的方法、工具，对学习型组织的特点和构建方法作了比较全面的论述。学习型组织的灵魂是系统思考，以系统思考为核心和共同脑力模型、共同前景、团队学习、个人进取的五项修炼相互融会贯通，成为建立学习型组织的基本方法（Senge，1994）。

4. 物流与供应链领域

Forrester 早在 20 世纪 60 年代对于生产、库存与销售波动问题的研究被认为是供应链研究的经典，即牛鞭效应。1987 年 Sterman 对啤酒分销游戏的反馈回路、非线性、时间延迟、管理行为绩效等进行了分析（Sterman，1989b），为此获得 1988 年的 Jay Wright Forrester 奖。90 年代起研究成果较多（Disney et al.，2003；Marquez et al.，2004），相应的研究机构有英国 Cardiff 大学的物流系统动力学小组、意大利 Palermo 大学的 CUSA-系统动力学小组等。供应链的高效取决于物流与信息流的协调，系统动力学中物质流、信息流的概念非常有利于描述供应链问题，因此在供应链动态模拟分析与诊断、协调、优化与决策研究中是一种非常有效的方法。

5. 公司战略领域

早在 1980 年，Lyneis M. James 就出版了教材《公司战略计划与政策设计：系统动力学的视角》（James，1980）。2002 年伦敦商学院的副教授 Kim D. Warren 出版了教材《竞争战略动力学》（Warren，2002），为此获得了 2005 年度的 Jay Wright Forrester 奖。2007 年 J. Morecroft 出版了《企业战略动态学》（Morecroft，2007）。2008 年 Kim D. Warren 出

版了 MBA 教材《战略管理动力学》(Warren,2008)。

1.3 国内系统动力学的发展

20 世纪 70 年代末,系统动力学引入中国,杨通谊先生、王其藩教授、许庆瑞教授和陶在朴(2005)、胡玉奎等专家学者是先驱和积极倡导者。系统动力学在中国的 20 多年时间里,取得了飞跃发展,在 20 世纪 80 年代即已广泛传播,SD 研究者最多时有 2000 多人。早在 1986 年我国就成立了国内系统动力学学会筹委会,1990 年正式成立了国际系统动力学学会中国分会,1993 年正式成立了中国系统工程学会系统动力学专业委员会。

全国 SD 工作者和研究人员在区域和城市规划、企业研究、产业研究、科技管理、生态环保、海洋经济和国家发展等应用研究领域中取得巨大成绩,有多项研究成果获国家级和部委级奖项。

在应用领域,特别是在可持续发展领域,宋世涛、魏一鸣和范英(2004)给出了一个较全面的综述。徐南孙、贾仁安和伍福明(1998)对王禾丘能源生态旧系统的主要矛盾进行分析,阐述针对旧系统主要矛盾设计的新的系统工程,确定其主导结构及主导结构的流率基本入树序列的过程、方法及结果。涂国平等(2003)基于反馈结构分析理论,分析吉安市以沼气为纽带的大型沼气工程综合开发利用和以家庭为单位的三种典型的沼气生态农业模式的运行结构及其效益。贾仁安等(2007)对规模养种生态能源系统工程进行了反馈动态复杂性分析。洪佩军、陈思根和张列平(1999)应用 SD 对企业过程改进的困境进行分析,指出企业过程改进的成败根源所在和避免过程改进进入困境的基本原则。王晓昌承担国家自然科学基金重点项目——西部干旱缺水地区水资源再生利用研究,运用 SD 原理进行水资源再生利用系统相关动态变量分析,建立动态反馈模拟模型,通过系统动力学分析预测系统动态趋势。

在理论领域,文献(王其藩,1994,1995;贾仁安和丁荣华,2002)反映了我国系统动力学研究的主要研究成果。贾仁安和丁荣华(2002)从系统基本的因果关系出发,利用图论的相关理论和方法,根据基本要素的因果关系研究整个系统的结构、构建系统存量流量图,是 SD 建模方法研究的重要内容。应用图论分析方法给出了系统动力学存量流量图的极大出树及反馈回路一种确定方法,建立了系统动力学的流率基本入树建模法,枝向量行列式、矩阵反馈环计算法,得到了另一种系统动力学规范化建模方法,这有利于系统动力学规范化建模与反馈分析。胡玉奎等(1997)、程进等(2002)提出利用遗传算法来研究系统结构的变化,即利用遗传算法构造出一些初始解。模型将不断适应环境的变化,按照"优胜劣汰,适者生存"的原则,老模型不断向新模型传递信息,新模型在生物进化过程中不断发育而成,实现组织结构的进化。

1.4 系统动力学专用模拟语言与软件的发展

20 世纪 50 年代系统动力学发展的初期,其用于计算模拟的编译系统是 SIMPLE。SIMPLE 是"simulation of industrial management problems with lots of equation"的缩头

词，后来发展成为 DYNAMO。DYNAMO 取名来自“动态”(dynamics)“模型”(model)的混合缩写，旨在建立真实系统的模型，借助计算机进行系统结构与动态行为的模拟。随着系统动力学和计算机的发展，又相继出现了 DYNAMO Ⅱ 与 Ⅱ/F、DYNAMO Ⅲ 和 Mini-DYNAMO。DYNAMO Ⅲ 可处理带有下标的变量，Mini-DYNAMO 的规模略小于 DYNAMO Ⅱ，可运行于小型机(Richardson，Pugh Ⅲ，1981)。1983 年，DYNAMO 发展到了 Micro-DYNAMO，进入实用阶段(Roberts et al.，1983)，它可运行于微型机；后来又发展到了 DYNAMO Ⅳ 和专业 DYNAMO。

此外，功能与 DYNAMO 类似的模拟语言还有美国的 STELLA 和 iThink(STELLA ®and iThink®；structural thinking，experiential learning laboratory with animation)、Vensim(Vensim®)和 NDTRAN、挪威的 Powersim、英国的 DYSMAP(dynamic simulation model application programme)等。

进入 20 世纪 90 年代后，随着 Windows 操作系统的普及，系统动力学软件也发生了很大的变化，从原来的编写语言发展到图形化应用软件，如 STELLA/iThink、Vensim、Powersim、Anylogic 等。其中，美国 Ventana 公司推出的 Vensim 是较受欢迎的软件之一，本书中的模型主要使用 Vensim 软件。

1.5　系统动力学的未来

(1) 在理论领域(Sterman，2000)。系统动力学模型是基于非线性动力学理论的，非线性动力学曾经是一个未知领域，而现在却有一个庞大的理论体系来描绘各种局部或整体的复杂非线性系统动态变化。然而，非线性动力学的数学基础还需要进行深入研究。包括：非线性动力学与复杂系统；基于主体的建模；心智模型、制定动态决策与学习；组织和社会的进化等。

(2) 在技术领域(Sterman，2000)。将来模拟软件的工具应具有以下功能：自动确定变量空间；自动进行灵敏度分析；自动进行极端条件测试；自动的交互的变量估计、校准与政策寻优；自动识别主导回路与反馈结构等。

此外，就我国学者而言(宋世涛等，2004)，尚未发现对所建立模型的跟踪研究。也就是说，这些模型都是一次性使用，因此，有待于对模型进行二次开发。

综上所述，系统动力学已经被应用到各种问题中：从物理学到生理学和心理学，从军备竞赛到缉毒，从全球气候变化到组织变革。然而，仍有数不清的问题有待于进一步解决，未来系统动力学存在更加广泛的研究和应用空间。

➢ 思考题

1. 系统动力学有哪些特点？
2. 《增长的极限》的主要观点有哪些？
3. *The Limits to Growth*：*The 30-Year Update* 的主要观点有哪些？
4. 《第五项修炼——学习型组织的艺术和实务》中的五项修炼是指什么？

第2章

系统的模型化

2.1　系统的概念

“系统”一词现在大家都已经耳熟能详，但是这个词在古汉语中原本没有，是在20世纪初期西学东渐以后，借鉴日本的翻译而来的。按照清康熙年间的《康熙字典》来看，“系”有绑和汇集的意思，“统”有合而为一的意思，“系统”的直观字面上的解释就是将“不同的对象汇集并合而为一”。这个意思虽然直观，但是恰恰和“系统”一词的最初的古希腊语“systema”的含义一致，即“将一系列相互交互或独立的（抽象或具体的）对象形成一个整合的全体”。

从哲学角度来看，系统一词的提出已经很久，可以远溯到古希腊时代。然而，对于系统的研究真正成为一个科学研究领域，并被称为系统论和系统科学还是近100年的事。

系统论的观点和方法提出以来，得到了长足的发展，特别是在中国。由于我国自有的哲学体系就强调整体论的特点，从来就非常关注事物发展的不断反馈的特征，我国是最早讨论系统概念并采用系统方法最早和最多的国家之一。特别是自20世纪70年代起，著名科学家钱学森通过对航空科学和大规模科研开发项目的总结和归纳，提出了系统科学论，对大系统的研究和分析提出了一整套完整的科学方法。20世纪80年代以来，他又提出了“系统科学”具有工程技术（包含系统工程、自动化技术、信息技术）和技术科学（包括运筹学、控制学、信息学）两大层次。基本上可以认为是囊括了对系统进行研究所需的主要的科学和方法。

但是，究竟何谓系统，人们很难给出一个精确的定义。1978年，美国系统学家G. Gorden将系统的定义简练总结如下：

“所谓系统是指相互作用、互相依靠的所有事物，按照某些规律结合起来的综合。”

上述定义可以视为是一个较为准确地描述了系统的基本性质、特征和目的的定义。从具体应用的角度来看，还需要进一步扩展和细化。一般来说，系统应具有以下三个方面的含义：①一系列有组织的对象的集合，如太阳系；②一种组织和规划对象的方法；③不同对象之间的关系的汇总。

简单而言，系统是对客观或抽象的多个对象的性质进行研究，并对它们之间的相互关系进行分析的一门学问。

此外，系统总的来说具有如下四个方面的基本特征：①系统的结构由其所属对象和流程定义；②系统是对现实的一种归纳；③对于系统的观察可以通过输入和输出来进行，输入通过系统内部的处理和加工后形成输出离开系统；④系统的不同部分之间也相互作用。

总之，大到一个社会、一个国家，小到一个家庭、一台机器，都是具有一定特点的系统。在对一个系统进行考察时，不仅要对系统内部的静态对象及其动态运行规律进行考察，更为重要的是，需要对它们之间的相互作用进行分析。大量的事实和经验告诉我们，在大系统的状态下，系统各部分之间的相互作用——而不是各部分自身的运行——决定了系统总的动态行为特征。

2.2　模型的概念

系统方法论和系统科学的兴起，使得人们可以着手对系统的整体行为进行分析和控制。然而在大多数情况下，由于所面临的系统十分庞大而难以直接进行分析，例如，经济系统由于十分庞大，所涉及的方方面面的因素和对象非常多，而很难直接进行分析。还有，有些系统由于十分重要，直接对其进行控制和调整也可能存在造成巨大损失的风险，如生产流水线由于环节非常多，不恰当的调整可能会造成巨大的损失，等等。因此，无论从提高分析水平的角度来看，还是从降低控制成本的角度来看，都需要对所研究的系统建立模型。

模型一词，最初就是用来描述对实物的模仿，用以代替一种事物或者系统。例如，小时候的汽车模型、学校实验课上用到的物理模型，以及“神舟”宇航飞船的实验模型等都是我们非常熟悉的模型的例子。而随着系统研究的发展，模型的概念得到了进一步的推广和应用，很多时候我们会采用数学模型、模拟模型以及计算机模型等来代替一个具体研究的系统，从而通过该模型可以进行近似的分析、设计和控制。通过对模型分析所获得的结论，将之应用于系统的控制和调整上，这是一种非常自然和朴实的思路。例如，经济学家通过构建计量经济模型来预测宏观经济指标的运行；结构工程师通过桥梁力学模型来分析大桥的受力特点；航天宇航员在无重力实验室中来模拟外太空的行走等。

模型的定义也多种多样。例如，Forrester 教授就认为“描述某些事物的一组法则与关系就是该事物的模型。人们的想法都依赖于模型”。Gorden 教授认为“模型是为了进行系统研究，用来收集与系统有关信息的物体”。Kade 教授认为“模型是人类直觉的一种简明的间接尺度，它是各种理论形式规则的复制”。

上述定义的表达方法各有侧重。此外关于模型的定义还有许多，也根据不同情况各有强调。但不管如何，总的来说，这些定义都强调了模型是研究者根据需要对实际系统的抽象和归纳，其目的是为了解决所针对的问题。因此，模型从来不是孤立存在的，一旦谈到模型，必然有其所模仿的系统。这两者之间存在着一种映射关系。此外，还存在着研究者这个重要的因素，正是研究者根据自己的问题需要完成了这个映射。而且不同的研究者根据不同的问题，对于同一个系统也可能会映射出不同的模型来。例如，对于一个工厂系统进行分析而言，对于财务分析师，所关注的是财务模型；对于工程师，关注的是生产运作模型；对于总裁，关注的是企业战略模型等。因此，对于一个系统而言，究竟何谓好的模型并不一定。问题的解决并不仅仅在于如何建立一个模仿得最像的模型，而是在于正确处理现实系统、模型和研究者三者之间的关系。

2.3 模型与系统的关系

如前所述，一个现实系统可能会根据研究者不同的问题需要，建立出不同的模型来。那么在建模过程中，究竟如何来把握并建立出一个“好”的模型？对于这个问题，最简要的回答就是，在不影响模型对所需研究的系统行为模仿的前提下，尽量简化。例如，对于全国宏观经济系统的GDP(国内生产总值)进行预测，可以建立计量经济模型来进行，所考虑的关键因素可以有总人口、总投资、总消费等，而可以忽略如青岛市工资水平、全国农业补贴等因素。因为总的来说，在考虑GDP这么大尺度的指标时，细节因素的影响几乎可以忽略不计。再如，对一个企业的财务运行情况进行分析时，也可以适当忽略其他因素的营销，如人力资源、生产流水线等。

因此，建立模型并不是要完全重构原现实系统，研究者要选择一种适当复杂程度的模型，根据问题出发选择合适的变量，并根据需要来量化它们之间的关系。但是，既然模型必然是对系统的简化和抽象，因此在建模过程中，必须仔细评估模型的效果。一般来说，需要从以下三方面进行考虑：①近似性。即模型和所模仿的现实系统的相似程度。②可靠性。即模型对现实系统的数据复制的精度。③目的适度。即说明模型和建模目的间的符合程度，这通常反映了模型构建者对模型分析理解的合理程度。

上述三个方面分别强调了建模时所需侧重的三个重点，在满足这三个方面的要求的前提下，所建模型应该越简化越好。这里“简化”具有三个层面的含义：一是简化的模型意味着模型中的元素更少，相互之间的关系相对简单，从而使得模型便于理解和分析。二是如果在满足上述三个方面的要求后还能简化，则说明建模者把握住了解决问题所需的现实系统中的关键要素，而并不是拉拉杂杂地将非关键的要素也纳入模型中，不但使得模型不必要地复杂化，而且还可能会影响后续的分析和理解。三是简化的模型意味着建模的成本更加低。

建模的过程有一个大致的步骤，首先是对现实系统进行观测，并提炼出具有代表性的数据和信息，然后根据问题假设得到模型结构框架。这个步骤，可以视为是建立基本的“定性”模型。进一步，就需要对问题进行细化，即对系统的约束和边界条件进行界定，并采集必要的数据，实现具体的模型。这时的模型已经具有实际的数据支撑，可以分析得到其相应的模型演化动态结果。这个步骤，可以视为是建立“定量”模型。在这个步骤中，由于可以分析和观测得到模型的演化动态结果，就可以与现实系统进行对照和比较。并根据比较结果，对模型进行相应的调整。整个建模的过程是一个不断往复螺旋前进的过程。

2.4　模型的实用性

正如英国科学哲学家洛克所言,科学只能证伪。同样,我们无法从根本上证实一个模型确实 100%反映了现实系统的实际运作情况的。由于模型是现实系统的抽象和简化,因此如何评估模型的实用性并不容易。Forrester 认为,模型的真实性与实用性不应以想象的完整性为背景(事实上,我们永远达不到真正彻底的完整性),而应该通过与其他思维的或描述性的模型相比较来识别,即我们只能通过相对于其他已有的模型的比较来判断新建立的模型是否更好。

Randers 采用了一种模型特征的星图来说明模型的使用功能,这个模型类似于战略管理领域知名 Mike Porter 教授所提出的"五力模型"。它包括:

(1) 洞察力,即模型是否提高了对模拟系统的理解,或是能否改善建模者或模型用户的思想模型。

(2) 描述的现实力,即模型的成分和方程是否代表现实的系统。

(3) 模式的复制能力,即在相同的条件下是否能在现实系统中产生同样的模式。

(4) 明朗度,即模型是否易于理解,尤其对于非专业的读者,现实系统中最关键的构造在模型中是否易懂和明了。

(5) 贴切,即在有经验的人看来,模型所陈述的问题是否中肯与贴切。

(6) 变动的难易,即模型是否容易与新的结论或新的策略测试相结合而变动,而不管模型是什么时候完成的。模型是否适合表述与原来所表征的系统有关但又不全等的系统。

(7) 多产能力,即模型是否能够产生新的主意、新的观察问题的方法、新的实验和新的策略。

(8) 数据规范,即模型是否能与现实世界观测所得到的规范数据相应,并在历史统计数据上有充分的吻合度。

(9) 预言能力,即模型是否能准确预报未来事件,或是预言系统里主要元素的未来重要情况。

上述九个方面可以认为囊括了评估实用性的几个主要方面。但是,如读者所见,上述几个方面的测度非常困难。因此,上述几个方面与其说是提供了关于模型实用性评估的标准,不如说是为人们更好地认识模型提供了一些参考。

从这些年的发展来看,虽然建模方法和工具的发展日新月异,特别是随着高速计算机的普及以及模拟和可视化技术的成熟,对于中小型系统进行建模变成一个不那么困难的过程。但是,这并不表示模型的实用性得到了提高。实际上,这些技术和方法甚至有的时候为更好地评估实用性造成了干扰。读者可能都有这样的经验,即通过强大的计算机软件计算能力,只要给出几个数据,选择某个智能分析功能,计算机就能自动得到需要看似十分科学的结果,许多用户也会被这种结果所迷惑。但是,仔细分析这个过程便可知,计算机只是机械地选择内置的功能进行了运算而已,这个过程本身并不能保证模型的质量。因此,这种结果往往比没有结果还要糟糕。

因此，对于评判模型的实用性而言，可以根据上述的九个方面对模型逐项进行评估。此外，还要认识到没有完美的模型，也没有“放诸四海而皆准”的模型。一个模型可能在某种情况下是有效的，但是随着时间的推移，现在可能已经不再有用了。一个模型可能在解决一个问题上是有效的，但是在处理其他问题时可能是无效的。

2.5 模型构成的要素

与系统一样，对构成要素来说，一个模型的构成要素可能有千千万万。但是，随着计算机的普及，数学建模逐渐成为许多系统研究和应用的主要方法。从数学建模的角度来看，模型由变量、参数和函数关系三项要素构成。这是因为，任何要素都可以通过变量来表示，要素的行为可以通过变量在不同时间的取值变量来表示。一般情况下，变量分为内生变量、外生变量和状态变量。所谓内生变量是指系统输入作用后在系统输出端所出现的变量，属于不可控变量。外生变量是一个可控变量，形成系统的输入。而状态变量是表示系统内全体属性的一个表征量。一般来说，将所有状态变量在某个时点的取值视为系统当时的状态。系统的环境设置可以通过参数来描述，而系统内各要素之间的关系可以采用函数来表示。此外，一些变量既是时间变量的函数，还可以用来表示要素在系统中不断演化的效果。

此外，由于系统（模型）的构成不同，可以将某些要素的组合视为子系统。一个系统可以有多个子系统，子系统还可以包含子系统，这样整个系统就形成了一个类似于层次的结构。实际上，层次结构是人类认识复杂系统的一种重要的手段。通过将一个复杂系统不断分解为多个可理解的子系统，从而可以有助于一步步理解整个系统的行为特征。

但是，正如我们所知，人的“整体大于局部之和”，所以仅仅理解了所有的子系统，虽然有助于但是也并不一定能够理解整个系统的行为特征。因为这些子系统以及子系统内的要素还会与其他子系统以及其他子系统内的要素相互作用，从而使得整个系统的行为特征更为复杂。如何有效地理解和掌握这种相互作用，是系统论和系统科学研究的一个重点。

2.6 模型的边界与种类

2.6.1 模型的边界

在对一个现实系统进行建模时，需要选择纳入到模型中的对象。但是由于现实系统的各种对象往往存在着千丝万缕的关系，如果要尽可能地一一考虑，就会将许多并不那么重要的因素也纳入到模型中，而且会使得模型十分庞大。这种情况不但不利于进行分析而迷失在庞大的模型中，而且往往会抓不住重点而一无所获。例如，对一个企业的生产加工系统进行分析时，在考虑采购的因素时，如果还将上游企业的销售环节考虑在内的话，就不得不进一步考虑其生产环节以及采购环节，从而还要不得不考虑上游企业的上游企业的生产环节以及采购环节……这样的结果就会建立一个庞杂而且无效的模型，里面包括了大量的关系不大的内容，从而会喧宾夺主，影响对本企业生产运作系统的分析。但是，如果要对整个供应链系统进行分析的话，在建模的时候，每个企业的上、下游企业的采购和销售环节就要考虑在模型中。因此，这里就存在一个如何界定模型边界的问题。

由于人类知识和思维能力的局限性，不可能对一个无所不包的模型进行分析——这种模型事实上也不存在，也没有意义。因此，在进行建模时，首先要做的就是对模型的边界进行界定，即要“有所为有所不为”。这样才能从问题出发，真正将关注点放在核心问题上，可以考虑忽略那些不是那么重要的因素。例如，对于上述第一个企业生产加工系统分析的例子而言，上游企业的销售、生产和采购对于该企业的生产加工就属于相关性很低的因素，不应该囊括在模型中；而对于整个供应链系统进行分析而言，由于关注的是整个供应链的信息流和物流，因此每个企业内部的销售和采购环节都需要表达在模型中。

确定模型边界的一般原则：先选择有关的状态变量并将状态确定的载体进行归类、排列，确定所要研究的变量是受哪些状态变量控制的。此时如果发现一个新的状态变量在起作用，就需要将之纳入到其所属的类别中，并继续跟踪它所依靠的自变量。这种分析过程一直重复到不必再追究其自变量，或者是其自变量可以忽略，这样就达到了系统的边界。

完成上述过程后，接着需要确定每一个状态变量之间的相互作用，并筛选出那些找不到相关关系的状态变量。此外，还可能存在有些自变量和因变量之间并无函数关系的情况，这时也应该将之从模型中剔除。经过这个不断调整的过程，最后可以达到满意的系统边界。

2.6.2　模型的种类

模型可以具有不同的形态，按不同观点，可以把模型分成不同的种类。

1. 按模型的介质区分

按模型使用的介质不同，可将模型分成实体模型和形式模型。实体模型借助实体的状态和构造来模仿系统。例如，用与系统相同或类似材料制作的放大或缩小了的比例模型，如飞机模型、桥梁模型和水工模型；利用相似材料制作的与系统结构相同或近似的相似模型，如油压系统构成人的循环系统模型、力学模型等；利用实体的状态和结构，但无物理相似性的符号模型，如人口统计模型。

形式模型借助形式的联系来表达人们对现实系统的理解或认识，其构模的介质不是实物，而是逻辑与数学。如利用数学常数、变数和函数关系刻画电流和振荡，或是借助差分方程模仿社会经济系统等的数学模型，以及利用逻辑和数学常数、逻辑和数学变数模仿生产和交通系统的逻辑模型。

2. 按模型的状态变量区分

根据模型的状态变量的种类不同，可将模型分为动态和静态两种类型。动态变量是根据时间自变量而变化的，而静态变量则与时间因素无关。

此外，根据动态变量是连续的还是离散的、确定的还是随机的，可以进一步对模型进行区分。一般而言，对于封闭系统（即没有输入和输出）内的变量，主要考虑确定型变量；而对于开放系统内的变量，主要考虑随机型变量。

然而在同一模型里常常可能同时出现不同种类的状态变量，因而有必要按起主导作用的某种状态变量将模型归属到不同种类。例如，在一个生产销售系统模型中，会存在一些状态变量如产量、库存量等是确定型的，然而由于市场需求的不确定性，使得如销售量等状态变量为随机型的。然而，在这样的系统中，通常随机情况是影响系统性能的主要因素，因此需要将此模型归类为随机型模型。

3. 按模型使用目的区分

根据模型使用目的不同，可以分为监控模型、描述模型、预测模型和规划模型。监控模型是用来掌握系统状态的变化过程；描述模型是用来分解系统内成分的组合和相互作用关系以及陈述系统的结构；预测模型是用来预报未来的系统状态变化；规划模型（有时也指决策），是用来研究适当的系统结构和控制自变数的值，以达到系统预期的目的。一般而言，规划模型覆盖了预测模型，预测模型又覆盖了说明模型。

2.7 模型的局限性

自古以来，人类依靠各种各样的模型的帮助来分析世界、理解世界并改造世界。至今，利用模型来模仿现实系统仍然是人类科技进步上一个重要的方法。近年来，随着计算机建模方法的逐渐成熟、计算机的可视化技术和虚拟技术的高速发展，建立模型已经突破了仅仅是用来理解和分析现实系统的工具的局限，甚至成为人们所追求的最终目标。例如，这两年风靡世界的 Wii 游戏机，就是一种利用摄像头捕捉操作杆的运动，并直接作用于电子游戏的操作中。这种方式使得模拟模型本身就成为最终的关注点。

此外，计算机建模方法的广泛适用性，也使得我们生活的方方面面都脱离不了计算机建模方法的影响。例如，计算机模拟模型技术在体育训练中的应用使得运动员的竞技成绩不断提高；医疗病人模型在医学教学中的应用也大大增加了实习医生们锻炼的机会；ERP（企业资源计划系统）模型在生产运作中可以用来进行生产预测，并提供决策支持建议；金融分析模型可实时通过数据的整合和分析，为证券的进一步的价格变动提供预测和估计；等等。这些都是建模方法和模型为社会进步和发展所作的贡献。

实际上，在采用计算机模型之前，人类进行判断和预测很大程度上都在采用人的脑力模型。我们每个人每天无时无刻不使用头脑模型，任何人的决策并非根据真实世界，而是根据自己脑子中想象出的世界而行动，这种想象一部分合乎真实，但是都已经经过了人脑的映射处理。脑力模型的最大优点是具有弹性，能够根据实际情况的改变而修正，不需要任何数据资料，然而，脑力模型很难为自己以外的其他人所理解。

理论上说，计算机模型相对于脑力模型，在许多方面可获得改善。例如，第一，它们是透明的，论证、计算都写得一清二楚，可以公开评论；第二，它们是根据各种原理而严密无误的逻辑推算；第三，它们可以综合各种因素同时加以考虑。

正是由于计算机模型具有这样的优势和特点，才使得计算机模型得到了广泛的认可和应用，越来越多的人在日常生活和工作中依赖越来越复杂的计算机模型进行分析、预测、决策和行为。

但是，正是在计算机模型越来越日益广泛地应用于我们的日常生活和工作中时，一个新的问题又逐渐地涌现出来，并无法回避，那就是模型是具有局限性的。

如前所述，一个模型如果要能够成功地解决现实系统中的问题，那么与三个因素紧密相关：第一个就是模型的目的，即模型的目的是否明确且可度量；第二个是模型的边界，即模型的边界是否界定得清晰；第三个是模型的数据，即模型的数据是否可有效获得。

首先，要明确模型的目的，而且要可以度量。这个问题似乎并不困难。因为既然需要建立模型，那一定是现实系统中存在问题，需要解决。那么将这个需要解决的问题定为目的是否就完全可以了呢？例如，经济的景气循环是个大题目，但是过于笼统并不明确，而如果研究 1997 年的亚洲金融风暴对中国台湾地区景气之影响便是一个目的明确的模型，在这样的模型中，人口变动、环境变迁等因素可以不必考虑。再如中国的环境恶化与能源政策选择也是个笼统的题目而且无法度量，可是中国能源政策与碳排放额度便是目的明确且可度量的模型，因为在现有的碳排放额度的标准体系下，相关因素都是可度量的。因此，在确定模型目的的时候，必须要清楚地将问题进行有效定义，而且所提出的问题是要能够明确度量且可以比较的。

其次，要清晰界定模型的边界。这是一个很难解决的问题，更多的时候需要取决于建模者的经验。例如，1970 年美国林业服务局(US Forest Service)建立了一个政府土地利用的线性规划模型，包含了几千个决策变数和几万个约束条件，真是一个巨无霸的大模型，仅校正模型中的数据就花了几个月，可是这个“庞然大物”既未考虑采伐对未来生态的影响，也未考虑土地利用对木材价格的影响，而事后的分析表明，这两者都是影响土地利用的关键因素。结果发现这个庞大的模型实际是个无用的东西。这时就需要对原模型的边界进行扩展，将这两个关键因素也纳入模型的考虑中。而另一种没能清晰界定模型边界的问题是建模初学者常犯的，即不论是否真正有意义，而将考虑到的因素全都纳入模型中，这也会使模型变得不臃肿。由于模型只是现实系统的一种抽象和近似，对于同一个系统针对不同的目的所需要建立的模型也并不相同。例如，对一个工厂的生产加工系统的分析，就不必将人力资源管理部门的细节纳入，因为虽然从理论上说这也对生产加工会有影响，但是从实际效果上看基本上可以忽略不计。而过多地、不必要地引入无关因素只能造成后续模型分析和模拟的麻烦。因此，清晰界定模型的边界包含两层含义：一个是不能遗漏关键因素；另一个是不要纳入无关因素。

最后，要考虑建模所需的数据是否可得。有些时候可能模型结构十分完美，但是有些必要的数据却无法观测收集得到，这也是影响模型局限性的一种常见情况。这种情况经常在采用计量经济学模型分析宏观经济情况时遇见。计量经济学模型是理论体系十分严密的模拟模型，但其应用的效果并不理想。这是由于一个严密的模拟模型通常都是建立在纯理论基础上的，且通常会假设其背景为理性且为均衡状态。那么这种理性且均衡的情况，严格地说，在人类社会历史上从来没有出现过。因此在采集数据进行统计回归分析时，所采集的现实数据本质上就不满足模型的理论假设，因此后续的统计回归分析方法再精密、再详尽也无法避免上述的后果。而事实上，大量的模型仍然只是存在于教科书中，并没有在实际世界中得到应用就很好地证明了这一点。因此，在建模的时候还必须考虑到数据的可得性。没有有效充分的数据支持，再完美、漂亮的模型也没有实际价值。

为了避免各种计算机模型的缺点而使其更适用，Sterman 建议模型的使用者和建模人员共同来检查模型：①什么是模型的边界？哪些是内生因素？哪些又是外生的？能否将一切的反馈关系都考虑进去？模型可能有哪些附带的效果？②模型的非经济因素是否已考虑？模型是否假定未来的资讯是完整的、可靠的？或相反，模型是否考虑了资讯的有限、不充分、决策的迟延？等等。

➢ 思考题

1. 系统的构成是什么？
2. 系统与模型有何关系？模型要说明什么问题？
3. 什么是模型的边界？哪些是内生因素？哪些又是外生的？
4. 模型的局限性体现在哪里？

第3章

系统动力学建模过程

无论是对定量模型还是对心智模式建模，作为学习过程的一部分，是反复地、不断地形成假设、测试和修订的过程，建模的目标是解决一个问题。在虚拟世界进行的实验，可以指导在现实世界实践的设计和执行；在现实世界获得的经验，可以改进参与者在虚拟世界的心智模型。本章主要讨论建模的目的，描述系统动力学建模的过程，客户的角色，以及建模者的职业和道德责任。

3.1 建模的目的：解决那些让客户整晚睡不着觉的问题，将组织经理变为设计者

Forrester 常常问，谁是飞机安全运行中最重要的人？大多数人的回答是飞行员。实际上，最重要的人是飞机设计者。有经验的、受过良好训练的飞行员固然很重要，但更重要的是设计一架稳定的，在极端条件下仍很可靠的，普通的飞行员甚至在紧张、疲劳或者在不熟悉的条件下仍能安全操作的飞机。在社会和商业系统中，经理们同时扮演着两种角色。他们是飞行员：制定决策（雇佣谁，定什么价，何时推出新产品）；同时他们也是设计者，塑造会影响如何制定决策的组织结构、战略和决策规则。设计角色是最重要的但通常受到忽视。太多的经理，特别是高层经理，花费太多的时间做飞行员——制定决策，从下属那里收回控制权——而不是创建一个同他们的远景和价值观相一致的组织结构，这个结构可以由普通人很好地运营（Forrester，1965）。

今天，没有建模和模拟就设计一款新飞机是不可能的。经理们也在力求增强他们组织设计的能力，然而他们却继续通过试错法、典型案例、模仿他人来进行，尽管他们组织的复杂性可以与飞机相媲美。虚拟世界为经理们提供了一个重要的工具，既在运营方面，更在组织设计方面。

很清楚，在帮助经理们更好地驾驭他们的组织方面，模型占据重要地位，系统动力学对这些目的来说往往非常有用。但是模型的真正价值仅当模型能被用于支持组织再造时才能体现出来。在《工业动态学》中，对于问题的选择，Forrester 倡导说“小问题的解决只产生小的回报……你的目标应当是找出能导致更大成功的管理策略和组织结构”。将你的建模工作关注于重要的问题，关注于能产生持久效益的问题，关注于客户最关心的问题。

3.2 建模者与客户

建模并不在完全隔离的条件下完成，它是包含在组织和社会环境中的。甚至在每一建模过程开始之前，建模者就必须进入组织接触并认识客户。客户并不是带你进公司或支持你工作的那个人，尽管联系人、支持者和资金非常重要。你的客户是要使你的工作产生效果你所必须影响的人，他们是那些为了解决问题必须改变行为模式的人。你的客户可能是CEO(首席执行官)，也可能是车间操作工；客户可能是个人、小组，或者是整个公司。对建模研究来说，客户可以是你的学术界同事、大众或者甚至你自己。下面的讨论主要针对客户是组织的情况建模。不过，其他类型客户的建模过程也是一样的。

为了让建模过程有效率，建模过程必须集中于客户的需求。建模项目的客户通常很忙。他们常忙于公司业务，他们在寻求自己的职业发展，关注于解决问题并在现实世界采取行动，他们对你理论的精确或模型的巧妙并不感兴趣。建模是为帮助客户解决问题而做的，而不是为建模者自身利益而做的。客户的背景和现实世界的问题决定了模型的本质，并且建模过程必须同客户的能力和目标相一致。建模的目标是帮助客户解决他们的问题。如果客户认为你的模型并不能代表他们关注的问题并对此失去信心，你将面临失败。所以你的模型一定要关注于那些让客户整晚睡不着觉的问题。

建模的组织内部的背景和关注于客户问题的需求，并不意味着建模者应当成为被雇佣的枪手，做客户要求的任何事情。为了让客户保持合作态度，建模者不应轻易屈服于他们而增加更多细节，或关注于一些事项而忽视另一些事项的要求。一个好的建模过程应该质疑客户提出的问题。建模者有责任要求客户证明他们的观点，用数据支持他们的看法，并且考虑新的视角。当客户要求你做一些你认为不必要或误导的事情时，你必须同他们一起工作来解决这个问题。

不幸的是，太多的客户对学习不感兴趣，而是用模型来支持他们已经得出的结论，或者用模型作工具为他们在组织中获得权力。可悲的是，太多的顾问和建模者太容易妥协了。作为建模者，你有道德上的责任来严格和正直地开展你的工作。你必须愿意让建模过程改变你的思想。你必须对当权者“说出真相”，告诉客户他们最珍视的信仰是错误的，如果模型揭示如此的话，即使那意味着你将被解聘你也必须“说出真相”。如果你的客户迫使你产生一个他们预先选定而非分析所支持的结果，那么拒绝他。如果你的客户头脑已经封闭，或者你无法说服他们诚实地使用模型，你必须离开，去找一位更好的客户(Wallace，1994)。

3.3 建模过程的步骤

在实践中，作为一名建模者，一开始，你首先是被相信你或你的建模工具能有所帮助的联系人带进公司。你的第一步是找出真正的问题是什么以及真正的客户是谁，你最初的联系人可能并不是客户，而仅仅是将你介绍给客户的门卫。随着建模项目的进展，你可能发现客户群在扩展或改变。假定你已经成功地找到了组织问题的切入点并辨认出了最初的客户是谁。你如何开展工作来建立一个能帮助他们解决问题的模型呢？

成功的建模并没有固定的方法，没有什么步骤可以保证你一定能得到一个有用的模型。建模从本质上是创造性的，不同的建模者有不同的风格和方法。但是所有成功的建模者都遵循一个包含下列活动的严格步骤：①明确地表达要解决的问题，确定系统的边界，见表 3-1；②提出关于问题因果关系的一个动态假说或理论；③写方程来测试动态假说；④测试模型直到你满意，认为它已经达到你的目标；⑤政策设计和评估。表 3-1 列出了这些步骤，同时给出每步包含的某些问题和使用的主要工具。

表 3-1　建模的步骤

建模的步骤	包含的问题和使用的主要工具
1. 明确问题，确定系统的边界	① 选择问题：问题是什么？为什么它是一个问题？ ② 关键变量：关键变量是什么？我们必须考虑的概念是什么？ ③ 时限：问题的根源应追溯过去多久？我们应考虑多远的将来？ ④ 参考模式：关键变量的历史行为是什么？将来它们的行为会怎样？
2. 提出动态假说	① 现有的理论解释：对存在问题的行为现在的理论解释是什么？ ② 聚焦于系统的内部：提出一个由于系统内部的反馈结构导致动态变化的假设 ③ 绘图：根据初始假设、关键变量、参考模式和其他可用的数据建立系统的因果结构图，这一过程中可以使用的工具包括系统边界图、子系统图、因果回路图、存量流量图、政策结构图以及其他可以利用的工具
3. 写方程	① 明确决策规则 ② 确定参数、行为关系和初始化条件 ③ 测试目标和边界的一致性
4. 测试	① 与参考模式比较：模型能完全再现过去的行为模式吗？ ② 极端条件下的强壮性分析：在极端条件下模型的行为结果符合现实吗？ ③ 灵敏度：模型的各个参数、初始化条件、模型边界和概括程度的灵敏度如何？ ④ 其他测试……（详见第 13 章模型测试）
5. 政策设计与评估	① 具体化方案：可能产生什么样的环境条件？ ② 设计政策：在现实世界中我们可以实施哪些新的决策规则、策略和结构？它们怎样在模型中表示？ ③“如果—则”分析：如果实施这些政策，其效果如何？ ④ 灵敏度分析：不同的方案和不确定性条件下，各种政策的强壮性如何？ ⑤ 政策的耦合性：这些政策相互影响吗？相互抵消吗？

3.4　建模是反复的过程

在更详细地讨论每个步骤之前，将建模过程放在人们日常活动的系统中是非常重要的。建模是一个反馈的过程，不是步骤的线性排列。模型要经历经常的反复、持续进行的质疑、测试和精炼。图 3-1 将表 3-1 中的建模过程更精确地重画为一个反复的循环。初始的目的指出模型的边界和范围，但是从建模过程中学到的东西可能反过来改变我们

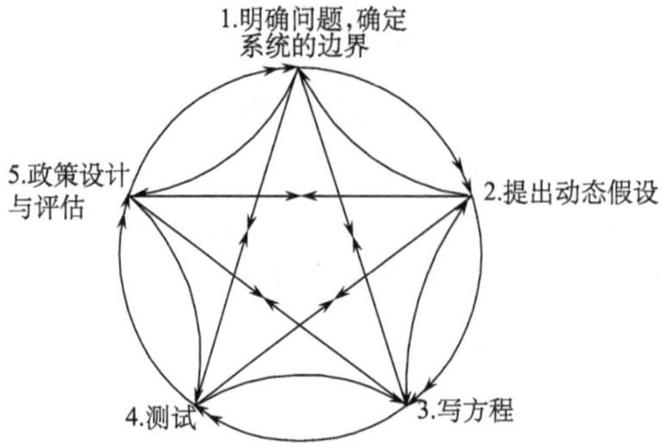

图 3-1 建模过程是反复的

对问题的基本理解和我们努力的方向。反复可能在从其中任何一步到另一步之间发生，在任何建模项目中我们都可能多次重复这些步骤。

最重要的是，建模被嵌在组织学习和改进中的更大循环中进行。飞行员踏入飞行模拟器，在里面可以更快、更有效和更安全地学习如何驾驶真正的飞机，然后把这些技巧用到驾驶真正的飞机上。他们将从现实飞行中学到的东西反馈给模拟器设计师，从而使模拟器不断得到改进。飞行员和设计师从模拟器中学到的东西可被用到现实世界中，并且他们在现实世界中学到的东西能被用于改变和提高模拟器中的虚拟世界。对系统动力学建模来说也是同样。图 3-2 显示了有效的建模是在现实世界与虚拟世界之间不断反复试验和学习。模拟模型是基于从现实世界中搜集的信息和我们的心智模式而构建的。在现实世界中使用的策略、结构和决策规则可在模型代表的虚拟世界中被表达和测试。模型中所做的实验和测试反过来改变我们的心智模型，并导致新策略、新结构和新决策规则的设计。接着，这些新的策略在现实世界中实施，它们的反馈效果引出我们新的洞察，并对定量模型和心智模式进一步改进。建模不是产生绝对答案的一次性活动，而是在模型代表的虚拟世界和行动代表的现实世界之间的持续循环过程。

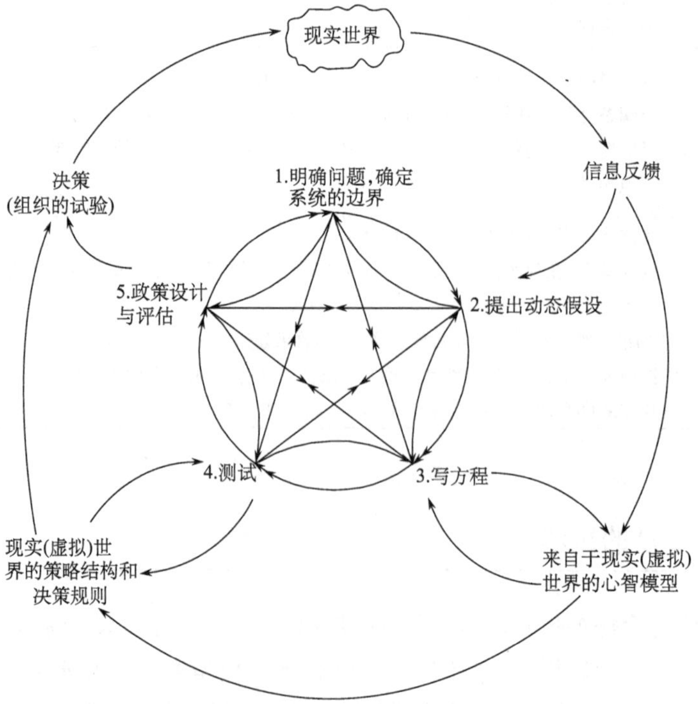

图 3-2 建模过程内含在系统的动态变化中

3.5 建模过程概要

3.5.1 明确问题,确定系统的边界

在建模中最重要的步骤是明确问题。什么是客户最关心的事项?他们正在试图解决什么问题?真正的问题是什么,不是表面困难所在吗?模型的目的是什么?

一个清晰的目的是成功建模研究唯一最重要的因素。当然,带有清晰目的的模型仍然可能误导,使用不便,并且难于理解;但是一个清晰的目的能让你的客户提出问题,揭示模型对解决他们关心的问题是否有用。

警惕那些提议对整个业务或社会系统而非单个问题建模的分析者。每个模型都是系统的一个代表——一组功能上相互联系的元素形成一个复杂的整体;但是要让一个模型有用,它必须关注特定的问题并且简化而非试图详细反映整个系统。

区别在何处呢?一个用来理解如何稳定商业循环的模型是一个针对问题的模型,它处理一个特定的策略事项。一个用来探索政策以减缓化石燃料使用,从而减轻全球变暖效应的模型,也是针对问题的模型,它也只处理一组有限的事项。而一个声称代表整个经济的模型是针对整个系统的模型。为什么要区分二者呢?模型的有用性在于它简化了现实,创造了我们能够理解的表达方式。一个真正全面的模型将如同系统自身一样复杂而不可理解。克劳塞维茨(Von Clausewitz)的名言说:地图不是领土;谢天谢地它不是:像领土一样详细的地图将毫无用处,同时它也很难折叠起来带走。

建模的艺术是知道该割舍什么,模型的目的就像一把逻辑上的刀。它提供标准来决定该忽视什么,从而只剩下为满足目的而需要的基本特性。在上述例子里,因为这个复杂模型的目的是代表整个经济系统,所以什么都不能排除掉。要回答关于经济的所有问题,模型必须是大量变量的组合。因为它的范围和边界如此宽广,模型将永远无法完成。如果是这样,该模型所需的数据也永远无法备全。如果是这样,模型背后的假定永远不能检验或测试。这样,建模者将永远不能理解模型行为,而且客户的信心将依赖于建模者的权威和其他非科学的东西。Mihailo Mesarovic,一名早期全球模拟模型的开发者,这样表达这个模型的不可能性:“无论一个人有多少资源,他都能看到一个足够复杂的模型来使他的资源不够用。”(Meadows et al.,1982)。

一个为特定目的(如理解商业周期或全球气候变化)设计的模型会小得多,因为它们只限于关心那些被认为与手头问题相关的因素。商业周期模型不需要包括人口增长的长期趋势、资源消耗或气候变化;全球变暖模型可以排除与利率、失业率和库存相关的短期变动。模型的结果应当足够简单从而可以检验它们的假设,然后我们可以评估这些假设与商业周期和气候变化的最重要的理论之间的关系,来决定模型对它们预想的目的来说用处有多大。当然,有时候目的定义明确的模型也可能太大,但是如果没有一个清晰的目的,当客户项目组的成员提出一条建议时,我们就没有根据来判定“我们不需要包括那些”。总之,永远对问题建模,而别对系统建模。

通常建模者通过与客户组讨论来确定问题的初始特征,通过文献研究、数据搜集、面

谈以及直接观察或参与来补充。有许多方法适用于团队工作，引出为了定义动态问题所需的信息，同时仍然保持将沟通牢牢地聚焦于客户及其问题。两个最有用的步骤是建立参考模式和明确地设定时限。

1. 参考模式

系统动力学建模者追求的是动态地定义问题，也就是说，作为一种行为模式，随时间展开，显示出问题如何产生以及在未来如何演变。你应当建立一个参考模式，简单地说就是一套图形和其他描述数据显示出问题随时间的发展变化。参考模式（之所以这样称呼，是因为你将在建模过程中不断地引用它们）帮助你和你的客户打破大多数人具有的短视的、事件导向的世界观。为了达到这一点，你和客户必须确定出时限，并且定义出你认为对理解问题和设计策略很重要的变量和概念。

2. 时限

为了表明问题怎样发生和描述它的特征，时限应追溯到足够远的历史。时限还应当伸展到足够远的未来，以捕捉可能采取的政策的间接效应。大多数人大大低估了时间延迟的长度并选择了太短的时限。我们心智模式的一个主要缺陷就是，我们倾向于将因果关系想象为局部的和立即的；但是在动态复杂系统中，原因和结果可能在时间和空间上相隔很远，大多数导致决策抵制的、未预料的副作用都包含长延迟的反馈，离决策点或问题征兆相当远。同你的客户一起来考虑决策的可能响应，以及要花费多长时间才能出现这些响应，然后将时限拓展到更远。一个长期的时限，是对我们面向事件的世界观的矫正方法，这种世界观削弱了我们辨识行为模式及产生行为模式的反馈结构的能力。

时限的选择大大影响你理解问题的能力。图 3-3 显示了美国 1986～1996 年生产、消耗和进口汽油的数量。历史时限是 10 年，这相对于大多数能源政策的讨论来说已经是一段很长的时间了。图中显示生产缓慢下降，消费缓慢上升，因而进口中度上升。价格在每桶 14～23 美元的狭窄区间内波动，这比 1973 年第一次能源危机以来的任何时间都低（尽管在伊拉克侵略科威特以后，油价飚升到每桶 40 美元，但很快就降回原处）。能源系统看起来相对稳定，很难看出任何长期问题。

现在考虑图 3-4，它显示几乎从石油时代开始以来的同样变量（石油工业最早始于 1859 年 Drake 上校在宾夕法尼亚州泰特斯特尔的著名油井），与从图 3-4 得到的印象完全不同。美国石油工业的历史划分为两个时代：1920～1973 年，消费以每年 4.3%的速度呈指数型增长。由于油田探测和更好的钻探技术的采用，生产几乎同步发展。从 1950 年开始，受低价的外国石油的刺激，进口缓慢增长，价格在波动，且往往很巨大，但是随着技术改进，遵循的是缓慢下降的趋势。然而，所有这些在 1970 年发生了变化。在 1970 年，美国国内石油生产达到顶峰，从此以后石油价格就一直下降，尽管 20 世纪 70 年代和 80 年代初受高价格的刺激产生了钻探热潮。美国本土及其沿岸的石油生产在 1996 年仅达到峰值的 54%，甚至加入普拉德霍湾和跨阿拉斯加管道后也未能扭转这个趋势，阿拉斯加州的原油生产在 1988 年达到峰值。由于 20 世纪 70 年代石油恐慌引起的高价，生产伴随着自大萧条以来最严重的衰退，阻挡了消耗的增长，而进口到 1996 年时仍然达到石

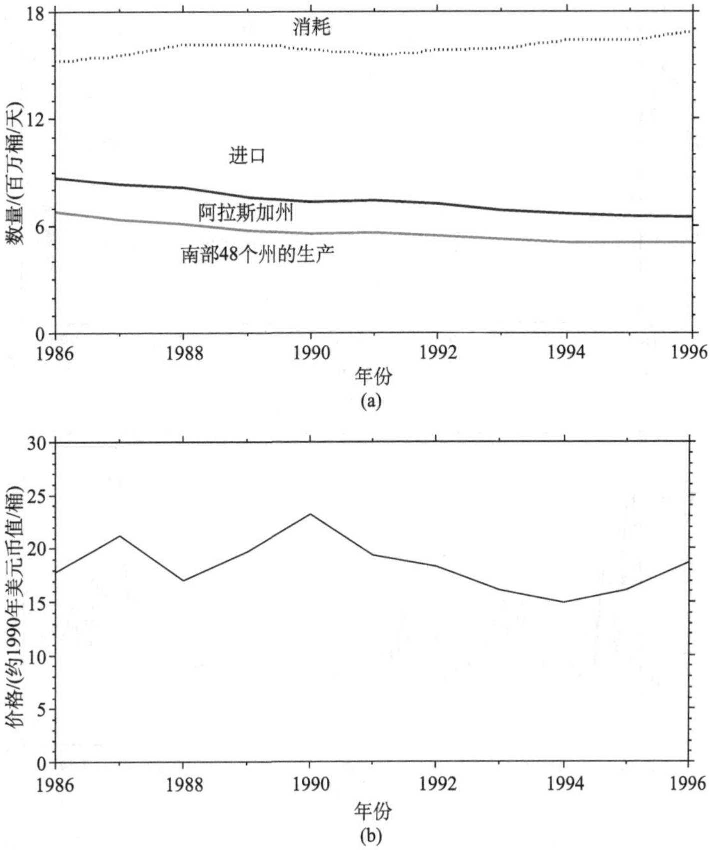

图 3-3　10 年时限的美国石油生产、消耗、进口和价格变化图

资料来源：EIA(US Energy Information Agency)Annual Energy Review

油总消耗的 61%。

改变时限可以完全改变问题的评价。从能源生命周期的角度来看这个问题，很清楚，在 20 世纪 80 年代石油问题并未解决，而是在持续恶化。石油是数量有限的不可再生资源。在美国，在 60 年代石油发现速率开始下降，导致生产不可避免地下滑，这从 70 年代就开始了。美国是世界上石油开发最多而且钻探最密集的地方。早期的投机性石油业者在找油方面的巨大成功意味着油田所剩无几。尽管并非所有的美国油田都已被发现或找到，但消耗速率持续超过剩余油田的发现速率。结果石油进口量持续增长，对动荡的波斯湾地区也更为依赖，这增强了石油输出国的政治和经济实力，同时也削弱了美国的实力；最终石油价格越来越高，而美国用于石油开采和国防的预算也越来越高。

石油工业的例子，揭示了选择太短的时限而不能抓住重要动态及创建它们的反馈的危险。当然，一个人也可能在另一个方向偏得更远。图 3-5 显示了由已故的石油地理学家 M. King Hubbert 绘制的图。Hubbert 发明了有史以来最成功的预测化石燃料生产量的技术。他在 1956 年估计美国最终的可发现的石油资源为 1500 亿～2000 亿桶，并预测“生产的峰值应当很可能在 1966～1971 年出现”(Hubbert，1975)。与他同时期的是

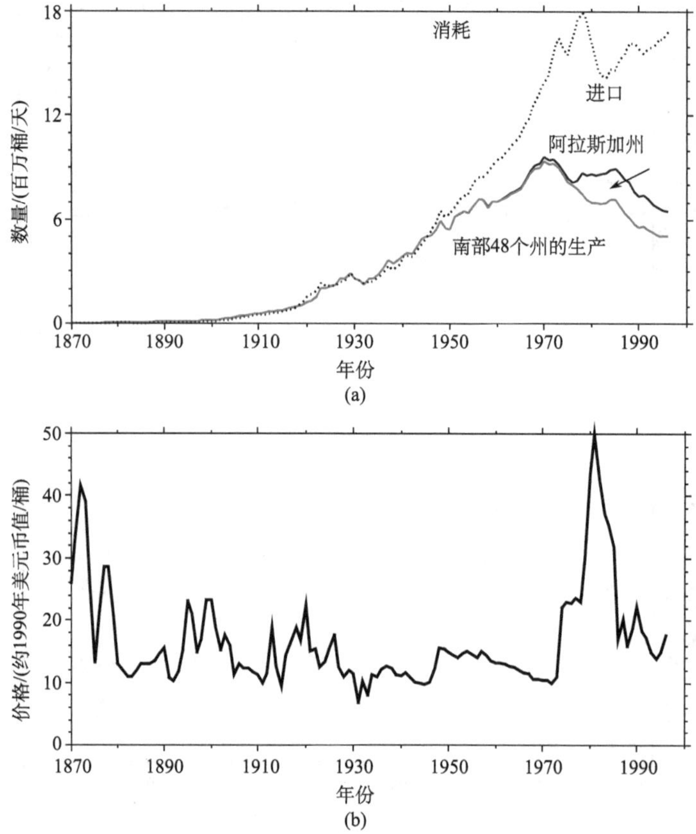

图 3-4　130 年时限的美国石油生产、消耗、进口和价格变化图

资料来源：Production & Consumption：1870～1949，Davidsen(1988)；1950～1966，EIA Annual Energy Review. Price：1880～1968，Davidsen(1988)；1968～1996，EIA Annual Energy Review，Refiners Acquistition Cost

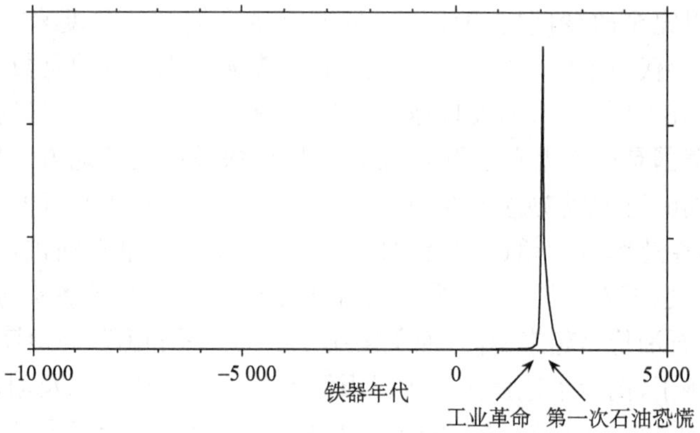

图 3-5　15 000 年时限下的矿物燃料时代

资料来源：Adapted from Hubbert(1962)

《美国地理调查》杂志对下滑的预测，该杂志推测的最终可发现的资源几乎是 Hubbert 的 3 倍，并声称“至少在未来 10～20 年，也许更长的时间内，资源的规模都不会限制国内生产能力”(Gillette，1974)。实际的峰值在 1970 年出现，几乎恰恰是 Hubbert 所预测的时间，这是历史上最准确的长期预测之一。Hubbert 的成功在于他明确地将石油作为不可更新资源进行建模。生产可能在其生命周期的早期呈指数增长，但在资源耗尽时降为零，迫使人们转到可重新供给的能源。为了强调矿物燃料文明的短暂本质，在从 10 000 年前农业文明开始时到未来 5000 年后的时间范围中，Hubbert 解释了矿物燃料的生产。在这个背景下，矿物燃料时代看起来就像一个短暂的脉冲——一个独一无二的历史时期，在这个历史时期，人们过分依靠从自然界获取的、无法再生的自然资源来生存。该图是客观的，但是 Hubbert 的问题所在，如批评家所说，在于采取了一个对政策制定者来说太长的时限，在这个太长的时限里，政策制定者无法制定影响能源价格、监管、资金投资和研发的公共政策和企业战略。

时限的选择能极大地影响政策的评价。在 20 世纪 70 年代早期，关心外国援助的美国政府部门赞助了一个有关非洲撒哈拉沙漠以南的萨赫勒地区模型。那时萨赫勒地区正经历着人口的快速增长，同时沙漠在向南扩展，减少了游牧民族的牧场。模型的目的在于寻找起杠杆作用的策略以刺激该地区的经济发展。模型被用于评价那时很多已有政策的效果，比如，通过钻探深井来获得地下水用于增加牛羊的水供应，或者补贴高粱和坚果类作物的种植。将该模型运行到 2000 年，几十年之后，模拟显示出策略带来了改进。补贴增加了农业产出；所钻的井能提供水源使牛在牛栏里成长成为可能，从而增加了牛奶和肉的供应以及牧人的财富。然而，将模型运行到 21 世纪的最初数十年却显示出不同的结果：更大数量的牲畜超过了该地区的承载能力。随着牲畜过度放牧并且草皮被伤害、侵蚀和沙漠化增加。在该地区产生了食品短缺，牲畜数量急剧下降。选择一个太短的时限就无法抓到这些反馈，这将支持采取上述所说的那些政策，从而破坏该地区人们的长期利益以及客户组织的使命。

建模者必须警惕是否接受客户最初建议的合适时限。往往那些时限是基于里程碑或整数，而与问题的动态关系不大。例如，会计年度年末，或者下一个五年计划期。一个好的指导原则是将时限设置为数倍于系统中最长的时间延迟，再加上一些。

3.5.2　提出动态假设

一旦问题在一个合适的时限被确定和描绘出来，建模者就应当开始详尽阐述解释问题行为的假说，称做动态假说。你的假说是动态的，因为它必须以内在反馈和系统存量流量图的形式对问题的动态特征提出解释。它是一个假说，因为它总是暂定的，随着你从建模过程和现实世界中的学习而随时作出更正或放弃。

一个动态假说是关于问题如何产生的可行假说，它通过让你和你的客户关注于特定结构来指导建模。建模过程许多余下的工作帮助你测试动态假说，这既可以通过模型模拟又可以通过现实世界中的实验和数据搜集。

在实践中，在同客户项目组的会谈中，关于问题和解释问题原因的假说往往纠缠不清。每个项目组成员可能对问题原因有一套不同的假说，你需要认识并了解它们。许多时候模型的目的是解决一个已经存在多年并产生巨大冲突的重要问题，而不是客户组成员之间的小小敌意。客户组中的所有人都会坚决地拥护他们自己的意见并嘲笑他人的看法。在建模过程的早期，建模者需要做一个推进者，了解这些心智模式，而不是对他们作批评或过滤。对问题作澄清和调查往往是有用的，但建模者在这个早期阶段的角色是做一个有想法的聆听者，而不是一个业务专家。许多诱导技术和绘图工具已经被开发出来，来帮助你促成富有成效的讨论以引出人们关于问题原因的假说。你的目标是帮助客户对动态问题给出一个内生性的解释。

1. 内生性解释

系统动力学寻求问题的内生性解释。“内生性”意味着“从内部产生”。内生性理论通过模型中变量和因素的交互作用产生系统的动态。通过定义系统如何构筑以及交互的规则(系统中的决策规则)，可以探索与此决策规则对应的行为模式，并且研究如果改变规则和结构，这些行为将如何变化。作为对比，一个依赖于外生变量的理论(那些“从外界产生的”，也就是在模型边界以外的系统产生的)用其他你已假定的变量解释你关心的变量动态。系统动力学对内生变量的关注并不意味着模型中永远不能包含任何外生变量。但是外生变量的数量应当很小，并且必须仔细审查每个项目作为外生变量的变量，以确保事实上没有任何从内生变量影响该变量的重要反馈。如果有重要反馈，那么模型边界必须扩展以把该外生变量变成内生变量。

模型边界过于狭窄并依赖于外生变量的后果往往非常严重。一个典型的例子是项目依赖性评估系统(PIES)模型，这是一个基于线性程序设计、经济学以及输入输出分析的混合模型，被美国联邦能源管理局(FEA)在 20 世纪 70 年代使用，后来的美国能源部也使用它。如 FEA 所述，模型的目的是根据下列准则评估不同的能源政策：对于可替代能源发展的影响；对于经济增长、通货膨胀以及失业的影响；对地区和社会的影响；对于进口波动的脆弱性；以及对环境的影响后果。

令人惊奇的是，尽管声称要考虑上述目的，PIES 模型仍将经济作为外生变量。模型中的经济变量(包括经济增长、利率、通胀、世界原油价格以及非常规燃料的成本)完全不受能源形势影响(包括价格、政策和生产)。在模型中，即使进口原油的全面禁运或原油价格加倍也对经济没有影响。

将经济作为外生变量使得 PIES 模型有内在的矛盾。因为它假定高经济增长率和低的价格弹性，它推断能源需求会大量增加，并且由于廉价国产原油已经消耗完了，能源部门就需要更多的资金。在模型中，这些在能源生产方面的巨大投资，将在不降低经济其他部分的投资和消费以及对利率或通胀没有影响的情况下完成。结果是，模型让经济变成了画饼充饥。

部分原因在于模型忽略了能源产业和经济其他部分的反馈，PIES 模型持续给出了过于乐观的结果。在 1974 年模型预测说到 1985 年美国将很好地实现能源自主：能源进口将仅为每天 330 万桶，页岩油生产将达每天 25 万桶。进一步说，这些发展将伴随每桶 22 美元(1984 年美元价值)的油价和强有力的经济增长。事实上这个预言从未实现。20 世纪 80 年代后期的进口是每天 550 万桶，并在 90 年代中期达到国内石油消耗量的一半。

页岩油和其他外来合成燃料从来没有变为现实。尽管 80 年代早期原油价格高于 30 美元每桶，并且遭遇大萧条以来最严重的衰退而导致原油需求的巨大减少，这种形势仍未得到改观。

设置足够宽的模型边界以抓住重要反馈比定义单个组成部分的许多细节更为重要。PIES 模型对国内每个地区十几种燃料的供给、需求和价格作出了详细的分析，但其合并预测从未接近正确数据。如果基本假定明显不充分并且主要结果大大有误，那么花力气预测太平洋西北部地区的飞机燃料或石油需求有什么意义呢？

2. 绘制系统结构图

系统动态学提供了许多工具来帮助你沟通模型的边界并描绘它的因果结构。这些工具包括模型边界图、子系统图、因果回路图以及存量流量图。

模型边界图(model boundary chart)。一个模型边界图通过列出内生变量、外生变量以及从模型中排除在外的关键变量概括了模型的范围。

为了说明这一点，表 3-2 显示了用于研究能源系统和经济间反馈关系模型的边界图(Sterman，1983)。部分原因是为了去除现有的 PIES 模型的缺点，在 20 世纪 70 年代晚期能源部力图发展边界更广的动态模型(Naill，1977)。模型的目的是探索更高能源价格对经济增长、失业、通货膨胀和利率的影响以及这些宏观经济上的考虑如何限制新能源的发展。模型的时限相当长(1950～2050 年)，以抓住从矿物燃料到可重新供给的能源或其他能源的全部转换过程，并且同发展、建设以及能源生产和消耗的资本总额生命期中的长期时滞相一致。

表 3-2　能源-经济相互作用长期模型边界表

内生变量	外生变量	被排除在外的变量
国民生产总值	人口	库存
消费	技术进步	国际贸易
投资	税率	(石油输出国组织除外)
储蓄	能源政策	环境限制
价格(实际的和名义上的)		非能源资源
工资(实际的和名义上的)		燃料间的替换
通货膨胀率		分配公平
劳动力参与		
就业		
失业		
利率		
货币供应量		
债务		
能源生产		
能源需求		
能源进口		

资料来源：Sterman(1983)

几乎与当时所有关注这些事情的模型截然不同，该模型有更广的边界，将所有的宏观经济变量作为内生性变量。不像PIES模型，能源行业的资金、人力和能源需求都是内生的，并且能源行业必须同其他行业竞争这些资源。模型仍然包括几个外生变量，其中有人口、整体技术进步水平以及进口原油价格。这些外生变量可以接受吗？人口增长和整体技术进步水平可能受能源价格和经济增长速率的变化影响。然而，这些反馈看来可能很小。但将进口原油价格作为外生变量大有问题。显然，原油价格既影响美国能源的需求也影响供给，决定了进口的数量。作为主要进口者，美国原油进口的变化可能大幅度改变石油输出国家的供需平衡，反过来又会影响世界市场的油价，因此将进口价格作为外生变量切断了一个重要的反馈回路。在讨论模型边界时，John Sterman认为在美国能源系统和世界石油市场之间的确存在重要的反馈；但是他也认为世界油价的动态是如此复杂，以至于将它们作为内生变量超越了该模型的范围和目的。John Sterman先前帮助美国能源部建立了一个世界石油市场的模型，希望两个模型最终能够结合起来。模型边界图能就有问题的假定对客户提出警告，从而能让他们评估所缺少的反馈将会有什么结果。

被排除在模型之外变量的清单对模型用户能提出重要警告。这个模型省略了物品和材料的库存（从而省略了短期商业周期）——在这样一个时限长的模型中这没有问题。除了美国和石油输出国家之间的原油、货物、资本和资金流动外，模型排除了国际贸易。流向石油输出国组织的石油美元，以及它们反过来作为出口或对外投资的资金必须包括在内，但是要包括非能源贸易将会把模型扩展到全球宏观经济系统，如果那样的话，到现在John Sterman可能还没有把模型做完。环境限制和非能源资源，比如水，可能制约新型能源（如合成燃料），也被排除在外，这意味着关于新型能源发展速率的估计可能过于乐观。模型也以一个相当总括的方式来对待能源系统，所以燃料之间的替换（如石油和天然气）不被考虑，这是另外一个乐观的假定。最后，模型不考虑收入分配，虽然除非被所得税的变更抵消，像汽油税这样的能源政策是倒退的。列出所有这些省略之处的目的是帮助模型用户自行决定模型是否适合他们的目的。

模型边界图非常有用但是少得惊人。模型往往不是作为探询工具，而是作为论战中的辩护武器。在这种情况下建模者倾向于隐藏他们的建模假设，免得暴露潜在危机。但即使建模者的动机是有利于问题解决的，许多人对他们列出省略之处仍感到不安，将这种省略看做缺点，而宁愿去强调模型的长处。尽管这种倾向是自然的，但它降低了模型的有用性并削弱了人们从中学习和改进模型的能力。通过明确地列出模型排除在外的变量，至少现在你提供了一个关于模型结果局限性的明显警告。没有对边界和假定的清楚理解，为某个目的构筑的模型常常被用于不适合的另一个场合，有时便会产生荒谬的结果。由于客户（模型用户）无法自行检查模型的边界而建模者又没有提供相关信息，往往是将内生变量和排除在外变量带有完全不适合甚至奇异假设的模型被用于决策制定中（Meadows，Robinson，1985）。

子系统图（subsystem diagram）。子系统图显示了模型的整体结构包括子系统间的物流、资金流和信息流等。子系统可以是公司、客户或组织的子单位，如运营部、市场部和产品开发部。通过显示所代表的不同组织的数量和类型，子系统图表达了有关模型的边界和概括程度的信息，也传达一些关于内生和外生变量的信息。

在20世纪60年代Jay Wright Forrester是几个成功的高科技公司的董事会成员，对公司成长的动态变化发生了兴趣。为帮助自己思考这些公司面临的战略性问题，Forrester(1964)创建了一个模型，设计目的是“揭示不同的公司策略、管理态度以及公司与其市场间的相互作用如何导致了不同的公司成长模式”。图3-6显示了公司成长的参考模式。Forrester(1964)解释道：

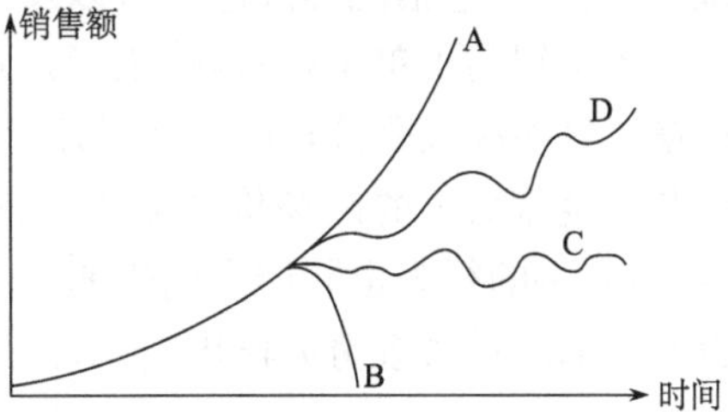

图3-6　公司成长的参考模式

资料来源：Forrester(1964)

很少有公司能平稳增长(如曲线A所示)，最终达到健康稳定的成熟期。更多的是，公司遵循一种模式(如曲线B所示)，它最初看起来成功，然后遇到一个严重危机，导致破产或被兼并。而往往是，模式是增长停滞(如曲线C所示)，表明既不成功也不失败。对那些确实显示长期增长趋势的公司，最常见的模式是曲线D，表明增长伴随着重复出现的危机。

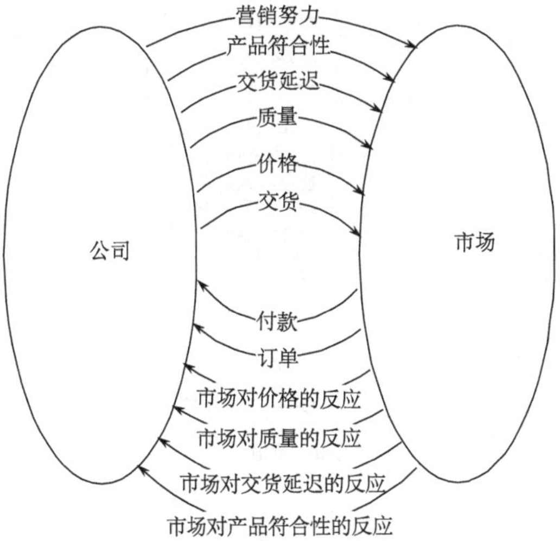

图3-7　Forrester的公司增长模型子系统图

资料来源：Forrester(1964)

Forrester声称“与最初印象相反，人们不能在特定行业或产品类型和设计的基础上解释这些差异，人们必须深刻调查信息流结构和指导运行决策的策略”。为了实现这点，公司增长模型包括两个子系统：公司子系统和市场子系统(图3-7)。

两个子系统由清晰的订单流、产品流和资金流连接：公司从市场接受订单，发运产品，并且收到付款。但是除此之外，公司向市场发送包括产品价格、可得性(通过交货延迟衡量)、功能、质量、对客户需求的符合性，以及其他关于公司声誉的无形特征的信号。图3-7精确地表示了公司及其市场之间的基本反馈过程，强调订单依赖于比价格更多的东西，并且建议了每个子系统必须注意的结构。Forrester在他的思考中反省了这个概念框架的重要性：

定义系统边界和概括程度是成功建模中两个最困难的步骤。在这个特定的研究中，在达到图3-7的阶段之前，由于错误的起点浪费了整整两年的业余工作时间。此后，创建包括大概200个方程式的整个系统模型仅用了8周。

一个更详细的子系统图如图3-8所示。该图说明了一家半导体制造商的模型结构(Sterman et al.,1997)。模型的目的是研究流程改进项目的动态变化。公司实施了一个非常成功的质量改进程序。然而，尽管质量、生产率、客户响应有巨大改进，营业利润和股票价格却下降了，最终导致裁员。研究这个悖论需要具备更广边界的模型，它既要包括公司，又要包括公司与其相互作用的环境。除包括制造、产品开发以及会计的通常子系统外，模型还包括流程改进环节以及一个标识为“财务压力”的环节。财务压力子系统不是一个组织的子单位，但是代表了最高管理层关于裁员、投资和对流程改进关注程度的决策。这些决策受公司的财务健康状况以及被兼并的威胁影响，还受公司相对于账面价值和现金流而言的市场价值影响。图 3-8 同时显示出公司的销量和市场份额是内生的，竞争对手的行为也同样是内生的(注意竞争对手不但对公司的产品定价作出反应，同时也对它的质量改进努力作出响应)。股票价格和公司的市场价值也是内生的。

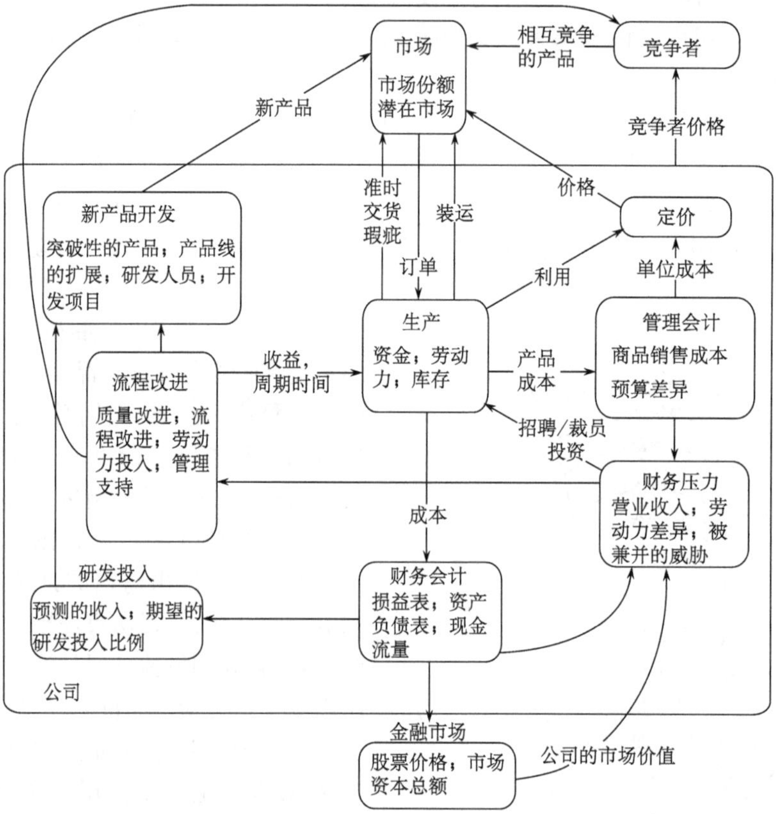

图 3-8　一家半导体公司和它的质量改进程序模型子系统图

资料来源：Sterman，Repenning and Kofman(1997)

子系统图是概要，不应当包含太多细节。图 3-8 中的图就非常复杂，子系统图通常应当更简单一些。多个子系统图能被用于表达大型模型的等级结构。

因果回路图(causal loop diagrams)。模型边界图和子系统图显示了模型的边界和体系，但没有显示变量之间的关系。因果回路图是任何领域勾画反馈结构方面的一个灵活有用的工具，是显示变量之间因果链的简图，因果链用从原因到结果的箭头表示。第 2 章提供了因果回路图的例子，第 5 章包含了构建和深刻理解因果回路图的规则。

存量流量图(stock and flow maps)。因果回路图强调了系统的反馈结构，存量流量图强调了其背后的物理结构。存量流量图追踪物流、资金流、信息流，通过系统的累积，存量包括产品的库存、人口和金融账户(诸如负债、账面价值和现金)。流量是存量增加或减少的速率,如生产和发货、出生和死亡、借贷和偿还、投资和折旧,以及收入和消费。存量表征了系统的状态并且产生作为决策基础的信息。决策改变流量的速率,改变存量和闭合系统中的反馈回路。第 6 章和第 7 章讨论了存量流量的绘图和行为。

政策结构图(policy structure diagrams)。这是显示对特定决策规则信息输入的因果图。政策结构图关注于建模者假定决策制定者使用控制系统中流量的信息,它们显示了在特定决策中涉及的因果结构和时间延迟,而不是整个系统的反馈结构。

3.5.3　写方程

一旦你完成了初始的动态假设、模型边界以及概念模型,你必须测试它们。有时你可以通过数据搜集或现实系统中的试验直接测试动态假设。然而,大多数时间概念模型是如此复杂以至于其动态关系不清楚。我们正确推论复杂模型动态的能力是非常弱的;更进一步地,在许多情况下,特别是在人类系统中,做能够显示动态假设缺陷的现实世界试验是很困难的、危险的、不合伦理的或者干脆是不可能的。在大多数情况下,你必须在虚拟世界中进行这些实验;你必须从概念图的领域移到充分定义的定量模型,具备所有公式、参数和初始条件。

实际上,即使在能够模拟之前,形成一个概念模型往往产生重要的洞察力。写方程过程能让你认识到在概念阶段未注意到或未讨论的模糊概念和未消除的矛盾。写方程是对你对问题理解程度的真正测试:计算机不接受手势语言。事实上,最有经验的建模者在整个建模过程中定期写下一些方程式并估计其参数——往往同客户一起——作为一种消除歧义和测试初始假设的方式。系统动力学实践包含大量测试,可以在写方程阶段,用来找出方程式的缺陷并改进你对系统的理解。

3.5.4　测试

一旦你写下第一个方程式,测试就开始了。部分的测试,当然是将模型的模拟行为同系统的现实行为作比较,但是测试比再现历史行为涉及更多。每个变量必须对应于现实世界中一个有意义的概念。每个方程式都必须检查量纲是否一致。模型行为的灵敏度和策略必须在假设条件不确定的前提下被评估,既包含参数性的,也包含结构性的不确定性。

模型必须在极端条件下被测试,这些条件可能在现实世界中永远不会见到。如果你突然将能源供应减少到 0,模拟经济的 GDP 会怎样?如果将汽车售价提高 10 亿倍,一个汽车制造商的模型会怎样?如果你突然将商人库存增加 1000%会发生什么?尽管这些条件从来未曾发生,也永远不会发生,对系统的行为会怎样也没有意义:没有能源,现代经济的 GDP 一定会降到接近 0 值;在售价提高 10 亿倍的情况下,对公司汽车的需求一定会降到 0;在经销商有大量汽车库存的情况下,生产很快就会降到 0 但不会变为负值。你可能猜想模型永远不会通不过这些明显的测试,没有能源的生产,对成本超过许多国家财富总和的货物的需求,以及负的生产,都永远不会出现,然而你错了。许多在经济学、心理学、管理以及其他领域使用的模型违反了基本的物理原则,尽管它们能很好地再现历史行为(见第 13 章)。同其他模型行为的测试一起,极端条件测试构成了发现你模型缺陷的关键工具,并且为改进理解设定了舞台。

3.5.5 政策设计和评估

一旦你和你的客户对模型结构和行为建立了信心,你就可以用它来设计和评估改进政策。政策设计不仅仅是改变参数,如改变税率或提高标价比率,它包括创建全新的战略、结构和决策规则。因为系统的反馈结构决定了它的动态性,大多数时间高杠杆政策通过以下方法对主要反馈回路作出改变:重新设计存量流量结构,消除时间延迟,在关键的决策点改变可利用的信息质量和信息流,或者从根本上重新制定系统中行为者的决策过程。

必须考虑被评估政策的强壮性以及它们对模型参数和结构不确定性的灵敏度,包括它们在许多不同场合下的表现。不同政策间的相互作用必须被考虑:因为系统是高度非线性的,组合政策的影响通常不仅仅是它们的单独影响之和。政策之间往往有干扰,有时它们互相加强并产生巨大的协同作用。

3.6 运用系统动力学的原则

有效运用系统动力学模型应遵循以下原则。

1. 开发一个模型是为了解决特定问题,而不是为系统建模

一个模型必须有一个清楚的目的,而这个目的必须是为了解决客户关心的问题。建模者必须排除所有与问题不相关的因素,以确保项目范围的可行性以及结果的时效性。目标是要改善客户所定义的那个系统的表现。要关注结果。

2. 从一开始就把建模与整个项目整合起来

建模过程的价值早在对问题进行定义的这个阶段就开始了。建模过程帮助把注意力集中在对系统结构的诊断上,而不是责怪在该结构下进行决策的人。

3. 对建模的价值持怀疑态度,并从项目一开始就强制讨论"为什么我们需要如此"

系统动力学对许多问题并不适用。仔细思考一下,就某个问题而言,系统动力学是否是正确的方法。建模者应该欢迎客户提出各种难题,比如,关于过程如何起作用,以及它可能怎样帮助他们解决所面临的问题。这些问题讨论得越早越好。

4. 系统动力学并不是孤立的,在适当的时候,使用其他工具和方法

大多数建模项目只是一个更大的工程的一部分,而这个更大的工程还涉及传统的战略和业务分析,包括标杆分析、统计工作、市场研究等。有效的建模取决于强大的数据资源和对问题的充分了解。建模工作在与其他工具相互补充而不是纯粹地取代其他工具时,效果最好。

5. 从项目一开始就留意决策的实施

实施工作必须从项目第一天就开始。经常问一下，模型将如何帮助客户来制定决策？利用模型来设定优先级，并决定政策实施的顺序。利用模型来回答，我们如何从这里到达那里？在考虑采用各种政策杠杆时，仔细想想现实世界的问题。对政策产生的所有成本和收益进行量化，而不仅仅考虑现有会计系统已予以报告的信息。

6. 当客户和建模者共同对过程反复提出质疑的时候，建模最有效果

建模是一个发现的过程，其目标是要对问题如何产生这一点形成新的理解，然后用新的理解来设计高杠杆作用的政策，以求改善现实。建模不应被用做自我辩护的工具。客户往往在事先就形成想法，认为事情该如何处理，不要把客户的这种想法加入模型中去。利用工作组的形式，让客户可以亲自检测模型。

7. 避免黑箱建模

如果客户看不到建模过程，那么这个模型绝不会给深植脑海的心智模型带来任何改变，因此就无法改变客户的行为。应该让客户尽可能早、尽可能多地融入建模过程，让他们看到模型。鼓励他们对模型提出建议，亲自检测并作出批评。和他们一起工作，解决他们提出的批评，直到他们满意。

8. 检验是一个持续的过程，在其中测试模型并建立信心

模型的完成并不能证明它的正确性，仅仅一个测试，比如，检测模型对历史数据的拟合能力，也不能证明它的正确性。客户（和建模者）通过不断让模型面临数据和专家意见（建模者自己和其他专家）的挑战，逐步建立起对它的信心。在这个过程中，专家的看法和模型都会发生改变和深化。寻找机会来挑战模型再现各种历史经验的能力。

9. 尽快建立可用的初步模型，只在必要时才加入细节

尽快建立一个可行的模拟模型。只在模拟模型形成之前，不要试图搭建详尽的概念模型。概念模型只是些假设，而且必须接受检验。定性和模拟通常能揭露概念图的不足之处，从而提高我们的理解。模拟试验的结果提供了概念上的理解，并且帮助建立对结果的信心。最初的结果为客户提供了即时的价值，而且向他们证明继续投入时间是合理的。

10. 宽广的模型边界比大量的细节更为重要

模型必须在两方面取得平衡，一方面是要对客户所处的机构和可用的杠杆政策作出有用且可操作的表述，另一方面是要捕捉那些在客户的心智模型中未被解释的反馈。一般来说，当系统各组成部分交互作用时，系统就会出现动态变化，这比对各组成部分进行大量的细节表述，并捕捉它们之间的反馈要重要得多。

11. 邀请建模专家，而不是初学者

虽然高中生或执行总裁都可以轻松掌握建模所需用到的软件，但建模并不是计算机程序设计。你不可能只是开发一个定性的图表，然后就将它交给程序设计员，请他编译成一个模拟模型。建模要求使用严谨的方法，且对业务有深入的了解，同时还需要在学习和经验中形成的技能。从专家那里得到你所需要的帮助。把项目当做一个机会，从中发展建模队伍及客户组织中其他成员的技能。

12. 实施不因一个单一项目的结束而结束

建模工作在初始项目结束之后仍会持续产生很久的影响。模型和管理飞行模拟器适用于其他系统中相同的问题。在处理相关问题和客户的时候，建模者积累了技术专长。他们带着这些技术专长，带着在处理事务过程中所获得的见解，有时候甚至带着新的思考方法进入新的职位或组织，实施因此成了个人、组织和社会变化中的一个长期过程。

3.7 小结

本章描述了建模过程。尽管有某些步骤所有建模者都要遵循，但建模不是一个遵循刻板程序的过程，它在本质上是创造性的。同时，建模是一个有序的、科学的和严密的过程，为了显化并测试其假设、搜集数据并修订模型——既包括正规模型又包括心智模型，建模的每一步都对建模者和客户提出了挑战。

建模是反复性的。没有人能够从第一步开始，通过一系列活动依次进展来构建模型。建模是一个在提出问题、产生假设、数据搜集、写方程、测试和分析之间的持续反复过程，其间有修订和改变、死胡同和返回原处。有效的建模一直在虚拟世界的模型实验和现实世界的试验和数据搜集之间循环。

模型必须清楚地关注于一个目的。永远不要建立一个系统的模型。模型是简化的；没有一个清晰的目的，你就没有依据从模型中排除任何事物，并且你的努力注定要失败。因此，在建模过程中最重要的步骤是同你的客户一起提出问题——真正的问题，而不是问题的表征、最近的危机或者流行的时尚。当然，随着建模过程带给你更深的洞察，你对问题的定义和描述可能变化。事实上，这样的彻底重构往往是模型最重要的所得。

建模的目的是帮助客户解决他们的问题。尽管建模过程常常质疑客户对问题的构想，最终如果客户认为你的模型不解决他们的问题，你可能毫无效果。建模者不能依恋模型，无论模型多么优雅或者已经为它投入了多少时间，如果它不能帮助客户解决他们的问题，那么模型必须作出修订，直到它能解决问题。

建模在组织和社会的背景下发生。环境可能是商业，但也可能是政府机构、科学协会、公共政策辩论或任何其他组织。建模者会不可避免地卷入小团体之间的政治斗争并受其成员的攻击。建模者既需要第一流的分析技能，又要有出色的人际沟通和政治技巧。

最终，建模者需要有道义上的责任来追求建模过程的严格和诚实。建模发生在组织环境中并受到政治压力，这一点并不能使你放弃以最高的科学探询标准和职业行为来开展工作的责任。如果你的客户不愿意诚实地追求建模过程，那么你应退出并为自己寻找一个更好的客户。

➢思考题

1. 系统动力学建模过程包括哪些步骤？
2. 建模发生在组织环境中很容易受到各种压力，建模者如何开展自身的工作？
3. 什么是参考模式？
4. 有效运用系统动力学模型应遵循哪些原则？

第4章

动态系统的行为模式与结构

系统的行为由它的结构决定。动态系统行为的基本模式有：正反馈所产生的增长；负反馈所产生的寻的行为；以及负反馈加上时间延迟所引起的振荡，包括减幅振荡、有限循环和混沌。更复杂的模式，如 S 形增长、过度（超调）并崩溃，是由这些基本结构的非线性相互作用所产生的。

4.1 动态行为的基本模式与结构

变化有许多形式，我们周围动态变化的种类繁多，你可能设想一定有相应的大量不同反馈结构来解释这么多不同的动态变化。实际上，大多数动态只是少数几种行为模式的不同实例，如指数增长或振荡。图 4-1 显示了最基本的行为模式。

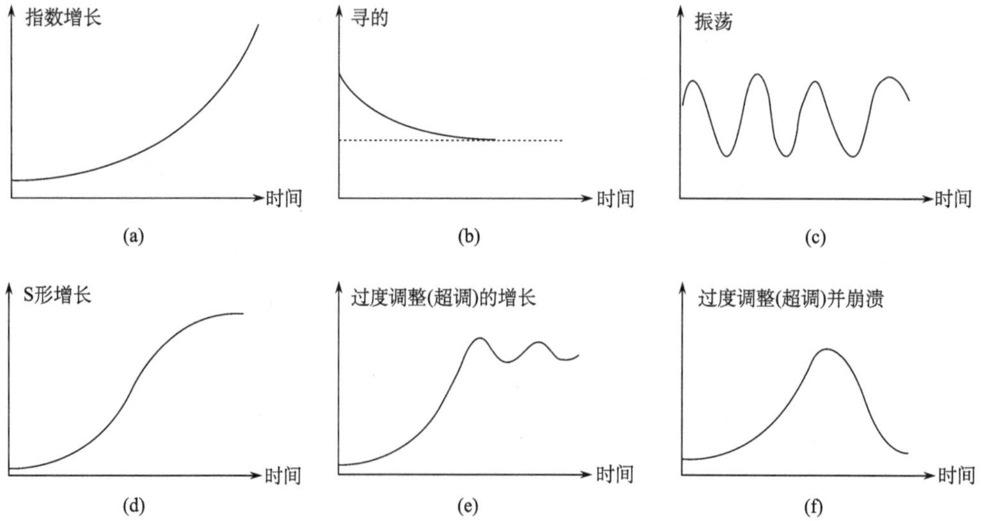

图 4-1 动态系统的基本行为模式

最基本的行为模式是指数增长、寻的和振荡。其中，每种模式都产生于简单的反馈结构：指数增长产生于正反馈结构；寻的行为产生于负反馈结构；振荡产生于回路中带有时滞的负反馈结构。其他基本的行为模式，包括 S 形增长、带有过度（超调）并崩溃的 S 形增长，是由基本反馈结构的非线性相互作用产生的。

4.1.1　指数增长

指数增长由正(自我加强)反馈结构产生。数量越大,其净增长越大,进一步增加了数量并导致更快的增长(图 4-2)。典型例子是复利和人口增长。你投资的资金越多,赚取的利息越多,结余便越大,下一次得到的利息就越多。人口越多,净出生速率就越大,净增了人口并最终导致更多的新生人口,这是一个不断加速的螺旋。纯粹的指数增长有一个重要的属性就是倍增期是一个常数:无论多大,系统的状态会在固定时间段内加倍。从一个单位增加到两个单位与同 100 万增加到 200 万花费同样长的时间。这个属性是正反馈的直接结果:净增长速率依赖于系统状态的规模。然而,正反馈并不总是导致增长,它也能导致自我加强的衰退,如同股票价格下跌损害了投资者信心,导致更多的抛售,价格更会下跌,进而投资者更没有自信心。

图 4-2(b)的因果回路图说明了能产生指数增长的反馈结构。箭头表明因果关系影响的方向。图中下面的箭头表明系统的状态决定系统净的增长速率,上面的箭头表明进而增加了系统的状态。箭头上的符号(＋或－)标识了这种关系的极性。正的极性(＋)意味着自变量的增加或减少将导致因变量的同向增加或减少。图 4-4(b)中所示的负号意味着自变量的增加或减少将导致因变量的反向减少或增加。回路标识符标明回路的极性,或者是正或者是负,正用 R 标识,表明是自增强的回路;负用 B 标识,表明是趋于稳定的回路。第 5 章深入讨论了因果回路图。

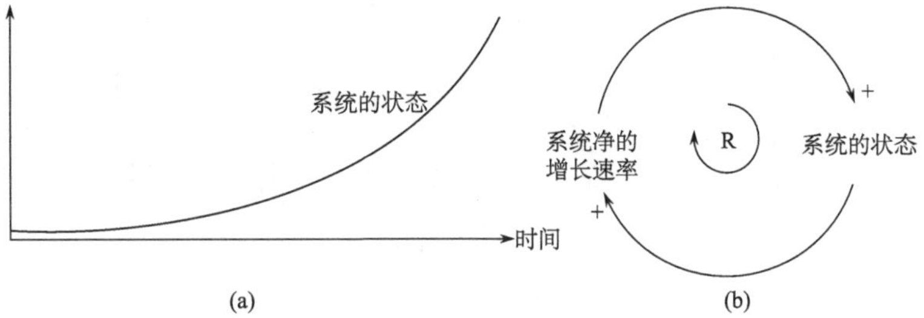

图 4-2　指数增长系统的结构与行为

考虑一下增长。线性增长事实上非常罕见。线性增长需要在系统状态和净增长速率之间没有反馈,因为净增长速率即使系统状态发生了变化也保持恒定。看似线性增长的实际上往往是指数增长,只是观察时限太短以至于见不到加速。

图 4-3 显示了一些指数增长的例子。增长永远不会完全平滑(因为增长速率比例的变化、循环和扰动),但是在每个例子中指数增长都是行为的主导模式。尽管倍增期变化很大(从世界人口的 40 年倍增期到半导体性能的 2 年倍增期),但这些系统都显示由正反馈结构所引起的同样的巨大加速。

在动态建模中,术语“速率”通常指数量变化的绝对速率。上述人口增长的例子阐明,“人口越大,出生速率越高”。这里,术语“出生速率”是指每个时段内出生的人数。例如,一个 100 万人口的城市中出生速率可能是每年 20 000 人。然而,往往术语“某某率”被简记做一个变量变化的比率或比例。例如,出生率往往被理解为每千人每年生育数量

(也被称做自然出生率)。一个 100 万人口的城市的自然出生率将是每年每千人 20 个，或者 2%/年。类似地，我们通常也这样谈论利率或者失业率。这些情况下的“速率”实际意味着比率、比例：利率是利息额相对于储蓄额的比率；失业率是失业人数相对于劳工人数的比率。

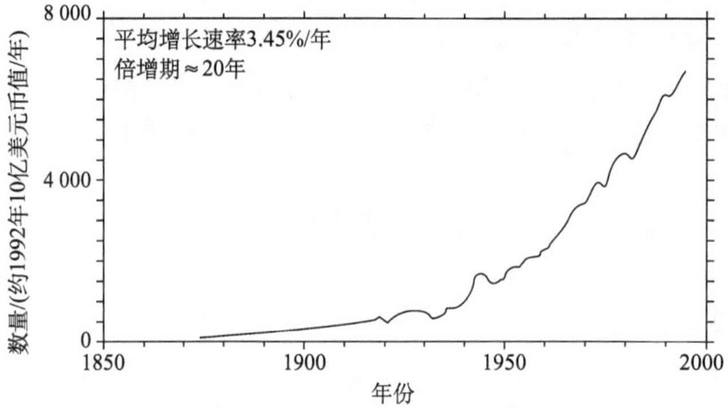

(a) 美国实际国内生产总值

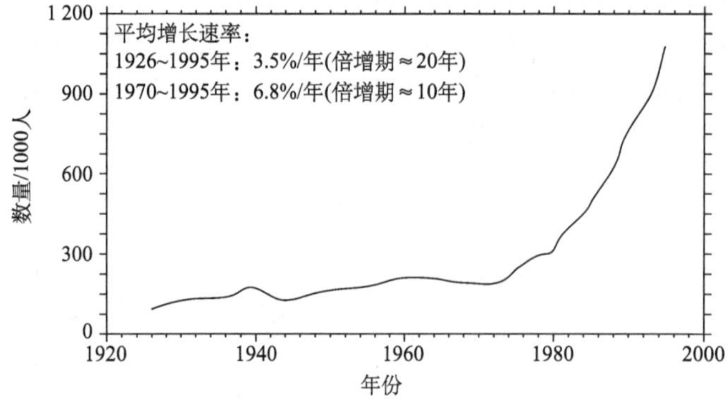

(b) 美国囚徒数

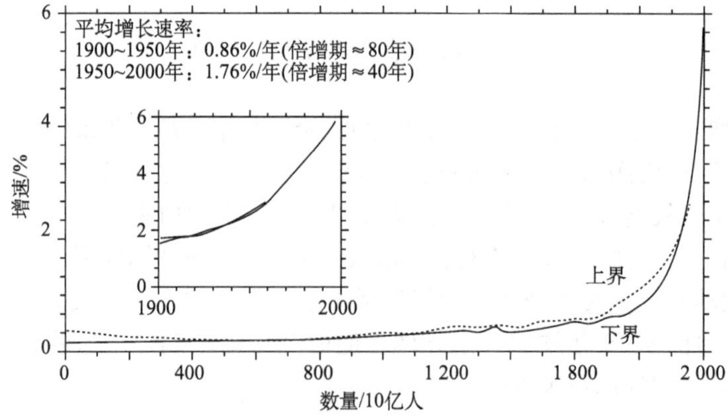

(c) 世界人口数量

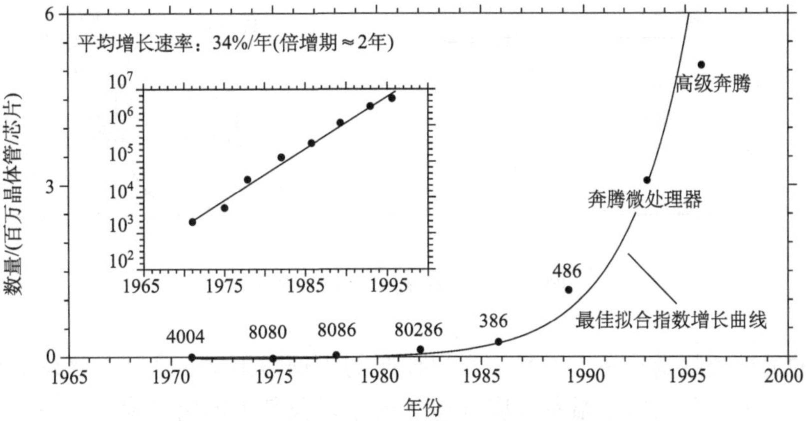

(d) 每块芯片的晶体管数，Intel微处理器

图 4-3　指数增长系统示例

资料来源：Real GNP：Prior to 1929，Historical Statistics of the US. Real GDP，1929- present：Survey of Current Business，Bureau of Economic Analysis. State and Federal Adult Prison Population：1929～1970，Historical Statistics of the US；1970～1980，Kurian（1994）；1980～1995，US Dept. of Justice. World Population：Prior to 1950，US Census Bureau summary of various estimates；1950-present，US Census Bureau. Inset shows 1900～1996. Microprocessor performance：Joglekar（1996）. Curve is best fit exponential function. Inset shows performance on semi-log scale

你必须在变化的绝对与相对速率以及速率与比率之间谨慎区分，选择最小可能混淆的变量名。记住检查速率变量的计量单位。速率变量的计量单位是单位/时间段，相对速率变量的计量单位是单位/单位时间段＝1/时间段数。例如，你信用卡的利率不是12％，而是12％/年，或者是1％/月。经济并不以3.5％增长而是以3.5％/年的相对速率增长。为避免混淆，本书中“速率”指数量变化的绝对速率，表示相对速率的“某某率”尽可能用“某某比例”。例如，“自然出生率”我们用“自然出生比例”代替，不过“利率”仍用“利率”。

4.1.2　寻的

正反馈回路产生增长、放大偏移并且加强变化，负反馈回路寻求平衡、均衡和停滞。负反馈回路追求将系统状态带到目标或设想状态，它们抵制任何将系统状态偏离目标的扰动。所有的负反馈回路都有如图4-4所示的结构。系统的状态与目标相比较，如果在实际状态和目标状态之间有差异，系统将采取纠偏行动将系统状态带回目标状态。当你饥饿时，你吃饭，填饱肚子；当你困倦时，你睡觉，恢复你的精力。当一个工厂的库存不足以满足需求时，生产就增加，直到库存再次变得充足。

每个负反馈回路包括一个比较目标与实际状况以及采取纠偏行动的过程。有时系统的目标状态和纠偏行动是明确的，并且处于决策制定者的控制之下（如目标库存水平）。有时目标是隐含的并且不受有意识的控制，或者根本不处于人力控制范围之内。

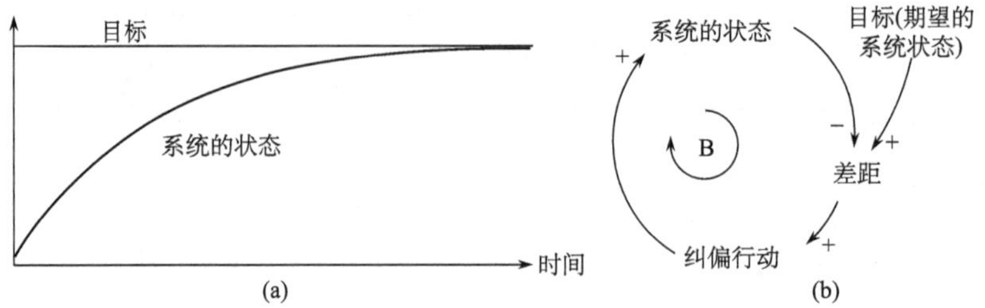

图 4-4　寻的系统的结构与行为

你所需要的适度睡眠量是一个不受你意识控制的生理学因素。地球的平均表面温度取决于太阳能的波动和大气中温室效应气体的聚集以及其他的物理参数。一杯咖啡通过负反馈过程冷却，直到它的温度降到房间温度。

在大多数情况下，系统状态向目标靠近的速率随着差异降低而减小。我们很少见到当达到目标时恒定的速率突然降到零的情况。这是由于这种渐进过程在目标和现实之间大的差异倾向于产生大的反应，而小的差异引起小的响应。热量从咖啡杯流到房间空气中的速率在温度差异大时就大，在差异降低时就变小。当咖啡和房间温度相等时，它们彼此之间没有热量流动。

当差异和纠偏行动之间大小关系呈线性时，调整速率和差异大小成比例，并且寻的行为的结果是指数衰减，随着差异降低，调整速率也降低；并且如同指数增长由其倍增期所表征，纯粹的指数衰退也由其半衰期所表征——消除剩下差异的一半所花费的时间。

图 4-5 所示为寻的行为的实例。图 4-5(a)显示一家主要半导体制造商晶片生产过程中缺陷发生速率。在 1987 年，公司开始采用全面质量管理的原理来开始一个流程改进项目，项目的目标是零缺陷。4 年后缺陷率从 1500 百万分率下降到大约 150 百万分率。随着缺陷率降低，改进速率减缓。图 4-5(b)显示了两个建于 1978 年的芬兰核电站的平均负载系数(正常运行时间)。核电站运营最初几年该比率迅速上升，然后减缓，直到达到大约 94%的最大值。图 4-5(c)所示为美国花费于电视上的广告占所有广告支出的份额。在 20 世纪 50 年代电视广告份额增长迅速，但是到 80 年代时稳定在 20%～25%。图 4-5(d)显示美国每 1 亿车辆英里行驶里程汽车相关死亡数的指数下降。除了每英里死亡风险的显著降低外，所行驶的英里里程呈指数增长，所以自 20 世纪 30 年代以来每年交通事故死亡人数为 3 万～5 万人。

4.1.3　振荡

振荡是动态系统中第三个基本模式。像寻的行为一样，振荡由负反馈回路引起。系统状态同其目标相比，并且采取纠偏行动以消除任何差异。在一个振荡系统中，系统状态持续调整过高(超调)，逆转，然后又调整过低，依此类推。过度(超调)是由负反馈回路中有显著时间延迟所产生的。时间延迟导致纠偏行动在系统达到目标状态后仍然继续，迫使系统调整过度，并且引发反方向的新的纠偏。如图 4-6 所示。

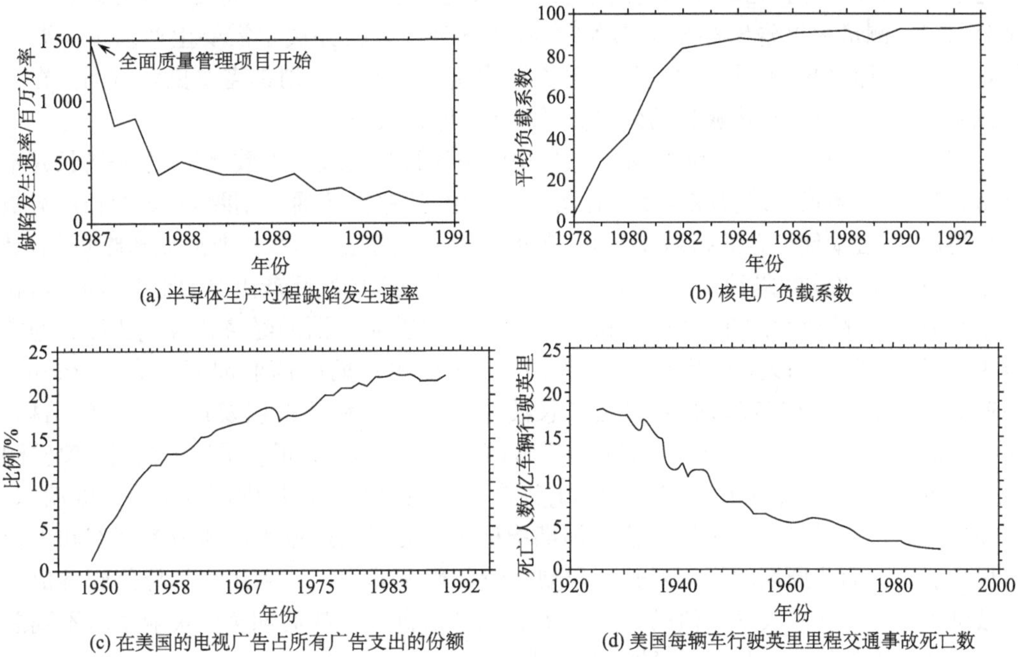

图 4-5　寻的行为系统示例

资料来源：Defects：Sterman，Repenning，and Kofman(1997)；Load Factor：Annual report of Teollisuuden Voima Oy(TVO)，Finland，194；Advertising：Kurian(1994)；Fatalities：Historical Statistics of the US，Statistical Abstract of the US

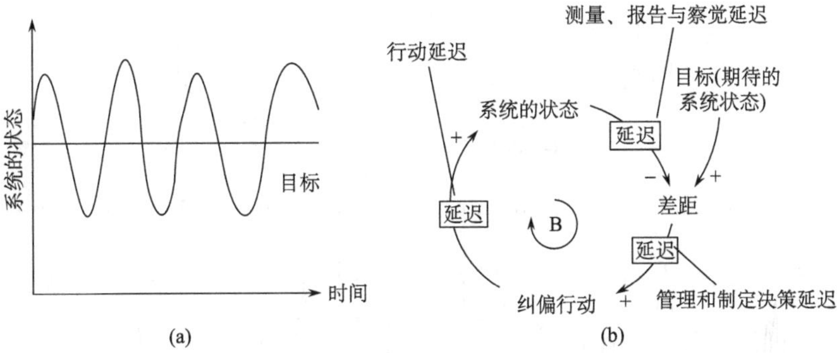

图 4-6　振荡系统的行为模式与结构

振荡是动态系统行为模式中最常见的一种。有许多类型的振荡，包括减幅振荡、有限循环和混沌(见 4.3.3 节)。每个变种都由特定的反馈结构引起，并且各有一套参数决定回路强度和延迟长度，但是每种类型的振荡在其核心都存在带延迟的负反馈回路。

如果在负反馈回路任何部分有显著延迟都可能产生振荡。如图 4-6 所示，在组成回路的任何信息链条上都可能有延迟。在感知系统状态时可能有延迟，这是由测量和报告系统引起的，在感知差异后引发纠偏行动时可能有延迟，这是由达成一致意见所需的时间延迟所引起的，并且在纠偏行动的采取和对系统状态产生影响之间可能有延迟。对一个公司来说测量和报告库存水平需要时间，要管理层开会并决定需要生产多少需要时间，并且获取原材料、劳动力和其他所需资源响应新的生产计划都需要更多时间。在这些点中任何一个点上有足够长的延迟都可能产生库存振荡。

图 4-3 显示了美国的实际 GDP。数据中的主导行为模式是指数增长，但是增长并不平滑，产出围绕着增长趋势在波动。在图 4-7(a)中，这些振荡通过剔除 GDP 增长趋势数据后得出(除去最佳拟合的指数函数)。在指数增长被除去以后，商业周期清晰可见，是一个幅度 5%、平均间隔约 4 年的波动。一个更长和更大的实际产出波动也变得明显，相对于趋势而言，峰值大约在 1910 年和 1970 年——这就是所谓的经济长波。从已有的数据来看，长波或 Kondratiev 周期平均为 60 年，振幅比短期的商业周期要大。Sterman(1986)和 Forrester(1977，1983)提出了长波存在的理论和证据以及产生长波的结构。Sterman(1985b)建立了一个长波的简单模型；Sterman(1989a)报告了这个模型的实验测试；Sterman(1989c)指出在实验中刻画的许多人类主观的决策规则产生了混乱的动态。图 4-7(b)、(c)显示了两个关键的商业周期指标——美国制造业生产能力利用率和美国平民失业率。商业周期的振幅对这些重要变量的影响非常大。利用率从峰值到谷值典型波动 15 个点(几乎其平均值的 20%)，而在第二次世界大战后期美国失业率从不到总劳动力的 3%变到几乎为 11%，欧洲则更高。

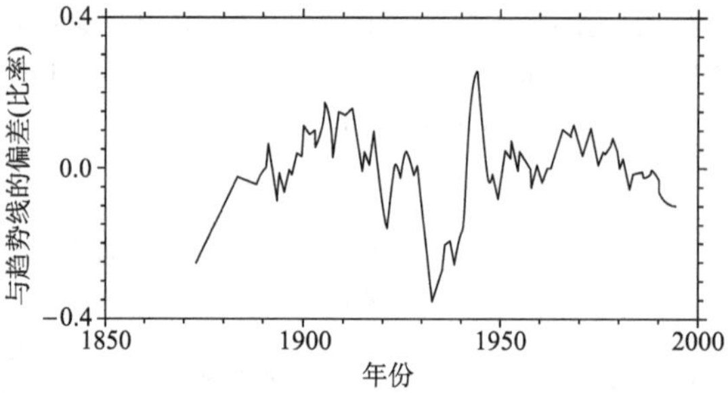

(a) 剔除趋势后美国真实的GDP变化

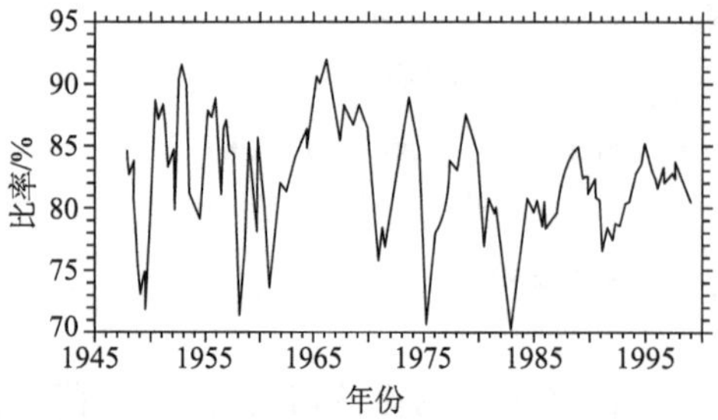

(b) 美国制造业生产能力利用率

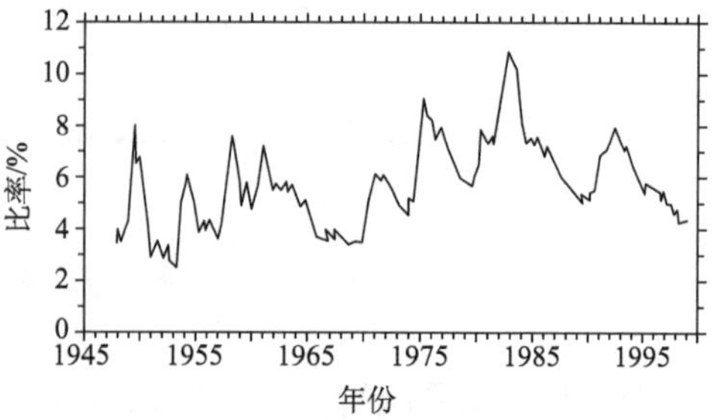

(c) 美国平民失业率

图 4-7 振荡系统示例

资料来源：Historical statistics of the United States，US Bureau of Economic Analysis

注意商业周期(以及大多数真实世界的振荡)都是不规则的。许多人认为一个循环必须像黎明一样可预测，像行星轨道一样规则，像钟摆的摆动一样平滑和对称。但是这些周期的范式是特殊的系统。行星主要同太阳相互作用，它们彼此间的影响非常微弱。一个摆钟被精心设计，通过将其组件同环境隔离产生规律的运动。相反，生物、社会和经济系统包括紧密耦合组件间的大量相互作用，它们持续受扰动影响导致它们的运动不太规则，这是它们的内在动态（通常是非线性）和外来冲击结合的结果（见 4.3.2 节）。

4.1.4　应用建议

结构和行为之间的逻辑关系为将行为模型化提供了有用的启发。任何时候一旦你观察到变量的指数增长，你就知道感兴趣的变量会参与至少一个正反馈，可能有多个。当然，可能同时存在许多负反馈。然而，如果系统显示出指数增长，那么正反馈回路是占据主导地位的（至少在增长发生的时期内）。然后，与你的客户将讨论引向自我加强过程的确认。通常，客户能够辨识出许多包含感兴趣变量的正反馈回路。当然，无法追溯到数据或者模型模拟，不可能识别哪个备选回路有效并对行为发生影响，也无法判断它们的相对强度，但是关注于结构和行为的联系帮助我们对关键回路产生有用的假设。

类似地，任何时候一旦你观察到其他的行为模式，你会立刻知道哪种类型的回路可能占据主导地位，指导你对背后结构的初始研究。例如，振荡一定意味着存在一个具有显著延迟的重要负反馈。然后，你可以调查调节该变量的决策过程，并弄清感知系统状态、决策过程和系统应决策者纠偏行动时的延迟。

警告：这种启发有助于我们辨识观察到的行为其背后的反馈结构。此外，考虑什么结构存在，但还未在系统历史中扮演重要角色或者在可用数据中留下轨迹也很重要。随着系统演变，这些潜在反馈也可能变成主导，极大地改变动态、切换趋势和模式，并且改变系统对政策的响应。辨识主导回路的潜在变换是建模的一个有价值的工作。

为了说明这点让我们回到指数增长的例子。实际的数量不可能永远增长，最终随着不同增长极限的接近，一个或更多负反馈回路将变为主导。一旦辨识出一些可能导致观察到的增长的正反馈回路之后，你应当立刻询问，什么样的负反馈回路可能使增长停止？大多数人能很容易找出许多系统增长的潜在限制和约束。即使数据中没有减缓的迹象，辨识增长的潜在约束是一个找到未来可能的瓶颈和限制的有效途径。随着正反馈回路的确认，需要经验调查和建模来判断哪些负反馈回路最强，它们对增长带来什么限制，以及那些限制能否通过其他反馈或策略干预来放松或加紧（见 4.2.1 节）。

4.2　基本模式的相互作用与结构

三种基本行为模式——指数增长、寻的和振荡——是由三种基本反馈结构引起：正反馈结构、负反馈结构和带有延迟的负反馈结构，其他更复杂的行为模式是由这些结构彼此的非线性相互作用引起的。

4.2.1　S 形增长

如上所述，实际数量不可能永远增长（或衰减）：最终一个或多个约束将使增长停止。

在动态系统中一个常见的行为模式是——增长最初是指数性的，但是逐渐减缓直到系统状态达到均衡水平。曲线的形状就像一个伸展的“S”(图 4-8)。为了理解 S 形增长背后的结构，使用承载能力这个生态学概念很有帮助。任何一个种群栖息地的承载能力是由它能支持的特定类型的生物数量、环境可用的资源和种群所需的资源决定的。当种群接近其承载能力时，个体平均资源降低，因而减少净增长比例，直到刚好有足够的平均资源来平衡出生和死亡，在该点净增长速率为零而种群达到平衡。任何经历指数增长的真实数量都可理解为在其环境中利用资源的种群。随着环境承载能力被接近，所需资源不再充足，净增长比例一定下降。系统的状态持续增长，但是以一个较慢的速度，直到资源刚好缺乏到停止增长。通常，一个种群可能依赖于许多资源，其中每个都能产生限制增长的负反馈回路；最有约束力的限制决定了哪一个负反馈回路将在系统状态增长的过程中最具影响。

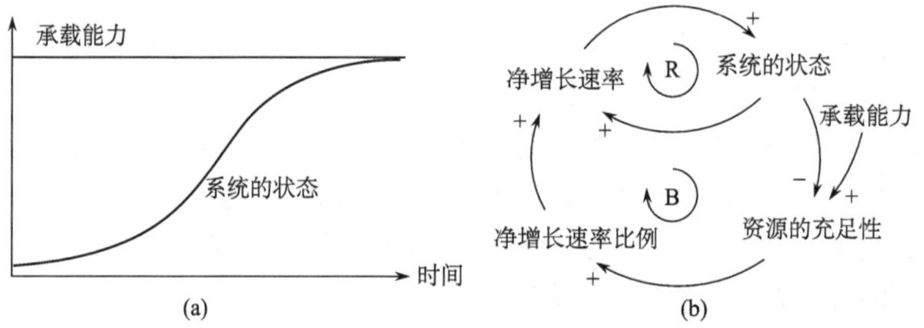

图 4-8　S 形增长的行为与结构

承载能力的概念是奥妙和复杂的。尽管在某些情况下将环境的承载能力看做常量是可行的，但环境的承载能力通常同其所支持物种的进化和动态紧密相连。我们人类有意无意地在改变这个星球的承载能力，其途径是通过技术的发展以获得更大的资源利用率，通过改变文化习惯和个体平均资源消耗的准则，以及通过消费、耗尽和侵蚀我们所依赖的不同资源，甚至所谓的低等物种也同其环境相互作用来改变承载能力，花和授粉昆虫的共同进化可使两者都获得更大的种群密度。类似地，所有的公司和组织在市场、社会和物理环境中增长，这些环境对其增长都有限制。当组织同其客户、竞争对手、供应商、管理者，以及系统中其他实体相互作用时，同自然人口一样，这些限制可以增加或减少，既是外生的，同时更重要的是内生的。通常，我们必须将一起决定物种和组织承载能力的不同资源作为内生因素来进行建模。

尽管承载能力具有动态特性，在任何时刻对种群规模都有一个限制(当前承载能力)，如果超过了这个限制，就会导致种群减少；进一步说，承载能力本身无法永远增长。尽管学者们对这个限制水平是多少，如何变化，种群应当增长到承载能力或者自愿稳定在其下某个值，达到承载能力的种群是应该获取合理的生活质量还是仅仅提供最小生存必需品还没有达成一致意见，但是热力学定律指出地球的承载能力有一个绝对限制。

一个系统仅在满足两个关键条件时才能产生 S 形增长。首先，负反馈回路不应包括任何显著的时间延迟[如果包括，系统将围绕着承载能力过度调整(超调)与振荡，见 4.2.2 节]。其次，承载能力必须固定，它不能随种群的增长而消耗，以免种群耗尽其资源而被迫绝灭，就像酵母菌消耗酒桶中的糖分，最终导致发酵停止(见 4.2.3 节)。

形成 S 形增长的一个关键方面是正反馈回路和负反馈回路的相互作用必须是非线性的。最初，当系统状态相对于资源基数较小时，增长的限制很遥远，此时正反馈占据主导。追加系统的单位使净增长的增加程度大于由于它降低资源充足性而减少净增长比例的程度，系统状态指数增长。然而，作为这种增长的直接结果是资源在减少，离增长的极限越来越近，负反馈回路变得越来越强，直到它们开始主导系统的动态。曲线的转折点是系统尽管仍在增长，但是从加速变为减速的那个时刻，转折点标志着主导回路的变化，在该点追加系统的单位减少净增长速率比它增加种群净增长的幅度更大。

S 形增长的实例如图 4-9 所示。无论是植物的成长，还是像有线电视这样的新产品或者像心脏起搏器这样的新想法或技术的采用，增长总是面临着限制。

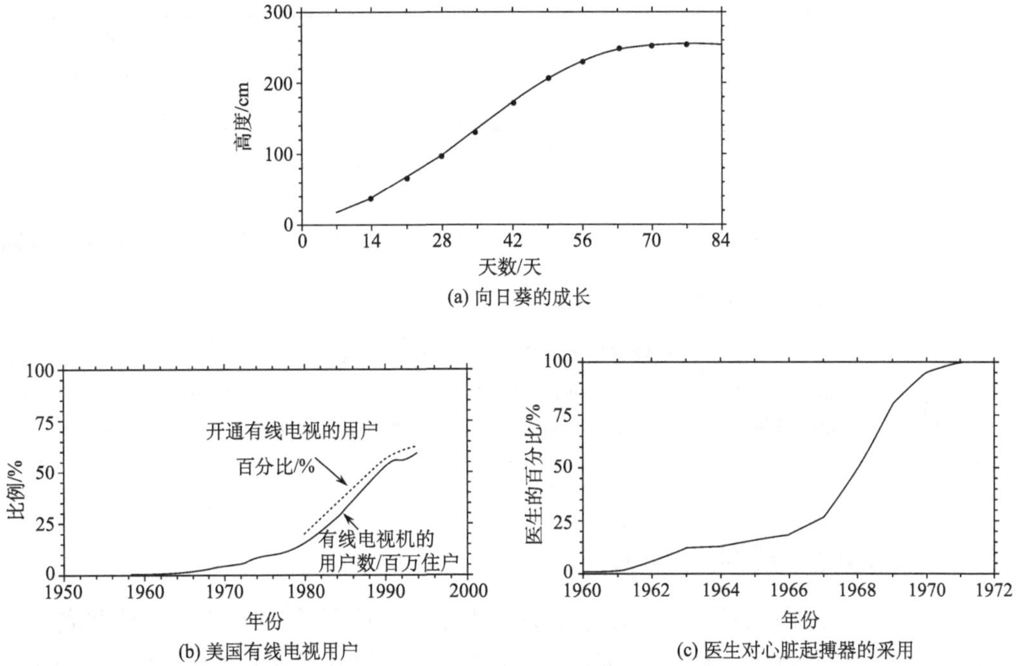

图 4-9　S 形增长系统示例

资料来源：Sunflowers：Lotka (1956)；Cable TV：Kurian (1994)，Statistical Abstract of the US；Pacemaker adoption：Homer (1983，1987)

4.2.2　带有超调的 S 形增长

S 形增长需要限制增长的负反馈回路随着接近承载能力的限制而迅速发挥作用，然而，往往在这些负反馈回路中存在显著的时间延迟。负反馈回路中的时间延迟可能导致系统状态围绕着承载能力过度调整和振荡(图 4-10)。图 4-11 列举了一些带有过度调整和振荡的 S 形增长的例子。

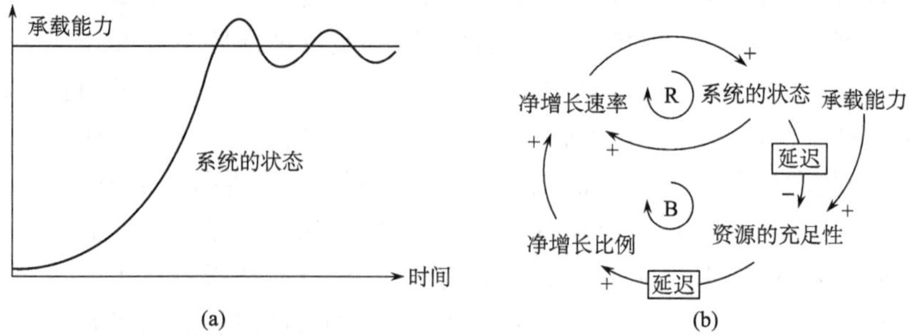

图 4-10　带有超调与振荡的 S 形增长的行为模式与结构

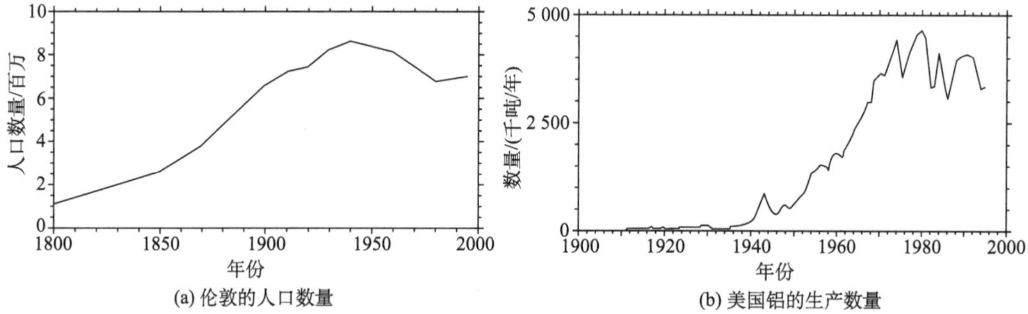

图 4-11　带有超调与振荡的 S 形增长系统示例

资料来源：London Population：1800～1960，Mitchell (1975)；1970～1995，1997 Annnal Abstract of Statistics，UK Office for National Statistics. Aluminum Production：USGS；http://minerals. er. usgs. gov/minerals/pubs/commodity

4.2.3　过度调整(超调)并崩溃

S 形增长背后的第二个假定是承载能力是固定的。然而，往往环境支持种群成长的能力被种群本身所侵蚀或消耗。例如，一片森林中鹿群的数量可能过多以致吃草过度，导致承载能力下降、种群饥饿和数量急剧减少。图 4-12 显示了过度调整并崩溃行为模式中的典型行为和反馈结构。

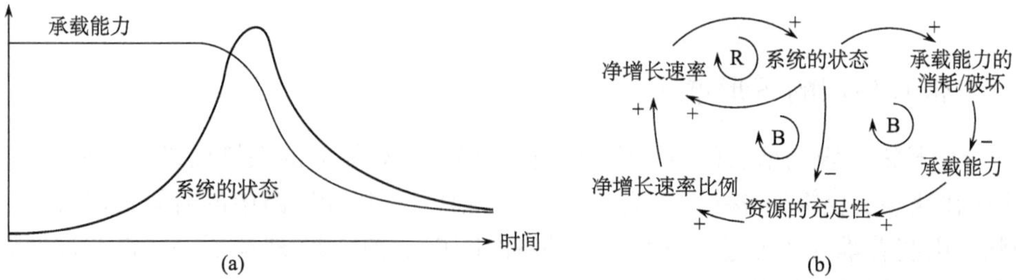

图 4-12　超调并崩溃系统的行为与结构

种群对承载能力的消耗或破坏产生第二个限制增长的负反馈。种群增长能在两个方面降低资源充足性:通过减少个体平均资源和减少总资源。如同在S形增长中一样,资源最初很充足,此时正反馈回路主宰系统状态,种群指数增长。随着种群增长,资源充足性下降,负反馈回路逐渐力量增强。在某个点,净增长速率降到零,并且种群的数量达到其最高点。但是不像S形增长,系统并没有达到均衡。当种群的数量达到峰值时,承载能力的下降速率也最大,承载能力持续降低,个体平均资源进一步下降,种群净增长速率开始变为负值,系统状态减少。即使当种群减少时,剩余种群持续消耗承载能力,所以个体平均资源一直不够并且种群数持续降低。如果没有承载能力的再生(如果它是严格的不可更新资源),系统的均衡态就是绝种:任何非零的种群持续消耗资源,迫使资源为零,并且种群随之为零。如果承载能力可被再生或为可更新资源所补充,可能维持一个非零的均衡。

图 4-13 列举了一些过度调整并崩溃的例子。新英格兰黑线鳕渔业因为 Georges Bank 的过度捕捞而崩溃,它曾经是世界最富饶的捕鱼区;过度捕捞也毁掉了加拿大和美国的鳕鱼业,类似的过度捕捞在世界渔业中很常见。核电站的建造在 20 世纪 80 年代停滞,因为高度污染物——以及公众对安全的关心——在累积,并且随着核能的成本逐渐上升。Atari 公司是 20 世纪 70 年代晚期第一拨家用视频游戏的领导者,1976～1982 年销售额几乎每年翻一番。市场的突然饱和——耗尽潜在客户源——导致销售额急剧下降,从 1982 年的 20 亿到 1984 年的 100 万,公司在崩溃中损失了大约 6 亿。制银业在 70 年代晚期经历了一个典型的投机泡沫,价格一年翻了 10 倍,然后剧烈地崩溃。

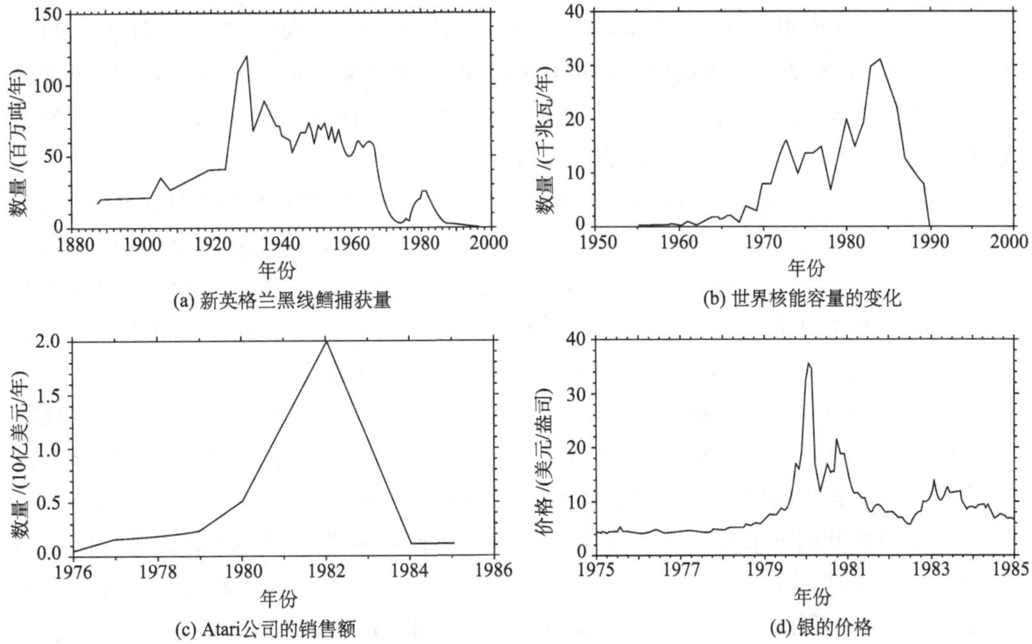

图 4-13 超调并崩溃系统示例

资料来源:Haddock: 1887～1950, Historical Statistics of the United States; 1950-present, National Marine Fisheries Service. Nuclear Capaity: Brown, Flavin, and Kane (1992). Atari: Paich and Sterman (1993). Silver Prices: Cash Price, Datastream database

如图 4-14 所示，人口与环境(承载能力)的相互作用导致过度调整并崩溃。它展示了复活节岛(当地语言称 Rapa Nui)上人口数量的变化过程，承载能力的计量来自于显示树木和灌木覆盖程度的花粉量。

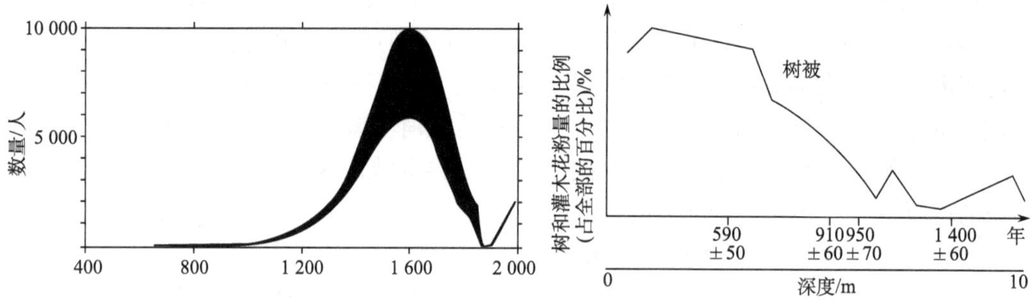

(a) 复活节岛上的人口数量　　(b) 树被数量

图 4-14　估计的复活节岛上的人口和树被数量

资料来源：Bahn 和 Flenley(1992)

图 4-14(a)中复活节岛上人口的估计量是高度不确定的。根据 Bahn 和 Frenley(1992)的数据，该图展示了人口可能的范围。图 4-14(b)根据复活节岛上 Pano Kau 土壤深处的粉面记录表明：来自树和灌木的粉面(沙草、草本植物和蕨类植物的剩余部分花粉量)比例在下降，这标示着岛上森林的砍伐情况。森林在 1400 年前基本被砍掉。

复活节岛，位于世界上最偏远的地区之一，是一个位于太平洋东部面积大约为 $160km^2$ 的小岛。复活节岛因被称做莫埃(Moai)的巨大石雕而闻名，这些石雕散布在岛上。放射性同位素测试表明：最初的定居者是来自波利尼西亚的勇敢水手，大约在公元 400 年到达，不迟于公元 690 年。据估计人口在公元 1100 年前一直缓慢增长，然后大大加速，大约每 100 年增加 1 倍，直到 1400 年为止。土壤深处的花粉量和其他记载表明：在人类还未到来之前，复活节岛被大量森林覆盖并且存在多样化的动物种群，特别是鸟类(Bahn and Frenley，1992；Steadman，1995)。然而随着人口增长，森林被逐渐砍伐来为船只、建筑、绳索和工具提供木头和纤维，同时提供木柴。同最初定居者一起到达的波利尼西亚鼠，通过捕食鸟类和吞吃本地棕榈的种子和坚果加速了这个过程。

大约在 1400 年前，森林基本被砍掉。森林覆盖丧失，从而大大降低了岛屿的承载能力。有清晰的地层学证据表明：当雨水冲刷掉未保护土壤时，土壤的侵蚀随着森林的毁坏而增加。没有树木的覆盖，地面风速增加，将更多珍贵的土壤吹到海里。侵蚀是如此严重以致从高处冲刷下来的沉积物最终覆盖了许多雕像，因此欧洲的来访者认为巨大的雕像仅仅是头部，而实际上它们是平均高度 20ft① 的完整躯体。森林的毁坏同时加速了土壤的蒸发，并且可能减少了雨量。岛屿上为数不多的几条溪流干涸了，进一步削减了食物供应和新鲜水源。最终，随着木头做成的船只、渔网线以及钓具无法被更换，作为另一个主要食物来源的渔业也衰退了。当第一批欧洲人到达时，岛上居民在交易中将木头

① $1ft=3.048\times10^{-1}m$。

作为价值最珍贵的物品。生活于复活节岛上的大多数鸟类至少在当地是绝种了，岛上原产的 25 个物种只有 1 种存活至今(Steadman，1995)。

随着承载能力下降，人口增长放缓，在 1600 年左右达到峰值，为 6000～ 10 000 人。在 1680 年左右人口急剧下降，伴随着社会、政治和宗教结构的显著变化，矛尖和其他战争用具首次出现，并且存在竞争团体之间大规模战争的迹象。一些学者认为在这段时期有人类相食的迹象。据我们所知：造访复活节岛的第一批欧洲人在 1722 年到达，他们只见到少量且贫困的人们。学者们通常认为 1786 年有 2000 人。在秘鲁的奴隶贩子侵袭和其后的天花流行之后，人口在 1877 年降到 111 人。在 20 世纪 90 年代初期人口恢复到大约 2100 人，这是智利移民和定居的结果，智利自 1888 年以来统治了这个小岛。

复活节岛的过度调整并崩溃只是记载在岛屿生物地理学上的许多类似情节中的一幕(Kirch，1997)。在每种情况下，人口增长都导致森林毁坏、本地物种的绝灭以及本地气候、雨量和农业生产的不利变化，紧随着的是饥饿、冲突和人口的锐减。

4.3　其他行为模式与结构

指数增长、寻的、振荡以及它们的组合是系统能够展现的仅有的行为模式吗？不是，但是它们覆盖了大多数动态行为模式，存在其他的模式。例如：①停滞或均衡，即系统的状态在一定时间内保持恒定；②随机变化。

4.3.1　静态平衡或均衡

恒定性既可能由于影响系统状态的动态变化非常缓慢以至于变化无法察觉，也可能因为存在强大的负反馈过程保持系统状态近乎恒定，即使是在环境扰动的情况下。在前一种情况下，变化相对于我们的时限太慢而没有意义；在后一种情况下，恒定性是高度有效寻的行为的一个例子。你能稳稳地站在地上就反映了强负反馈回路引起的均衡：当重力迫使你陷入土中时，土壤中的原子发出越来越大的向上的力量推动你脚部的原子，直到它们之间的静电排斥力刚好抵消重力，在这个点你就能站稳。

4.3.2　随机

许多变量看起来是随机的。在大多数情况下，随机性是我们无知的量度，不是系统的内在特性(除了量子力学中，爱因斯坦的名言“上帝并不同宇宙玩骰子”似乎是错误的。然而，在普朗克尺度基本粒子的随机行为同像公司这样的宏观系统的动态即便有关系，也很微小)。当我们说对公司产品的需求是随机变化时，我们实际是指对这些变化的原因不了解。我们是在暴露我们理解力的局限，不是勾画现实世界的特征。对公司产品的需求可能增长也可能经历季节性的周期。公司可在某种精度上理解甚至预测趋势和季节周期，但是在考虑到这些变化来源之后，我们倾向于将剩余的变化称做随机，好像客户在某种程度上是扔骰子来决定是否购买产品。人们通常的行为都有原因，但是公司经理既意识不到决策规则也意识不到他们用于制定决策的信息，经理们关于客户行为的模型是不完善的。如果公司能够通过额外的建模和调查工作，发现那些规则和输入，他们就能够更大程度地解释需求的总变化，其中一些过去被认为随机的变化现在也可以融入他们系统结构的理论中。

事实上，永远没有人能知道使一个客户是今天下订单还是明天下订单，或者一台机器现在出故障还是3小时后出故障的所有局部条件和特质。偏离平均的个别行为的综合影响使系统仿佛一直在一场随机冲击的雨中洗澡。工程师把这些随机扰动称做“噪声”，源自电线上原子的热力学波动引起的话音失真。当然，随机冲击的雨点也包括偶尔的大雨，甚至是洪水（例如，注意第二次世界大战对美国经济产出的影响，图4-3）。

落在我们系统上随机噪声的“雨点”确实对系统动态产生重要影响。无论如何，通过持续撞击系统使系统远离它们当前的轨道，噪声可能激发原本潜伏的行为模式。随着其能量因摩擦而耗散，一个在空气中晃动的钟摆倾向于达到均衡态；最终摆锤的摆动会静止，笔直向下。然而，轻轻地、随机地摇动一下摆锤，很快它将开始摆动，以某种程度上不规则、带有接近于其自然频率的节奏。系统结构具备振荡的潜力，但是需要像高频随机噪声那样来自外界的能量来激发其潜在的动态。随机噪声也能打破陷入局部最优化的系统，将它们送入动态完全不同的新领域，并且可以决定系统在同样有吸引力的路径中选择哪一条，构成路径依赖（见第9章）。这些扰动可被作为随机变量来建模，它们围绕在表征系统反馈结构的公式所给出的平均行为周围。有时更适合对系统的个别成分和因素来建模，在这种情况下非平均行为来自于系统主体的异质性。这些随机扰动的角色将在后面章节中探讨。

4.3.3 混沌

近年来混沌已经变成流行杂志和管理文献中无所不在的一个魔力字眼。一群新时代管理大师所著的书籍和文章都警告公司“在混沌的边缘管理”，否则将被更敏捷的竞争对手超越。对于混沌作了过多的渲染，好像它是崭新的且十分不同的、一门本质上是非线性和复杂的学科，一门没有神秘新理论就无法解释的东西。实际上，在动态理论中术语“混沌”具有狭窄和精确的技术含义。不幸的是，商业世界中对最新思潮的渴求，加上混沌和复杂性理论在市场上的大肆宣传，导致该术语的滥用和淡化。为了解释混沌，下面首先描述一些更常见的振荡类型。

1. 减幅振荡:局部稳定性

振荡的一个重要特性是衰减:如果一个振荡系统被扰动一次，然后不被干扰，波动会逐渐消失吗？如果消失，该循环是衰减的。许多系统都是减幅振荡。典型的例子是像儿童秋千那样的摆动:在仅推动一次的情况下，秋千摆出的弧线稳定地缩短，随着能量被摩擦耗散掉，直到最终静止。如果你能减少钟摆摩擦的能量损失，衰减将减弱并且在一次振动后要经历更长的时间才重建均衡。在零摩擦状况下（当然这无法达到），一次振动将引起恒定幅度的永久振荡。

衰减摆动的均衡态被称做局部稳定:扰动将引起系统振荡，但是最终它将回到同样的均衡。修饰词“局部”是很重要的。现实系统是非线性的，意味着控制动态的反馈回路和参数随着系统状态而不同(系统运行在状态空间——由系统状态变量所创建的空间)。局部稳定性意味着扰动相对于可能引起其他动态出现的非线性而言必须很小,就像秋千在摆动太剧烈时可能折断那样。

许多现实世界中的振荡是衰减的,但是由于系统持续受噪声轰击,振荡永不会消失。许多模型表明短期商业周期(图 4-7)是一个衰减的、局部稳定的振荡。振荡结构是一系列负反馈回路,工厂通过它们调节生产来控制产品和原材料库存。这些回路是振荡的,因为生产调整相对于需求和库存的变化有一个滞后,特别是在员工雇佣和物料获取方面(Forrester,1961;Mass,1975)。在这些模型中,商业周期的存在和不规则性都是由于经济受随机冲击引起的,就像上面讨论的简单摆动在受噪声不规则扰动时可能出现不规则波动一样。

图 4-15 举例说明了基于啤酒分销游戏的一个公司的简单模型中减幅振荡的例子(Sterman,1989)。游戏代表了典型生产制造行业中的供应链。供应链共有四个环节:零售商、批发商、分销商和厂商。每个阶段都是相同的,并由不同的人来管理。每个管理者都力图在满足需求的情况下控制库存,从而降低成本。模拟显示了工厂订货速率对客户需求的一次变化的响应。模拟中每个主体的决策规则都是实际参与者行为的估测。对于需求的变化,工厂订单显示出衰减振荡在约 70 周后才回到均衡。这里,负反馈回路是供应链中每个环节管理其库存的过程:在库存不足时,订货较多;当库存太高时,减少订货;延迟产生于处理订单、生产和发运啤酒所需的时间。

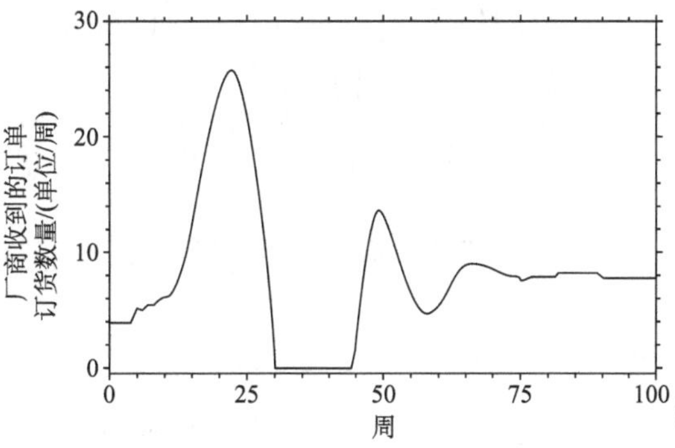

图 4-15　啤酒分销游戏模型中的减幅震荡

注意:这里的非线性关系:在第 30～45 周,存在大量的剩余库存但厂商收到的订单订货数量却被限制为非负。

2. 扩张振荡和有限循环

尽管许多振荡系统是衰减的,其他系统的平衡是局部不稳定的,这意味着小的扰动可以将系统推离平衡点。设想一个平衡于山顶上的球。只要球准确地平衡于山顶,它就保持在平衡态;但是如果微风将球稍稍吹离山顶,球就在一个正反馈中以一个更大的力量下山。这个平衡态是不稳定的,尽管一个平衡可能局部不稳定,现实的系统必须全局稳定。全局稳定意味着系统的轨迹并不发散到永远:轨道是受限的,因为导致系统加速偏离平衡点的正反馈最终一定会被不同的负反馈回路限制。球不可能永远加速,而是停在山脚下。

处于局部不稳定性平衡的振荡系统,如果被微微推离其平衡点,它的摆动将变得越来越大,直到被不同的非线性限制。这样的振荡被称做有限循环,表示限制其幅度的非线性。在非线性循环中,系统的状态保持在某个范围之内(它们被限制在状态空间的特定区域)。在稳定态,任何初始扰动的影响逐渐消失之后,出现一个在状态空间中遵循特定轨道(闭合曲线)的有限循环。稳定状态轨道被称做吸引子,因为离它足够近的轨迹都会向它靠拢,就像衰减摆动的摆锤被吸引到其稳定平衡点一样。

图 4-16 列举了一个来自啤酒分销游戏的有限循环的例子。除订货策略的参数有些差别外,图中的情况与上面所述衰减振荡相同。如同衰减振荡的例子中一样,参数代表了实际参与者的行为。再一次地,客户需求出现了一次性变化。这一次循环并非逐渐消失,而是永远存在下去,即使环境完全不变。该图既用时间轴显示了周期,也用相位图显示了周期,以订单作为纵轴,库存作为横轴,显示出系统所永久遵循的闭合轨道。

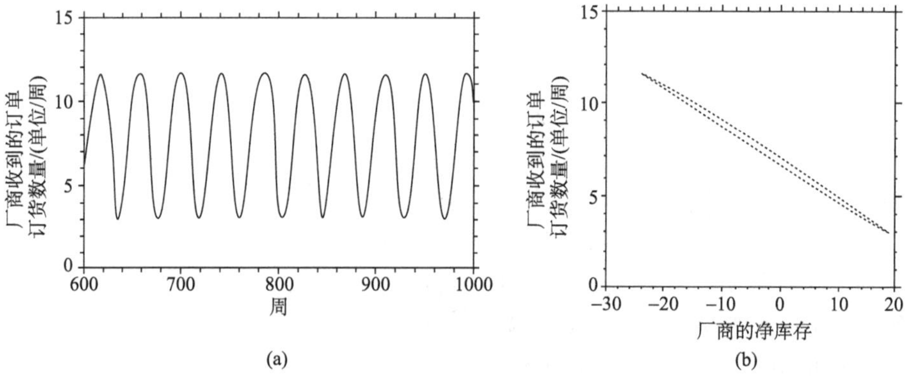

图 4-16 啤酒分销游戏产生的有限循环

图 4-16(a)为厂商收到的订单订货数量时间序列。没有外部变化这种循环将无限重复下去。

图 4-16(b)中横坐标为厂商的净库存(库存数量减去缺货数量),纵坐标为厂商收到的订单订货数量,系统的轨迹是一个封闭曲线。

当然,有限循环并非永动机,需要维持循环的能量必须从振荡器之外提供。有限循环非常普遍。你的生命依赖于它们——你的心跳和呼吸是有限循环,在从细菌到人类几乎所有有机体中观察到的昼夜节奏(警觉性的日常波动、荷尔蒙分泌以及许多其他生理参数)都是有限循环,包括:捕食者—被捕食者种群数量的循环;一些植物种类的大面积开花结果,如某些竹子;某些昆虫周期性的数量暴增,如蝉的 17 年周期(Murray,1993)。许多模型都表明世界经济中有被称做"长波"的长期波动,这种波动是能使自身永久存在的有限循环(Sterman,1985;Forrester,1983)。Sterman(1989a)报告了一个实验:人们管理一个简单的经济模型,在大多数情况下都产生出类似现实生活中的长波。Sterman(1989c)说明了刻画人类主观因素的许多决策规则会产生混沌和有限循环。

3. 混沌振荡

混沌,像衰减波动和有限循环一样,是振荡的一种形式。然而,与有限循环不同的是,混沌系统波动不规则,从不准确重复自己,即使它的运动是完全确定的。混沌系统的不规则性由内在产生而非外界随机冲击带来。像有限循环一样,混沌系统的轨迹限定在状态空间的特定区域。因为混沌系统是限定的，像有限循环一样，混沌只能产生于非线性系统；然而不像线性系统或有限循环，混沌动态并没有很好定义的周期，与上面讨论的简单钟摆不同。混沌系统的运动从不重复，相反，系统的轨道形成被称做奇异吸引子的东西——一套紧密相关但是稍微不同的轨道而非单一闭合曲线。进一步地，混沌系统有对初始条件的敏感依赖性，两个相邻轨迹，无论多接近，将以指数级别分离，直到其中一个的状态对另外一个状态的影响等同于任何随机选择的影响。即使我们对系统结构的建模和参数估计是完美的，敏感依赖性意味着对混沌系统的预测时限——在该时间长度内对未来行为的预测是准确的——可能很短。进一步地，通过改进我们关于系统目前状态的知识来把预测时限增加一个固定长度所需的成本将指数增加。

图 4-17 显示了啤酒分销游戏模拟中的混沌行为。仅是订货决策规则的参数被更改；再一次地，这些参数来自于真实参与者的行为。像有限循环一样，订货无限期地波动，在该例子中幅度每周为 0～50 单位，平均周期大约 20 周。与有限循环不同，振荡并没有规则的幅度、周期或形状，即使环境完全恒定并且系统没有经受随机冲击。系统在状态空间中的轨道遵循预定路线，但是从不自我闭合。

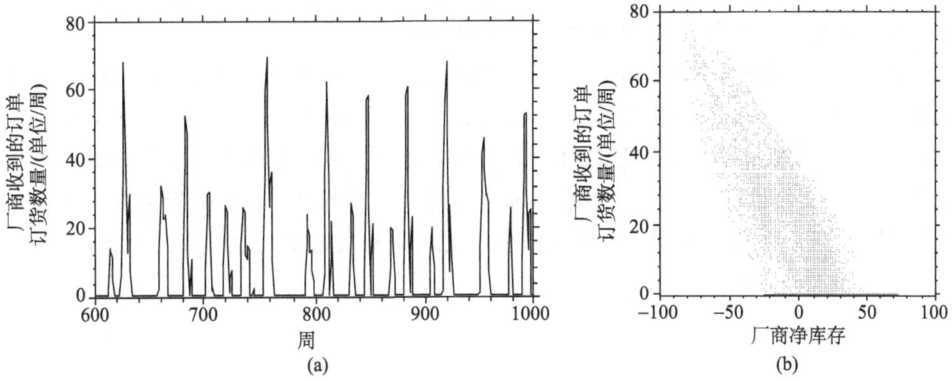

图 4-17 啤酒分销游戏中的混沌

图 4-17(a)为厂商收到的订单订货数量时间序列。图 4-17(b)为系统轨迹的位相图，横坐标为厂商的净库存(库存数量减去缺货数量)，纵坐标为厂商收到的订单订货数量。

在所有三种情况下，减幅振荡、有限循环以及混沌，反馈结构和决策规则都是同样的。仅有的区别是订货规则的参数不同，这些参数包括预期库存的规模以及经理们对预期库存与实际库存间差异反应的强烈程度。

4.4 小结

系统的反馈结构产生其行为。大多数在真实世界中观察到的行为是少数几套基本行为模式的例子，其中三种模式是基本的：指数增长、寻的和振荡。每种模式背后都有特定反馈结构。指数增长由正反馈结构产生，寻的由负反馈结构产生，振荡由带延迟的负反馈结构产生。S 形增长、带过度调整的增长以及过度调整并崩溃这样更复杂的行为模式是由这些基本反馈结构的非线性相互作用产生的。

系统的结构产生其行为的原理能启发建模者去发现系统的反馈回路结构。当特定的行为模式被观察到时,你就知道在数据所覆盖的期间之内哪种基本反馈结构占据主导地位。例如,如果观察到感兴趣的变量在波动,就意味着至少存在一个带显著延迟的负反馈回路,这指引我们探索特定的结构、决策过程以及组成负反馈回路的时间延迟。尽管这种启发在初始形成概念的过程中非常有用,但建模者还必须仔细寻找:在其模型中包含着在形成动态方面至今还不重要,但随着系统演变也许被激活的反馈回路和结构。

➢思考题

1. 辨识决定图 4-3 中增长的正反馈回路。对你辨识出的回路画出因果回路图,尽你所能找出可能中止增长的负反馈回路。

2. 辨识决定图 4-5 中寻的行为的负反馈回路。辨识每种情况下系统的状态、目标以及纠偏行动。什么阻力可能阻止系统达到其目标?

3. 辨识决定图 4-7 中经济振荡的负反馈回路和时间延迟。辨识系统的状态、目标、纠偏行动以及延迟。估计你辨识出的时间延迟的长度。

4. 在《城市动力学》中,Forrester(1969)提出了一个城市增长和萧条的模型,表明许多重振城市的政策事实上加速了城市中心的衰败。Mass(1975)、Schroeder 等(1975)扩展和应用了《城市动力学》的结果。Alfeld 和 Graham(1976)建立了适合教学的城市动力学模型简化版本。对于城市人口或者如铝等的商品生产而言,增长的限制是什么?找出每种情况下中止增长的负反馈,并辨识产生过度调整和波动的时间延迟。

第5章

因果回路图

反馈是系统动态学的一个核心概念。在系统动力学中我们使用几个绘图工具来表达系统的结构，这些工具包括因果回路图和存量流量图。本章重点讨论因果回路图，包括指导原则、易犯的错误以及如何使用 Vensim 软件绘制因果回路图。因果回路图是描绘复杂系统反馈结构的有力工具，尤其是在项目的早期阶段，此时你需要同客户项目组一起工作来提炼出其心智模型。

5.1 因果图中的记号

因果回路图(causal loop diagram，CLD)是表示系统反馈结构的重要工具。CLD 可以迅速表达你关于系统动态形成原因的假说，引出并表达个体或团队的心智模型。如果你认为某个重要反馈是问题形成的原因，你可以用 CLD 将这个反馈传达给他人。

一张因果回路图包含多个变量，变量之间由标出因果关系的箭头所连接。在因果回路图中也会标出重要的反馈回路。图 5-1 列举了一个例子，并且对主要的符号作出了解释。

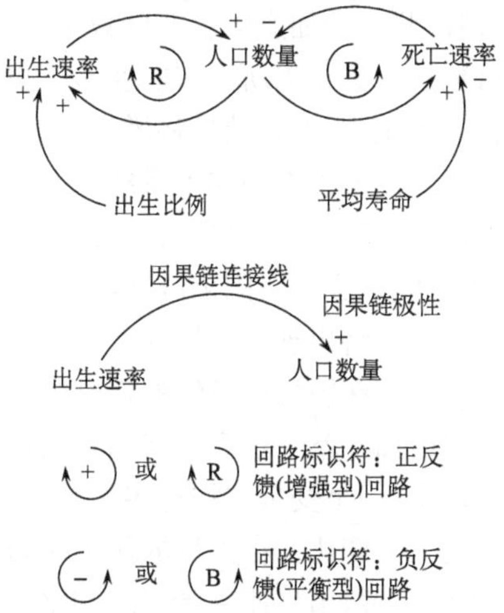

图 5-1 因果回路图中的符号

变量由因果链联系，因果链由箭头表示。在本例中，出生速率由人口数量和出生比例决定。每条因果链都具有极性，或者为正(＋)或者为负(－)，该极性指出了当独立变量变化时，相关变量会如何随之变化。重要回路用回路标识符特意标出，以显示回路为正反馈(增强型)还是为负反馈(平衡型)。注意回路标识符与相关回路朝同一个方向绕圈。在本例中，联系出生人口数和总人口数的正反馈是顺时针方向的，它的回路标识符也是顺时针；负的死亡速率回路是逆时针方向的，它的标志符也是逆时针。表 5-1 概要说明了因果链极性的定义。

一条正因果链意味着如果原因增加，结果要高于它原来所能达到的程度；并且如果原因减少，结果要低于它原来所能达到的程度。在图 5-1 的例子中，出生速率(以每年出生人数计)的增加意味着人口数量将超过它原来所应有的数字，并且出生速率的减少意味着人口数量将低于它原来所应有的数字。也就是说，如果出生速率增加，人口数量在其他给定的情况下将增加；如果出生速率下降，人口数量在其他给定的情况下将下降。

表 5-1　因果链极性：定义和实例

符号	解释	数学公式	例子
X →(+) Y	在其他条件相同的情况下，如果 X 增加(减少)，那么 Y 增加(减少)到高于(低于)原所应有的量。在累加的情况下，X 加入 Y	$\partial Y/\partial X>0$ 在累加的情况下 $Y=\int_{t_0}^{t}(X+\cdots)ds+Y_{t_0}$	产品质量 →(+) 销售量 努力 →(+) 结果 出生速率 →(+) 总人口数
X →(−) Y	在其他条件相同的情况下，如果 X 增加(减少)，那么 Y 减少(增加)到低于(高于)它原所应有的量。在累加的情况下，X 从 Y 中扣除	$\partial Y/\partial X<0$ 在累加的情况下 $Y=\int_{t_0}^{t}(-X+\cdots)ds+Y_{t_0}$	产品价格 →(−) 销售量 挫折感 →(−) 结果 死亡速率 →(−) 总人口数

58　一条负因果链意味着如果原因增加，结果要低于它原来所能达到的程度；并且如果原因减少，结果要高于它原来所能达到的程度。在图 5-1 的例子中，死亡速率(以每年死亡人数计)的增加意味着人口数量将比其原来所应有的少，并且死亡速率的减少意味着人口数量比其原来所应有的要多。也就是说，如果死亡速率增加，人口数量将减少；如果死亡速率减少，人口数量将增加。

因果链的极性描述了系统的结构，它们并不描述变量的行为。也就是说，它们描述如果发生一种变化将出现什么结果。它们并不确定变化会真正发生。出生速率可能增加，也可能减少——因果链并不能告诉你哪种可能性会变成现实，它只能告诉你如果变量变化的话将出现什么情况。

注意："在因果链极性的定义中高于(或低于)原来所能达到的程度"这个短句。原因变量的增加并不一定意味着结果变量将会增加。这有以下两个原因：

首先，一个变量往往有多个输入。要判断哪种情况会实际发生，你需要知道所有输入分别如何变化。在人口的例子中，出生速率既取决于出生比例，也取决于总人口的规模(也就是说，出生速率 ＝出生比例×人口数量)。你不能断定出生速率的提高一定会导致人口数量增加，你还需要知道死亡速率是增加还是减少。如果死亡速率降得很多，那么，即便出生速率增加，人口数量仍旧会下降。在评判单条因果链的极性时，假定所有其他变量都是恒定的。在评估系统的实际行为时，所有的变量都同时互相作用，这时其他变量不保持恒定，此时往往需要计算机模拟来追踪系统的行为并判断哪个回路占据主导地位。

其次，并且更重要的是，因果回路图并不区分存量和流量，即系统中资源的累积和改变那些资源的变动因素。在人口的例子中，人口数量是一个存量——它累积出生速率并减去死亡速率。出生速率的增加会增加人口数量，但是出生速率的减少并不会使人口数量降低。出生只会使人口增加，而从不会使人口减少。出生速率和人口数量间的正因果链意味着出生速率使人口数量增加。这样，出生速率的增加使人口数量比原来所应有的要多，而出生速率的减少使人口数量比原来所应有的要少。

类似地，从死亡速率到人口数量的负因果链意味着死亡速率使死亡速率减少。死亡速率的降低并不会增加人口数量。死亡速率的降低意味着更少的人死亡并且更多的人存活：人口数量比原来所应有的要高。注意：你无法弄清人口数量实际上是增加还是减少：如果死亡速率超过了出生速率，即使出生速率增加，人口数量还是会减少。要知道存量是增加还是减少，在本例中，你必须知道它的净改变速率，是出生速率减去死亡速率。然而有一点千真万确，如果出生速率增高，即使人口数量在不断下降，人口数量也将比不考虑出生速率这个变化的情况下要高。人口数量的下降速率将比它原来应有的要慢。

5.2　绘制因果回路图的原则(斯特曼，2008)

5.2.1　因果回路图中每个链条都必须代表变量之间存在因果关系，而不是变量之间存在相关关系

变量之间的相关反映了系统过去的行为，相关并不代表系统的结构。如果环境变化，如果先前休眠的反馈回路变成主导回路，如果人们尝试新的策略，那么变量之间先前可靠的相关关系将不再有效。你的模型和因果图必须只包括那些你认为表达了系统背后因果结构的关系。当你作模型模拟时，变量之间的相关将从模型行为中产生。

例如，尽管统计表明：冰激凌的销量同谋杀犯罪率呈正相关，但你不应在模型中绘制从冰激凌销售到谋杀的因果链。作为替代，如图 5-2 所示，冰激凌销售和谋杀都随着平均气温的浮动，在夏季增加并在冬季减少。将相关关系与因果关系混淆可能导致可怕的误导和政策错误。在图 5-2(a)中的模型意味着限制冰激凌消费可以降低谋杀犯罪率，拯救生命，并且能让全社会减少花在警察和监狱上面的预算，这显然是荒谬的。

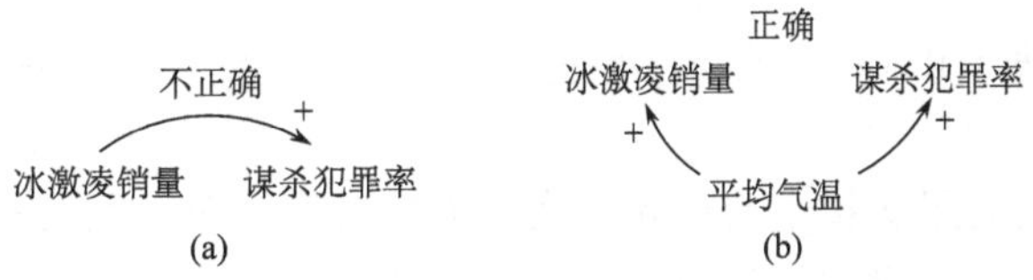

图 5-2　因果回路图应当只包括因果关系

尽管很少有人会将谋杀归罪于偶尔吃的冰激凌，但有许多相关关系不易察觉，很难判断出其背后是否存在因果结构。大量的科学研究都是在相关性的大海中寻找因果关系的“针”：维生素 C 是否能治疗感冒？吃燕麦片是否能降低胆固醇？如果真能降低，人们心脏病发作的可能性是否也会降低？科学家从痛苦的经验中认识到要得出这些问题的答案很难，需要严格遵循科学方法——受控实验、随机化、双盲测试、大量采样、长期跟

踪研究、复现、统计推断以及其他。在建模者常常面对的人类和社会系统中，这样的实验很困难、很少见并且往往不可能实现。建模者必须格外小心地考虑其模型中的关系是否为因果性的，而不管相关性有多强，R^2 有多高，或者回归系数的统计重要性有多大。

5.2.2　一定要为你图中的每一个因果链标注极性

使用表 5-1 中的定义来帮助你判断因果链是正还是负。正反馈回路也称做增强回路，并由＋或 R 标识；而负反馈回路有时被称做平衡回路，由－或 B 所标识，如图 5-3 所示。回路极性标注符显示了哪个回路为正，哪个为负。回路标识符对顺时针回路来说应该顺时针画出，对逆时针回路来说应该逆时针画出。

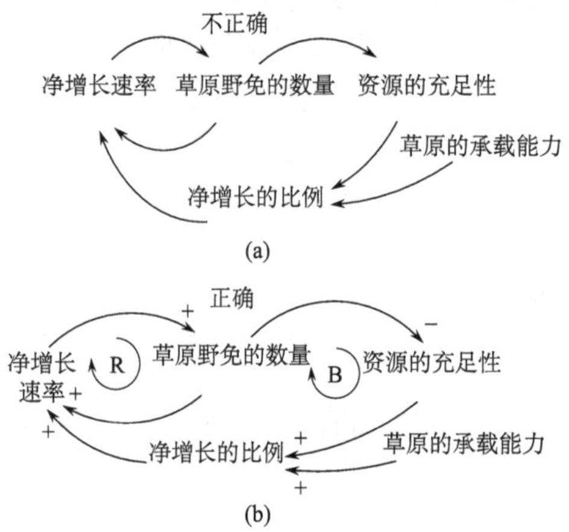

图 5-3　标出因果链和回路的极性

所有因果链都应当有明确的极性。有时人们说一条因果链可正可负，取决于其他的参数或者系统在何处运作。例如，人们往往画一张如图 5-4(a)所示的图，将一家公司的收入同其产品的价格联系起来，然后声称价格和公司收入之间的因果链可正可负，为正还是为负取决于需求的弹性。如果需求具有高度的弹性，更高的价格意味着较少的收入，因为 1%的价格增加将使需求下降超过 1%，此时因果链的极性将为负。如果需求弹性不足，1%的价格增加将引起需求下降少于 1%，从而收入增加，此时因果链将为正。因而无法指定单一的极性。

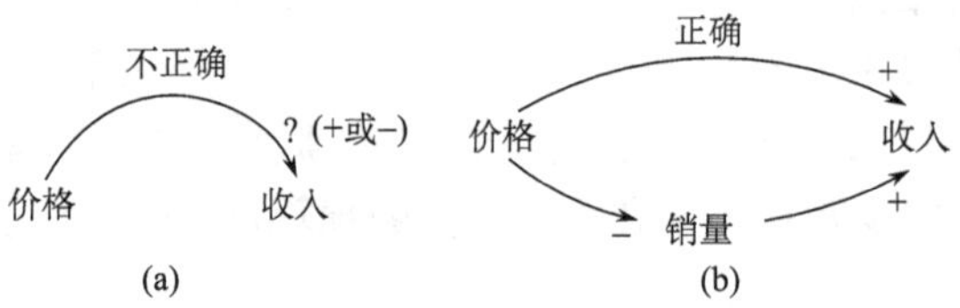

图 5-4　明显不确定的极性通常意味着存在多条因果路径

如果你在为一条因果链指定清晰和明确的极性时有困难，通常意味着这两个变量之间有多条因果路径。你应当在你的图中明确表示这些路径。在例子中，价格对收入至少有两个影响：①它决定每售出一个单位的产品产生多少收入。②它影响售出产品的数目。也就是说，收入＝价格×销售量，并且销售量依赖于价格(大体上需求曲线是向下的：更高的价格会使销量减少)。正确的图如图 5-4(b)所示。现在关于任何一条因果链的极性都没有歧义。

需求的价格弹性决定了哪一条因果路径占主导地位，如果需求对价格很不敏感(需求的弹性小于 1)，那么图 5-4(b)中下面那条路径就很弱，价格对收入的提高多于它对销量的降低，价格增加的净影响是将收入增加。反过来，如果客户对价格非常敏感(需求的弹性大于1),图5-4(b)下面那条路径占主导地位,每单位商品收入的增加小于销量的降低,从而价格增加的净影响是将收入降低。如果在任何一条路径上有延迟的话,将两条路径分开还能让你明确不同的延迟。在上面的例子中,在价格变化和销量降低之间可能有较长延迟,而在价格对收入的影响上可能几乎没有延迟。

用明确的极性将极性有明显歧义的因果链分割成不同路径是一种有用的方法,能够加深你对因果结构、延迟和系统行为的理解。

5.2.3　判断回路的极性

快速弄清回路是正还是负的方法是数回路中负因果链的数目。如果负因果链的数目是偶数,回路为正;如果负因果链的数目是奇数,回路为负。该规则之所以有效,是因为正回路将变化加强而负回路自我校正,它们将扰动抵消。想象在其中一个变量上出现了小小的扰动,如果扰动在沿回路传播的过程中增强了原来的变化,那么这个回路就是正的。如果扰动在沿回路传播的过程中抵消了原来的变化,那么这个回路就是负的。为了抵消扰动,信号在沿回路传播的过程中净极性必须为负。净极性为负只有在负因果链数目为奇数的情况下才可能发生。单独一条负因果链引起信号反向,增加变成减少。但是再加一条负因果链再次将信号反转,减少又变成增加,加强了原来的扰动。

5.2.4　命名你的回路

无论你使用因果回路图是为了引导客户组说出他们的心智模型,还是同他们就模型的反馈结构进行沟通,你会常常发现自己想要追踪的回路非常复杂。你的图很容易把你的客户搞糊涂。为了让你的客户不至于迷失在回路的网络中,应该对每个重要的回路给出一个数字和名字,这会很有帮助的。将回路标注为R1、R2、B1、B2等,这样可以帮助你的客户在讨论时找到它们。对回路进行命名,可以帮助听众理解回路的作用并且为讨论提供有用的简称。这些标注可以代替一套复杂的因果链。在同客户工作时,往往会请他们来命名回路;有时,客户会提出一个古怪的词语或者组织中一些特定的俗语来命名回路。

图5-5展示了由客户(工程师和经理们)在一次研讨会中形成的因果回路图,用来探索组织中设计工作延迟交付的原因。该图揭示了工程师试图将项目在截止期前完成的行为方式。工程师将未完成的工作同项目剩余的时间相比较,缺口越大,他们感到的进度压力就越大。当进度压力增大时,工程师有几种选择。首先,他们可以加班。他们不再每周只工作50小时,而是会提前上班、不吃午饭、推迟下班并且周末加班。通过熬夜,他们加快了完成任务的速率,减少了未结工作,并且缓解了进度压力(熬夜回路B1)。然而,如果加班的日子持续太久,疲劳就开始出现,导致工作完成的生产效率下降。当工作完成的生产效率下降时,任务完成速率下降,这增加了进度压力,并导致更长的工作时间:增强回路R1(筋疲力尽回路)限制了加班的有效性。另外一种加速完成工作的方法是缩短花在每个任务上的时间。在每个任务上花费较少的时间提高了每小时完成任务的数目(生产力),并且降低了进度压力,这样就形成平衡回路B2。关于该回路名称的讨论非常热烈。经理们声称工程师们总是会磨磨蹭蹭、精雕细琢,他们觉得一定要有进度

压力才能消除时间的浪费,并且能让工程师们集中精力于他们的工作。工程师们则反驳说进度压力往往太高,以至于他们别无选择,只能降低质量水准并且省略他们的工作文档。工程师称之为偷工减料回路(B2)。工程师们接着指出偷工减料是自欺欺人的行为,因为它增加了错误比例,从长期来说导致更多的返工和较低的生产效率:他们将这称为"忙中出错",这会使进度压力进一步提高,从而造成更多的压力去偷工减料(忙中出错回路 R2)。

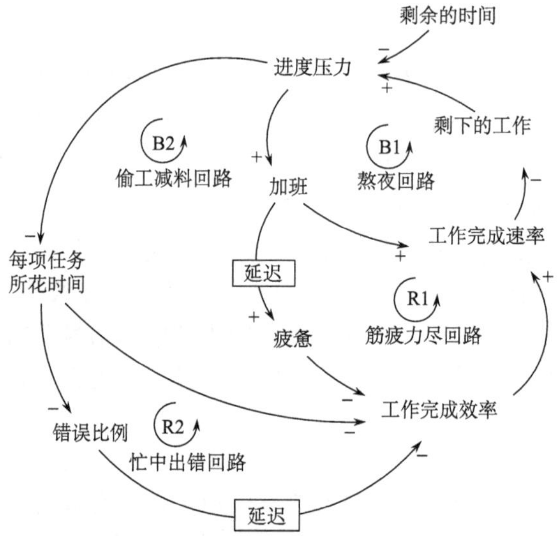

图 5-5　工程师试图将项目在截止期前完成的因果回路图

完整的模型包括更多其他回路。由工程师小组给出的名字以一种清晰有趣的方式向经理们表明了工程师们对自身行为的看法和理由。谈话并没有蜕变为带有个人色彩的争吵(在这种争吵中经理们叫嚣说工程师们必须在有人踢屁股的情况下才能前进;而工程师们则坚称人一旦被提升到管理层,头脑就会变质——这是在大多数组织中出现的会话模式)。参与者很快开始讨论筋疲力尽回路和进度压力、加班、疲劳以及错误之间的非线性关系。回路的名称方便了对反馈回路复杂部分的引用。由名称所表示的概念开始逐渐进入组织中经理和工程师们的心智模型及决策制定过程,从而改变一些根深蒂固的行为。

5.2.5　指出因果链条中的重要延迟

延迟在动态的产生过程中非常重要。延迟使系统产生惰性,可能导致振荡,并且往往使政策的短期效果和长期效果刚好相反。你在因果回路图中应当包括对动态假设意义重大或者对你的时界来说很显著的延迟。图 5-6 中说明了在因果回路图中如何表达延迟。

图 5-6　在因果回路图中表达延迟

当货物价格提高时,供应倾向于增加,但这往往发生在相当长的延迟之后,此时新生产线被购置同时新公司进入市场。参见图 5-5 中筋疲力尽和忙中出错回路中的时间延迟。

案例：能源需求中的延迟，汽油销售对价格的响应涉及很长的延迟。在短期，汽油需求是很缺乏弹性的：如果价格提高，人们可以减少旅行，但是大多数人仍不得不驾车工作、上学以及去超市。当人们认识到价格将持续走高时，他们可能进行搭伙拼车或者转向公共交通（如果公共交通够用的话）。随着时间推移，高价引出其他响应。首先，消费者（以及汽车公司）等着看油价是否会保持得足够高和足够久，以此来判断是否值得购买或者设计更有效率的汽车（这是一个长达一年甚至更久的察觉或决策制定延迟）。一旦人们认定油价不会很快回落，汽车公司必须设计和制造出能源效率更高的汽车（这是一个数年的延迟）。即使在能源效率更高的汽车出现之后，大多数跑在路上的汽车仍将是低效率的，较老的车型仅仅在用坏和废弃之后才会得到替换，这是大约 10 年的延迟。如果价格持续走高，最终人们放弃郊区住宅并将家搬到与工作地较近的地方，人口居住的密度将增加。总之，汽油价格和需求间的因果链上的延迟明显多于 10 年。随着跑在路上的汽车逐渐被更有效率的汽车替代，并且（可能）随着新的大众交通路线被设计和建造，汽油的需求将显著下降——其长期需求是很有弹性的。图 5-7 明确表示了调整汽油需求的这些不同途径。对于高价的短期响应较弱，而长期响应很强，因为汽车存量逐渐更新为更有效率的款式，而且生活方式发生了变化。

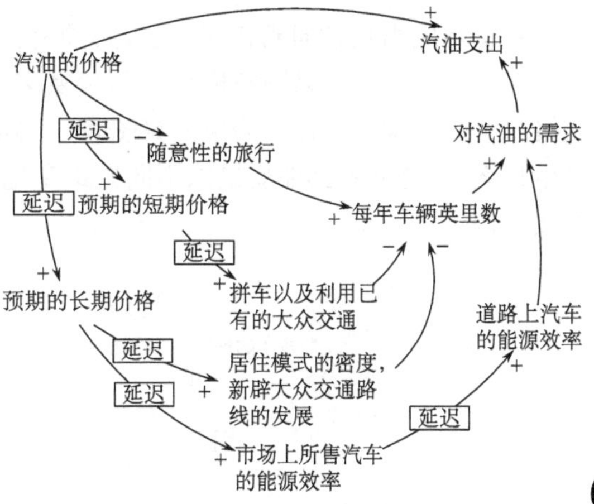

图 5-7　在汽油需求和支出相对于价格作出响应时的不同时间延迟

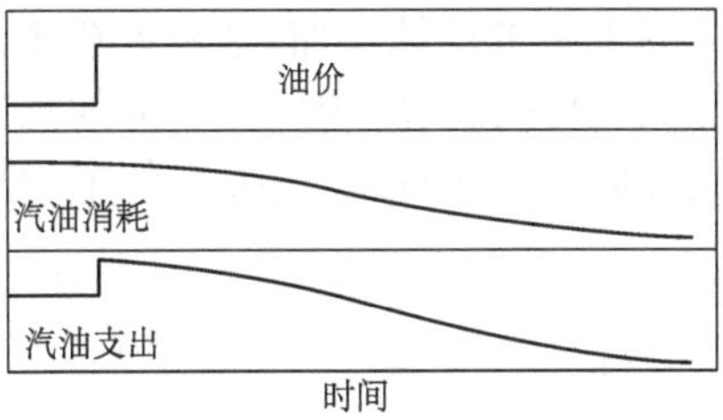

图 5-8　汽油价格出现未预料到的永久性增加的情况时，系统出现的响应

图 5-8 为假定汽油价格出现未预料到的永久性增加的情况时，系统给出的响应。消费缓慢减少，因为调整汽车的效率、改变居住模式以及公共交通路线都需要长延迟。因而支出立刻增加，后来才降到低于初始水平的程度：这对消费者来说是一个先糟糕后好的交替。当然，随着需求降低，对于价格有向下的压力，可能进一步降低支出，但是也阻碍了进一步的效率提升。对于价格的反馈在图 5-8 中被有意忽略。

明确地勾画价格变化和需求变化之间的许多延迟，能让我们更容易地看到由价格提高所带来的汽油支出的先坏后好的行为。图 5-8 显示了汽油需求和费用支出对于油价的假定阶跃增加所作出的响应。从短期来说汽油需求是相当缺乏弹性的，所以对于油价提高最初的响应是汽油费用支出的增加。随着高价的持续、效率的改进逐渐降低每车每英里的汽油消耗，并且最终居住模式和大众交通的可用性将发生调整，从而减少了每年车辆行驶的总公里数。从长期来看，需求调整不仅抵消了价格的增加而且超过了它，从而费用支出降低。从消费者的观点来看，这是一个先坏后好的行为。时间延迟及其所产生的交替能帮助我们解释为什么增加汽油税是如此之难，至少在美国是这样。尽管即便从净现值的角度来看，长期的效益也超过了短期的成本，但这只能在多年之后才会慢慢体现出来。关注于下次竞选活动的政府官员往往会认为这种短期成本在政治上是不可接受的。而反过来，他们作出这种判断是因为公众不愿为了明天更大的好处而牺牲今天的一点点利益。

5.2.6 变量名应当是名词或名词短语

变量名应当是名词或名词短语，必须有清晰的方向感，选择从常规意义上说方向为正的变量名。因果回路图和模型中的变量名应当是名词或名词短语。行动（动词）则由连接变量的因果链表达。因果回路图表达的是系统的结构，而非其行为——不是实际会发生什么，而是如果其他变量以不同方式变化，系统将发生什么。图 5-9 显示了好坏两个方面的例子。

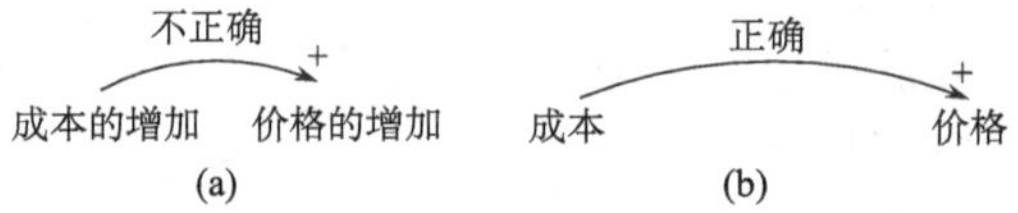

图 5-9 变量名应当是名词或名词短语

图 5-9(b)表明，如果成本增加，价格将增加（超过原所应有的）；但是如果成本降低，价格也将降低（低于原所应有的）。在图中加入动词“增加”就假定成本仅仅会增加，使讨论偏向于一种模式的行为。谈论成本增加幅度的降低或者价格增加幅度的降低容易让人混淆——价格到底是在增加、以下降的速率增加还是在降低？

变量名必须有清晰的方向感。选择一个对增加和减少来说意义很明确的名称，即变量可以更大或变小的变量。如果变量没有清晰的方向感你将无法为因果链指定明确的极性。

图 5-10(a)的两个变量都没有清晰的方向：如果来自老板的反馈增加，这是否意味着你得到更多的评价？这些评价是好还是坏？心态增加又是什么意思？图 5-10(b)的意义是清晰的：来自老板更多的表扬提高了士气；较少的表扬降低了士气（尽管你可能不应当让你的自尊如此依赖于老板的看法）。

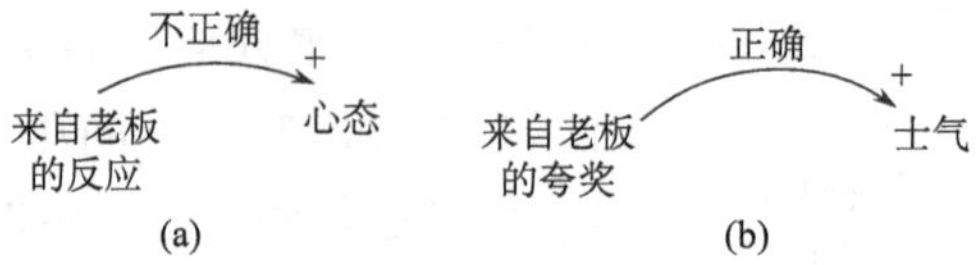

图 5-10 变量名应有清晰的方向感

选择从常规意义上说方向为正的变量名。应当这样选择变量名，它们在常规意义上的方向是正面的。避免使用包含否定前缀的变量名，如不、非等，如图 5-11 所示。

标准的会计法则是：利润＝收入－成本，所以利润是更好的变量名，它在成本增加时降低，并在成本降低时增加。类似地，批评将使你不高兴，但是谈论不高兴程度的增加是令人混淆的；更好的选择是正面的词语高兴，它可能在你被批评时降低而在批评减少时增加。尽管偶尔会有例外，但减少对该规则的违背将消除客户的不理解。

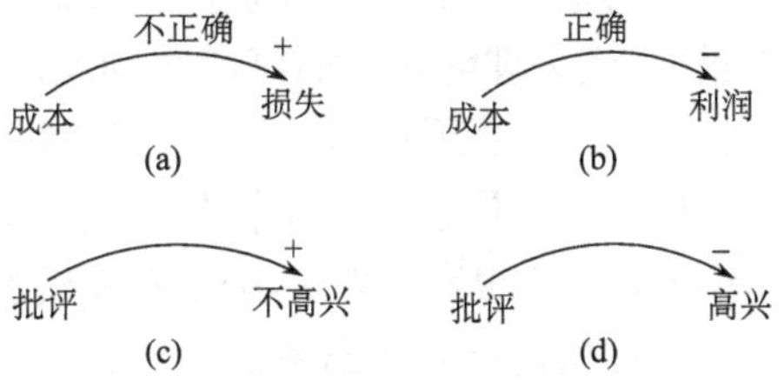

图 5-11 选择变量，要使其从常规意义上说方向为正面的

5.2.7 有关因果回路图布局的告诫

为了使因果图的清晰度和影响力达到最大，你应当遵循一些图形设计的基本原理：

(1) 使用曲线来代表信息反馈。曲线会帮助读者对反馈回路形成视觉形象。

(2) 让重要回路遵循圆形或椭圆形路径。

(3) 合理组织你的图，将交叉线减到最少。

(4) 不要在因果图的变量周围放置圆圈、六边形或其他符号。没有意义的符号是“图形垃圾”，仅仅带来杂乱无章和注意力的分散。一个例外：你往往需要在图中明确系统的存量和流量结构。在这种情况下，围绕变量的方框和阀门会告诉读者哪些为存量，哪些为流量——它们传达着重要的信息。

(5) 反复尝试。因为在你开始时往往不知道所有变量和回路将是什么样，所以你往往应当多次重画你的图，以找到最好的布局。

5.2.8 选择合适的概括程度

因果回路图被用来勾画你动态假设的反馈结构，它们并不需要将模型描述到数学公式这样的详细程度。带有太多的细节，将使我们很难看到总的反馈回路结构以及不同回路如何交互，而太少的细节会使你的听众很难理解其中的逻辑并怀疑你模型的合理性和现实性。

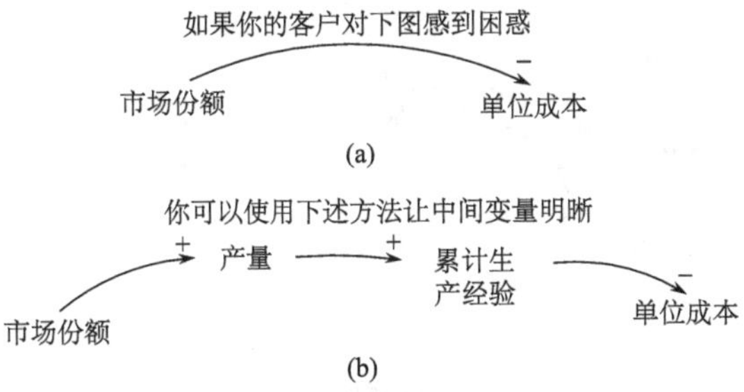

图 5-12 添加中间因果链让因果关系更加明晰

如果你的客户无法理解一条因果链中的逻辑，你应当明确表达其中的一些中间变量。图 5-12 举了一个例子。你可能认为在你的行业中，市场份额的增加会带来较低的单位成本，因为更高的产量将使你的公司沿学习曲线下降得更快。图 5-12(a)将这个逻辑压缩到单条因果链。如果你的客户发现该因果链令人困惑，你应当分解该图，用更多的细节来显示推理步骤，如图 5-12(b)所示。

一旦你澄清了该逻辑，并让所有人都理解之后，你就可以将详细的“集成”表达成简单的、概要的形式。然后可以将简化图作为因果结构背后的更为详细的图的标记。

5.2.9 不要将所有的回路放入一个大图

短期记忆一次只能持有 7±2 个信息块，这对因果回路图的有效规模和复杂度作了相当严格的限制。将一个复杂因果回路图一次表达出来，会使人们很难识别回路、理解何者重要，或去理解它们如何产生动态。对于将所有回路放入一个总图的诱惑，你一定要抗拒。这样的图看起来让人印象深刻——我的天，我在里面做了多少工作！我的模型多大多全！——但是这图在同你的客户沟通方面却并不有效。一张贴满墙壁的大图可能对建模绘图者来说很容易理解，但是对建模绘图者想要与之沟通的客户，确是隔行如隔山。

那么你如何能表达出系统的丰富反馈结构而又不过度简化呢？分阶段建立你的模型，伴随一系列较小的因果回路图。每个图应当对应于动态问题的一部分。很少人能够理解复杂的因果图，除非他们有机会每次只消化一部分。为每个重要回路作一张单独的图，这些图可以具备足够的细节来显示流程实际如何运作。然后将图“集成”一个较简单的、高度概括的图，来显示回路之间如何相互作用。在表述时，从分块开始一部分一部分地构筑你的图，例子见 5.4 节。

5.2.10 明确表示出负回路的目标

所有的负反馈回路都有其目标。目标是期望系统达到的状态，并且所有的负回路通过把实际状态同目标状态进行比较，然后对差异进行修正来发挥作用。请明确表示出负回路的目标。图 5-13 举了两个例子[(a)和(b)]。图 5-13(a)是影响一个公司产品质量的负回路：质量越低，所启动的质量改进计划就越多，并且人们假定质量的缺陷将得到修正。将目标明确表示出来会启发人们去询问目标如何形成。大多数系统中的目标不是由外界给出，而是反馈结构的一部分。目标可能随着时间的流逝和环境的压力而变化。在此例中，什么东西决定了产品的质量目标？是 CEO 的命令、竞争对手的质量基准，还是公司自身过去的质量水平？当目标被明确表示时，人们更容易想起这些问题，并且能够更为迅速地将所推测的答案融入模型中。

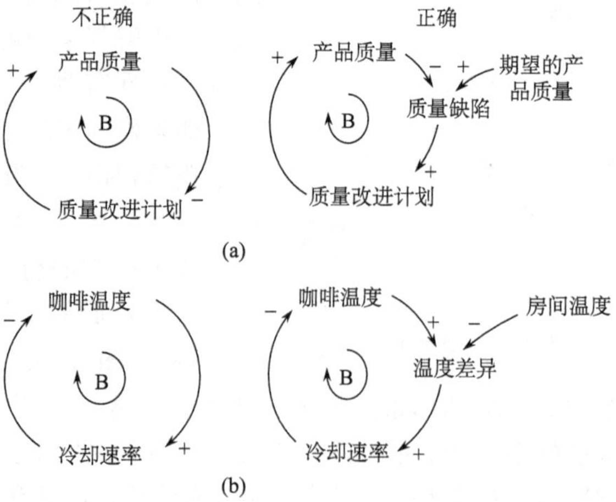

图 5-13 明确指出负回路的目标

当回路表达的是人类行为时，把负回路目标明确表示出来这点格外重要。但是即使回路并不涉及人为因素，对目标明确表达也很重要。图 5-13(b)勾画了一杯咖啡降到室温所经历的负反馈过程。冷却速率(热量从热咖啡发散到周围空气中的速率)与咖啡温度同室温之间的差异大体成正比。当两个温度相等时降温的过程停止。当目标被明确显示出来时,我们更容易看清这个基本的热力学规律。

当然明确显示负回路目标的原则也有例外。考虑图5-1中的死亡速率回路。死亡速率回路的目标是隐含的(等于零:从长期来说,没有人能永生)。你的模型不宜明确地勾画出死亡回路的目标,或者诸如固定资产折旧这类衰减过程的目标。

5.2.11 分清实际状况和察觉到的状况

事物的真正状态和系统中行动者察觉到的状态之间有巨大的差别。报告和测量过程可能引起延迟,也可能出现噪声、测量错误、偏见和扭曲。在图5-13中所示的质量管理的例子中,在实际质量和管理层对产品质量的看法之间可能存在显著的延迟。将察觉到的状况同实际状况分开,有助于我们提出这样的问题:量度质量要花多长时间?在质量数据出来之后,改变管理层关于质量的看法要花多少时间?实施质量改进计划要花多长时间?认识到结果要等多长时间?除了长时间的延迟外,报告体系中可能还存在的偏差,它会使所报告的质量同客户所感到的质量产生系统性的偏离。顾客并不会对所有的质量问题投诉,也不一定会向销售代表反映所有的质量缺陷。销售和维修人员可能并不向母公司汇报所有的客户抱怨。因为下属对信息进行了过滤,高层管理人员的质量评估可能会有偏差。因果图可被修订为如图5-14所示的内容。该图现在显示,尽管想听到真相,但仍会对产品质量持有好于实际的看法,该图还便于激发一场讨论,讨论如何缩短延迟以及消除失真。

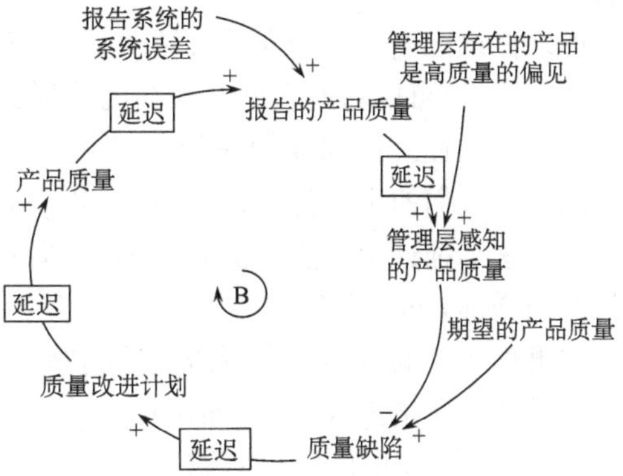

图5-14 区分实际状况和感知到的状况

5.3 应用建议:从访谈信息中形成因果图(斯特曼,2008)

建模者用来形成动态假设的许多信息来自于同组织中成员的访谈和讨论。我们可以用许多技术来从组织成员处搜集信息,包括调查、访谈、实地观察、历史数据等。通常无法通过调查来获得足够的信息以形成系统动态学模型。无论是构建概念模型还是定量模型,访谈都是搜集有用信息的好方法。事实证明,半规范式的访谈(在里面建模者有一套预定的问题要问,但是可以自由地偏离谈话脚本以追寻感兴趣的方向)特别有效。

仅仅访谈本身是远远不够的,必须由其他信息源来补充,这其中既包括定性信息也包括定量数据。一般而言,人们对于系统只有零散而片面的理解,所以你必须同所有相关的参与者在多个层次进行访谈,包括那些组织外的人士(客户、供应商等)。访谈得到的信息极为丰富，包括决策过程的描述、内部政治、对他人动机和个性的责怪以及解释事件的理论等，但是这些不同类型的信息会混杂在一起。人们知道的比他们愿意告诉你的要多，并且他们会创造理论和事件来支持他们的看法，提供一些他们不可能知道的“信息”（Nisbett，Wilson，1977）。建模者必须通过对尽可能多的信息源做三角校验，才能获得对问题结构和其中参与者决策过程的洞察和了解。有许多文献为搜集和分析定性数据提供技术指导；参见 Argyris 等（1985）、Emmerson 等（1995）、Glaser 和 Strauss（1967）、Kleiner 和 Roth（1997）、March 等（1991）、Morecroft 和 Sterman（1994）、Van Maanen（1988）以及 Yin（1994）。

一旦你完成了访谈，你应当能够从访谈对象的陈述中提炼出因果结构。形成的变量名要紧密对应于你所访谈的人以及所使用的实际用语，同时要坚持上面所述正确变量名的选取原则（名词短语，清晰和正面的方向感）。因果链应当直接由访谈记录中的某段文字支持。一般来说，人们不会描述你能见到的所有因果链，并且不会明确地闭合所有反馈回路。你是否应当加入这些额外的链条，这取决于你绘制图形的目的。

如果你试图表达一个人的心智模型，你就不能包含任何未植根于此人自身陈述的因果链。然而，你可以对此人展示最初的图形并邀请他或她详细说明及添加任何丢失的因果链。人们往往会提到他们决策的动机，以及对反馈作用如何影响系统状态的隐含理解。例如，“我们的市场份额在下滑，所以我们解雇了市场副总，并选择了一个新的广告代理商。”这个描述中的隐含信息是相信新的副总和广告代理能够带来更好的广告和市场份额的增加，闭合这个负回路。

如果你访谈的目的是为所研究的问题形成一个好的模型，你就应当使用其他信息源来补充访谈中所指出的链条，如用你自身的经验和观察、历史数据以及其他。在许多情况下，你需要添加访谈或其他信息源中未提到的额外因果链。尽管其中一些因果链代表基本的物理关系并且对所有人来说都显而易见，但另外一些则需要证明或解释。你应当从你对系统的了解中提取所有能够得到的知识来完成该图。

5.4 Vensim 软件简介

Vensim 的主窗口包括标题条、菜单栏、主工具条、绘图工具条、状态栏、分析工具条以及绘图视窗区。当一个模型打开时，如图 5-15 所示。

5.4.1 标题条

标题条显示了当前打开的模型以及绘图视窗区变量，如图 5-16 所示。

视窗区变量是指用户选中的并且想要了解更多信息的模型变量，如变量的动态变化。通过点击一个变量或者使用控制面板中的变量选择控制选择视窗区变量。

5.4.2 菜单栏

Vensim 提供了如图 5-17 所示的菜单。使用菜单的方法，除了可以逐级打开外，还可

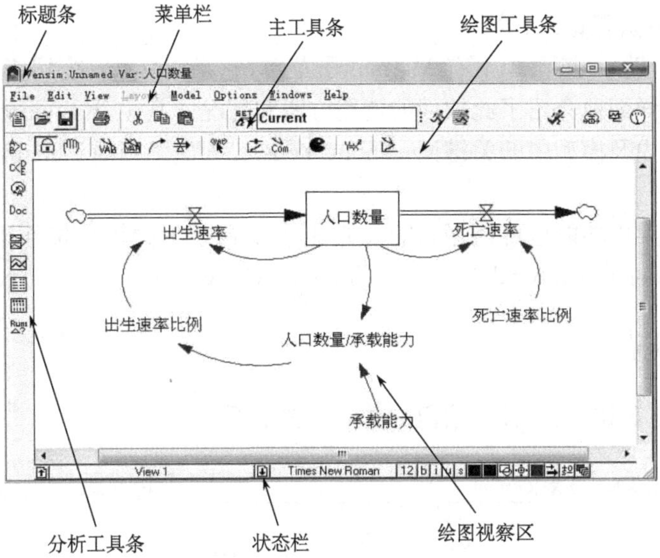

图 5-15　Vensim 界面图

图 5-16　Vensim 标题条

以用相应的快捷键。

图 5-17　Vensim 的菜单栏

(1) File(文件管理)。New Model(新建模型);Open Model(打开模型)用于打开现有模型;Save 和 Save As(保存模型)用于各种存盘;Print 和 Print Options(打印模型);Close(关闭模型)关闭当前打开的模型;Exit(退出系统)。

(2) Edit(文件编辑)。Undo(取消操作);Redo(恢复操作);Copy(复制);Cut(剪切);Paste(粘贴);Select All(全部选定所有变量);Or Select(选定某类变量);Find(查找,用于查找模型变量);Find Workbench(查找工作台);Find Again(再次查找)。

(3) View(观察)。Zoom (缩放)提供按任意比例缩放所建的模型;Font and Colors (设置图形的默认字体和颜色);Refresh(刷新)。

(4) Model(数据集分析)。Setting(设置);Time Bounds(时间控制);Check Model (检查模型);Units Check(检查变量量纲);Reality Check(现实性检验)。

(5) Options(选择对话框)。包括 Show Line Markers on Graph Lines(显示图线标记)和 Continually Refresh Sketches(更新图结构)等。

(6) Windows(输出窗口)。包括输出窗口的设置和转换、Error History(出错记录)、Selection history(选择记录)等。

(7) Help(帮助)。该菜单下有 Manual 子菜单,它是 Vensim 公司提供的使用手册。该使用手册比较详细地介绍了此软件的使用方法和情况。其中,Keyword Search 子菜单可用来查找系统内及模型中的关键词;About Vensim 列出了当前 Vensim PLE 软件的版本号及开发时间。

上述的一些菜单功能也可能通过直接单击主工具条上的操作按钮来完成。这些按钮包括 New Model、Open Model、Save、Print、Cut、Copy、Paste 等。

5.4.3 主工具条

主工具条(图 5-18)上的各个按钮的功能依次如下:

图 5-18 Vensim 主工具条

(1) New Model 按钮(新建模型)。开始建一个新模型。

(2) Open Model 按钮(打开模型)。打开一个现成的模型。

(3) Save 按钮(保存)。将新建或修改后的模型存盘。

(4) Print 按钮(打印)。将选定的模型打印输出。

(5) Cut 按钮(剪切)。将选定的模型或部分模型切入剪贴板,此时所选的内容被截去,但可以在其他部分或程序中通过粘贴后再现。

(6) Copy 按钮(复制)。将选定的模型或部分模型放入剪贴板,所选的内容仍在原处。

(7) Paste 按钮(粘贴)。将先前被剪切的或被复制的内容在当前位置使用。

(8) Set Up a Simulation 按钮(设置)。调整模型的初始设置。

(9) Run Name 按钮 Current (数据文件名)。通过不同的设置形成不同的数据文件。

(10) Simulation 按钮(模拟)。开始模拟。

(11) Reality Check 按钮(现实性检验)。(检验模型的运行结果是否符合现实的情况,是否符合自然规律)。

(12) Building Windows 按钮(模型建立窗口)。在该窗口区域建立模型。

(13) Output Windows (输出窗口)。改变模型的输出。

(14) Control Panel (控制面板)。模型输入和输出的控制。

5.4.4　绘图工具条

绘图工具条(图 5-19)上各个图标的功能依次如下：

图 5-19　绘图工具条

(1) Lock 按钮（锁定）。用于锁定模型图，锁定后该图形无法移动。

(2) Move 按钮（移动）。用于移动变量的位置，改变变量图形的大小。

(3) Variable 按钮（变量）。用于定义非状态变量的变量，如辅助变量和常量。

(4) Box Variable 按钮（状态变量）。用于创建状态变量。注意：在 Vensim 中一般约定，状态变量第一个字母大写，其余变量字母均小写，常量字母均大写。但用户也可以有自己的约定。

(5) Arrow 按钮（箭头）。用于创建表示因果关系的箭头，箭头可以是直的也可以是弯曲的。注意：创建时，先选中，在因变量上单击左键，然后移动鼠标到空白处单击左键，之后移动到果变量再单击左键。在中间单击过的位置会有一个操作柄。

(6) Rates 按钮（速率变量）。用于创建速率变量。它由四部分构成：两个箭头、一个开关、两朵表示源和漏的云以及变量本身。可通过选择移动开关，移动和改变图符形状，速率变量一般至少有一端指向状态变量，在创建时可以是其一端指到状态变量上。

(7) Shadow Variable 按钮（影子变量）。有时模型很大，若一个变量已在一个子块中定义，那么在另一个子块中，只要用再引用一次即可。

(8) Comment 按钮（注释）。用于增加注释，使得程序更容易被看懂。Vensim 的注释方法很丰富，可以是文字，也可以是图符等。

(9) Delete 按钮（删除）。用于删除图中变量及线条。

(10) Equations 按钮（建方程）。建立各变量方程时，需先点按此图标。

5.4.5　状态栏

状态栏(图 5-20)包含修改被选对象状态的按钮。模型的很多属性可以通过状态栏来控制，包括被选变量的属性（类型、大小、粗体、斜体、下划线等）以及变量颜色、表框颜色、文本位置、箭头颜色宽度极性等。

Vensim 提供图符和字体的丰富多彩的表示方法。对于已有的图符和字体，有两种方法实现调整：一种是用鼠标选中图符操作柄或变量，然后再单击底部工具条；另一种是直接用鼠标右键单击图符操作柄或变量，就会出现相应的对话框。

图 5-20　Vensim 状态栏

1. 利用工具条对图符和字符作调整

字体图符工具条(图 5-21)上各个图标的功能依次如下：

图 5-21　Vensim 字体图符工具条

(1) Times New Roman 按钮（字体选择）。可用来对于当前变量或注释选择任何 Windows 所提供的字体，也可选择字。

(2) 12按钮。设置字体的大小。

(3) b按钮。设置字体的加粗。

(4) i按钮。将字体倾斜。

(5) u按钮。字体加下划线。

(6) s按钮。字体加中串线。

(7) 按钮。设置字体颜色。

(8) 按钮。设置变量边框颜色。

(9) 按钮。变量边框形状选择。

(10) 按钮。文本的位置选择。

(11) 按钮。设置箭头的颜色。

(12) 按钮。箭头的形状选择。

(13) 按钮。设置箭头的极性。一般用“＋，－”，也可选择“S，N”。

(14) 按钮。将加亮的字体移到下面。

熟练使用这些工具条可以使模型外观美观，但这些工具对于模型本身并无实质影响。

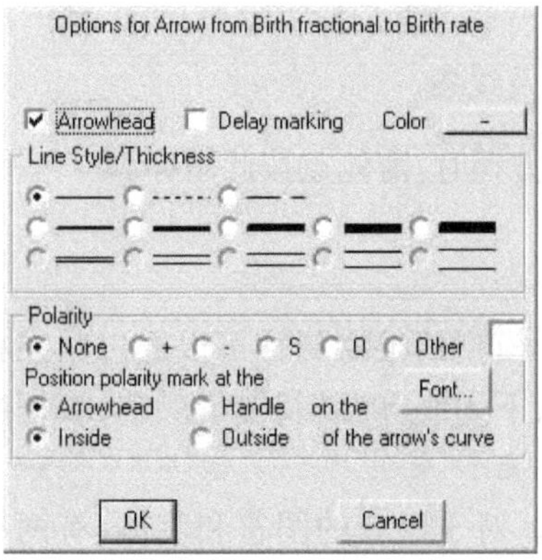

图 5-22　Vensim 箭头选择对话框

2. 利用对话框操作对图符和字符作调整

如上所述，用鼠标右键单击要操作的图符操作柄或变量，就会出现相应的对话框。这些对话框主要有箭头选择对话框、开关选择对话框、注释对话框、变量选择对话框，其中注释对话框和变量设置对话框在后面讨论。

箭头选择对话框如图 5-22 所示。在该对话框中可以设置极性、字体，也可以设置箭头是否隐藏，箭头有无头、箭头的颜色及线的形状和宽度。这些都是针对因果关系箭头和速率变量箭头进行操作的。

开关选择对话框如图 5-23 所示。在该对话框中，可以对速率变量的开关进行操作，用来调整速率变量相对于图符的位置、颜色等。

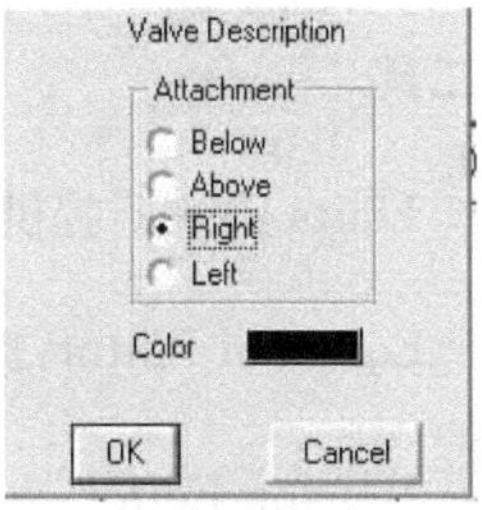

图 5-23　Vensim 开关选择对话框

5.4.6　分析工具条

Vensim 提供几个不同的分析工具条，通过菜单 Tools＞Analysis Toolset＞Open 打开。如图 5-24 所示。

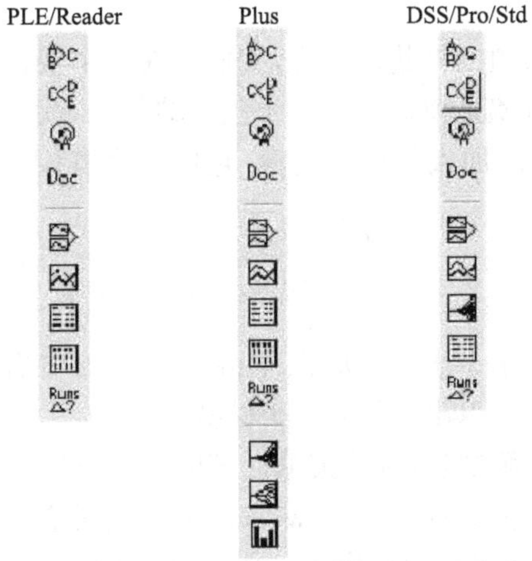

图 5-24　不同 Vensim 版本的分析工具条

1. 结构分析工具

 Causes Tree：创建反映引起变量的树型结构图。

 Uses Tree：创建使用变量的树型结构图。

 Loops：陈列一个穿过变量的所有反馈回路的列表。

 Document：回顾方程、定义、单位以及变量的取值。

2. 数据分析工具

 Causes Strip Graph：展示一个简单的线状图，用户可以探寻变量的因果关系。

 Graph：展示一个比 Strip Graph 大的图表。

 Sensitivity Graph：创建一个变量的敏感性图形以及它由于敏感性检验所产生的不确定性的范围。

 Bar Graph：在一个特定时间创建一个变量的柱形图，或者显示一个变量在所有时刻或者是敏感性模拟的一个时刻的柱状图。

 Table：生成变量值的表格。

 Table Running Down：时间停止时的表格。

 Run Compare：比较第一组数据和第二组数据中的所有表函数和约束。

 Statistics：提供数据以及它的起因和使用的摘要。

3. 其他工具

Units Check:提供一格可选的方法访问量纲检验的特征。

Equation Editor:提供一个可选的方法访问工作区变量的方程。

Venapp Editor:支持 Venapps 的图像编辑。

Text Editor:一个通常意义的文本编辑器。

5.5 如何使用 Vensim 软件绘制因果回路图

本节以一个建筑工程项目模型来描述因果回路图的构建。首先,我们将在一个视窗中构建包含项目基本要素的因果关系图。一个视窗就是模型图的一个独立的部分,就像是书的一页。你的模型可以有多个视窗。之后,我们加入其他的视窗,它包含该模型更多的信息。

5.5.1 启动 Vensim 项目模型

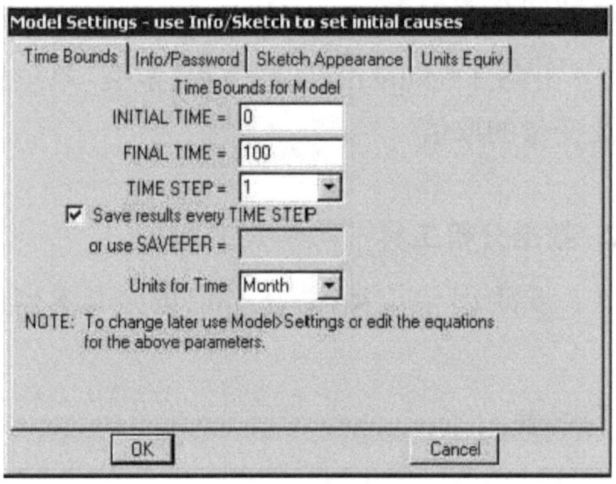

图 5-25　Vensim 启动后对话框

第一步:启动 Vensim。Vensim 将启动上次退出前最后一个模型。

第二步:选择菜单栏 File/New Model 或点击工具栏的 New Model,模型对话框打开如图 5-25 所示。

第三步:点击 OK 接受默认值。因果回路图表示并不是用时间范围,但模拟模型需要。所有 Vensim 模型都有时间范围,尽管也许都不会用到。

第四步:点击工具栏的 Save。选择目录 guide/shap04,然后键入名字 project,再点对话框保存。

5.5.2 添加变量

第一步:用鼠标点击 Variable 工具;

第二步:点击绘图视窗区中上部,在编辑框键入 Work To Do,然后按 Enter;

第三步:再次点击图形,继续用图 5-26 显示的变量填充绘图视窗区。

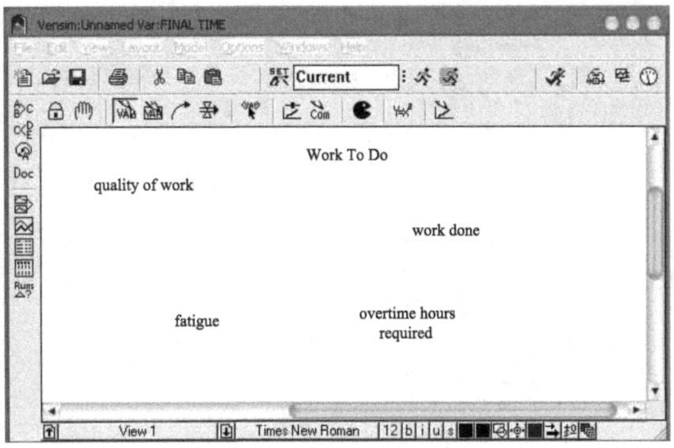

图 5-26　绘图视窗区中的变量

5.5.3　移动绘图视窗区对象

第一步：通过点击 Move/Size 工具选中它（也可以按键盘上的 2），用鼠标移动变量。释放鼠标变量就会移到一个新的位置。按下鼠标并保持按下状态然后拖动鼠标。一个移动框出现以显示变量的新位置，释放鼠标变量就会移到新的位置。你也可以使用其他作图工具移动和重新配置目标。

第二步：再次选择 Variable 工具（点击或按数字 3）。将光标移动到变量上，按住然后拖动变量到新的位置。

第三步：将变量返回到图 5-26 显示的位置。

5.5.4　添加箭头

第一步：点击选择 Arrow 工具（或按数字 5），点击 Work To Do。确信鼠标键向上而鼠标不移动，移动光标到 overtime hours required 再次点击。这样，一个箭头就会把两个变量连接起来。

第二步：单击 overtime hours required 再次点击。一个直箭头就会把两个变量连接起来。

第三步：单击 overtime hours required，然后移动光标到 work done 再次点击，箭头将两个变量连接。如图 5-27 所示。

5.5.5　操作手柄

手柄就是在 Vensim 图形中出现在箭头中间的小圆环，在一个框的拐角处，速率变量的中间或其他地方都可见。可以调整手柄大小来移动图形。当输入变量、添加箭头或任何时候选择 Move/Size，手柄可被 Move/Size 工具或其他作图工具操作，除了 Lock 工具。

选择 Move/Size 开启手柄。

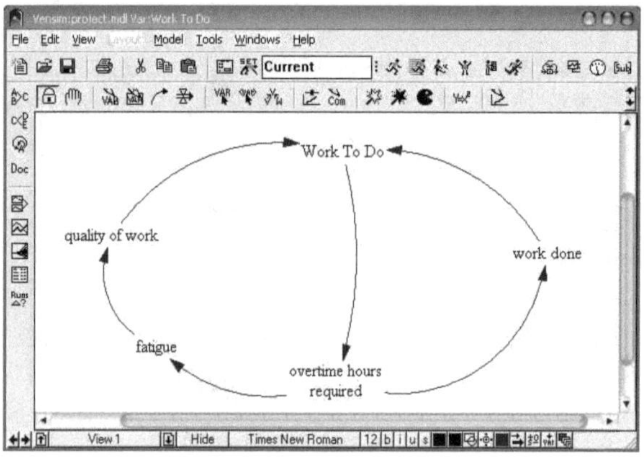

图 5-27　因果回路图

5.5.6　曲线箭头

方法一:将手柄上的指示器置于从 overtime hours required 到 work done 的直线箭头中央。按下鼠标,然后拖动鼠标(和箭头)向下形成一个曲线箭头。

方法二:选择 Arrow 工具,点击 work done,然后移动光标到图形一块空白的地方使它刚好停在 Work To Do 的右上方,再次点击。曲线箭头就会把两变量连接。你可通过拖动手柄(用 Arrow 工具或 Move/Size 工具)来移动箭头。

继续用曲线箭头连接变量,依照图 5-26,或利用直线箭头和手柄来使之弯曲,或在图形中央单击。

5.5.7　编辑变量

编辑名称,点击 Variable 工具打开编辑框,键入新的名称。

5.5.8　删除变量

如果想从模型中删除变量,使用 Edit/Cut(Ctrl＋X)或按 del(都会打开一个提示框),或选择 Delete 工具(从模型中删除,没有提示)。注意,如果使用 del 或 Edit/Cut,除了在 PLE 和 PLE Plus 中,可以选项 remove from this view but do not change the structure。如果这样操作了,变量将不会出现在图里,但仍是模型的一部分。谨慎选择这些选项。

第一步:选择 Variable 工具点击图形,键入名称 temporary 按 Enter。

第二步:选择 Delete 工具点击变量 temporary。

5.5.9　取消和重做

如果在建模时发生错误,你可以使用菜单栏 Edit/Undo 和 Edit/Redo 要求后退或前进。Ctrl+Z 等于 Edit/Undo,Ctrl+Y 等于 Edit/Redo。Undo/Redo 的记录为修改编辑提供了多重层次。

5.5.10 模型保存

点击 Save 或选择 File/Save 或按 Ctrl+S。将模型保存在目录 guide/chap04 并署名,如 project。

模型可以保存为文本格式,默认格式文件拓展名为 mdl。模型也可以用二进制格式保存,拓展名为 . vmf。二进制格式模型可为 vensim model reader 使用。它们比文本格式模型打开快一些,当是很大的模型时,效果就会很明显。

5.5.11 修改因果回路图

绘图视窗区中的对象有你可以改变的选项。这些选项可用于定制图表。两种用于改变绘图视窗区修改的方法:一是右击绘图视窗区中的对象(对于 macintosh,Ctrl+Click);二是选择视窗区对象(变量、箭头等),然后用状态栏修改选项或被选择目标的属性。

1. 选择视窗区的对象

使用 Move/Size 工具点击单个对象;选择多个对象,按住鼠标拖动 Move/Size 工具过图表区域;通过按下 Shift 键,用 Move/Size 工具点击每一个对象来选中多个对象;选择整个图表,用 Edit/Select all。取消选定,按住 Shift 用 Move/Size 工具点击每一个对象;取消所有选定,点击图表空白区域(被选矩形以外)。

2. 绘图视窗区布局

Vensim 中包含可用于整齐布局绘图视窗区的菜单命令。这些命令允许你调整绘图视窗区对象大小到默认值,按最后选中对象的位置、大小来排列对象,调整大小以及其他更多的。我们将整理图 5-17,以 Work To Do 为中心调整变量。

第一步:选择 Move/Size 工具(点击或按数字 2)。

第二步:在 overtime hours required 点击一次,然后按住 Shift 键再点击 Work To Do。选择菜单 Layout/Center on Lastsel。

第三步:overtime hours required 将移动到 Work To Do 的正下方。

第四步:点击 quality of work 按住 Shift,点击 Work To Do。选择 Layout/Vertical on Lastsel。

第五步:点击 fatigue 然后按住 Shift,点击 quality of work 选择菜单 Layout/Center on Lastsel。

第六步:点击 fatigue 然后按住 Shift,点击 overtime hours required 选择菜单 Vertical on Lastsel。

第七步：拖动 work done 到 Work To Do 和 overtime hours required 右边的中间。

第八步：移动箭头形成一个类似于圆的简洁曲线(图 5-28)。

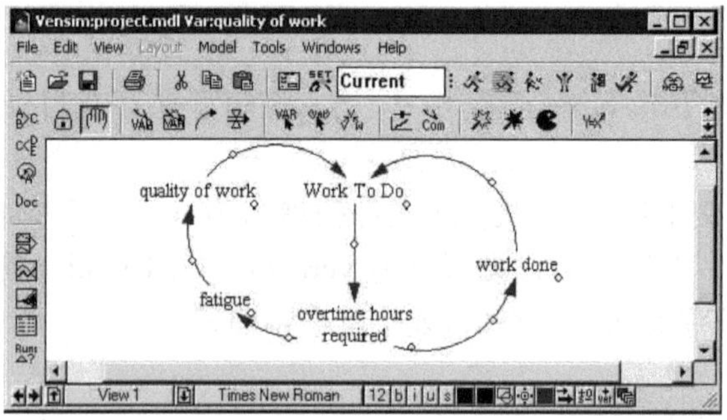

图 5-28　以 Work To Do 为中心的因果回路图

3. 变量的图形选项

选择 Lock 工具，使用鼠标右键点击变量 Work To Do。选项对话框打开，如图 5-29 所示。

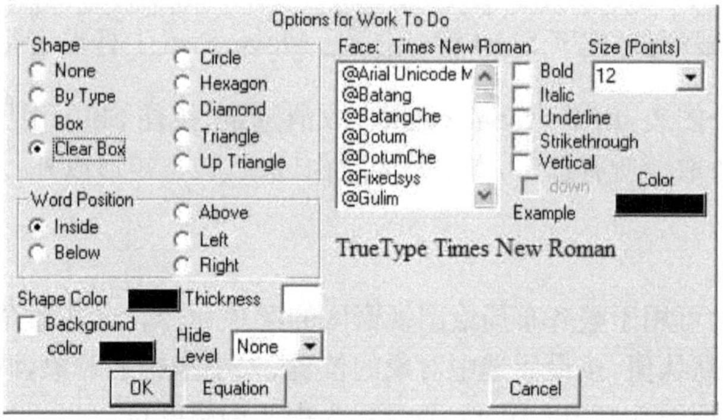

图 5-29　鼠标右键点击变量 Work To Do 后对话框

改变字形(如变为 Arial)、大小、颜色等，然后点击 OK。注意：选项对话框里的 Word Position 选项仅适用于被选变量有已选 Shape(除了 None)。

选择菜单 Edit/Select All 或按 Ctrl+A。点击状态栏的字体大小选项，选择更大字号 14。在突出显示的方框外边点击。

4. 箭头的图形选项

使用鼠标右键点击从 Work To Do 到 overtime hours required 的箭头，选项对话框打开，如图 5-30 所示。

随着 Work To Do 的增加，overtime hours required 也增加，一个正的因果关系。选

择+(在 Polarity 下方)和 Outside(of the arrow's curve),然后点击 OK。极性(+),默认地,附加在曲线内部箭头的头部。

依照图 5-31 继续改变箭头极性,位置选择位于箭头曲线的 Outside 处。

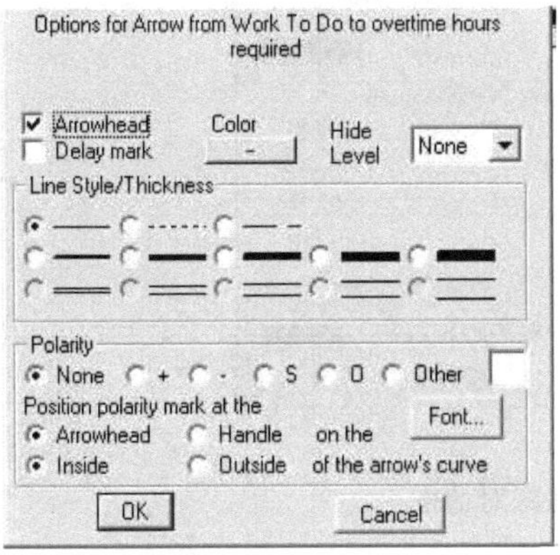

图 5-30 鼠标右键点击从 Work To Do 到 overtime hours required 的箭头后对话框

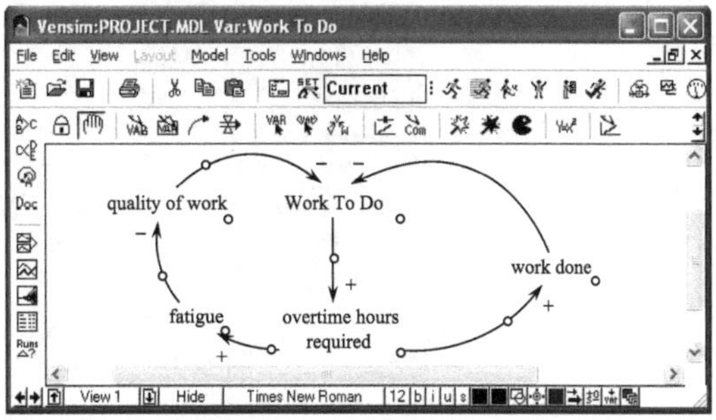

图 5-31 标注箭头极性

现在将用粗的彩色箭头突出正的反馈回路。

第一步:点击 Move/Size 工具(如果尚未选定)。

第二步:点击从 Work To Do 到 overtime hours required 的箭头部分。按住 Shift 点击另一箭头从 overtime hours required 到 fatigue;从 fatigue 到 quality of work;从 quality of work 到 Work To Do。

这将突出所有的手柄,被选箭头被一个打点的方框包围起来。

第三步:释放 Shift 键。

第四步:在状态栏查找一个具有两个不同宽度的箭头按钮。点击并选第五条线。所有突出显示的箭头都会加宽。

第五步:点击 Color 按钮,它在箭头宽度按钮的左边,选择一个不同的颜色(如红色)。现在点击框外的图表上的某个位置,取消箭头的选中状态。

5. 添加注释和作图法

如果你在图表上方需要一些空间,选择 Move/Size 工具,然后选择菜单 Edit/Select all 或按 Ctrl+A,然后使用光标在视窗中拖动整个图表向下来留出空间写标题。

点击图形 Sketch Comment,注释对话框即打开,如图 5-32 所示。

为图表键入标题(如 Work To Do Project Model)。选择好注释的字体、大小、颜色、形状以及文字位置,点击 OK。

用 Sketch Comment 工具,点击左边回路中央的图表。点击制图法区域的 Image 框向下的箭头,选择正号(+),然后从 Shape 区域选择 Loop Clkwse(clockwise)。

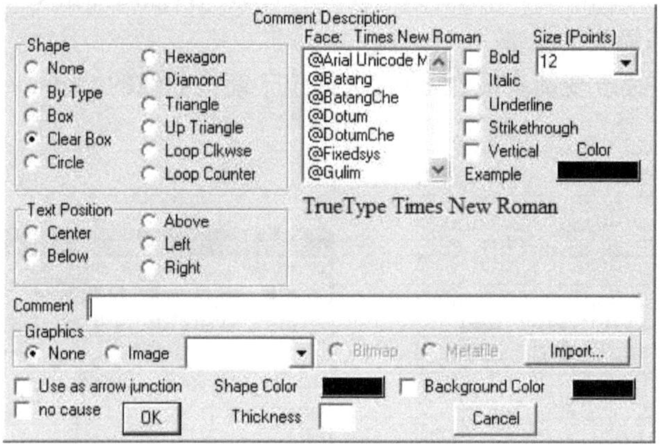

图 5-32　点击 Com 后的注释对话框

点击 Color 正下方的 Black 按键，点击调色板上的红色。用标有 Shape color 键再重复刚才的操作，然后点击 OK。如果无需要，通过拖动手柄，重新定位回路图和调整图形大小。注意：可以包含来自剪贴板的位图或元件。

点击图形右边的回路中心。在 Image 框中点击向下的箭头，选择负号(－)，然后从 Shape 区域选择 Loop Counter(counter clockwise)，将这两种颜色都设为蓝色，点击 OK。如果需要，通过拖动手柄重新定位回路图和调整图形大小。图形如图 5-33 所示。

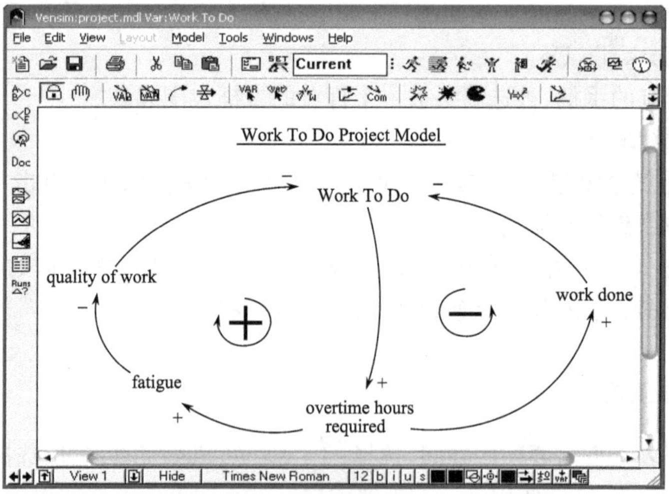

图 5-33　给模型加入注释

6. 求精模型

我们看到 overtime hours required 使 work done 增长，work done 使得 Work To Do 下降(负的反馈环路)。尽管如此，overtime hours required 也驱动了一个正的反馈环路，

使得 Work To Do 增长。为了让模型更具有意义，假定我们可以通过雇用和解雇来改变劳动力总数的大小。雇用工人可减少加班需要，因此降低疲劳度/Work To Do spiral，从而添加其他反馈回路。

第一步：选中 Move/Size 工具，移动变量 work done 到图形下方。改变 work done 部分的箭头，移动负的回路符号，如图 5-34 显示的那样。

第二步：选择 Variable 工具。点击图形键入新的变量 required workforce、actual workforce 和 productivity(在每一变量后按 Enter 键)，如图 5-34 所示。

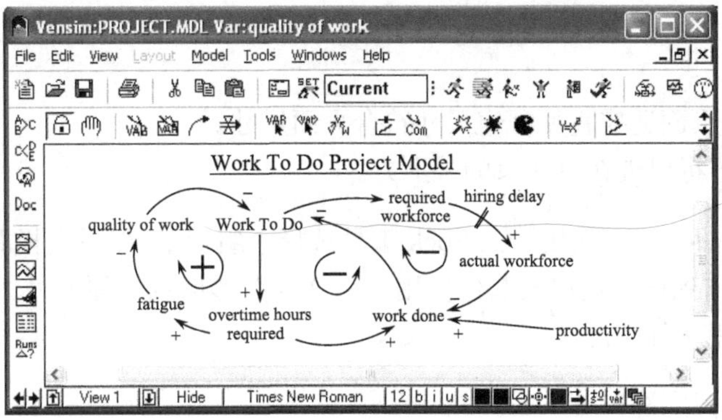

图 5-34　求精后的模型

第三步：选择 Arrow 工具连接图 5-34 中的变量。

第四步：在箭头加入极性。从 required workforce 到 actual workforce 的箭头，点击检验栏的 Delay Marking。

第五步：选择 Comment 工具，在上面添加的 delay marking 右边点击。键入短语 hiring delay，选择蓝色作为 Color，点击 OK。需要稍微移动才可得到下面的结果。

第六步：选中 Move/Size 工具，点击回路上的负号用以突出，然后选择 Edit>Copy(or Ctrl+C)。选择 Edit>Paste(or Ctrl+V)，然后点击 OK 或按对话框的 Enter 选择 Replicate。新的回路图粘贴在第一幅图的上方。从原位置拖动复制的反馈回路，将它放在新的回路的中央。用鼠标右键点击(Macintosh：Ctrl+Click)，然后在 Shape 下选择 Loop Clkwse，点击 OK。最后图看起来如图 5-34 所示。

5.5.12　打印和输出图表

可通过点击 Print，或在构建窗口选择菜单 File>Print 打印绘图视窗区，打印选项对话框，如图 5-35 所示。

打印选项对话给出一些选项，主要有：

(1) Selection——打印整个试图，或打印所选视窗部分，或所有视窗。

(2) Orientation——纵向或横向。

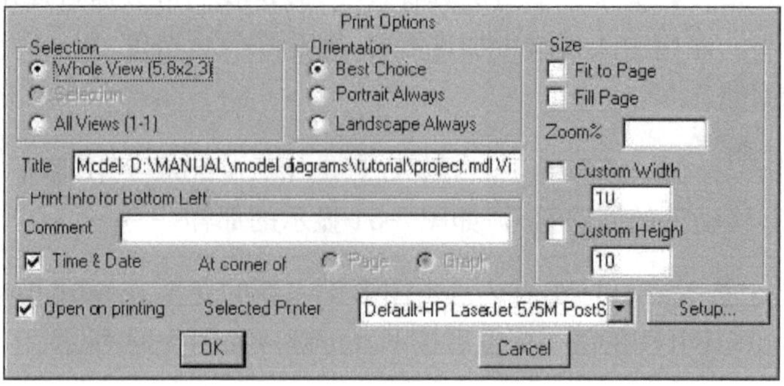

图 5-35　打印选项对话框

(3) Size——页面适应将使视窗尺寸符合页面尺寸。

(4) Title——将出现在打印页的最上方。

使用 Edit>Select all，或用Lock 工具选择一组变量，然后选择 Edit>Copy(Ctrl+C)可将图形输出到剪贴板以被其他应用。将这种图形信息以原文件方式输出后，就可以粘贴到其他应用文件中。

5.5.13　结构分析图

Vensim 分析工具主要分为两类：结构和数据分析工具。结构分析工具可用来研究模型系统结构，数据分析工具可用来研究变量行为模式。本小节主要分析模型的结构。结构分析工具包括 Tree Diagram 工具(Causes Tree 和 Uses Tree)、Loops 工具和 Document 工具。

分析工具几乎总是通过生成变量的信息来运作的。你可以通过两种方法中的一种来选定工作变量。而最简单的方法就是点击变量。不管出现在哪里，总归是在图形某处，除非模型是文本格式。你可以在输出窗口点击变量，如 Tree Diagram 或 Strip Graph。第二种方法就是，点击 Control Panel 来打开控制面板，选择标签 Variable 来打开变量选择控制，然后从列表中选择变量。工作变量总是出现在模型的标题条。

注意：如果你启动的分析工具需要模拟数据集，而你没有装载它，你将会看到信息“未装载运行，请装载”。这就告诉你要运行一次模拟。

使用刚才建立的模型 project. mdl，在目录 guide\chap04\complete 下打开模型 project. mdl。

选择Lock 工具。转到变量 Work To Do，点击选择它作为 Workbench 变量。标题条显示如图 5-36 所示。

图 5-36　Work To Do 为 Workbench 变量

因果追踪是很强大的工具，通过在模型上移动来追踪什么变量引起某些变量改变。因果追踪分析工具可被设定用以显示变量的原因和结果。

1. 原因树状图

点击 Causes Tree 工具，看到产生 Work To Do 的原因，如图 5-37 所示。

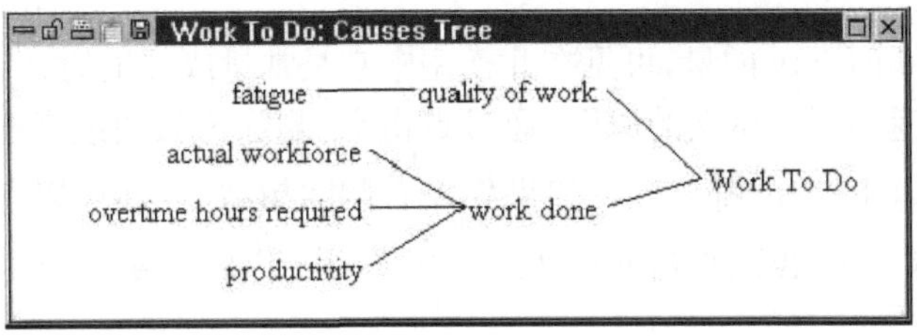

图 5-37　产生 Work To Do 的原因树状图

我们可以在绘图视窗区中追踪查找引起任一特定变量变化的原因。点击出现在树状窗口中的 fatigue，再次点击 Causes Tree 工具，如图 5-38 所示。

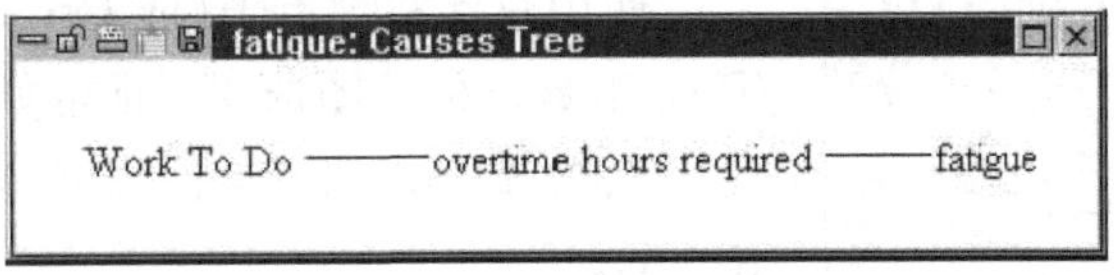

图 5-38　产生 fatigue 的原因树状图

我们可以看到 fatigue 是由 overtime hours required 和 Work To Do 引起的。

现在我们已经对一个反馈回路进行了所有的跟踪，从 Work To Do 开始到结束。让我们看看什么引起 actual workforce。

点击出现在第一个树状图或绘图视窗区的 actual workforce，然后点击 Causes Tree 工具，如图 5-39 所示。

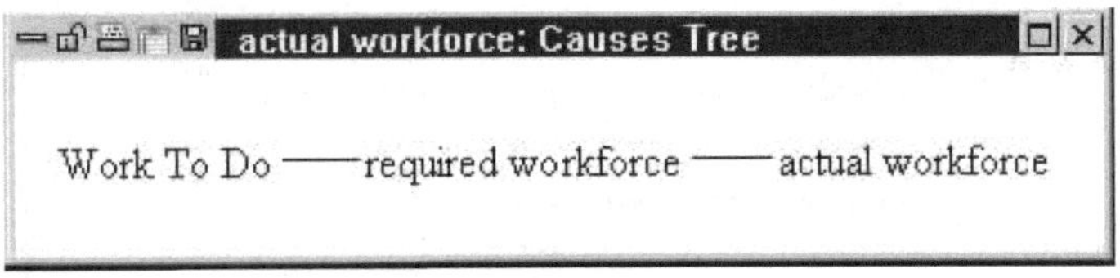

图 5-39　产生 actual workforce 的原因树状图

我们也跟踪了另一张因果回路，是从 Work To Do 通过 actual workforce 返回到 Work To Do。点击前一个树状图或模型中的 productivity，然后点击 Causes Tree 工具，如图 5-40 所示。

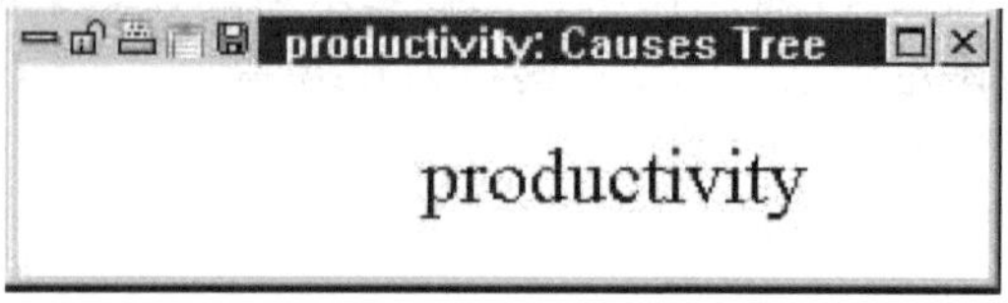

图 5-40　产生 productivity 的原因树状图

没有引起 productivity 的量，可见在此模型中它是常量或外生的。

注意：你可以返回到你建立的原图，通过点击它，删除树状图或点击 Build Windows 或使用 Shift＋Ctrl＋Tab 都可以。如果你没有删除树状图，你可以点击 Output Window 使图形再次可视，再次点击此按钮或使用 Ctrl＋Tab 在两者之间切换。

2. 分析工具选项(非 PLE 或 PLE Plus 版)

Vensim PLE 和 PLE Plus 的分析工具设置是固定的。在其他版本的 Vensim 设置中，分析工具都有选项，它们可以用于展示模型的不同信息。为了更深入地观察模型，可将树状图设置为不同的层次。

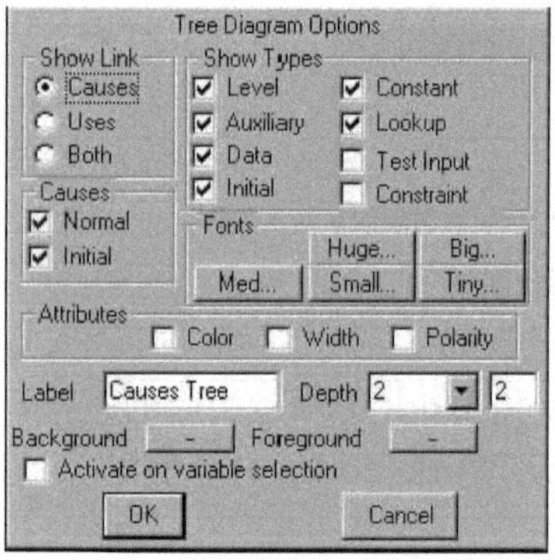

图 5-41　树状图选项对话框

使用鼠标右键点击(或 Ctrl＋Click) Causes Tree 工具。树状图选项对话框如图 5-41 所示。

点击 Depth 框的下拉箭头，选择 6，然后点击 OK。

点击变量 Work To Do。点击 Causes Tree 工具。你可以看到引起 Work To Do 的原因有 6 步，如图 5-42 所示。

注意：overtime hours required 和 Work To Do 都加上了括号，图在到达第 6 层原因时中止。括号表明这个变量在因果回路图中的某处还有出现，因此这个树状图有反馈回路。

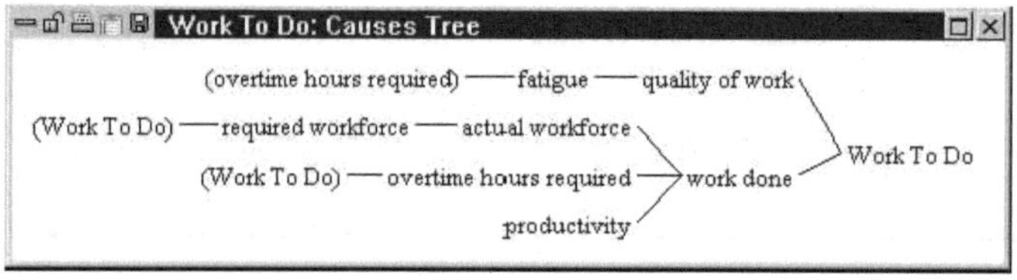

图 5-42　产生 Work To Do 的原因树状图

3. 激活自动工具(非 PLE or PLE Plus 版)

当追踪很多构造时，无论何时选择一个新的变量作为视窗工作区变量，有个能自动激活的分析工具是很有用的。

第一步:用鼠标右键(或 Ctrl+Click)点击 Causes Tree 工具。树状图选项打开(图 5-42)。

第二步:点击 Depth 框的下拉箭头,选择 2。

第三步:点选 Activable on variable selection,然后点击 OK。

第四步:点击出现在树状图上的变量 required workforce。

Causes Tree 自动生成,如图 5-43 所示。

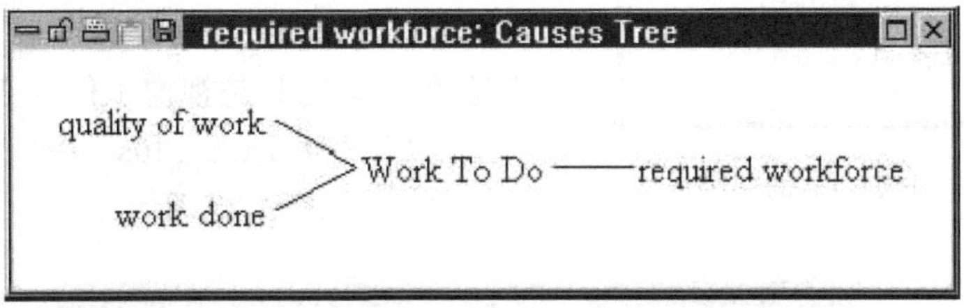

图 5-43　产生 required workforce 的原因树状图

第五步:使用鼠标右键(或 Ctrl+Click)点击 Causes Tree 工具。

第六步:取消选定 Activable on variable selection,然后点击 OK。

4. 结果树状图

现在我们看看 Uses Tree 图形。

第一步:点击 Work To Do 选择它作为视窗工作区变量(检查标题条)。

第二步:点击 Uses Tree 工具,如图 5-44 所示。

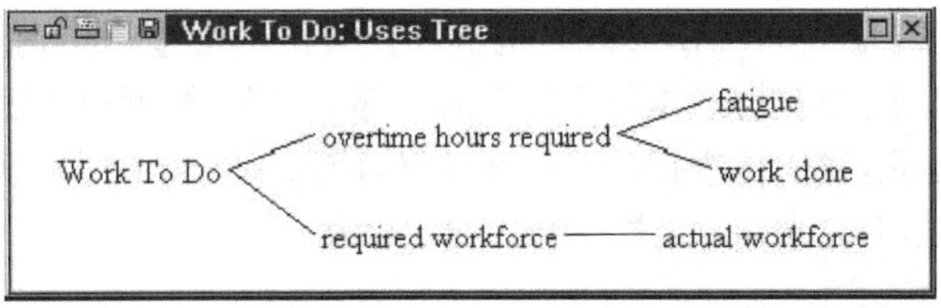

图 5-44　Work To Do 的结果树状图

结果是原因的对立面,你可以看看模型中 Work To Do 使用的位置。

5. 回路工具

现在找一个可以寻找好的反馈回路的工具:回路工具。

第一步:确保 Work To Do 仍是 Workbench 变量(看标题条)。

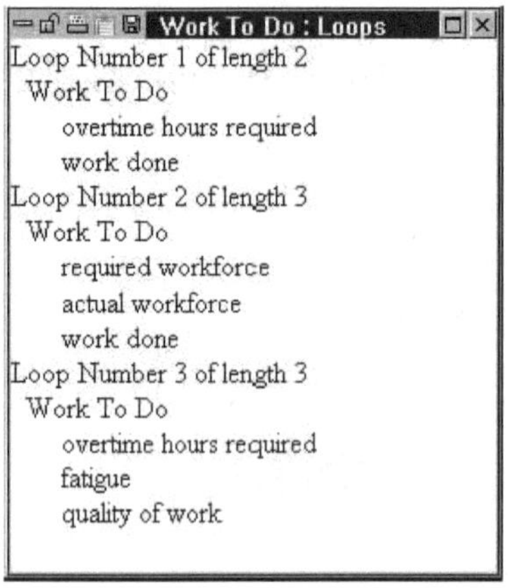

图 5-45　包含 Work To Do 的三个反馈回路

第二步：点击 Loops 工具。如图 5-45 所示可以看到 Work To Do 包含在三个反馈回路中。

6. 文档工具

文档工具对你的模型的某些方面提供一个文本格式描述。在 Vensim PLE 和 PLE Plus 中，文档工具可以显示所有模型变量信息。在其他配置中，你可以设置选项显示模型的不同情况，但默认的只是视窗工作区变量。

在 PLE 和 PLE Plus 版本下，点击 Document 工具，如图 5-46 所示。

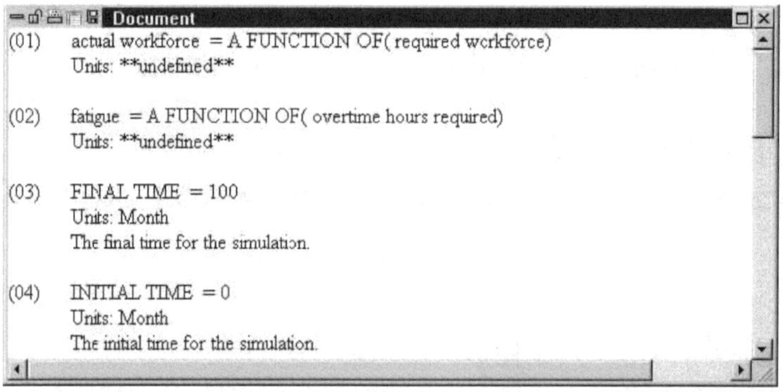

图 5-46　模型的 Document 工具

不同的模型变量是按字母顺序排号和显示的。你会注意到变量 FINALTIME、INITIAL TIME、SAVEPER 和 TIMESTEP 也出现在文档输出中，尽管你并没有把它们加进模型，这四个量用于控制模拟，是每个模型的一部分，即使模型只有因果回路图。

其他配置下，首先，我们检查视窗工作区变量，确保 Work To Do 仍是视窗工作区变量（看标题条）。点击 Document 工具，如图 5-47 所示。

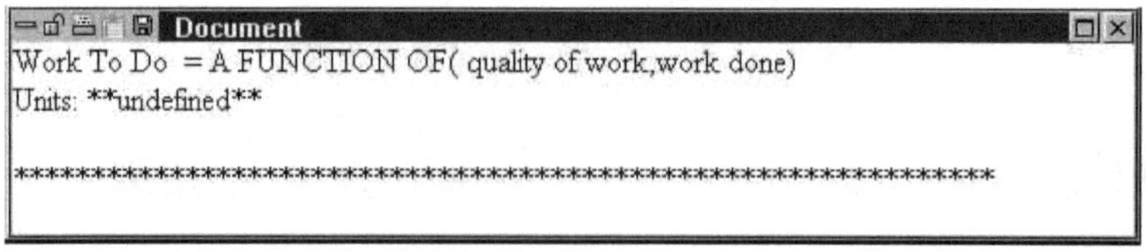

图 5-47　模型的 Document 工具

输出窗口显示的是方程式的文本描述和变量 Work To Do 的定义。

接下来，通过改变 Document 工具的选项来文档化整个模型。

第一步：用鼠标右键（或 Ctrl＋Click）点击 Document 工具，如图 5-48 所示。

第二步：在 Display 区域，不点选 Range 和 Units。在 Multipe Equation Options 区域，点击选项按钮 All Vars 点击 OK。

第三步：点击 Document 工具。

对整个图形的描述生成了。如果你保持文档输出窗口处于打开状态，新的输出将自动添加到此窗口中。如果你关闭它，将产生另一个含有信息的新窗口。注意即使这不是模拟模型，模型的时间范围也是包含在内的。

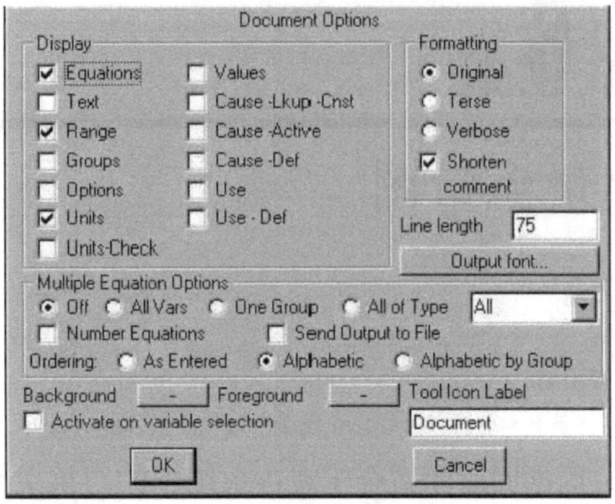

图 5-48　Document 工具对话框

7. 保存分析工具（非 PLE 或 PLE Plus 版）

注意：当你关闭 Vensim，你将会看到一个问题“你想保存当前的工具设置吗？”Yes/No/Cancel。如果你想保持原始默认工具设置（default. vts），点击 No。如果你想保存你刚才的设置，点击 Cancel，然后选择菜单 Tools>Analysis Toolset>Save As，键入一个新的工具集名称，然后点击 Save。

➢思考题

学生工作负荷模型的边界可以被拓宽，以包括许多其他的反馈过程。请修改学生工作负荷图来包括下列问题：

（1）因为工作压力高、分数低或者体力不足而逃课。

（2）当体力下降时喝咖啡或者其他刺激物来保持清醒。

（3）在作弊来提高工作完成速率并提高分数。

（4）其他你认为重要的回路。

当你在拓宽模型边界时，问问自己：模型解释动态的能力变化了吗？模型对政策变化的响应能力变化了吗？早先分析的结论受模型边界的改变影响吗？

第 6 章

存量流量图

因果回路图适合于表达系统中的因果关系和反馈回路，在建模开始时，因果回路图可以用来和客户沟通，以了解系统结构，这是非常有效的。但是当建模项目继续进行下去，需要量化模型的时候，只用因果回路图就不够了。这时候要区别不同类型的变量，在因果回路图的基础上画出存量流量图，以建立变量之间的数学关系。本章将详细阐述存量和流量的概念、数学意义，描绘存量和流量的工具，并介绍存量流量图的绘制方法。

6.1 存量和流量

存量和流量是系统动力学中的一个核心概念，其重要程度和因果反馈回路相当。没有存量和流量，就无法模拟反馈回路随时间而变化的过程。所以对于建模者来说，理解存量和流量的概念，从而在建模时能够辨识存量和流量，正确的用它们来描述系统是非常重要的。以下我们从不同方面来阐述存量流量的概念和意义。

6.1.1 存量流量的概念

Forrester 教授在 1961 年创立系统动力学的时候，用浴缸里的水来说明存量和流量，如图 6-1 所示。这个简单的例子对我们理解存量流量很有帮助。存量就是浴缸里的水量，流量包括从浴缸上面的水龙头流入的水量和浴缸下面的排水口流出的水量。假设没有溅出和蒸发，那么某段时间浴缸中的水量变化就是从这段时间中水龙头流入的水量减去排水口流出水量，也可以说流入量和流出量之差累积在浴缸中。

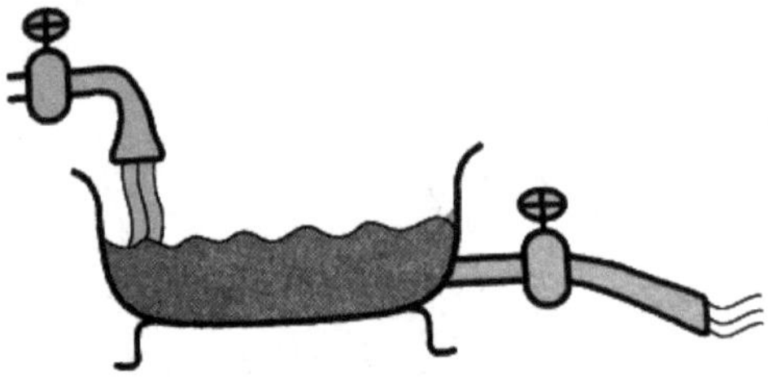

图 6-1　存量流量的结构示意图(Sterman，2000)

生活中还有很多存量和流量的例子。制造企业的库存产品量是一个存量，企业拥有的员工数也是一个存量，银行账户的存款也是一个存量。存量由流入和流出所改变。对于仓库中的产品，随着生产、产成品完成、入库(流入仓库)，库存增加；随着企业的销售、产成品出库(流出仓库)，库存减少，如图 6-2 所示。对于企业的员工数量，雇佣是流入，使员工增加；而退休、辞职、辞退等人员离开则是流出，使员工减少。对于银行存款，存入就是流入，使余额增加，而支出或者取出就是流出，使余额减少。

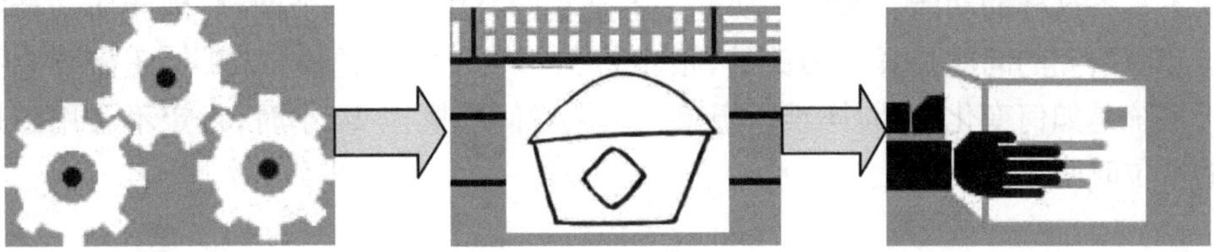

图 6-2　库存系统示意图

由上面的例子可以看到，存量是累计量，它表征系统的状态，并为决策和行动提供信息基础。了解库存的多少是制定生产计划的基础。了解银行存款余额是制定投资计划或者融资计划的前提。流量使存量发生变化，流量是速率量，它表征存量变化的速率。流入量（正）使存量增加，流入量大，则存量增加的快，流入量小，则存量增加慢。如果流入量为 0，则存量不增加。流出量（正）使存量减少，流出量大，则存量减少的快，流出量小，则存量减少的慢。如果流出量为 0，则存量不减少。

要注意的是存量的变化由且仅由流量引起。比如浴缸中的水量的变化，总是由于有水流入和有水流出而引起的，当然流入可以是水龙头放水，或者用水桶倒入等形式，流出可以是排水口放水，或者慢慢蒸发，或者用盆舀出等其他任何的形式。仓库中的存货量的变化，总是由于有产品入库和出库引起的，不管产品入库是生产完成还是产品买入，也不管产品出库是产品销售还是产品报废。根据实际情况的需要，一个存量可以有多个流入量和流出量。比如一地的人口，流入量可以包括人口出生和人口迁入，流出量可以包括人口死亡和人口迁出。

尽管我们每天都在体验存量和流量，但是因为我们很少刻意的去区分它们，所以人们往往在辨别存量和流量时感到困难，下面我们介绍辨别存量流量的方法。

6.1.2　存量流量的辨别方法

1. 存量流量的计量单位

量纲可以帮助你区分存量和流量。存量的量纲通常不包括一段时间（Δt），例如库存中的零件数、雇用的员工数、或者账户上的人民币（元）数。流量是速率量，它的计量单位则需要包括一段时间（Δt）。例如，每周完工的零件数、每月雇用的员工数、每月收入和支出。与物理里的速率一样，我们在一个时点上描述速率，速率的单位是以单位时间为基础的。单位时间的选择是任意的，你可以用每周生产的零件数、每天生产的零件数、每小时生产的零件数、甚至每月每年生产的零件数来计量流入库存的流量。但是一旦选定了某个单位时间，那么整个模型所有速率变量都要用这个单位时间，单位时间在一个模型中是一致的。单位时间的选择要和你研究的问题相匹配。如果研究细胞繁衍，可以用秒或者更小的单位时间（用月或者年作单位时间，在这种情况下显然是不合适的）。如果研究企业的发展，可以用月度、季度或者年度来作单位（用日或小时作单位也不是很适合）。

也有些学者在研究让模型以不同的单位时间来模拟，比如某个模块以每日进行模拟，另一个模块以每年进行模拟，而它们又是相互联系的。目前一般常用的系统动力学软件尚不具备这样的功能。这样的功能是不是真的有用也是一个问题，因为所选择的单位时间和所研究的问题是紧密相关的，很难想象一个宏观问题模拟 20 年还需要去关注每一天系统是如何变化的，同样难以想象一个微观问题模拟 24 小时，肯定不会用到月或者年的单位时间。

2. 快照测试

另一个区别存量和流量的方法是用快照来冻结一个系统。存量标识着系统的状态，那些在快照中可以计数或衡量的变量就是存量。想象一套卫星图象，我们可以用其估测一个水库中的水量，但是无法判断水量是增加还是减少。你的银行对账单告诉你账户中有多少钱但无法告诉你花钱的速率。如果时间停滞，可以知道一个公司的库存数目和员工人数等，但是无法知道库存的净改变速率。需要注意的是存量还包括心理状态或其他无形变量。我们是可以测得某一时刻人的情绪，但是无法知道情绪的变化方向。在某一时刻，我们会对未来可能发生的事情有所预期，预期也会随着时间（情况）的变化而变化。当我们使用快照测试的时候，我们可以发现，这样的预期也是存量，因为我们是可以在某个时点测量的，但是我们无法知道预期的变化方向。

根据以上两种方法，我们可以辨别存量和流量。表 6-1 列举了一些存量和流量。

表 6-1　存量和流量举例表

存量	流入速率	流出速率
人口	出生、迁入	死亡、迁出
存货	入库	出库
员工	雇佣	解雇、辞职、退休
银行存款	存入	取出、支出
固定资产	固定资产购入	折旧
偏好	偏好增加	偏好减少
预期	预期增加	预期减少

可以看到，有些存量的流入量和流出量可以合并为存量变化量。当存量变化量为正时，是流入，增加存量；为负时，是流出，减少存量。

需要指出的是，存量和流量也不是绝对的。有的时候带单位时间的变量也可以做存量。比如速度，在一般情况下速度是一个流量，距离是一个存量，但是有些情况下速度也可以作存量，而速度的变化（即加速度）这时候就是速度的流量，加速度引起速度的变化。所以虽然我们给出了区别存量和流量的一般方法，但是建模的时候还是要根据具体的问题来确定存量和流量。一个原则是每一个因果回路中必须有至少一个存量，如果没有存量，没有累积量，那么回路中的每一个变量都随着时间即时变化，每个变量都无法确定下来（在不断变化中）。另一个原则是存量的变化一般有时滞。比如我们经常去某家饭店吃饭，这是一种偏好。此饭店菜品的质量下降了，但是我们还是会去此饭店吃饭，虽然吃饭时我们常常对下降的质量有所不满。我们的偏好变化是缓慢的。另外，一般存量是我们比较关心的量，它对系统有表征的作用。比如在卫星发射的过程中，卫星的速度是很重要的观测量，它是由加速度，也就是我们的燃料燃烧产生的动力而改变的，那么我们就可以把速度作为存量来建模。

6.1.3 存量流量的表示方法

如图 6-3 所示，存量由矩形所代表(象征包含存量内容的容器)，流入量由箭头指向(加入)存量的管道所代表，流出量由箭头指离(减少)存量的管道所代表，存量变化量是流入量和流出量的结合，双向箭头[①]，阀门表示流量受其他因素影响可以变化，云团代表流量的源和漏。源是作为流量起点的存量，位于模型边界之外；漏是作为流量终点的存量，位于模型边界之外。源和漏被认为有无限容量并永远不会限制它们所支持的流量。

所有存量和流量结构都包含这些成分。如图 6-3 所示，人口是一个存量，流入量是人口出生，流出量是人口死亡。模型没有考虑人口的迁入和迁出，如需考虑，则要再加入流入量和流出量。

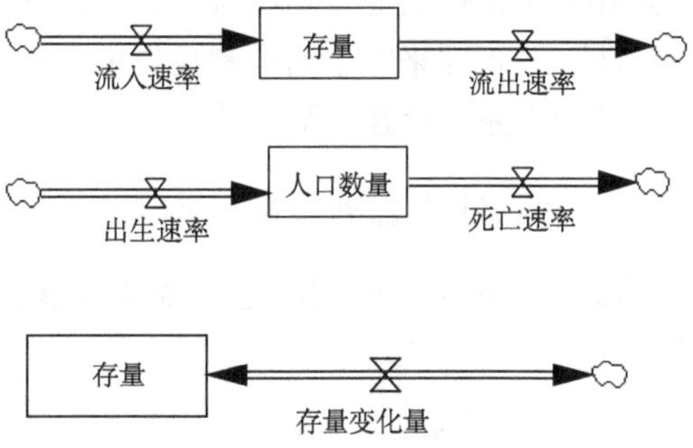

图 6-3 存量流量图

6.1.4 存量流量的数学意义

存量是累积量，其数学意义是积分，它积累了流入量和流出量的差(净流入)。图 6-1 中所表达的结构可用以下数学公式准确表示：

$$\text{Stock}(t) = \int_{t_0}^{t} [\text{Inflow}(s) - \text{Outflow}(s)] \mathrm{d}s + \text{Stock}(t_0) \tag{6-1}$$

其中 Stock(t)表示 t 时刻存量的数量，Inflow(s)代表流入量，Outflow(s)代表流出量。Stock(t_0)代表初始时刻存量数量。

流量是速率变量，是存量的净改变率，也就是存量的导数，是入流减去出流，从而可以用微分公式来表示流量：

$$\mathrm{d}(\text{Stock})/\mathrm{d}t = \text{Inflow}(t) - \text{Outflow}(t) \tag{6-2}$$

图 6-3 给出的存量流量图和以上积分和微分公式是对存量流量的不同表达方式，它们严格等效并精确包含同样的信息。从任何积分和微分系统我们都能构造出相应的存量和流量图，从任何存量和流量图我们也都能产生相应的积分和微分公式。用数学公式来表达看上去更严谨，但是用存量流量图来表达更容易理解。

存量和流量的视角(及其等效的积分或微分公式结构)代表连续的时间。在系统动力学中，我们将时间表示为连续量。事件可以在任何时刻发生；变化可能不断进行；并且

① 如何创建双向箭头将在介绍存量流量图绘制方法时具体介绍。

时间可以分成我们想要的任意间隔①。

任何时刻的流量都被定义为其瞬间值——此刻水流进你浴缸的速率。从数学上说，进入存量的净流量(入流减去出流)就是存量变化的瞬间速率——其导数，这就是式(6-2)的含义。没有人可以测量任何流量的瞬间值。政府无法报告某个特定时刻的GDP，而只能报告在某个先前固定单位时间的平均速率(一般是一个季度)。类似的，公司销售的季度报告是该季度的累计销量，而不是季度末的瞬间销售速率。在该季度中销售可能大大波动。以月甚至天这样更短单位时间做出的销售报告是瞬间销售速率的更好模拟，但仍旧代表某个先前固定间隔的平均值。类似的，一辆汽车的速度表并不代表它的瞬间速度，速度表指示的是先前一个短时期内的平均速度。

随着对测量间隔的长度进行缩短，所报告的平均速率将变成瞬间速率的更好近似。大多数速度表对于汽车真实速度的变化响应很快，所以对于实际操作来说我们认为在仪表盘上报告的平均速度同当前的真实速度相同。另一方面，报告经济状态或公司利润时的延迟相对于他们的变化响应时间较长，因而就会极大地影响系统的稳定性。尽管我们可以发明一些仪器来缩小测量和报告物理及社会系统流速时的延迟，但我们永远无法度量影响任何存量的流速的瞬间值。

6.1.5 存量对动态的贡献

系统中存量流量的区别，是系统动力学非常重要的概念，Mass (1980)总结将其总结如下。

1. 存量表征了系统的状态并提供行动的基础

系统中的存量告诉决策制定者当前系统的状态，由此提供他们行动所需的信息。一名飞行员必须知道飞机的状态，包括位置、航向、高度和油料水平。不知道这些状态，飞行员就是盲目飞行，很可能由于错误决策而出事故。类似的，如果不知道库存水平、零件储备、工人数目以及其他存量，一个公司就无法制定恰当的生产计划。通过报告现金、库存、应付账款及债务等存量值，资产负债表能表征一家公司的财务健康状况。关于这些存量的信息将会影响决策，比如是否要借新债、支付股利、以及通过裁员控制支出。

2. 存量让系统出现惯性和记忆

存量累积过去的事件，记录了流入流出后系统的状态。如果这些流量没有变化，存量就会按照过去的改变速度而改变。如果没有流出，存量将一直记录历史的流入。例如，在美国的老城区，房屋油漆中铅的存量一直很高，尽管含铅漆在1978年就被禁用。一旦含铅漆累积起来，除去它的唯一办法只能是通过昂贵的去铅过程或者房屋的最终拆除。类似的，即使在氟利昂(CFC)的生产速率降到零之后，由CFC所产生的破坏臭氧层的氯的存量仍将在大气中留存几十年，因为将氯从大气中清除的速率非常低。存量也可以是

① 在数值仿真中，时间被分割成离散的间隔。然而，这些间隔必须足够短，使得数值成为连续动态的良好近似，并且模型动态不会因求解间隔的长度而变化，例如将间隔缩短一半不会影响你的任何结论。

无形的。记忆和想法是表征你心智状态的存量。你的想法会持续很长一段时间，从而在你态度和行为中表现出持续性。如果你对于某个航班有恶劣的体验并且再也未乘坐那趟航班，你对于他们低质服务的看法将一直持续下去，即便他们后来已经有所改进。

3. 存量是延迟的来源

由于有了存量，当输入发生变化时，输出可能不会马上变化，这样的输出落后于输入的过程就称为延迟；而输入和输出间的差异就会累积在存量中。当你同时向1000个最亲近的朋友邮寄婚礼请柬时，邮件寄出，但是邮件的到达量（投递量）不会立即增加1000封信，这就意味着在途信件增加了1000封。当这些请柬纷纷到达目的地之后，当地邮递员的投递量增加，在途信件的存量才开始降低。投递速率超过了邮寄速率，缩减了在途信件的存量，直到所有请柬都抵达，那时投递速率再次等于邮寄速率，并且在途信件的存量恢复到它原来的水平。

感知延迟同样包括存量，尽管这些存量并不涉及任何物料流动。例如，因为测量和报告需要时间，我们对于很多经济信息的感知都有一定的延迟。我们可以了解去年、上个季度、甚至上个月的消费者物价指数(consumer price index，CPI)，但是无法知道此时此刻的CPI是多少。虽然CPI已经发生了变化，但是我们感知的变化却要落后于它真实的变化。从另一个方面来说，由于各种不确定性的作用，一个决策的制定通常不会仅仅基于当前的数据，而是要根据以前几期数据的平均值来进行。必须在更长的间隔内累积它们，以滤除短期噪音，为决策者提供一个可供决策的有意义的平均值。第8章详细描述了延迟的结构和动态。

4. 存量产生不均衡的动态

存量吸收了流入量和流出量间的差异，因而使得到一个系统的流入和流出不同。在均衡状态，一个存量的总流入等于其总流出，因而存量水平不变。然而，流入和流出往往不同，因为它们通常由不同的决策过程所控制。不均衡是常见情况，均衡状态是非常少见的例外。例如，粮食的生产决定于播种和收获的年度循环，伴随着无法预测的天气变化、害虫数量以及其他因素。粮食的消耗决定于要供给的人口。粮食生产和消耗之间的差异在粮食存量中得到累积，在整个分销系统中存储：从田野到谷仓，到加工厂的库存，到市场，再到厨房案板。如果没有存量来缓冲生产和消耗间的差异，消耗将必须总是等于生产，人们将在两次收获之间挨饿。尽管平均来说，粮食的生产与消耗能够平衡，但因为农民根据市场价格和库存状况来决定种植多少，并且消费者根据价格和可用性来调整消耗，所以生产和消耗很少相等。

一旦相关的流入和流出由不同的决策制订者所控制，涉及不同的资源，并且受不同的随机波动所影响，那么它们之间就必须存在一个缓冲或存量，将差异累积起来。当这些存量发生变化时，关于缓冲区大小的信息将以不同的方式反馈回去，影响流入和流出。通常情况下（但并非总是）这些反馈将存量带回均衡。例如粮食库存增加，价格下降，第二年的种植就会减少，产量减少后粮食库存就会下降。我们无法假定均衡态一定存在，也无法预知均衡是如何达到的，它是许多反馈回路同时交互时整个系统出现的属性。

6.2 存量流量图的组成要素

了解了存量流量的概念之后，我们要进一步学习存量流量图的绘制。以下我们通过一个简单的案例来进行说明。

6.2.1 存量流量图实例

图 6-4 是一个简单库存系统的因果关系图。这张图告诉我们：库存随着订货而增加，随着销售而减少。企业有目标库存，实际库存和目标库存之间的偏差决定了订货决策。当实际库存大于目标库存时，订货量减少，当实际库存小于目标库存时，订货量增加。

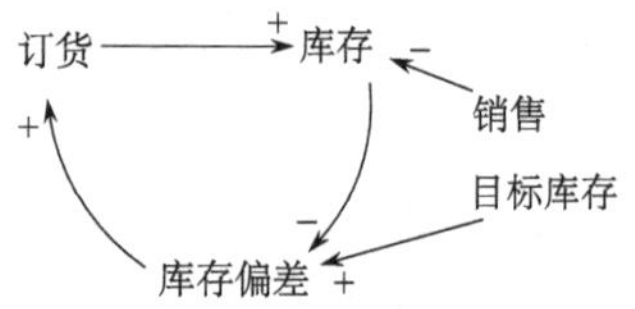

图 6-4 简单库存系统的因果关系图

对于这样一个系统，根据上面对存量流量的介绍，我们很容易就可以确定，库存是存量，它的流入量是订货（假设供应商能很快处理订单并将货物送达，暂时不考虑从订货到货物到达的延迟）。库存的流出量是销售。订货量的决策是这样做的，一方面要补足销售掉的货物；另一方面还要考虑将库存调节到目标的库存量。影响订货量的另一个因素是库存调节时间。如果每 4 周调节一次库存，现在需要调节的库存量是 100 件，那么本周只要订货 25 件（100/4），图 6-5 是该库存系统的存量流量图。图 6-5 仍然能够反映图 6-4 所表达的信息，但是对于系统的描述更精确，我们可以看到系统的存量及其变化（流量），我们对系统实施管理的目的就是通过订货决策来调节库存，从而满足销售。“订货”是库存控制所必要的决策，决策的流程是：盘点库存、比较实际“库存”和“目标库存”得到“库存偏差”、根据“库存偏差”（考虑库存调节时间）进行“订货”。

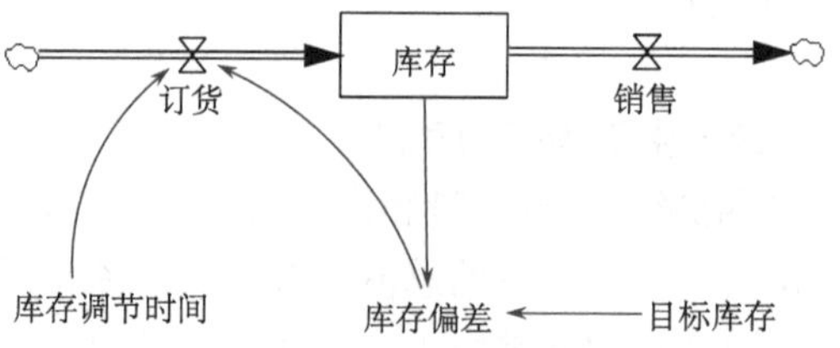

图 6-5 简单库存系统的存量流量图

可见，存量流量图是在因果关系图基础上对系统更细致和深入的描述，因此它不仅能清楚地反映系统要素之间的逻辑关系，还能进一步明确系统中各种变量的性质，进而刻画系统的反馈与控制过程。

6.2.2 辅助变量和常量

在上例存量流量图中，除了存量和流量之外，我们看到还有“库存偏差”，“目标库存”和“库存调节时间”这些变量，它们有的是辅助变量，有的是常量。一般的存量流量图中都会包含辅助变量和常量，以下我们来介绍一下这两种变量。

1. 辅助变量(Auxiliary variable)

辅助变量就是表达决策过程的中间变量。辅助变量是描述决策过程的中间环节，是分析反馈结构的有效手段，是系统模型化的重要内容。

辅助变量是用来描述决策过程中状态变量和速率变量之间信息传递和转换过程的中间变量。它既不反映积累也不具有导数意义，辅助变量随着相关变量的变化而瞬时发生变化。上面例子中“库存偏差”是辅助变量，库存偏差＝目标库存－库存。当目标库存发生变化，库存偏差就发生变化，当库存发生变化，库存偏差也就发生变化。辅助变量通常描述从“状态变量”到“速率变量”之间的“局部结构”，这种“局部结构”和相关“常量”构成了系统的“控制策略”。上例中，“库存偏差”决定订货量，速率量“订货”的公式为订货＝库存偏差/库存调节时间。

2. 常量

在研究期间保持不变或者变化甚微(可忽略不计)的量即为常量(constant)。常量一般为系统中的局部目标或标准。在上面的库存系统中，“库存调节时间”和“目标库存”均为常量。

值得注意的是，有时候流量可能也是常数，比如上例中的销售就是一个常数，常数可以直接输入给流量变量，或通过常量输入给流量变量。

3. 辅助变量和常量的意义

当然我们可以消去辅助变量和常量，将模型简化为一套仅包含存量和流量的公式。以上面的库存系统为例，我们可以去除“库存偏差”，“目标库存”和“库存调节时间”这些变量，直接把订货的公式写成：订货＝(300－库存)/2＋销售。其中300是目标库存，300－库存就是“库存偏差”，2是库存调节时间。但是，这里必须强调，在简化形式的模型中，不仅变量之间的逻辑关系不容易理解，在某些复杂的情况下，变量之间的因果关系可能变得含糊，并且无法区分两个不同极性的反馈回路，从而使我们无法发现系统行为特性的深层次规律。

通过中间变量代换，简化相应速率公式以简化模型的过程是普遍适用的。对建模者来说，辅助变量的使用非常有益。在理想情况下，模型中每个公式都应代表一个实际含义，为后续的系统分析和评价打下基础，因此我们建议不要通过书写包含多个概念的长公式来缩减公式的个数。这些长公式将使他人很难阅读和理解模型，也给建模者自己带来阅读和理解上的困难。最后，带有多个成份的公式和想法也会很难修改，如果你的客户不同意其中一个想法，你对公式的修改很容易顾此失彼。

6.2.3 变量性质的相对性

系统中变量的性质有相对性，根据研究的范围和侧重点的不同可能发生变化。我们曾经讨论过速度可以作为流量，也可以作为存量。同样道理，有的变量既可以做存量也可以做辅助变量。例如：价格，在研究宏观经济系统时，它可以是一个由供求关系决定的辅助变量；在研究某个特殊产品市场时，它也可以是一个由供求关系驱动变化的状态变量，价格变化是其流量。所以，根据我们研究系统的范围和侧重点，才能确定变量的性质。一般情况下，当系统中一个或几个设置成状态变量后，其他变量的性质也就随之确定了。

6.2.4 物质流和信息流

在系统动力学模型中，有两种独立的流，即物质流和信息流。

物质流表示在系统中流动着的物质，具有守恒的性质。例如：材料、在制品、成品、商品订货量、劳动力、人口、作物、物种；固定资产、工厂及城市占地；天然资源、能源、污染量；现金、存款及货币等。

物质在流动的过程中总数量是不会发生改变的。100 件在途物资经过运输后成为企业的库存，那么在途物资减少 100 件，库存增加 100 件。如果从源有物质流入系统，或者从漏有物质流出系统，虽然对于所研究的系统来看物质减少了，但是其实这些物质只是来自于或者去到了系统边界之外，如果扩大系统的边界，我们会发现这些物质还是存在的，总量也是守恒的。

物质在流动的过程中需要时间，因此有延迟现象。正像定购的商品不能立即到达用户的仓库，需要生产和运输等环节，新雇用的劳动力不能立即上岗，需要培训和熟悉环境等程序。那么这些物质可以被记录在不同的存量中，但是总量是不变的。

信息流是连接状态变量和速率变量的信息通道，信息流是不守恒的。守恒流是系统活动过程中产生的实体流，属于被控对象，是构成系统的基本流。信息流是与系统管理控制有直接关系的流，是决策的依据，因此对于系统的管理控制来说特别重要。

获取或使用相关联变量的当前信息，不会改变信息的数值。价格的信息可以被生产者使用，制定生产决策，但是信息不会被消耗掉，同时，价格的信息也可以被消费者使用，制定消费决策，所以信息流不存在守恒的问题。

信息流与物质流一样有延迟现象。因为无论是数据还是其他情报，一经收集就变成过去。同时还要经过整理，统计处理、制表、写报告、文件传递等都需时间。所以从数据收集到决策者做决策，信息延迟是不可避免的，这个延迟发生在决策时，对决策影响很大。

还要特别强调一点，无论是物质延迟还是信息延迟，都会带来系统控制上的难度和误差，同时还会引起系统控制的稳定性，甚至会导致系统失控。关于延迟对系统的影响，将在第 8 章中详细介绍。

有的书中将物质流用实线表示，将信息流用虚线表示。这样可以很清楚的区分出系统中的物质流和信息流。当然，用虚线比用默认的实线麻烦一点，需要进行设置。另外，系统动力学的变量名称很接近现实生活，所以也很容易区分出物质流和信息流。比如库存是物质，目标库存、库存偏差都是信息，所以不用虚线也可以。大多数模型没有用实线和虚线区分物质流和信息流。

6.2.5 存量流量图的实践意义

存量流量图所描述的信息完全可以用积分公式以及微分公式来表达，存量流量图同数学中的微分方程组是完全等效的。那么，你会使用哪种形式来建立模型？答案取决于你所从事的建模项目的环境和你客户队伍的背景。许多在其他方面都做得很优秀的建模工作最终失败，仅仅因为建模者试图使用微分公式和数学符号(甚至仿真代码)向几乎没有技术背景的客户来解释模型。一个建模者所能做出的最糟糕的事就是通过使用微分公式、希腊字母以及客户从未学过或久已遗忘的其他符号来展示模型，客户往往会听得一头雾水而找不到北，感觉建模者是在炫耀他的数学知识，他更关注于自己公式的优雅而非帮助客户解决自身问题。

存量和流量图与更数学化的正规符号包含着同样的信息，但却更容易理解和随时修改。同时，一些团队成员认为甚至存量和流量图也太抽象。国外有使用水箱、管道和阀门的简单图示，来同客户交流。例如，一个同跨国化工企业打交道的建模项目使用一系列管道、阀门和水箱来表示生产、库存、发货、以及客户库存，还有产能、现金甚至设备故障。团队成员能够很容易理解存量和流量结构，因为客户很熟悉在其工厂中运送物料的油罐和管道。实际上，大多数团队成员都是受过良好训练的工程师，具有扎实的数学背景。当客户看到用水箱和管道表示的存量和流量结构，他们相信建模人员真正理解这个企业是如何运作的。

如果模型中的存量和流量并不像原油或汽车那样有形该怎么办？发挥创造力，例如，可以用到收件箱的信件流代表流量（流入）、未处理理赔作为存量、流向客户的信件（包含支票）代表已处理的理赔（流量）。这样，使用该模型的研讨会比使用抽象符号时更好地被参与者理解，从而也能使模型最大限度地接近现实系统。

我们并不是推荐将公式或者存量和流量图隐藏起来，不让客户看到。永远不要对好奇的客户隐藏的模型。应当总是寻找和创造机会来让客户队伍从建模过程中学到更多，时刻准备好解释你的模型。

在警告精通数学的建模者别做太过技术化表达的同时，相反的问题也可能发生，即一些客户不愿看他们认为太过简单的卡通图形，更愿意看专业的存量和流量图表示甚至是公式。像往常一样，你必须深深地了解你的客户，最好在建模过程的早期就开始这样做。

最后，提醒一下那些技术训练较少以及数学背景薄弱的人。客户可能不需要理解存量流量背后的数学，但是你必须理解。尽管作为一名建模者你不需要懂得如何求解微分公式，但是你一定要全面而且精确的理解存量、流量的概念和结构。

6.3　绘制存量流量图

绘制存量流量图是建立在对所要研究系统的充分认识和理解基础上的。只有对实际系统有了足够的认识和理解，才能从逻辑上对该系统进行分解和再构造。只有这样，才能够再通过自己的逻辑组织用存量流量图的构件来描述系统。

存量流量图是在因果关系图的基础上绘制的，明确表示出系统的物质流、信息流和反馈作用的全貌，从而可以为系统分析者提供建立系统动力学方程的蓝图、进一步搜集数据的依据，以及系统分析和策略构思的基础。

在绘制存量流量图之前，要搜集整理有关系统诸要素及其相互关系的数据资料，查清各个环节中存量的意义，进一步分析因果反馈图并做出必要的补充和完善，使之既能完整地显示出系统应有的因果关系和各模块的正确衔接结构，又能正确反映系统中诸因素的数学意义和数量关系。

在因果回路图的基础上，绘制存量流量图的工作主要是区别不同性质的变量，然后将他们的相互关系整理清楚。除了建立起存量、流量及其关系外，还有建立辅助变量、常量，跟系统结构一一对应。

6.3.1 建立存量流量图时应该遵循的原则

综上所述，我们可以得出建立存量流量图时应遵循的一般原则：

(1) 每一个反馈回路都至少有一个存量；

(2) 只有流量能够改变存量；

(3) 一般情况下，存量为系统提供信息，而这信息会用于改变速率变量，表示根据系统状态进行决策，对系统进行控制；

(4) 辅助变量都是在信息流中。

在构建存量流量图的过程中，除了充分掌握基本方法，还需要灵活性。有时多添加一个变量，反而会比较容易表达和理解。例如，库存系统中添加的库存偏差，加入这个变量就使得存量流量图表达的内容更容易被人们接受和理解。

6.3.2 存量流量图应用举例：人口问题

首先我们确定系统边界，找出系统的关键要素：①人口数量：Population；②出生速率：Birth rate；③死亡速率：Death rate；④出生比例：Birth fractional；⑤平均寿命：Average lifetime。

在这个系统中，出生比例提高使得人口的出生速率增加，出生速率增加又导致人口数量的更快增长，人口数量的增加又会引起死亡数量的增加。人口的平均死亡速率和人的平均寿命有关，即人口平均年龄的倒数。我们再来看图 6-6 中下面的一条回路。平均寿命的增加将会使得死亡速率减少，死亡速率的减少又导致人口总数的增加，人口总数的增加又会使得出生速率增加。于是可得如图 6-6 所示的因果回路图。

在此基础上，进一步区分变量的性质，人口是存量，出生速率和死亡速率是流量，出生比例和平均寿命是常量。考虑系统运行原理和建立存量流量图的一般规则，可得系统存量流量图如图 6-7 所示。

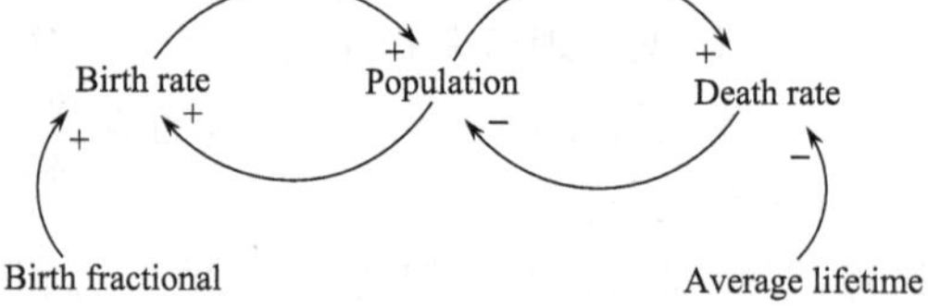

图 6-6 人口系统因果回路图

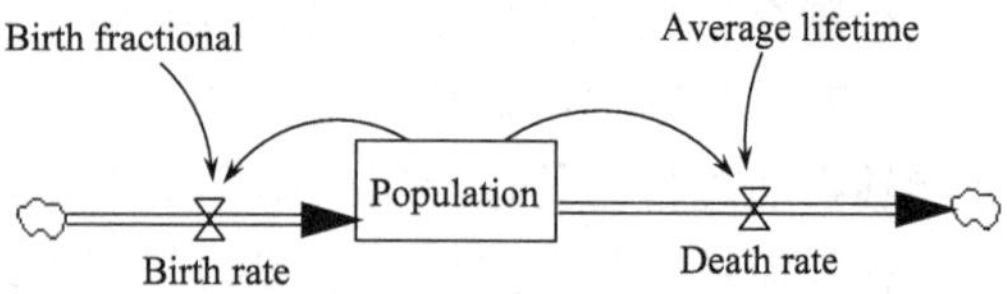

图 6-7 人口系统存量流量图

6.4 如何使用 Vensim 绘制存量流量图

Vensim 是系统动力学比较常用的软件之一。这里我们介绍一下如何使用 Vensim

来绘制存量流量图。

6.4.1　Vensim 的界面

启动 Vensim，出现如下 Vensim 界面，如图 6-8 所示。

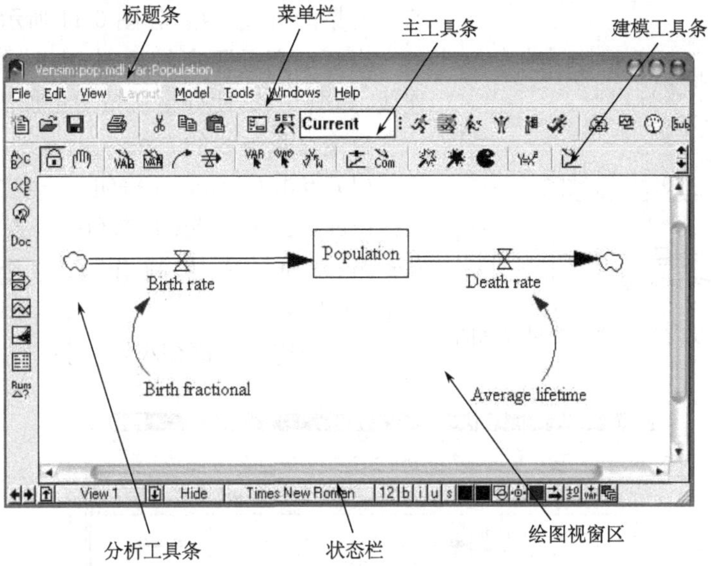

图 6-8　启动 Vensim 后界面图

6.4.2　变量及其关系的建立

1. 添加水平变量

选择 Box Variable ，在 Sketch Drawing Area 内单击鼠标，会出现输入框，在输入框写入变量名后回车，就完成了水平变量的输入。

2. 创建速率变量

选择 Rate ，在一个水平变量上单击鼠标，拖动箭头到另一水平变量，再单击鼠标，会出现输入框，在输入框写入变量名，就完成了速率变量的创建。

速率变量通常有一个单向箭头，显示流动方向。这仅仅是图形显示，在模拟过程中，方程规定了流动方向。但是用户可以通过图形来表示流动是单向还是双向，同时在建立方程时予以考虑。

如果物流是双向流动，可按如下步骤设置双向箭头：

(1) 选择 Move/Size 。可以看到箭头的双线中有两个小圆圈，如图 6-9 所示。

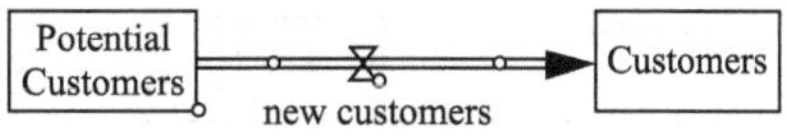

图 6-9　箭头的双线中有两个小圆圈示意图

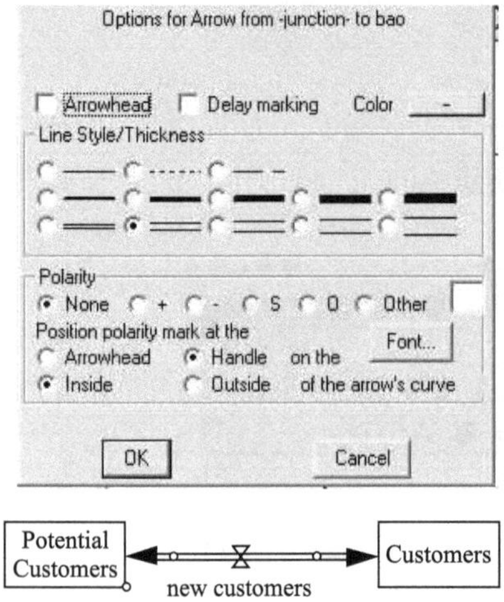

图 6-10　创建双向流动速率变量界面图

(2)右击⧖左侧的小圆,出现如下对话框,勾上 Arrowhead,将会得到双向的箭头,如图 6-10 所示。

弯曲速率变量连接线:按 shift 键,同时在需要转弯处单击鼠标,最后释放 shift 键,即可实现速率变量的折线连接,如图 6-11 所示。

当两个变量距离较远时,有时需要自定义长连线,如图 6-12,使存量流量图更加清晰明确。

自定义长连线的方法:

(1) 点击 Comment 按钮——空白处左击鼠标——background color 选蓝色——点选 Use as arrow junction: 这样制作了一个连接方框 junction box。

(2) 把连接方框缩小,复制一个。

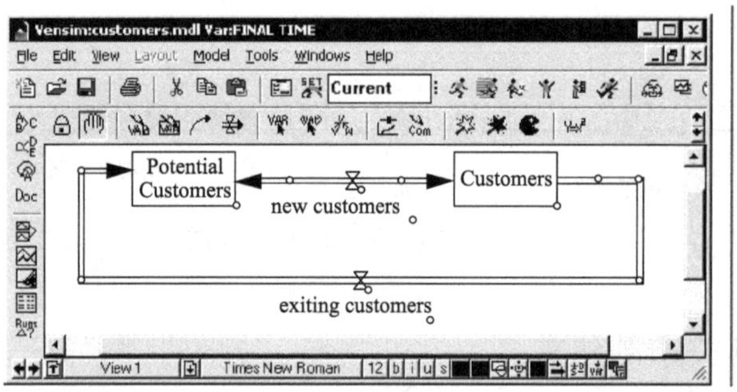

图 6-11　弯曲速率变量连接线示意图

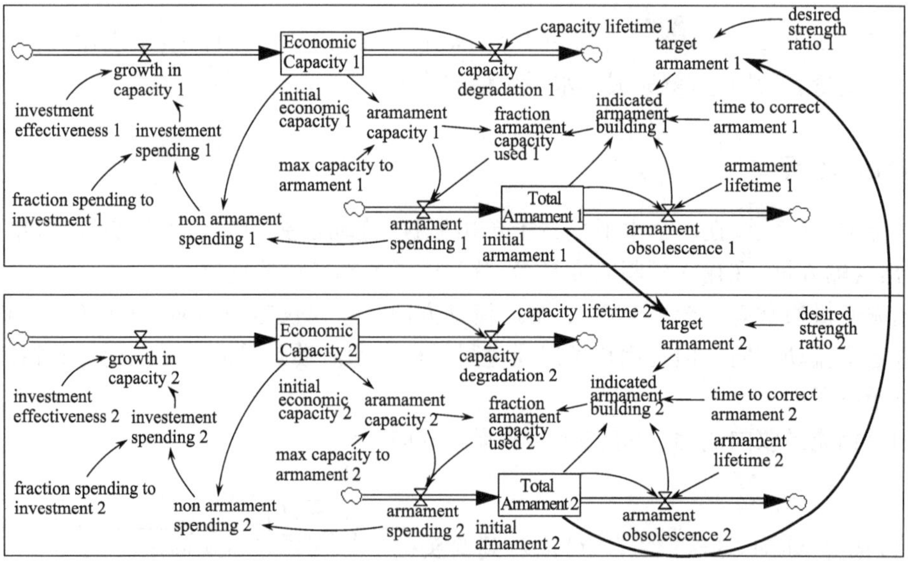

图 6-12　自定义长连线界面图

(3) 点击 Arrow 按钮，分别连接方框和一个变量，并连接两个连接方框，在起始的两条连线上右击鼠标，去掉 Arrowhead 箭头选项。

(4) 把两个连接方框缩至最小，直至看不见为止。

3. 添加辅助变量

选择 Variable ，在 Sketch Drawing Area 内需要添加变量的地方单击鼠标，会出现输入框，在输入框写入变量名，就完成了辅助变量的输入。

选择 Arrow ，为变量之间添加连接线。

6.4.3 变量外观修饰

图形可以用多种方式来表示，但是 Vensim 标准形式为：矩形为水平变量，变量名写在矩形框内；速率变量用明确命名的速率管道表示；常量、辅助变量等仅显示简单的变量名。

变量外观的修饰方法：像因果关系图一样，用户也可以使用相应的控制按钮对存量流量图的版面和对象的大小进行调整。

选择要修饰的变量，单击右键，将出现如图 6-13 所示的对话框，可以通过选择对话框中提供的形状改变变量的外观。

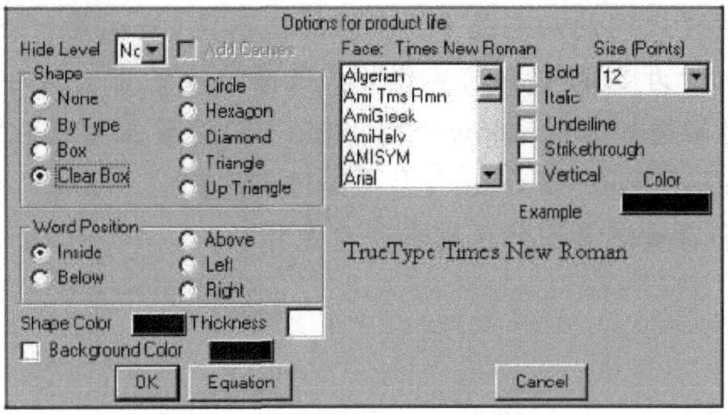

图 6-13 变量外观修饰界面图

另外，还可以选择 Lock 或 Move/size，然后应用状态栏 Surround shape 按钮，对变量外观进行修改。

有时我们要移动某个变量在存量流量图中的位置，移动方法为：点击 Move/size ——选择要移动的变量——按键盘上的上、下、左、右键进行移动。如果要进行大幅度移动，可以在点击 Move/size  后，用鼠标拖动的办法来移动。

6.4.4 为存量流量图添加修饰边框(Containing Boxes)

添加边框可在视图上将存量流量图分块，并且不影响变量间的逻辑关系。添加方法如下：

(1) 点击 Comment 按钮——Sketch Drawing Area 内空白处左击鼠标——Shape>Box，Thickness 厚度键入 2。

(2) 调整方框大小，至包含所有变量，箭头等。

(3) 点击 Lock 按钮，点选边框，点击状态栏上的 Push the highlighted words to the background 按钮。另外，通过状态栏内的按钮或单击右键出现的控制面板，还可以改变颜色等。加边框后的存量流量图如图 6-14 所示。

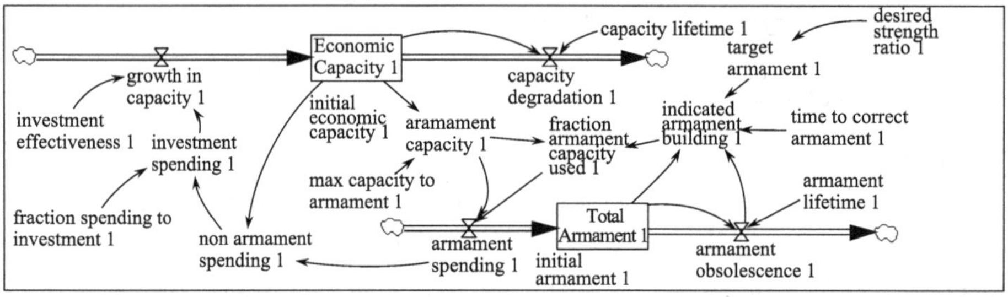

图 6-14　加边框后的存量流量图界面图

➢思考题

1. 思考流量与存量之间的动态关系。如果净流入量(流入量—流出量)为 0，存量如何变化？如果净流入量为 2，存量如何变化？如果净流入量为—2，存量如何变化？如果净流入量是线性随时间增加 net inflow＝2 * time＋5，存量如何变化？如果净流量是线性随时间减少 net inflow＝50—2 * time，存量如何变化？

2. 因果回路图和存量流量图的区别和联系是什么？

第 7 章

简单系统的动态：一阶系统和二阶系统

在第 6 章中，我们介绍了存量流量的概念，以及绘制存量流量图的方法和技术。在这一章中，我们要讨论系统的结构和系统行为之间的关系。我们从最简单的系统入手，先讨论一阶系统，然后看二阶系统。一阶系统的结构与行为有很强的联系，二阶系统的结构与行为之间的关系相对较弱，规律性较低，更高阶系统的结构与行为之间的规律更少，但是我们可以把高阶系统看成若干个一阶系统和二阶系统的组合。所以掌握一阶、二阶系统的动态可以帮助我们建立系统动力学模型并对模型的行为进行分析。

7.1 一阶正反馈系统

系统动力学中讲的阶(order)指的是系统中状态变量的个数。一阶系统仅包括一个存量状态。一阶反馈系统是系统动力学模型最小最基本的系统。一个系统动力学模型至少包括一个一阶系统，当然一般会包括多个一阶系统。一阶正反馈系统是指只有一个正反馈回路，或者说加强型回路的系统，下面我们来举例说明。

7.1.1 一阶正反馈系统举例

以人口系统为例的一阶正反馈系统的存量流量图如图 7-1 所示。人口的变化由人口的净增加(net increase)速率引起。人口净增加速率是人口出生速率减去人口死亡速率后的人口净变化量，人口出生速率大于人口死亡速率时，人口净增加速率为正，人口数量增加。人口出生速率小于人口死亡速率时，人口净增加速率为负，人口数量减少。

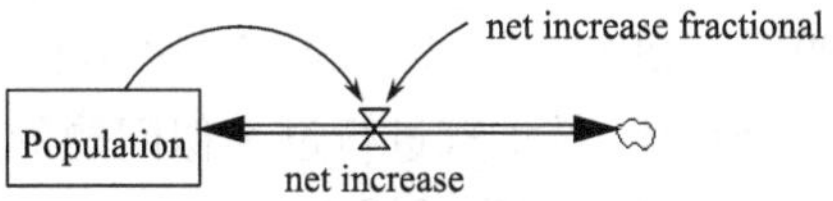

图 7-1 以人口为例的一阶正反馈系统

流量累积存量，可以用下面式(7-1)表示；流量又受到存量的影响，可以用下面式(7-2)表示：

$$\text{Population}_{t+1} = \text{Population}_t + \text{netincrease}_t \times \text{DT} \tag{7-1}$$

$$\text{netincrease}_t = \text{Population}_t \times \text{netincrease fractional} \tag{7-2}$$

这两个公式的意义等同于

$$\frac{\text{dPopulation}}{\text{d}t} = \text{Population} \times \text{netincrease fractional} \tag{7-3}$$

求式(7-3)的原函数,可得:$Population = Population_0 e^{netincrease\ fractional \times t}$。可见,这是一个指数函数,系统的行为就是指数增长或指数衰减过程。

图 7-2 给出了这个一阶正反馈系统的行为。当净增加比例大于零(Net_Birth_Fractional > 0)时,系统呈现指数增长;当净增加比例小于零(Net_Birth_Fractional < 0)时,系统呈现指数衰减。

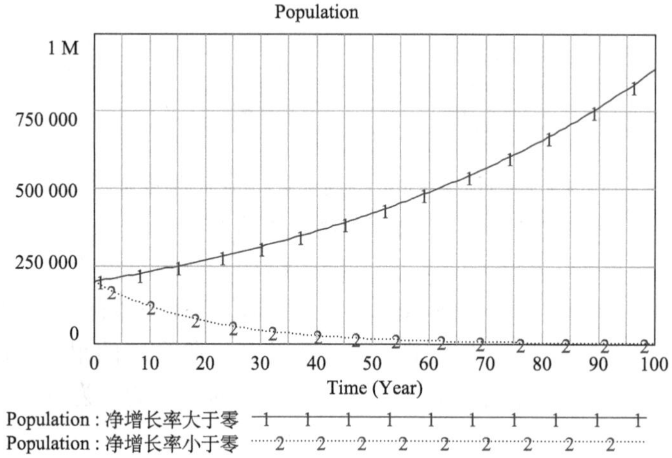

图 7-2　一阶正反馈系统行为

值得注意的是,指数增长的初期,和线性增长非常相似。图 7-2 中前 20 年,如果只看数据,我们很可能会将系统行为判断为线性增长,并以此判断来估计未来。模型模拟的结果告诉我们,以线性增长来预计未来会和实际情况产生很大的差别,导致我们的策略错误。指数增长(有时也称为几何增长)的力量在后期会发出大,而这种力量往往被人们低估。最经典的案例就是古代一个国王要奖励他的大臣。大臣说就在国际象棋的棋盘上放米,第一格放一粒米,第二格放两粒米,第三格放四粒米,第四格放八粒米,然后是十六粒,三十二粒,以此类推,一直到放满六十四格。国王欣然答应,还觉得大臣要求的太少了。结果发现国库里根本没有这么多米。大家可以猜想一下第 64 格要多少粒米。1 亿? 10 亿? 100 亿? 都不对。第 64 格里放了 2^{63} 粒米,如果打开计算器,马上就可以看到结果是 9 223 372 036 854 775 808,也就是 100 亿亿,接近于 10^{19}。绝大部分的人都会低估这个数值,科学家进行过类似问题的实验,实验结果显示,几乎所有人都会低估指数增长。我们的大脑更习惯于处理线性的关系,处理非线性关系并不擅长。当然,实验数据也告诉我们,人们对指数衰减的估计更加准确,当然指数衰减有一个固定的范围,从当前的存量逐渐下降到零;而且我们会清楚的知道,开始的时候衰减要快一些,随着存量的减少,衰减变慢。

7.1.2　一阶正反馈系统的几个重要参数

1. 时间常数 T

从上部分的讨论可知,一阶正反馈系统的一般数学描述为:$y = ae^{\frac{1}{T}t}$(指数增长)或

$y=ae^{-\frac{1}{T}t}$（指数衰减）。这里，$T(T\geqslant 0)$被定义为时间常数。在人口系统中，时间常数 $T=1/$ net increase fractional，具有时间的量纲。

将 $t=T$ 代入上式可得：

$$y=a_0e^{\frac{1}{T}t}=a_0e^1=2.73a_0 \text{ 或 } y=a_0e^{-\frac{1}{T}t}=a_0e^{-1}=0.37a_0 \tag{7-4}$$

同理，将 $t=2T$ 代入上式可得：

$$y=a_0e^{\frac{1}{T}t}=a_0e^2=7.39a_0 \text{ 或 } y=a_0e^{-\frac{1}{T}t}=a_0e^{-2}=0.14a_0 \tag{7-5}$$

结果表明，在净出生比例大于0时，当时间 t 经历一个时间常数 T 后，人口（Population）达到初始值的2.73倍（2.73Population_0）。在净出生比例小于0时，人口达到初始值的0.37倍（0.37Population_0）；同理可求出当 $t=2T$ 时，人口增加到初始值的7.39倍或减少到初始值的0.14倍。

可见，时间常数 T 决定正反馈系统增长或衰减的速度。时间常数 T 值越大系统变化的越慢，系统的状态相应为较平缓的增长曲线；时间常数 T 值越小系统变化的越快，系统的状态相应为较陡的变化曲线。

2. 倍增时间/减半时间

所谓倍增时间，是指状态变量（此处为总人口）由当前值增至原来二倍时所需的时间（此时，时间常数 $T>0$）。令：

$$\frac{\text{Population}(t_2)}{\text{Population}(t_1)}=\frac{\text{Population}_0e^{\frac{1}{T}t_2}}{\text{Population}_0e^{\frac{1}{T}t_1}}=e^{\frac{1}{T}(t_2-t_1)}=2 \tag{7-6}$$

于是可得，倍增时间 $\Delta t=t_2-t_1=T\ln 2=0.69T$。也就是说，倍增时间约等于0.69倍的时间常数 T。每经过一个倍增时间，系统的状态值将增加一倍。

所谓减半时间是指状态变量（此处为总人口）由当前值减至原来一半时所要得的时间（此时，时间常数 $T<0$）。同倍增时间的定义一样，令：

$$\frac{\text{Population}(t_2)}{\text{Population}(t_1)}=\frac{\text{Population}_0e^{-\frac{1}{T}t_2}}{\text{Population}_0e^{-\frac{1}{T}t_1}}=e^{-\frac{1}{T}(t_2-t_1)}=\frac{1}{2} \tag{7-7}$$

于是可得，倍增时间 $\Delta t=t_2-t_1=T\ln 2=0.69T$。也就是说，减半时间与倍增时间关系式一样，结果也是一样，只不过一个是增加，一个是减少。

放射性元素的半衰期就是我们这里讲到减半时间的一个实例，它描述了放射性元素的原子核半数发生衰变所需要的时间。倍增时间的典型案例是计算机领域的摩尔定律：电脑性能每隔18个月翻一番。

7.1.3　非典型性指数增长

以上讨论的情况倍增时间或减半时间都是常数，则这个增长过程或减少过程就是指数增长或指数衰退过程。但是，许多正反馈过程的倍增时间并非固定不变的，有的时候倍增时间在变短，如人口的增长就是如此。1650年，世界人口5亿，倍增时间250年；1970年，世界人口32亿，倍增时间33年；有的时候倍增时间在变长，如一家公司的产量一开始每半年就翻一番，但是到了后来要每一年才能翻一番，再后来每两年才能翻一番。

当倍增时间或减半时间不是常数时，这种增长过程就是非典型性超指数增长。我们以人口系统为例，来模拟不同倍增时间对人口总数的影响。图 7-3 给出了两种非典型性指数增长与指数增长的比较。

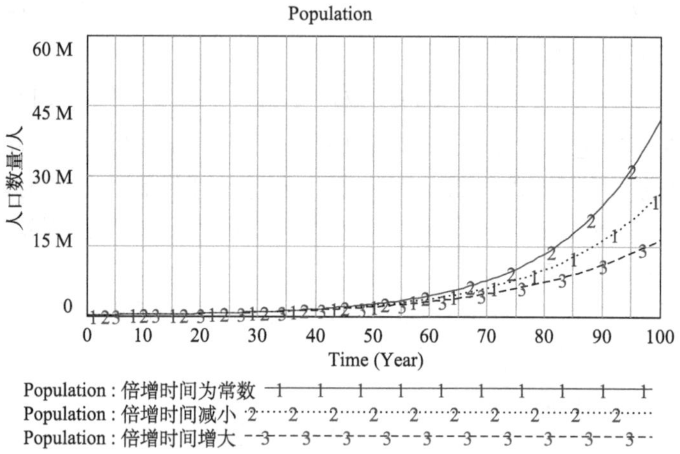

图 7-3　非典型性指数增长

数字 1 的曲线是倍增时间为常数的情况，也就是典型的指数增长图形。数字 2 的曲线是倍增时间在变小的情况，我们发现，倍增时间变小，人口增加快于指数增长，有些书中称这种增长为超指数增长。数字 3 的曲线是倍增时间在变大的情况，我们发现，倍增时间变大，人口慢于指数增长，当然仍然比线性增长更快一些。

7.2　一阶负反馈系统

上面已经讲了一阶系统仅包括一个存量状态。一阶正反馈系统是只有一个正反馈回路，或者说加强型回路的系统。一阶负反馈系统是只有一个负反馈回路，或者说平衡型回路的系统，下面同样来举例说明。

7.2.1　一阶负反馈系统举例

以库存系统为例的一阶负反馈系统的存量流量图如图 7-4 所示。库存的变化由订货决策来控制，而订货的决策又是有当前的库存量决定的。当前库存太多，订货量下降，使库存降低。当前的库存量太少，订货量增加，使库存增加。库存量是太多还是太少的标

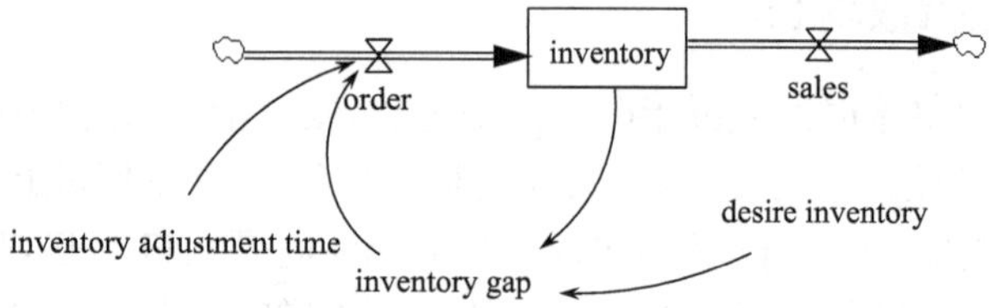

图 7-4　以库存系统为例的负反馈系统

准是目标库存，比目标库存多，则库存太多，比目标库存少，则库存太少。

根据存量流量的概念，这个库存系统可以用以下公式来表示：

$$\text{Inventory}_{t+1} = \text{Inventory}_t + \text{order}_t \times DT - \text{sales}_t \times DT \tag{7-8}$$

$$\text{order}_t = \text{inventory gap}_t / \text{inventory adjust time} \tag{7-9}$$

$$\text{inventory gap}_t = \text{desire inventory} - \text{Inventory}_t \tag{7-10}$$

这里，sales 是外生变量，处于系统之外，我们姑且定义它为常数 100 件/月。目标库存(desire inventory)设为 300 件。我们将初始库存设置成低于目标库存的量(100 件)和高于目标库存的量(500 件)，分别模拟了模型。模型的模拟结果如图 7-5 所示。

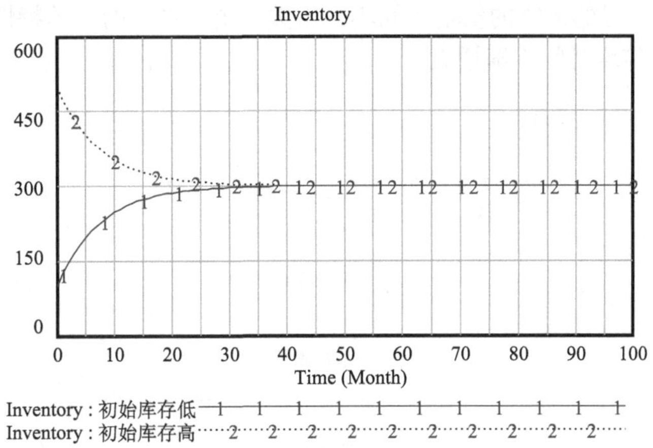

图 7-5　一阶负反馈系统的行为

图 7-5 可以清晰的看出寻的行为，无论初始库存是高于目标库存，还是低于目标库存，最后经过一段时间的调整，系统行为都稳定于目标库存 300 件的水平上。我们看到负反馈系统总是试图将系统拉回稳定状态，而且这种稳定状态是非常牢固的，无论由于何种原因，系统偏离了这个稳定状态后，负反馈系统又会继续努力将系统的状态调节回到稳定状态上。因此，负反馈回路又被称为平衡型回路，负反馈系统的行为都是寻的的行为。

7.2.2　一阶负反馈系统的重要参数

1. 时间常数

一阶负反馈系统的一般数学描述可以表达式为：$y=a_0(1-e^{-\frac{1}{AT}t})$。其中，$T$ 为时间常数。

当 $t=T$ 时，代入上式得：$y=a_0(1-e^{-1})=0.63a_0$。即经过时间 T，系统的状态将变为原来的 0.63 倍。

当 $t=2T$ 时，代入上式得：$y=a_0(1-e^{-2})=0.86a_0$。即经过时间 T，系统的状态将变为原来的 0.86 倍。

可见，时间常数 T 决定负反馈系统寻求目标的速度。时间常数 T 值越大系统变化的越慢，系统的状态相应为较平缓的变化曲线；时间常数 T 值越小系统变化的越快，系统的状态相应为较陡的变化曲线。我们生活中也经常有类似的经验。比如把开水倒在水杯里，一开始水温可能是 90 度，很烫，水杯都不能拿。没多久，水温就下降了很多，到了 50 度左右，手可以捧着杯子，甚至可以浅尝一点杯中水了。然后，水杯中的水温度继续下降，渐渐到 40 度左右，可以喝了。这时水杯中水温下降的速度已经比开始的时候慢了。再放置很久，去喝，水杯中的水还是微温，水温的变化速度更慢了，要放置很久，水杯中的水温才会和室温完全一样。这时，水杯中的水温就完全不变化了。

2. 倍增时间

如图 7-6 所示，寻的系统的倍增时间不是常数。由于系统的寻的特性，随着时间的推移增长速度减慢，倍增时间逐渐增大。

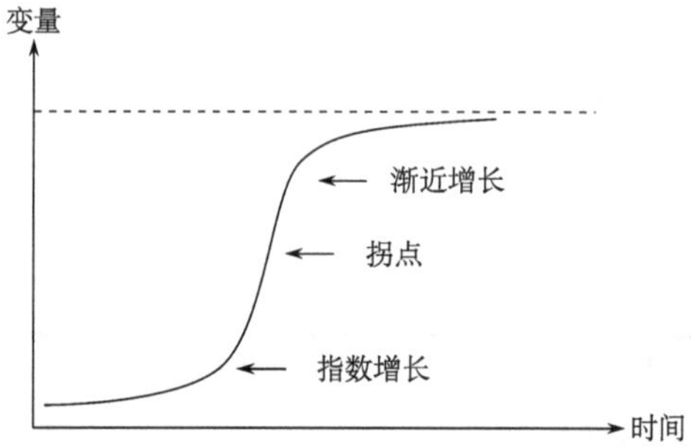

图 7-6 一般 S 形增长曲线

7.3 多反馈的一阶系统

以上讨论的一阶正反馈系统和一阶负反馈系统都是只有单一反馈的系统。但是有些一阶系统不是只有一个反馈回路，而是有多个反馈回路，同时包括一个正反馈回路和一个负反馈回路的系统。下面就来先举一个例子说明。

7.3.1 多反馈的一阶系统举例

继续以人口系统为例。7.1.1 小节中介绍的人口系统只考虑了出生速率和死亡速率，但是人口系统中还有很多其他因素影响人口数量。现在，在 7.1.1 小节的基础上再加一个因素，就是环境承载力。当人口增加到一定数量，环境没有足够的粮食、水、空间提供给人们的时候，死亡比例会大大提高，有人会因为没有粮食吃而饿死，有人会因为没有干净的水喝而得病死。那么这个时候，人口的系统就变成了如图 7-7 所示。其中

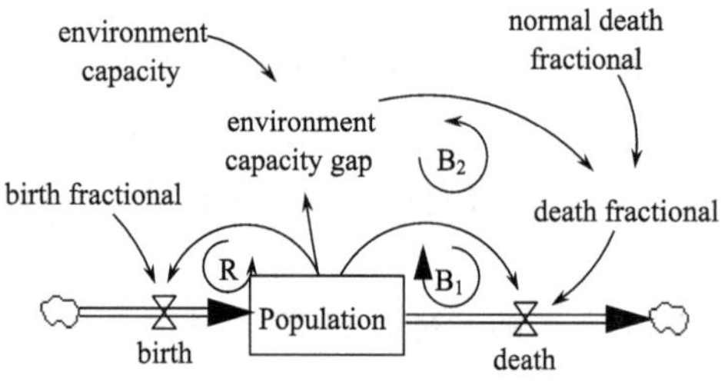

图 7-7 多反馈人口系统模型结构

有3个反馈回路,一个是正反馈回路R,人口越多,人口出生越多,人口就越多;一个是负反馈回路B_1,人口越多,人口死亡越多,人口就减少;还有另一个负反馈回路B_2,当人口达到一定数量,超过环境承载力之后,死亡比例上升,人口死亡增加,人口减少。

人口是累积量,累积了出生和死亡,出生和死亡是由人口数和出生比例死亡比例决定。出生比例保持不变,死亡比例受环境承载力的影响。当人口数小于环境承载力时,死亡比例不变,当人口数大于环境承载力的时候,死亡比例开始增加。对变量赋值如下,来看一下系统的行为。

Population= INTEG (birth−death, 200 000)　(单位:person)

birth=Population * birth fractional　(单位:person/Year)

birth fractional=0.04　(单位:1/Year)

death=Population * death fractional　(单位:person/Year)

death fractional=IF THEN ELSE(environment capacity gap>=0, normal death fractional, normal death fractional * (1−environment capacity gap))　(单位:1/Year)

environment capacity=500 000　(单位:person)

environment capacity gap=(environment capacity−Population)/environment capacity　(无量纲)

normal death fractional=0.02　(单位:1/Year)

图7-8是这个人口系统模型的模拟结果。我们可以清楚地看到S形增长的图形。

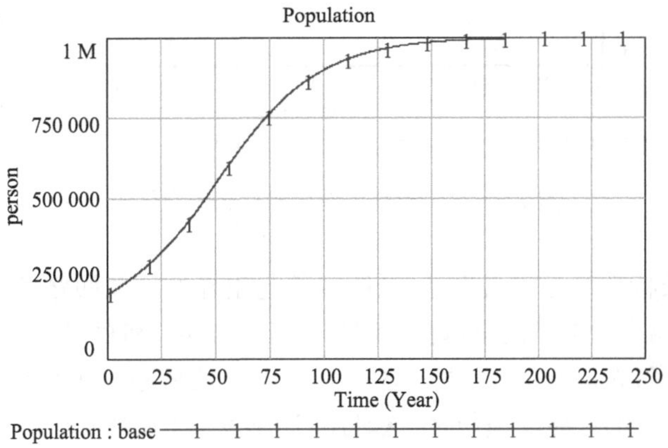

图7-8　多反馈人口系统行为

7.3.2　S形增长特点

S形增长是一阶系统中颇具典型的一种系统行为,它包含了指数增长行为与寻的行为两种过程。如图7-8所示,在前50年,人口增长是呈指数增长。这时候人口的增长主要是受到正反馈回路R的作用。在50年(左右)之后,人口继续增长,但是这时候的增长不是指数增长(指数增长产生向下突曲线 convex curve),50年后我们看到的是下凹曲线,也就是增长的速度逐渐变缓了,最后增长的速度变为0,系统就稳定在某个状态下。

人口数不再发生变化了。从图 7-9 中我们可以更清楚的从出生比例和死亡比例的变化,看到人口变化的之所以会这样变化的原因。一开始出生比例是 0.4,死亡比例是 0.2,人口的净增加比例是 2%,0~48 年,系统在这个人口以每年 2%速度增长的正反馈回路中,产生了我们看到的人口指数增长的行为(见图 7-8)。48 年之后,人口达到并超过了环境承载力(500 000)的时候,人口的死亡比例开始增加,也就是人口的净增加比例开始减小。值得注意的是,这时候人口数量还是在增加,因为人口出生比例还是大于人口死亡比例,只是随着死亡比例逐渐增加,人口的增加速度在下降,也就是我们看到的人口曲线从下凸曲线变成了下凹曲线。直到 150 年的时候,死亡比例上升到出生比例的水平,这个时候,人口不再增长,出生比例、死亡比例也不再发生变化了,系统稳定下来。在这段时间中,系统主要受到平衡型回路的影响,而产生了寻的的行为。人口数量最终稳定在 100 万人。

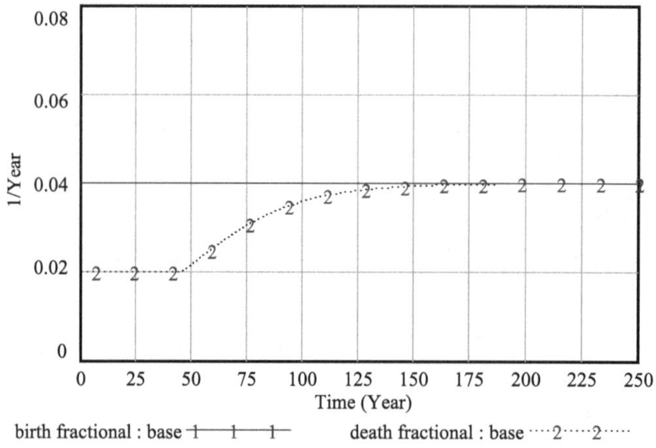

图 7-9 人口出生比例和死亡比例变化图

产生 S 形增长特性的必需条件是,系统内部起主导的反馈回路发生了变化。上面的例子中,正反馈回路主导的情况下,速率变量(人口增加量)和存量(人口总量)同向变化。人口多,人口增加多;人口增加多,人口多。而当人口数量超过了环境承载力的时候,负反馈回路成为了系统的主导反馈回路,这时候,速率变量(人口增加量)和状态变量(人口总量)反向变化。人口多,人口增加少。图 7-10 可以看到这样的速率变量和存量之间的这种关系变化。

现实世界中存在着许许多多 S 形增长的实例。如一般人们的学习过程,初期取得成绩进步得速度比较快,但是当个人的学习能力已充分发挥后,成绩进步的速率就会逐渐降低。再如一些城市的增长也表现为 S 形增长。一开始发展很快,后来慢慢稳定下来。另外,许多同"扩散"概念有关的现象,都可以用 S 形增长描述,例如传染病的传播、谣言的传播等。

通过以上的分析可以看到,对于一阶系统,无论控制作用多么复杂,系统或者呈现指数增加,或者呈现指数衰减,或者呈现渐进变化,趋于某个既定的目标出现平衡,一旦出

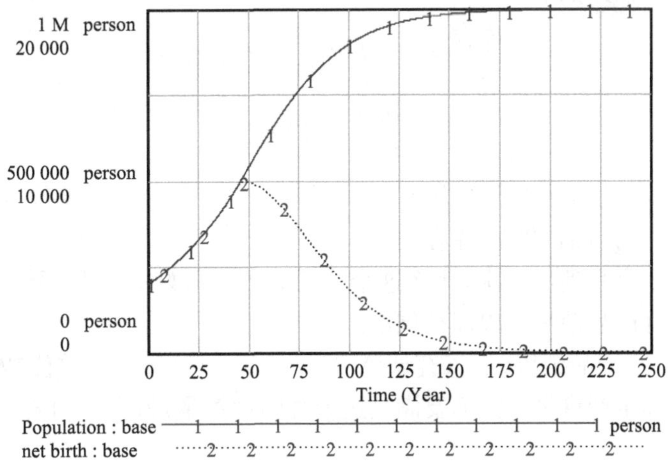

图 7-10　人口总数和人口增加量

现平衡，平衡将永远保持下去。因此一阶系统不会发生超调，更不会发生振荡。

7.4　二阶系统

二阶系统比一阶系统更为复杂，一般在一个系统中包含两个独立的状态变量，并且这两个状态变量在同一个回路中。

7.4.1　二阶系统举例

图 7-11 是一个二阶库存系统的存量流量图。这个系统所描述的是一般生产企业的库存和劳动力系统。“产品生产”出来，“库存”增加，“产品销售”出去，“库存”减少。一般企业都有“目标库存量”，会进行“库存调节”。根据“库存调节”和“产品销售”量，生产部门有了“目标生产量”。由此，人事部门会有“目标劳动力”，会对劳动力进行调节。之所以称其为二阶系统，因为在系统的最大回路中包含两个存量“库存”和“劳动力”。

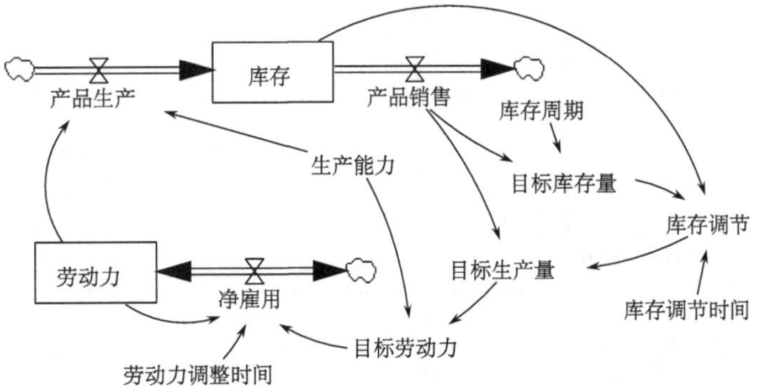

图 7-11　二阶库存系统存量流量图

该系统的数学描述如下：

$$\frac{\mathrm{d}\,库存}{\mathrm{d}t}=产品生产-产品销售$$

$$\frac{\mathrm{d}\,劳动力}{\mathrm{d}t}=净雇佣$$

产品生产 ＝ 劳动力×生产能力 （单位：Widget/Month）

目标库存量 ＝ 产品销售× 库存周期 （单位：Widget）

如果库存每 3 个月到货一次，那么这个公司必须准备好 3 个月要销售的产品，所以目标库存量是每月产品销量乘以库存周期。

目标生产量 ＝ 产品销售 ＋ 库存调节 （单位：Widget/Month）

这个月的目标生产量是一方面要满足这个月的销售量，另一方面要满足这个月的库存调节量。

库存调节 ＝（目标库存量－库存）/库存调节时间

（单位：Widget/Month）

库存周期 ＝ 3 （单位：Month）

库存调节时间 ＝ 2 （单位：Month）

净雇用 ＝（目标劳动力－劳动力）/劳动力调整时间 （单位：Person/Month）

生产能力 ＝ 1 （单位：Widget/Month/Person）

产品销售 ＝ 100 ＋ STEP(50,20) （单位：Widget/Month）

目标劳动力 ＝ 目标生产量/生产能力 （单位：Person）

劳动力调整时间 ＝ 3 （单位：Month）

这样的一个两阶系统在参数不同时会产生怎样的行为？先来看一下初始(Base)运行的结果。图 7-12 显示了销售和库存的变化情况。我们看到，在前 20 个月，系统在一种平衡状态下，销售每月 100 件，库存一直保持在 300 件，生产每月也是 100 件，目标库存就是 300 件。一切都运行有序。由于某种突发情况，比如某家竞争企业倒闭了，或者发现竞争企业产品质量有问题，在 20 个月后，这个企业的产品销量增加到了 150 件/月。库

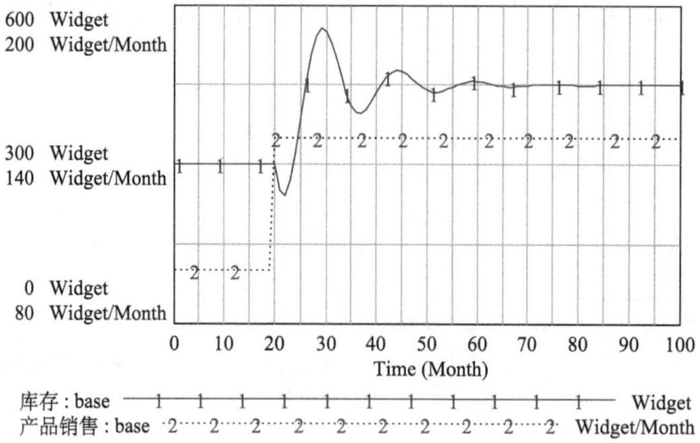

图 7-12 二阶库存系统行为模式图

存减少了,需要生产更多的产品,于是企业开始雇佣更多的劳动力。逐级企业的库存开始增加,并调整到了超过目标库存的位置,这时候,企业又开始减员,以减少产量。我们看到了这样波动了几次之后,企业的库存才逐渐又稳定下来。二阶系统比一阶系统更复杂,很容易出现振荡的情况。

在现实生活中,我们常常把库存的振荡怪罪于销售的不稳定,但是通过这个例子,我们可以清晰的看到,销售一直都是很稳定的,只是在 20 个月的时候,有一个增长,没有其他任何的波动了。但是因为生产有延迟,企业一般要提前制定下一期的生产计划,从计划制定到产品产出也有时间延迟,本系统中还包括人员的聘用的延迟,所以,企业根据目前的库存做生产计划常常会过度调节。通常情况下,负反馈回路加上延迟就可能出现振荡行为。振荡行为往往不是一个因素所引起的,而是整个系统结构库存调节有延迟、劳动力调整有延迟引起的。

振荡行为可以分为减幅振荡、等幅振荡和增幅振荡。上面的模拟案例是减幅振荡,如表 7-1 所示,下面我们再用不同的参数设置来模拟等幅振荡和增幅振荡。

表 7-1　减幅振荡、等幅振荡和增幅振荡参数设置

库存调节时间	2	1	0.9
	减幅振荡(base)	等幅振荡	增幅振荡

图 7-13 显示了这 3 种情景(参数设置)下的模拟结果,我们看到,当库存调节时间为 2 的时候,系统出现减幅振荡的行为(图中标有数字 1 的运行结果)。当库存调节时间减小到 1 的时候,系统出现了等幅振荡的行为(图中标有数字 2 的运行结果)。当库存调节再减小到 0.9 的时候,系统出现了增幅振荡的行为(图中标有数字 3 的运行结果)。我们不难总结出其中的规律,就是库存调节的时间越短,振荡越厉害。这样的结论也许和我们的心智模型并不一样。我们时常会认为一旦出现什么问题,最好尽快的调整和解决,但是在有延迟的系统中,如果仅仅是根据表面的现象来调整系统的话,也许过快的调整

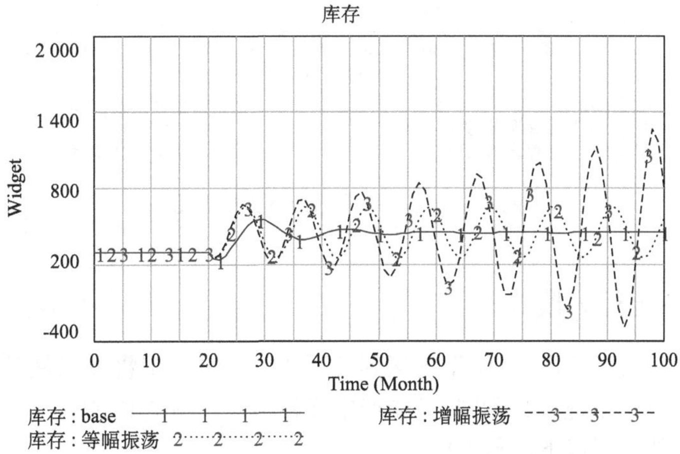

图 7-13　二阶库存系统行为模式图

并不是一件好事情，因为过快的调整会使我们无法看到系统真正情况的(这情况还在逐渐反应出来)，我们的调整策略可能会给系统带来更大的不稳定性。

那么，如果我们给与系统足够的时间，将系统延迟后的真正情况都反应出来以后，再对系统进行调整的话，我们能不能避免系统的振荡呢？我们在用模拟的方法来试验一下。我们看两个情景，库存调节时间增加到 6 个月的情景和库存调节时间增加到 8 个月的情景，并将这两个情景与初始运行(库存调节时间为 2 个月)一起比较。表 7-2 指出了这三个运行的参数设置。

表 7-2　增加库存调节时间的参数设置

	base	增加库存调节时间 1	增加库存调节时间 2
库存调节时间	2	6	8

图 7-14 是这三个情景的模拟结果。我们可以看出，当库存调节时间增加到 6 个月的时候，库存(标有数字 2 的曲线)先下降，下降比初始运行(标有数字 1 的曲线)更多，因为我们没有及时去调整库存，然后开始上升，上升的速度也没有初始运行那么快，库存稍微超出了新的目标库存(450 件)，所以 40 个月之后，库存稍微下降，然后稳定在 450 件。此运行的波动幅度小于初始运行。当库存调节时间达到 8 个月的时候，库存(标有数字 3 的曲线)先下降，然后逐渐上升，上升速度更慢，但是没有超过目标库存量，所以直接达到了平衡，没有出现振动的现象。

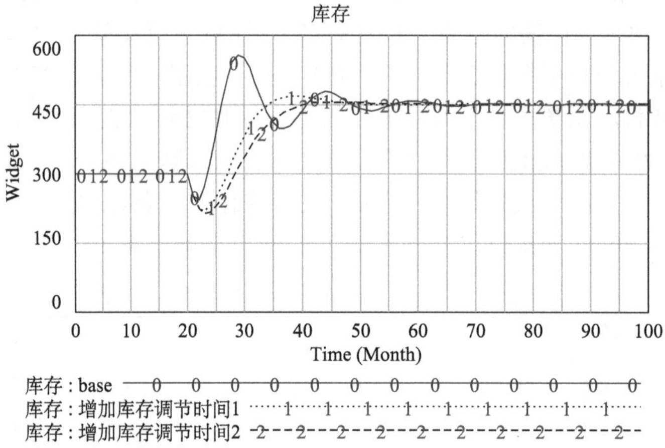

图 7-14　二阶库存系统行为模式图

7.4.2　二阶系统行为模式

由上面的案例可以看出，二阶系统遇到阶跃(如上例中，销售突然从某时刻起上了一个台阶)输入时，根据系统参数不同，可能产生多种结果。图 7-15 总结了二阶系统在阶跃输入的情况下可能出现以下的行为模式。

(1) 阶跃：如果输入一个阶跃，经过了两阶的管道延迟(管道延迟的概念我们会在第

8 章延迟中详细阐述和讨论)，那么输出将仍然是一个阶跃行为。这样的情况不多，仅出现在管道延迟的情况中。

(2) 渐进增长：阶跃输入可能产生渐进增长的输出，相关的变量逐渐增长，达到新的较高的平衡点。上面案例中，当增加库存调节时间到 8 个月时，所产生的系统行为就是渐进增长。

(3) 超调：阶跃输入也可能产生超调的输出，相关的变量调整超过了新平衡点，然后又经过一次下降过程，逐渐达到新平衡点。上面案例中，当库存调节时间到 6 个月时，所产生的系统行为就是超调行为。

以上三种行为没有产生振荡，以下的三种行为是振荡行为。

(1) 减幅振荡：阶跃输入也可能产生的输出减幅振荡，相关的变量反复调整，超过新的平衡点、下降、又低于新的平衡点、再上升。减幅振荡的特点就是振荡的幅度越来越小，给与足够长的时间，系统最终会平衡在新的平衡点上。上面案例的初始运行就是一个典型的减幅振荡的行为。

(2) 等幅震荡：阶跃输入也可能产生的输出等幅振荡，相关的变量反复调整，超过新的平衡点、下降、又低于新的平衡点、再上升。等幅振荡的特点就是振荡的幅度一直保持相同的水平，无论给与多长的时间，系统都不能稳定在新的平衡点上。上面案例中，当库存调节时间到 1 个月时，所产生的系统行为就是等幅振荡行为。

(3) 增幅振荡：阶跃输入也可能产生的输出等幅振荡，相关的变量反复调整，超过新的平衡点，下降，又低于新的平衡点，再上升。增幅振荡的特点就是振荡的幅度逐渐会增加，时间越长，系统行为波动越大。7.4.1 小节的案例中，当库存调节时间到 0.9 个月时，所产生的系统行为就是增幅振荡行为。

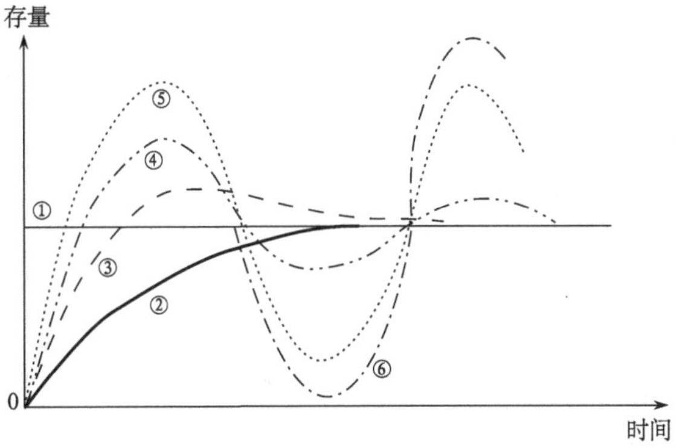

图 7-15　二阶系统对阶跃输入的响应①

这一章主要讨论了一阶系统和二阶系统的系统结构与行为。一阶系统是系统动力学最小的细胞，它可能是正反馈回路、负反馈回路，也可能有多个反馈回路。正反馈系统会产生指数增长或者指数衰减的行为；负反馈系统一定会产生寻的的行为；多反馈系统会产生 S 形增长的行为，系统会发生主导回路变化的情况：先由正反馈回路主导产出快

① 王其藩．系统动力学．第 2 版．北京：清华大学出版社，1994

速的增长,然后再由负反馈回路主导产生寻的的行为。一阶系统不会发生超调,更不会发生振荡。一旦出现平衡,平衡将永远保持下去。

二阶系统比一阶系统更复杂,系统可能出现各种行为,没有定规。就算我们知道二阶系统是一个负反馈回路,我们也不能预见系统的行为会是如何的。系统可能发生振荡,也可能不发生振荡,很大程度上还取决于参数的设置。所以,通过人脑来思考或者预测一个二阶系统,准确性很难把握,我们需要模型模拟来辅助。二阶系统可能出现渐进行为或者振荡行为,振荡可能是减幅的、等幅的或者是增幅的。

一个系统动力学的模型,通常都会有相当数量的存量,一般都会超过两阶。可以预见,阶数越高,系统也是越复杂,行为的可预测性也就越低。但是通过了解一阶两阶系统的结构和行为,可以帮助我们认识系统,建立模型。如果看到 S 形增长的行为,我们就知道,系统早期一定受到一个正反馈回路的主导,到后期又受到一个负反馈回路的主导。看到振荡的行为我们就知道,必然有一个回路中至少有两个存量,而且是一个负反馈(寻的)系统中存在一定的延迟现象所引起的。

➢思考题

1. 做一个简单的一阶正反馈系统,尝试不同的参数,观察系统行为。
2. 做一个简单的一阶负反馈系统,尝试不同的参数,观察系统行为。
3. 做一个简单的二阶系统,尝试不同的参数,观察系统行为。

第8章

典型结构的动态1:延迟

本章将探讨延迟的结构和行为,构建各种延迟的模型,并且测试模型在一系列输入下的结果灵敏度;还将阐述延迟的动态特性。

8.1 延迟的定义

延迟现象无处不在。量度和发布信息需要时间;决策需要时间;作出决策后系统的状态发生改变需要时间。建模人员需要理解延迟是如何产生的,知道如何表示延迟,如何在不同的建模环境中选择正确的延迟类型,以及如何估计延迟的持续时间。延迟是一个过程,它的输出以某种模式落后于它的输入(图8-1)。想想那个"延迟"的盒子里是什么:简单的思考后,可以知道任何一个延迟一定至少包括一个存量(stock)。因为通常来说,输出与输入不一样(输出滞后了),因此在这个过程中一定有一个存量来累积着输入与输出之间的差别。

图8-1 延迟过程的输入落后于输出

考虑信件或物品的递送过程。这个延迟过程的输入是你向邮局(或快递公司)送信件或物品的速率;输出是你的送的信件或物品到达的速率。在你向邮局送信与邮局将信寄到这段时间里,信在哪里呢?信在邮局系统中被运送,我们可以称这些邮件为在途邮件。相似的,货物的生产过程也存在延迟。原材料进入生产环节,需要经过一段时间才能变成产成品。在你把原材料投入生产到产成品完成的这段时间里,这些材料在哪里呢?在生产系统中被加工,工厂通常称这些材料为在制品。图8-2展示了邮件和生产延迟的结构。

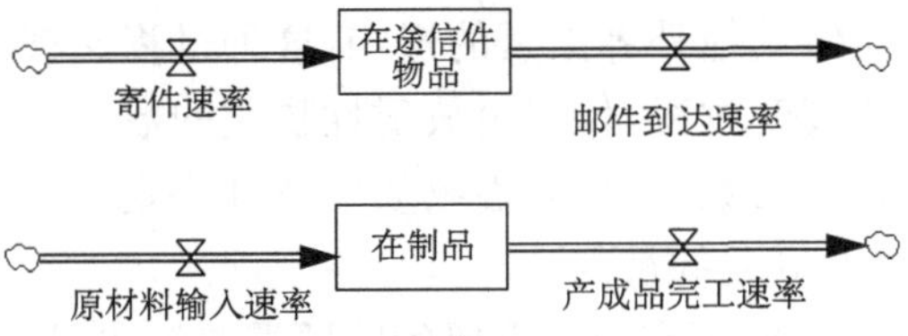

图8-2 延迟实例

以上展示的两个延迟实例被统称为物质延迟(material delay),因为它们都是描述物料(信件或者原材料)的物理流动。物质延迟的实例还有很多:比如供应链中产品的流动,水管中水的流动,房屋道路等的建造过程,还有产品研发过程,人员招聘过程等。可以看到,这些延迟都包含了物质的流动,变量的单位非常明确,信件可以用封(信),物料可以用件(产品),人员可以用个(人)。值得注意的是,物质延迟是守恒的,这个概念在我们讲流量和存量的时候也提到过;输入量或者累积在存量中,或者从输出流流出。

与物质延迟相对的,存在另一种形式的延迟,就是信息延迟(information delay)。信息延迟描述着感知(perception)或认定(beliefs)的逐渐调整。信息延迟有多方面的因素。首先是信息收集需要时间。我们无法知道此时此刻的 CPI 或者通货膨胀率。现在国家每个月会公布上个月的通货膨胀率。一般来说,信息的收集至少要一个月的时间,公司的财务报表也是每个月出。当然,随着现代的信息系统不断的完善,公司信息收集延迟在缩短。但是很多更大的数据,比如国家的 GDP、人口数据,延迟会更长一些,有些是三个月,有些是半年,有些甚至是一年。另外,得到信息后,改变我们的感知或认定是需要时间的。例如,销售量保持增长一段时间后,上个月销售量下降了。这时人们不会一下子就认为我们进入了销售量下降时期,通常我们会认为是一些不可控的突发事件影响了销售量,一直到销售量连续下降几个月后,人们才会逐渐意识到,是销售量进入了下降的区间,如图 8-3 所示。在上述例子中,不存在物料,但是延迟的系统中依然有存量,那个存量就是你对销售量的预测——一种存在于你头脑中的心理状态。一般而言,任何认定或者感知都伴随着信息延迟,因为接受到新信息后我们的头脑不能随之立刻更新到相应的新状态。另外,信息延迟还包括平均值,比如某种产品的需要每日都会波动,但是经过一段时间,我们会得出此产品平均每日需求量。与物质延迟不同,信息延迟系统不是守恒的系统。

图 8-3 信息延迟的实例

8.2 物质延迟的结构和行为

图 8-2 已经定义了物质延迟的存量流量结构,现在我们来分析一下决定输出流速率的规则。在不同情况下,输出流速率受到不同因素的影响,可以归结为以下三种情况:①存量的输出流受到各种资源的限制。例如,对于一个生产系统,没有劳动力、资本和其他资源,生产不可能发生。这种情况下必须把这些资源如何影响输出流引入到模型中来。②输出流速率的大小与输入流速率高度相关,而不受到其他因素的影响。比如水流通过管道的延迟,输出流速率只取决于输入流的速率,延迟的时间是一个常数。③输出流速度的决定因素是存量和延迟时间,不受任何其他外界因素的影响,这种过程又被称为纯粹延迟(pure delay)。例如放射性物质的衰变过程,仅仅由放射性物质的数量和其半衰期决定。在这个纯粹延迟中,延迟时间是个常数,由放射性物质的特性决定。如果延迟时间与输入无关并且与存量无关,这一过程就是线性的。

对于任何一个延迟,了解了决定输出流的规则,还有一个重要的问题需要解决,那就是延迟时间,我们要了解平均延迟时间是多久,同时要了解输出流在平均延迟时间附近的分布是怎样的。

8.2.1 平均延迟时间

延迟时间是指物品平均需要多长时间来通过这个延迟过程?也就是说,一个单位物品在延迟过程中的平均滞留时间(average residence time)是多长,即一个单位通常在运输线的物料存量中平均停留多久?对美国的邮局而言,第一类的国内信件的平均邮递时间可能是在两天这样的数量级;对于跨国邮件来说,可能是一星期;对于电子邮件来说,从发信到收信的平均延迟时间可能是在几秒钟这样的数量级。在任何实际应用中,延迟时间有多长都是一个需要调查的实证问题,需要通过数据收集和现场研究才能得到答案。

8.2.2　输出流在平均延迟时间附近的分布

当物品进入延迟后会发生什么事情?它们是按照先进先服务的规则来处理吗?或者它们在被混合和重组?是否所有个体在延迟中的停留时间都是一样的,还是在均值附近存在变化——有的比平均时间快,而有的比平均时间慢地通过延迟?

一种情况是进入延迟的所有内容都按照完全相同的顺序来处理,并且在经过同样的时间后离开。在这种情况下,如果输入为脉冲式的,经过延迟过程,输出也是脉冲式的,刚好落后输入平均延迟时间。这种延迟称为管道延迟。例如,一条汽车的装配线可以近似认为是管道延迟。汽车依序通过装配线,每辆车离开装配线的顺序与进入时一样。如果装配线正常运营的话,所有汽车的延迟时间(或者说滞留时间)都是相等的,并且离开的顺序由进来的顺序决定。在排队论里,这种装配线的服务原则被称为先进先出(FIFO—first in, first out)。

另一种情况是先进后出(LIFO—last in, first out),比如厨房的食品室里,最近购买的食品经常被放在架子的最前面,从而被先用掉。另外还有随机选择,或者根据某些属性来选择。比如有人在等待进行器官移植,选择谁来接受器官,是根据病人的病情或者移植器官的成功概率,而不是他们在名单上已经等待了多长时间。

当综合考虑大量物品或者多个服务台时,服务原则通常不是简单的FIFO或者LIFO。如果你一次性寄出一大批信件,它们不会立刻被全部送达。信件到达的时间存在一个分布,有的信件比平均递送时间更快送达,而有的在之后送到。产生这样的差异是因为收件人不同,这样投递信件需要花费的时间就不同。更重要的是,信件的处理不像装配线上的小汽车,信件并不是按照它们到达邮局的顺序来处理的;在信件处理的各个阶段,这批信件都会与别的信件混合。根据邮寄地址分类整理信件以便制定合适的投递路线会使信件混合在一起。有些则是随意的混合,比如说,当街角的邮箱的信件被倒到桶里送往当地邮局分支机构的时候,会产生信件的混合。

混合会造成处理顺序变得随机一些。除了混合以外,处理时间本身的随机性也是造成输出流离散分布的原因。想一想在超市里结账时的延迟。你可能会选择把收银的过程模拟成一个物质延迟过程,也就是说:输入流速率是购物者进入收银台等候队列的速率;输出流速率是购物者离开超市的速率。但是,购物者篮子里的食品数量不同,收银员的收银速率不同,这样每位购物者的处理时间可能不同,收银台的队列长度也可能不同。有时候,在另一队的比你迟排队的人会比你还早离开,可见购物者离开的顺序与他们进入队列的顺序可能并不一样(正如大家所感知,自己排的队总是最慢的)。

因为上述因素造成离差,因此当很多单位物质被输入到一个延迟过程中,有的离开得早,有的离开得晚,形成一个分布,既输出流在平均延迟时间附近的分布。因此,在确定延迟时，除了要考虑延迟的平均时间以外，你还要考察延迟的输出在平均延迟时间附近的分布。要得到这一分布，有时你能从数据来观察得到；有的时候你需要直接剖析延迟过程，看看里面是否存在某些混合，还是严格遵守 FIFO 原则或者 LIFO，以及单位处理时间是个常数还是一个变量。

8.2.3 管道延迟

类似于汽车装配生产线的例子，有时你需要为这样的延迟建模：延迟时间是常数，物料离开延迟过程的顺序与进入顺序完全一样，这种延迟被称为管道延迟(pipeline delay)，也被叫做运输滞后(transportation lag)，这一比喻可以理解为一条装配线，线上的物品按照一定的顺序和固定的速率来输送。例如，在库存管理中，如果只有一个供应商，并且运输的时间是固定的常量，则订货与到货之间就是一个管道延迟。图 8-4 描述了这一管道延迟过程。

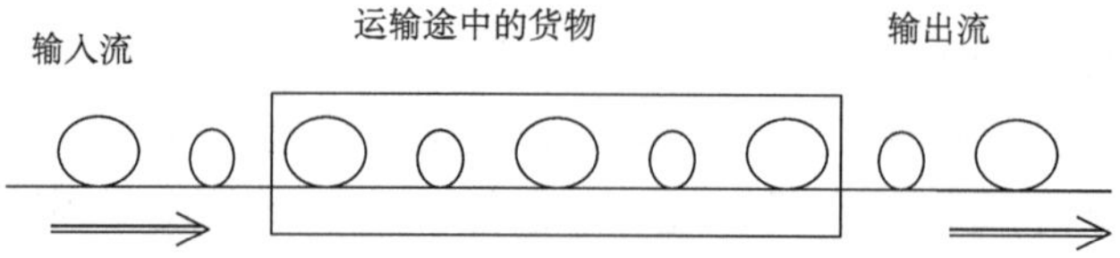

图 8-4 管道延迟的示意图

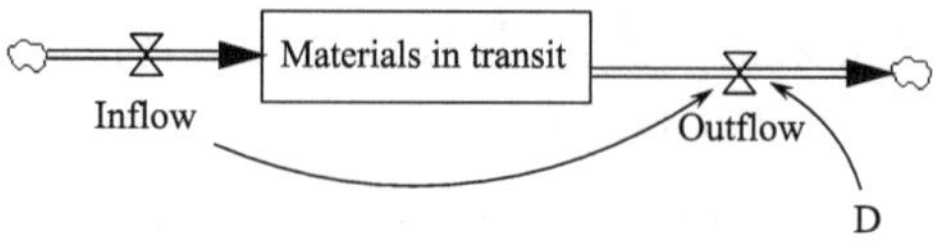

图 8-5 管道延迟的存量流量图

由图 8-4 可知，运输途中的物质延迟可以用图 8-5 简单的存量流量图来描述：

Materials in transit(在途货物)累积了 Inflow（输入流）和 Outflow（输出流）的差异：

$$\text{Materials in Transit} = \text{Integral}\ (\text{Inflow}\ (t) - \text{Outflow}\ (t),\ \text{Materials in Transit}\ (0)) \tag{8-1}$$

对于管道延迟来说，输出流就是输入流滞后平均延迟时间 D：

$$\text{Outflow}(t) = \text{Inflow}(t - D) \tag{8-2}$$

下面，我们应用这个模型，来模拟一下对于一个脉冲输入(pulse)输出流的情况，以帮助我们建立关于管道延迟行为的直观认识。假设一开始 Inflow 为 0，第 5 天后有一个脉冲函数使 Inflow 变成 1，此脉冲持续 3 天。此管道延迟的时间是 6 天。图 8-6 中我们可以看到，Inflow(标有 1 的曲线)如我们假设中所描述。Outflow(标有 2 的曲线)一开始一直是 0，在第 5 天后，依然保持为 0，直到经过了 6 天延迟，到了第 11 天时，Outflow 变成了 1，同样持续 3 天后，恢复为 0。

对于 Inflow 是阶跃输入(step)、斜坡输入(ramp)等其他情况，大家可以想象，经过管道延迟，Outflow 也是同样形状的曲线，只是晚了一段时间(延迟时间)。管道延迟的性质就是每个物品都在同样长的延迟时间后，按照同样的顺序离开系统。

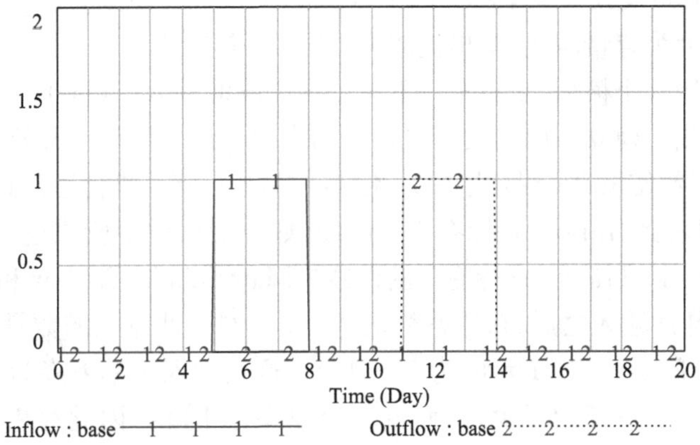

图 8-6　管道延迟的模拟结果

8.2.4　一阶物质延迟

很多延迟存在混合以及个体处理时间的差异，导致输出流分布产生差异；因此这些延迟不能用管道延迟来近似。想一下这个与管道延迟恰恰相反的极端的例子：水池排水问题(图 8-7)。Inflow 水流流入容器中，和原来容器中的水混合(假设水池中的水在任何时候都是彻底混合的)，那么 Outflow 的水是完全没有顺序的，可能是先进来的，也可能是后进来的，与管道延迟的按顺序离开完全不同。Outflow 的水量是由容器中的水量决定的，水越多，压力越大，水流出越快；相反，当水少了，水流出的也会变慢。

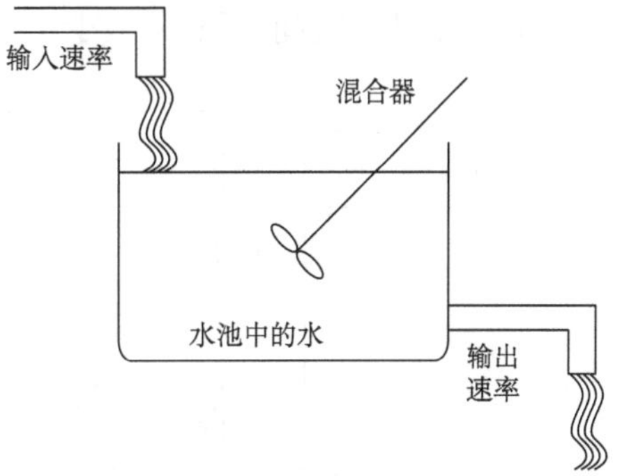

图 8-7　一阶物质延迟示意图(Sterman John D. Business Dynamics, Systems Thinking and Modeling for a Complex World. New York: Irwin McGraw-Hill, 2000: 417)

在完美混合(perfect mixing)情况下，任何一个水分子在下一时刻被排出水池的可能性都是一样的，而与这个水分子在水池中逗留的时间长短无关。完美混合意味着离开顺序与进入顺序完全无关；换言之，完美混合破坏了有关进入顺序的全部信息。

由图 8-7 可知，一阶物质延迟可以用图 8-8 简单的模型来描述：

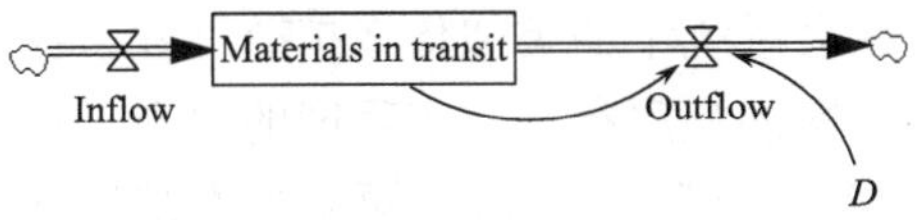

图 8-8　一阶物质延迟的存量流量图

一阶物料延迟的输出流总是与存量(materials in transit)成比例：

$$\text{Outflow} = \text{materials in transit}/D \tag{8-3}$$

其中，D 代表平均延迟时间。注意输出流速率仅与物料存量和延迟时间有关，至于物料进入运输线的顺序不能决定输出流速率。

式(8-3)是一阶负反馈(the first-order negative feedback)系统。输出流速率构成了一个负反馈回路,因为存量越大,输出流越大,从而减少存量。

下面,我们应用这个模型,来模拟一下对于一个脉冲输入(pulse),一阶物质延迟输出流的情况,以帮助我们建立一阶物质延迟行为的直观认识。假设一开始 Inflow 为 0,第 5 天后有一个脉冲函数使 Inflow 变成 100,此脉冲持续 1 天。此管道延迟的时间是 6 天。图 8-9 中我们可以看到,Inflow 是标有 1 的曲线,如我们假设中所描述。Outflow 是标有 2 的曲线,Materials in Transit 是标有 3 的曲线。Materials in Transit 和 Outflow 一开始一直是 0,紧接着脉冲输入之后,存量就跳跃至 100%的脉冲流入的数量。输出流速率也马上达到每单位时间 100/ D(D=6,为 17～18)。这是输入速率下降为 0,输出速率已经大于输入速率,因此存量开始减少,从而输出流速率也下降。因此存量和输出流速率都按照一个渐慢的速率下降。本来,最初的输出流速率可以在 6 个单位时间内耗尽全部物料存量的,但是因为输出流速率随着物料存量的减少而降低,因此 6 个单位时间(1 个延迟时间)后物料存量仅减少 63%;12 个单位时间(2 个延迟时间)后总共减少 86%;18 个单位时间(3 个延迟时间)后总共减少 95%。

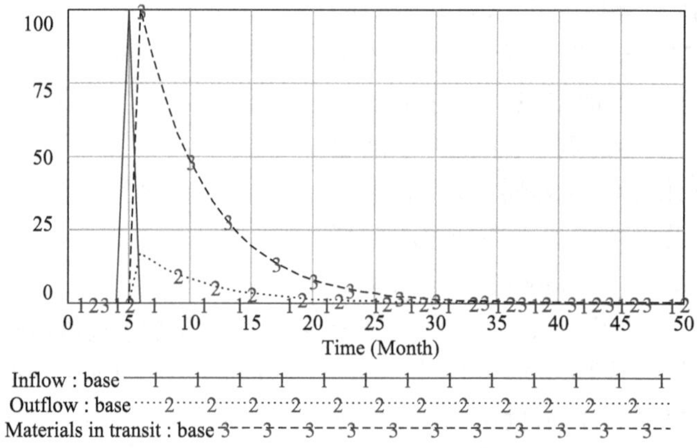

图 8-9　一阶物质延迟的模拟结果

8.2.5　高阶物质延迟

管道延迟严格地遵守先进先出服务原则,适用于为某些过程建模,比如生产装配线。在完美混合的假设下,一阶延迟可以合理的用于为某些延迟过程建模,比如在物理系统或者生物系统中的化学物扩散或者热量扩散,在社会系统中的类似传播扩散过程。在这两种极端的延迟之间存在很多过渡模型,其处理物料的顺序存在一定程度的混合。在这些模型中,输出流速率逐渐上升,到达一个顶峰,然后逐渐下降到 0。再来看看邮局这个例子。不像管道延迟,信件不是在某个时间全部同时到达的,而且,信件到达后也不是立刻被寄送出去。信件的处理过程既不是死板地一封接着一封来,也不是说寄送的顺序与信件到达顺序完全无关。这其中存在部分混合(partial mixing)。部分混合出现在包含多个处理阶段的延迟中,物品按照一定的顺序经过各个阶段的处理,但在每个阶段中都存在一定程度的混合。

在邮局的例子中，你能很容易地分辨出许多处理阶段。首先，信件被放进街角的邮筒中；然后被送上邮政货车；然后进入社区邮局的大口箱中；然后，经过分类后，被送上邮政货车送往中心邮局；然后经过更多轮分类和处理；然后被送上货车、火车或者飞机等送往目的城市；然后送到目的城市的社区邮局；如此下去最终到达收件人的邮箱之中。其间每个阶段中都存在一些混合和个体处理时间上的差异。如果模型的目的是要将邮局的工作流程进行流程再造，你可能需要把上述所有阶段都独立地、清晰地划分开，表达出每个阶段的存量和延迟时间。这样的一个模型会非常详细的描述整个寄信的过程。在大多数的情况下，模型不需要包括那么多细节，将整个寄信的过程看成一个纯粹延迟系统可能就足够了。

上面寄信的例子说明，某些情况下，一个系统中会有多个处理阶段，存在多个延迟。在模型中可以近似成一系列的一阶物料延迟的串联，这就是我们所说的高阶延迟。一个二阶物质延迟由两个一阶物质延迟构成，其第二个阶段的输入就是第一个阶段的输出（图 8-10）。

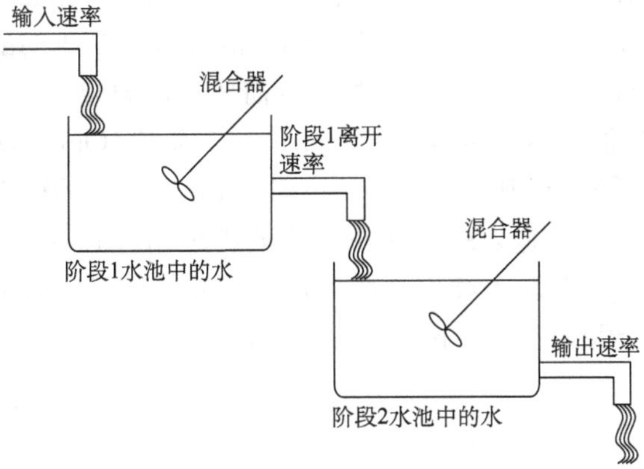

图 8-10　高阶物质延迟示意图（Sterman John D. Business dynamics, systems thinking and modeling for a complex world. New York: Irwin McGraw-Hill, 2000: 419）

想象几条相互连接着的运输线在运送货物。运输线上的货物总量等于各条运输线上货物存量的总和。从最初输入流到最终输出流的总延迟时间等于各条运输线的延迟时间的总和。这样，你就可以构造具有高阶的延迟模型。如果运输线的长度和运送速度都相等，那么每条运输线运送货物的延迟时间都是相等的，但是如果运输线的长度不等，或者有的运输线移动较慢，有的运输线移动较快，那么各个阶段的延迟时间可以各不相同。一般情况下，如果没有特殊说明，通常假设所有阶段的延迟时间都是相等的。一个具有 n 个阶段的延迟，每个阶段的延迟时间都等于总延迟时间的 $1/n$，被称为 n 阶物质延迟。二阶物质延迟存量流量图如图 8-11 所示。

这个二阶物质延迟的两个延迟时间相同，都是 $D/2$，如果不同，可以设 D_1，D_2。下

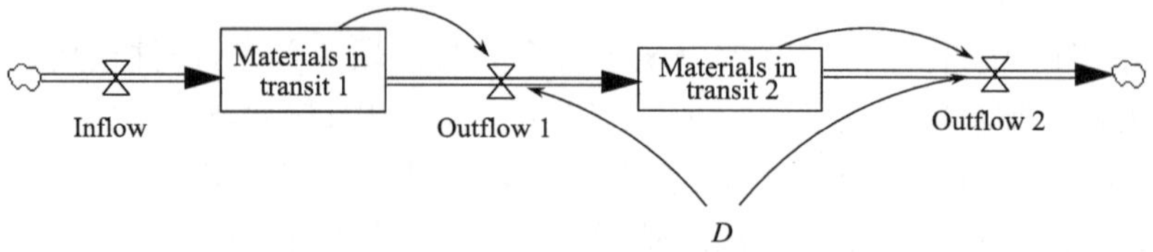

图 8-11　二阶物质延迟示意图

面，我们应用这个模型，来模拟一下对于一个脉冲输入(pulse)，二阶物质延迟输出流的情况，以帮助我们建立高阶物质延迟行为的直观认识。假设一开始 Inflow 为 0，第 5 天后有一个脉冲函数使 Inflow 变成 100，此脉冲持续 1 天。此管道延迟的时间是 4 天，每一阶的延迟是 2(4/2)天。图 8-12 中可以看到，Inflow 是标有 1 的曲线，如我们假设中所描述。Outflow1 是标有 2 的曲线，Outflow 2 是标有 3 的曲线。Outflow 1 和 Outflow 2 一开始一直是 0，脉冲输入之后，下一日 Outflow 1 变为 50，因为 Materials in transit 1 已经变为 100，而 Outflow1＝Materials in transit 1/2(延迟时间)。此时 Outflow 2 仍然保持为 0，Outflow 1 也是 Materials in transit 2 的输入流，所以 Materials in transit 2 变为 50，下一天 Outflow 2 变为 25，Outflow 2＝Materials in transit 2/2。Inflow 速率下降为 0，outlow 1 随着存量 Materials in transit 1 的减少而成比例的减少。对于 Outflow 2 也呈现出逐渐减少的趋势，但是减少的速度比 Outflow 1 要慢(Outflow 2 曲线的斜率要比 Outflow 1 小)。这是因为 Outflow 1 是 Materials in transit 2 的输入，Materials in transit 2 在相当一段时间里是有输入的，Outflow 2 虽然是 Materials in transit 2 不断减少，但是 Outflow 1 使 Materails in transit 2 增加，所以 Materials in transit 2 下降的比较慢，与其同比例下降的 Outflow 2 也就下降的比较慢了。

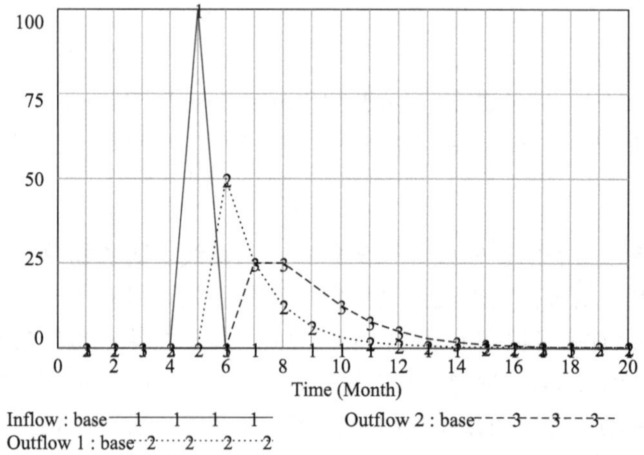

图 8-12　二阶物质延迟模拟结果

n 阶物质延迟就是有 *n* 个存量 Materails in transit 1, Materials in transit 2, ⋯ , Materials in transit *n*，每一个存量(除第一个以外)的流入量都是上一个存量的流出量。

这样如果阶数比较高，模型就会非常的复杂，建模人员需要建立很多存量、流量，为了方便建模人员，Vensim 软件开发了直接做高阶物质延迟的方法，被记为 DELAYn，如下：

$$输出流 = \text{DELAY}n(输入流,D,初始条件,n)$$

$$运输线上的物料总量 = \sum_{i=1}^{n} 运输线\ i\ 的物料量$$

$$运输线\ i\ 的物料量 = 积分(阶段\ i\ 的净输入,运输线\ i\ 的物料量(0))$$

$$运输线\ i\ 的物料量(0)=输入流\times D/n$$

$$阶段\ i\ 净输入速度=\begin{cases}输入流速度-阶段\ 1\ 离开速度 & i=1\\ 阶段\ i-1\ 离开速度-阶段\ i\ 离开速度 & i=2,\cdots,n-1\\ 阶段\ n-1\ 离开速度-输出流速度 & i=n\end{cases}$$

$$阶段\ i\ 离开速率 = 运输线\ i\ 的物料量\ /\ (D/n)\quad i=1,\cdots,n-1$$

$$输出流速率 =运输线\ n\ 的物料量/(D/n)\tag{8-4}$$

初始条件：“运输线 i 的物料量＝输入流×D/n”为延迟提供了一个平衡的初始状态，这样初始输出流等于初始输入流。

下面我们以五阶延迟来举例。如果我们知道一个流入量，流出量是这个流入量的五阶延迟，我们只是关注流出量是如何随时间变化的，而不关注延迟的中间过程，那么我们可以用最简单的流量存量结构，然后用 DELAYn 来描述流出量，如图 8-13 所示。

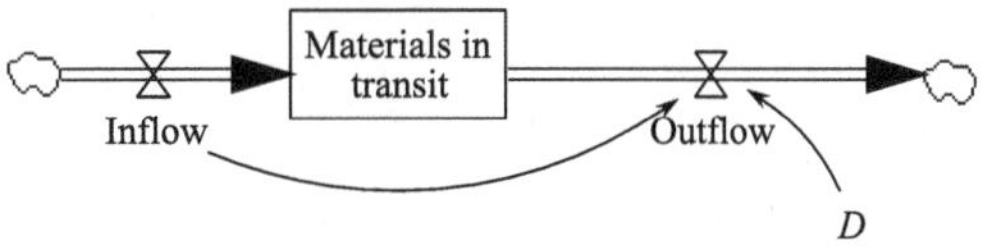

图 8-13　高阶物质延迟存量流量图

图 8-13 展示的这个五阶物质延迟的例子中，Outflow＝DELAYn(Inflow, D, 0, 5)。其表达的意思是 Outflow 是 Inflow 的延迟，总延迟时间 D 是 10 天，5 表示是五阶延迟，并且每阶延迟时间相同，所以每一阶的延迟时间都是 2(10/5)。Inflow 一开始是 0，所以 Outflow 的初始状态也是 0。下面，我们应用这个模型，来模拟一下对于一个脉冲输入(pulse)，五阶物质延迟输出流的情况，以帮助我们建立高阶物质延迟行为的直观认识。假设一开始 Inflow 为 0，第 5 天后有一个脉冲函数使 Inflow 变成 100，此脉冲持续 1 天。图 8-14 展示了五阶延迟的流量(a)和存量(b)。这里的存量是每一阶存量的总和，Inflow 输入是源头的流入量，中间过程中每一阶的输入量在这个简化模型中也无法看到，同样，Outflow 输出是最终流出量，而不是中间过程每一阶的输出量。但是我们知道，在中间过程，每一阶的 Outflow 就是下一阶的 Inflow。我们看到，对于一个五阶物质延迟来说，前五天是没有物质流出的[①]。五天后，开始有 Outflow，Materials in transit 开始减少了。Outflow 先增加后减少，因为最后一阶的存量也是先增加后减少的。前几阶的 Outflow 经过延迟，逐渐到达最后一阶，使最后一阶在第 10 至第 13 日流入量大于流出量，存量逐渐增加，随着流出量的增加，而且流入量也逐渐减少，13 日后，最后一阶的存量也开始减少，所以最后的 Outflow 也开始减少。不过前几阶的 Outflow 还是在流入最后一阶的存

① 这样的模型模拟结果是基于模型每天模拟一次(即 time step 设置为 1 天)，如果将 time step 减小，如每 0.0625 天模拟一次，也就是说模型的连续性更强之后，模型的模拟结果会发生稍许的变化。

量中，所以，最后一阶存量的减少比较慢，Outflow 的减少速度也比较慢。这和我们先前解释的二阶延迟 Outflow 2 比 Outflow 1 下降速度慢是相同的概念。

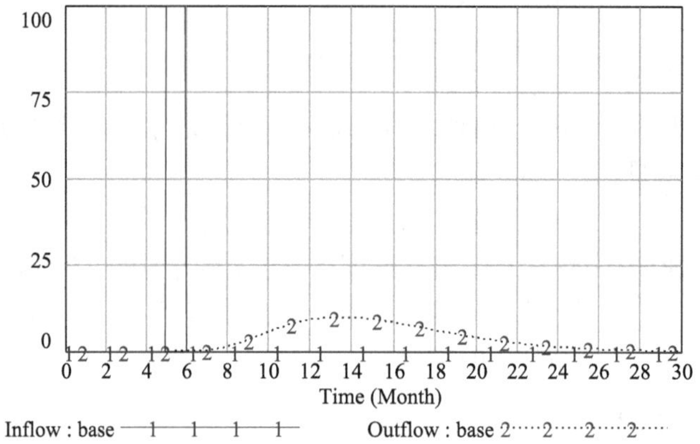

(a)

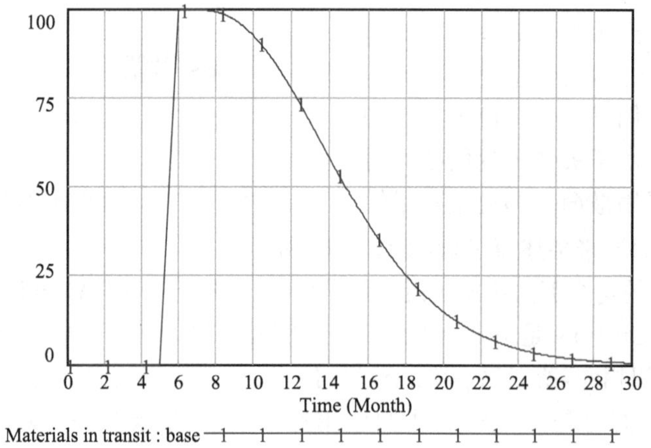

(b)

图 8-14　五阶物质延迟模拟结果

阶数高于五阶的延迟过程与上述过程类似。再看图 8-14，n 阶物质延迟的输出曲线峰值都在一个平均延迟时间之前(不包括管道延迟的情况)。上面例子中，延迟时间是 10 天，脉冲开始在第 5 天，经过一个平均延迟时间是 15 天，而 Outflow 的峰值出现在 13～14 天。并且我们会发现 Outflow 的分布是后面有个长长的尾巴。也就是说，大多数物品都在平均延迟时间之前输出；少数在其后，并且滞后相当久。还要注意到，如果比较一阶、二阶和五阶延迟，我们会发现，这个长尾巴随着阶数而更加平缓、更加长。这是因为随着阶数增加，混合程度下降，输出曲线收紧。也就是说：更少的物品在平均延迟时间之前输出，更多的物品集中在平均延迟时间附近输出，同时更少的物品在平均延迟时间之后相当久输出。

8.2.6　延迟中有多少物料存量？Little 法则

运输线上的存量积累着延迟输入流和延迟输出流之间的差异。知道在给定的延迟和输入下物料存量是多少是重要的。假设输入流可以保持恒定足够长的时间直到延迟过程达到平衡(equilibrium)，这时运输线上的物料存量是多少？让我们来看看一个管道延迟，其输入为 I，输出为 O，延迟时间为 D，故 $O(t) = I(t-D)$。假设初始时输入为 0，延迟中物料存量为 0。在时间 0 处，输入流突然增加到恒定不变的水平 I。在时间 D 之前输出流保持为 0。在这一段时间里，物料存量 S 的增加速率为每单位时间 I 件物品。时间 D 以后 $O = I$，运输线上的物料存量达到平衡。因此这一平衡存量等于 DI，理解这个平衡存量的数量应该没有问题，当然也可以看下面脚注的公式[①]来理解。

现在考虑一阶延迟(式(8-3))。一阶延迟的输出是 Outflow = Materials in transit/D。因为达到平衡的时候输入流和输出流是相等的，所以对于输入为持续为 I，达到平衡时，输出就是 I，因此运输线上物料存量的平衡情况下的值就是 DI——与管道延迟一样。事实上，不管输出的概率分布是怎样的，一个延迟过程的运输线上物料存量的平衡值总是 DI。这一重要的性质被称为 Little 法则，以 John Little 命名。此人是麻省理工学院的运筹学教授，第一个证明此法则的人。Little 法则说明：达到平衡的时候，运输线上的物料存量完全可以由平均延迟时间和输入速率来刻画。根据 Little 法则，如果一家生产商从它的供应商每天订购 10 000 件零件，且零件运输需要 5 天，那么达到平衡时，该生产商的在途订单有 50 000 件零件，这个数据与零件到达的概率分布无关。

Little 法则有助于解释延迟给系统带来惯性。如果上述生产商因为业绩不佳而将订单减少到 0，它的零件库存还是会继续增加额外的 50 000 件，即在途订单(假设生产商不能取消已发出的订单)。

如果已知运输线上物料存量和输出流情况，还可以应用 Little 法则来计算平均延迟时间。达到平衡时，物品在延迟里的平均停留时间与运输线上物料存量除以流出速率，$D=S/O=S/I$。这样，如果一家保险公司面临 50 000 件未决索赔要求，平均每月处理 25 000件，那么一名索赔人等待收到赔付的平均时间是 2 个月。再强调一遍，只有当处于平衡状态时才能使用这个方法求解延迟时间。

8.3　信息延迟的结构和行为

到目前为止，我们讨论的都是物料延迟，是关于实实在在的物品：信件、货物、人的输入量、系统中的存量以及输出量。但是，在信息反馈渠道中也存在很多延迟。比如说：在

---

①　在任何输入为 I 输出为 O 的延迟中，运输线上的物料存量是：

$$S(t) = \int_0^t [I(s) - O(s)]\mathrm{d}s + S(0)$$

对一个管道延迟，$S(0) = 0$，在时间 0 处其输入从 0 突增到 I，当 $t<D$ 时 $O(t) = 0$，当 $t\geq D$ 时 $O(t) = I$，所以其物料存量的平衡值为

$$S_\infty = \int_0^D [I-0]\mathrm{d}s + \int_0^\infty [I-I]\mathrm{d}s = DI$$

对于一个变量的量度或者感知(perception)上存在延迟;更新判断(belief)和预测(forecast)需要时间,例如某家公司对于它的产品订购速率的判断,或者管理层对于未来通胀率的预期。

为什么感知和预测不可避免的存在延迟呢?所有的判断、期望、预测和假设都是以决策者在当时可以获得的有关于过去的信息为基础的。人们收集信息需要时间。得到信息后人们也不会立刻改变他们的想法,深思熟虑通常需要不少时间。另外,在我们改变自己的判断和行为前通常需要花费更多的时间来调整自己的情绪。

因为没有实实在在的物品流入运输线上物料存量,信息延迟不能使用像物料延迟那样的结构建模。物料延迟的输入和输出是守恒的。比如说,邮局发生的一场罢工会使得信件邮寄时间增长,降低了投递速率,邮局中待处理信件堆积如山,但一件都不会少。而信息延迟则相反,比如感知和判断都不是守恒的。来看看某家公司对于它产品的订购速率的预测。预期的订购速率会随着实际市场状况的变化而延迟一段时间发生改变,它不是真正的订购速率,而是有关于订购速率的信息输入到延迟过程中。因为信息不像物料流,是不守恒的,要用新的结构来描述信息延迟。

8.3.1 为感知建模:自适应预期和指数平滑

最简单的信息延迟模型,同时也是在判断调整和预测的模型中使用最广泛的,就是指数平滑(exponential smoothing),或者说自适应预期。自适应预期(adaptive expectation)是指判断向该变量的实际值逐渐地调整。如果你的判断是错误的,那么你很可能会修正你的判断直到错误被消除。图 8-15 展示了自适应预期的反馈结构。

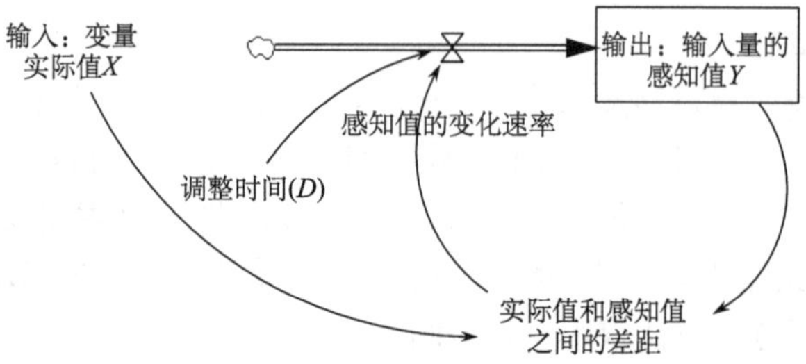

图 8-15　自适应系统的存量流量图

在自适应预期中,输入量的感知值或者判断 Y 是一个存量(stock):

$$Y = \text{积分(感知值的变化速率},Y(0)) \tag{8-5}$$

感知值发生变化的速率与当前输入:变量实际值 X 和感知值 Y 之间的差距成比例。

$$\text{感知值的变化速率} = (X - Y)/D \tag{8-6}$$

在物料延迟里,存量就是运输线上的物料数量,延迟的输出就是一个物流。在信息延迟中,预期(或者感知)本身就是存量。为什么?因为感知或者判断就是系统的一个状态,在这里,就是大脑的一种状态。你对某个数值的大小的判断倾向于保持在目前的状况,直到有原因出现去改变这个判断。在自适应预期里,当判断是错误的时候,即实际情况与感知情况存在差距时,判断发生调整。这个错误越大,你调整判断的速率越快。这个系统的状态根据你当前的判断与变量的实际情况的差距而调节。这个结构被称为一阶信息延迟或者一阶指数平滑。

下面,我们应用这个模型,来模拟一下对于一个阶跃输入(step),自适应系统的输出情况,以帮助我们建立对自适应系统延迟行为的直观认识。假设一开始系统处于平衡状态,实际中的订货速率和订货速率的预期都是 100 件/天。5 天后,实际中的订货速率有一个阶跃函数输入,使其变为 200 件/天。图 8-16 展示了自适应系统的模拟结果,实际中的订货速率是标有 1 的曲线,如我们假设中所描述,订货速率的预期是标有 2 的曲线。初始时系统处于平衡,即预期值等于实际值,系统中各变量都保持不变。当实际中的订货速率发生阶跃后,订货速率的预期这条曲线是典型的指数式寻的行为。当实际值刚刚改变时,实际与预期的差异最大,因此预期的变化最快。随着预期被修正,差异量减小,接下来的变化速度也减小了。模型中感知值的调整时间是 7 天,直到大约过了 4 个单位调整时间(28 天)后,预期与实际基本达到了一致,系统再一次进入平衡状态。

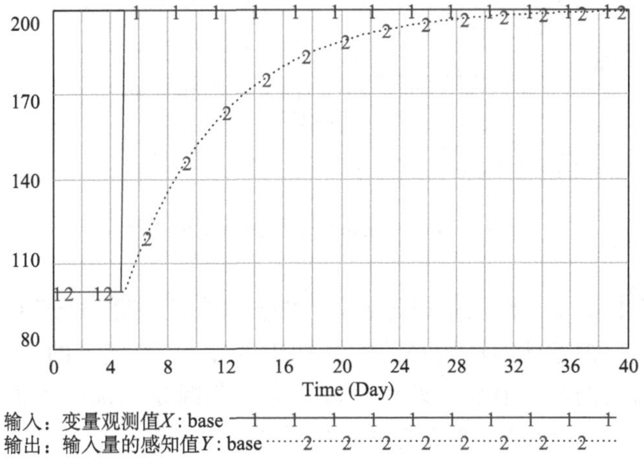

图 8-16　自适应系统模拟结果

现实经济活动中,生产商必须对需求进行预测,因为改变生产速率是既贵又耗时的事情。库存和缺货为订单和产能之间的短期差异提供缓冲。好的预测方法是一方面能滤除订单的短期随机波动,以避免高成本的决策,例如改变生产设备、雇佣和解聘工人、加班工作等;另一方面还要跟得上订单的变化趋势,以此来避免脱销或大量库存带来的大笔花销。这里的挑战就是:既要跟上变化,又不要受噪声的影响而变化过快。也就是说,能够辨认需求的发生变化是一个新趋势的开端,还是只是一个小的随机扰动。

指数平滑法因为其简单并且不需要复杂计算而被广泛应用于预测。而且,指数平滑法还有个很理想的特性就是它自动寻求消除预测的差异。图 8-17 展示了自适应预期对一个模拟的产品订单流的输出结果。该模拟订单的速率的变化每天都随机变化的,每天的变化都比较大,但是在一段时间里又有些趋势的变化(实际中的订货速率是标有 1 的曲线)。通过时间常数为7天的自适应预期得到预期订单速率(订货速率的预期是标有2的曲线)。指数平滑法很好的平滑了短期的、高频的噪声,但同时也跟上了订单较慢变化的脚步,比如从第20个月附近的每天约800件升至第50个月左右的每天约1500件。同时,我们也可以注意到,订货速率的峰值和谷值都落后于实际中的订货速率。比如实际中订货速率的第一个谷值是在第10个月附近,而预期订货速率的谷值在15个月左右,实际中订货速率的第一个峰值在第40个月左右,而预期的峰值在45个月左右,这是平滑过程无可避免的延迟。

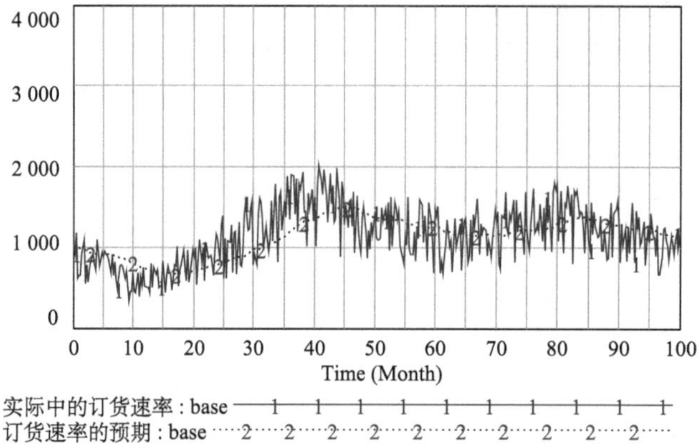

图 8-17　自适应系统平滑掉短期的噪声

想知道为什么指数平滑法会造成延迟,请注意自适应预期这个负反馈结构中的调节时间常数。这个负反馈循环的作用是消除预期中的差异,但差异的消除是逐渐完成地,使得系统不会对暂时的输入值变化调整过渡。你的判断是当前输入值和你以前的判断的加权平均,这样反过来反映了变量值以前的历史。①

在移动平均法中,权重预示着历史观察对于形成当前预期或判断的相对重要程度。在时间常数为7天的移动平均法中,昨天的订单权重和一周前的订单权重一样大,而比这更早的订单就被忽略不计了。一般来说没有充分的理由来支持这个假设:过去的权重可以突然不连续了。更加合理的模型应该假设历史数据的权重随着时间的推移而减小。一阶平滑是权重 w_i 以指数方式减小的移动平均。最近的历史数据权重最大,越老的数据权重越小。

自适应预期模型是一个很简单的的形成预期的模型。平滑只使用一个输入,而不是多个数据输入源。然后用一种简单的方式来处理这唯一的信息源。这么简单的过程真的能用于为生产商预测订单建模,或者模拟人类调整他们的判断或者预期吗?出人意料

① 当输入是常量 X^* 时,系统状态的当前值 $Y(t)$ 是 $Y(t)=X^*-(X^*-Y(0))\exp(-t/D)=wY(0)+(1-w)X^*$。

其中,权重 $w=\exp(-t/D)$。也就是说,感知值的当前值是初始感知 $Y(0)$ 和变量当前值 X^* 的加权平均值。这个作用于初始值的权重 w 以指数方式下降,其下降速度取决于时间常数 D。

的是，答案经常是可以的。对各种预测模型的调查显示：指数平滑法是最常用的预测工具之一。特别是当一家生产商需要预测几千种产品的需求的时候，平滑法尤其常用。在这些情况下，平滑法所显示出来的简单性、低成本性和纠错性使得它成为人们极好的选择。

8.3.2　高阶信息延迟

正如有的地方不适合用一阶物料延迟模型，同样有的时候指数平滑法也不是最好的为信息延迟建模的方式。一阶信息延迟和一阶物料延迟一样，其输入发生变化后输出立刻做出相应反应。但是在很多情况下，当情况发生变化过了一段时间以后，判断才会发生改变。

在这种情况下，历史信息的权重一开始比较低，然后上升直至峰值后下降。有很多原因会导致近期的输入的权重比较低。通常，位于系统实际状态和改变系统状态的决策之间的延迟包括多个阶段。当前输入的实际值有可能仅仅因为测量和报告环节存在延迟而无法获知。得到这些数据以后可能又面临着管理上的延迟(被报告的信息可能不会马上纳入考虑)。最后，存在着认知延迟和决策延迟——决策者需要一定的时间才能修正既有判断，然后仍需要时间来形成最后的决定并采取行动。包含多个阶段的信息延迟类似于包含多个阶段的物料延迟，都需要相似的高阶延迟。

实现高阶信息延迟模型的一种方法是引入管道延迟——输出就是一段固定时间以前的输入。这样的模型可以用于模拟测量和报告环节的延迟，因为能够上报给决策者的信息就是一段时间以前的实际信息：

$$\text{上报信息}(t) = \text{实际信息}(t - D) \tag{8-7}$$

其中，D 就是报告延迟(reporting delay)。这样的延迟过程类似于以前讨论过的无限阶物料延迟或管道延迟。这种延迟的输出与输入完全一样，只是往后推迟了一段时间 D。

更多情况下，信息的测量和报告包括多个阶段，其中每个阶段中都存在平均或者平滑。生产商报告不出瞬间的信息流，比如无法获得在下订单的时候的订货速率，但是能得到某一段时间内的平均销量(或者累计销量)，这样也可以消除短期波动，使得提供的估计更具有意义。如果要进行预测，实际上可能包含数个信息处理阶段。首先，每个销售代表提供近期某一段时间的订单速率，如日销量、周销量，这里就存在报告延迟。然后所有的周销量数据汇总起来提交给管理层，这里面又有另一种延迟。管理层定期回顾销售数据，然后使用某种预测方法(比如平滑法)进行预测(可能正式预测也可能就是脑子里做个判断)。然后这样的预测结果将被用于制定生产进度表。如果还需要做别的决策——例如做预算或者市场分析者准备销售收入预计——更多的延迟因为处理这些信息而产生。

有的时候，模型的目的需要你把每个步骤都清晰地描述出来。通常情况下，把延迟过程的所有阶段都汇总起来作为一个信息延迟就足够了。正如把一系列一阶物质延迟用更多的实际反应速率连接起来就得到高阶延迟。同样，你可以将一系列一阶平滑结构连接起来得到高阶信息延迟(图8-18)。所不同的是，高阶物质延迟是把每个一阶物质延迟的速率变量都连起来，就像串联灯泡一样。而高阶信息延迟是把上一阶的存量作为下

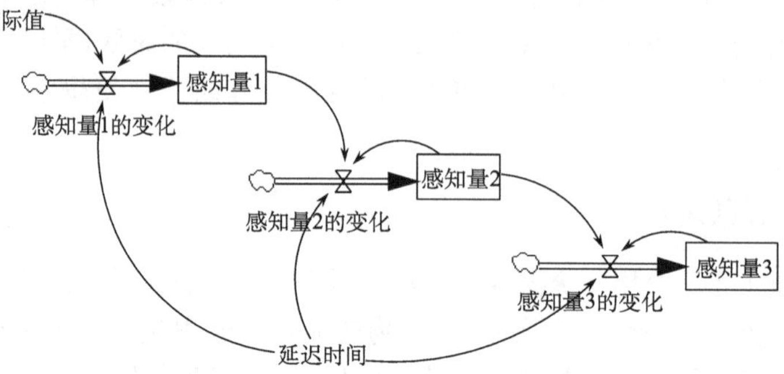

图 8-18 三阶信息延迟的存量流量图

一阶存量变化的参照。本质上也是一样的，因为信息延迟的输出就是存量，而输入就是引起存量变化的实际量。也就是第一阶的输出量变成了第二阶的输入量。

下面，我们应用这个模型来模拟一下对于一个阶跃输入（step），三阶信息延迟的输出情况，以帮助我们建立对高阶信息延迟行为的直观认识。假设一开始系统处于平衡状态，实际量和感知量 1、感知量 2、感知量 3 都是 100。5 天后，实际量有一个阶跃函数输入，使其变为 200。图 8-19 展示了高阶信息延迟的模拟结果，实际量是标有 0 的曲线，如我们假设中所描述。感知值 1 是标有数字 1 的曲线，感知值 2 是标有数字 2 的曲线，感知值 3 是标有数字 3 的曲线。初始时系统处于平衡，即预期值等于实际值，系统中各变量都保持不变。当实际量发生阶跃后，感知值 1、感知值 2、感知值 3 都产生了寻的行为。感知值 1 变化最快，它呈现出指数式的寻的行为。随着感知值 1 的变化，感知值 2 也发生了变化，随着感知值 2 的变化，感知值 3 也发生了变化。感知值 1 先到达实际量，随后感知值 2 也达到了实际量，感知值 3 最后也达到了实际量。系统再一次达到平衡状态。我们可以看到，随着阶数的提高，感知的变化逐渐放缓了。这也符合我们的生活经验。与现实紧密接触的人群最早洞察很多变化，如物价的涨幅等，而管理人员、高层人员对很多动态的感觉经常有很大的落后。

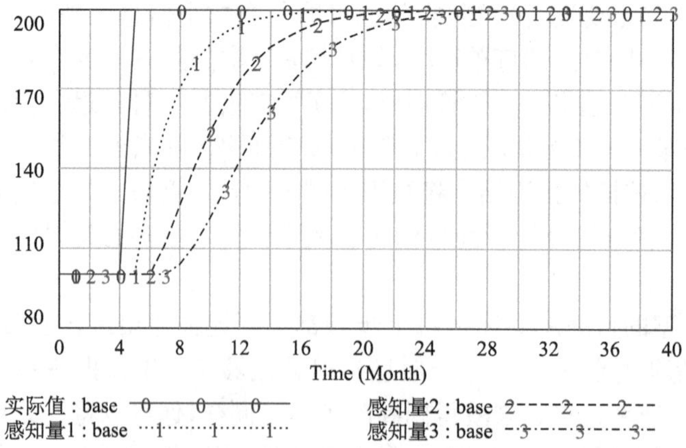

图 8-19 3 阶信息延迟模拟结果

n 阶信息延迟就是有 n 个自适应系统,每一个自适应系统的存量感知量 1,感知量 2,…,感知量 n,每一个存量(除第一个以外)都是下一个存量变化的依据。这样如果阶数比较高,模型就会非常的复杂,建模人员需要建立很多存量,流量,为了方便建模人员,Vensim 软件开发了直接做高阶信息延迟的方法,被记为 SMOOTHn,用 SMOOTHn 函数来表示 n 阶信息延迟,它由 n 个一阶信息延迟组成。每个阶段的感知值就是下一个阶段的输入,最后一个阶段的感知值就是整个延迟过程的输出。每个阶段的延迟时间相等,都等于总延迟时间 D 的 $1/n$:

输出 = SMOOTHn(输入,延迟时间,初始值,阶数)

输出 = S_n

S_i= 积分(在阶段 i 的改变量,$S_i(0)$)

$S_i(0)$= 输入

$$\text{在阶段 } i \text{ 的改变量}=\begin{cases}(\text{输入}-S_1)/(D/n) & i=1\\(S_{i-1}-S_i)/(D/n) & i=2,\cdots,n\end{cases} \tag{8-8}$$

下面,我们应用这个模型,来模拟一下对于一个阶跃输入(step),不同阶数的信息延迟行为是如何的。假设实际量最初是 100,在 5 天后,阶跃为 200,延迟时间是 10 天。图 8-20展示了一阶,二阶,五阶,十阶信息延迟的模拟结果。一阶是标有数字 1 的曲线,二阶是标有数字 2 的曲线,五阶是标有数字 3 的曲线,十阶是标有数字 4 的曲线。

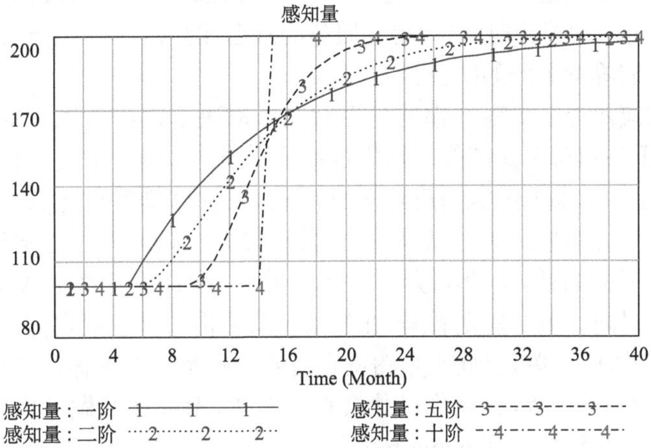

图 8-20　n 阶信息延迟模拟结果

图 8-20 比较了一阶、二阶、五阶和十阶信息延迟在阶跃输入下的输出。与物料延迟类似,阶数越高的信息延迟,一开始输出的越少,而在最后阶段增长得越快,且越早达到终值。当无限阶数延迟趋向于延迟时间时,输出将等于延迟时间以前的输入:即管道延迟。

8.4　对可变的延迟时间的反应

延迟模型的另一个重要问题就是延迟时间是常量还是会变化。涉及你的模型的目的,你会考虑延迟持续时间是常量还是会变化?如果会变,变化的原因是来自外部还是内部？当延迟时间变化时会发生什么？

不管是物料延迟还是信息延迟，延迟时间都有可能变化。比如说，将美国的州际高速公路的时速限制从 55 提高到 65，将缩短供应商将原材料送到客户的延迟时间（假设一开始所有卡车都遵守每小时 55 公里的时速规定）。将基于大型机的会计系统和手工输入数据的方式更换为全球集成、实时交互的客户-服务器网络和终端机条形码扫描录入数据的方式，可以缩短销售速率的测量和报告延迟。

延迟时间的变化的原因可能来自系统外部也可能来自系统内部。比如说，一个生产商供应链模型中至关重要的一个参数就是从它向供应商发出零部件和原材料订单到它收到零部件和原材料之间的平均延迟时间。你会认为这个时间是固定的吗？在很多行业，这个再供给时间是个变量，而且外部因素和内部因素都影响着它。比如说，再供给(resupply)时间经常取决于季节因素(外生因素)。在夏天，运新鲜草莓到波士顿市场所需时间比较短，因为那正是当地草莓成熟的季节；如果在冬天，草莓就需要更长的时间到达波士顿，因为这个时候，草莓的供给线延伸至加利福尼亚和墨西哥。

延迟时间经常会由系统本身的状态来决定。你从自动提款机提取现金需要多长时间？如果你前面没有人排队，延迟时间最短。从你插卡、输入密码、获取现金到最后把卡拿回，大概一分钟时间。但是，如果在你前面有人在排队，那么你必须等待的时间就变长了。反过来，人们加入自动提款机前队伍的速率取决于已经有多少人在排队。如果队伍很长，人们就会先四处走走，直到队伍变得短一些再回来(这种行为被称为拒绝前行(balking))。这样，影响平均等待时间(即得到服务的延迟)的因素就来自于系统内部：延迟过程中的人数(即人们等待服务的队伍长度)。

类似的，从供应商处获得零部件的延迟时间既取决于供应商正常的订单处理时间；又取决于供应商手头相对于其产能的缺货定单数。当供应商具有充足的生产能力时，订单会很快得到满足。如果生产能力已经全部启动，缺货订单累积，生产出来的零部件被分配给客户(也就是说客户只能得到其发出的订单的一部分，而且还被迫等待比预期更长的时间)。长期下去的话，客户们会寻找替代的供应商，于是这形成了一个负反馈循环，可以缩短到货时间。但是短期看来，在找到新的合格的供应商之前，实际上客户可能会发出超过实际需求的订单，以此来企图得它需要的数量。如果你的供应商告诉你这周只能给你所要求的一部分货，那么你可能会订更多货，希望这么做可以帮助你得到你实际需要的量。下这种虚幻订单(phantom order)的做法形成一个正反馈，将进一步增加供应商的手头缺货订单，延长其交货时间，常常导致订单、生产和库存的不稳定。

8.5 估计延迟的长度及其分布

估计一个延迟的平均长度以及其输出的分布曲线主要有两种方法：统计法和直接调查法。

8.5.1 根据历史数据估计延迟时间和分布

1. 延迟的一般数学描述

延迟在一个单位脉冲输入下的反应的图像可以看成是输出流速率的概率分布，类似于当大量信件被送入邮局时信件的递送分布。在离散时间下,在时间 t 的延迟输出是到时间 t 为止所有历史输入的加权平均:

$$\begin{aligned}\text{Output}(t) &= w_0\text{Input}(t) + w_1\text{Input}(t-1) + w_2\text{Input}(t-2) + \cdots \\ &= \sum_{i=0}^{\infty} w_i\text{Input}(t-i)\end{aligned}$$

其中,滞后权重 w 表示一个输入在经过 i 个时间单位后离开延迟的概率。所有 w 的和必须等于1,即

$$\sum_{i=0}^{\infty} w_i = 1$$

权重总和等于1这一规则保证了延迟中的物料守恒。如果权重总和小于1,离开延迟过程的量将会小于进入的量;如果权重总和大于1,离开延迟过程的量将会大于进入的量,违背了物料守恒原则。在信息延迟中,权重总和等于1确保了输出等于输入,使得对于输入的感知没有偏差。

对于连续时间的情况,输出等于历史输入的积分,积分的权重等于在 $t-s$ 时刻离开延迟的概率,这个概率用 $p(s)$ 表示,是一个连续的概率分布,表示在经过 s 个单位时间后离开的概率:

$$\text{Output}(t) = \int_0^{\infty} p(s)\text{Input}(t-s)\text{d}s,\ \int_0^{\infty} p(s)\text{d}s = 1$$

原则上来说,权重的模式(离开延迟的概率分布)是不确定的,只要服从物料守恒即可(即权重为非负数,且总和等于1)。但是实际上,只有少数模式是合理且实际的。在某一时刻,一定量的物料被快速输入到延迟过程中,这时输出还没有时间做出反应,因此此时的离开概率 $p(0)=0$(在离散时间下,当前输入的权重 $w_0=0$)。经过足够长的时间后,任何延迟的输出都趋近于0;也就是说,一旦物料离开了延迟后,其离开速率一定会降低到0。因此 $p(\infty)=w_\infty=0$。这样,离开一个延迟的概率分布(对于一个单位脉冲的反应),一定是一开始等于0,然后上升到最大值,最后降低到0。

离开分布是平滑的且只有一个最大值的假设是合理的。如果数据显示:一个延迟的输出分布具有一个以上峰值,那么几乎可以肯定这个输出是两个不同的延迟平行作用的结果,那么你应该分别为这两个延迟建模。在这些限制下,延迟可以按输出分为两大类:一种是在脉冲输入后其输出马上做出反应,然后逐渐下降;另一种是其输出在输入后的一段时间内都没有什么反应,然后逐渐增加,到达峰值,然后下降。一阶延迟模型属于前一类,高阶延迟模型为后一类提供了多种可选择的方案。

2. 一阶延迟系统的参数估计

一阶延迟假设运输线上的物料存量在任何时候都是完美混合的。完美混合使得离开延迟的顺序完全随机化,意味着有的物料在运输线上停留的时间比平均延迟时间长,而有的则比平均延迟时间短。因为一阶延迟等价于一阶线性负反馈系统,因此其对一个脉冲输入的特征曲线是一个指数衰减。也就是说,离开一阶物质延迟的概率由指数分布决定:

$$p(t) = (1/D)\exp(-t/D)$$

根据微积分的均值定理，在 0 时刻发生一个单位脉冲输入时，任何延迟过程中的物料平均停留时间 T_r 等于将输出流速率(outflow rate)以时间为权重求平均：

$$T_r = \int_0^\infty t \cdot \text{Outflow}(t)\,\mathrm{d}t = \int_0^\infty t \cdot p(t)\,\mathrm{d}t$$

注意：将输出流以时间为权重求均值就相当于将输出流概率分布 $p(t)$ 以时间为权重求均值。

$$T_r = -t \cdot \exp(-t/D)\big|_0^\infty + \int_0^\infty \exp(-t/D)\,\mathrm{d}t = 0 - D\exp(-t/D)\Big|_0^\infty = D$$

即平均停留时间实际上就等于延迟的时间参数 D。在离散时间下，一阶延迟的权重 w_i 随着时间流逝以几何方式(按照固定比例)递减：

$$w_i = (1-L)L^i$$

其中的滞后权重参数 L，$0 \leqslant L < 1$，与平均延迟时间 D 有如下关系：

$$D = L/(1-L)$$

离散时间的几何滞后公式在计量经济学模型中相当常见，它也被称为考伊克滞后(Koyck Lags)，因为 Koyck(1954)给出了如何估计滞后参数 L 的方法。

3. 高阶延迟系统的参数估计

正如前面已经讨论过的，将 n 个一阶延迟串行组合起来就产生一个高阶延迟。数学上，一个 n 阶延迟的输出是一系列一阶延迟的卷积(convolution)，且每个一阶延迟的延迟时间相等，都等于总延迟时间 D 除以延迟的阶段数。在连续时间下，高阶延迟等价于爱尔朗家族分布(Erlang family of distributions)。n 阶爱尔朗分布是：

$$p(t) = \frac{(n/D)^n}{(n-1)!} t^{n-1} \exp[-(n/D)t] \qquad t > 0$$

可以用均值定理来检查 n 阶延迟的平均停留时间实际上是等于 D 的。当 $n=1$ 时，爱尔朗分布收敛成一阶指数分布。

在离散时间下，给定延迟的情况下，高阶延迟也被称为帕斯卡分布(Pascal lags)：

$$w_i = \begin{pmatrix} i+n-1 \\ i \end{pmatrix} (1-L)^n L^i = \frac{(i+n-1)!}{i!(n-i)!}(1-L)^n L^i \qquad i \in \{0,\infty\}$$

其中，平均延迟时间等于 $L/(1-L)$。像一阶爱尔朗分布等价于指数分布，帕斯卡分布当 $n=1$ 时收敛成几何滞后。

如果有足够的数据，我们可以画出输出分布的点状图，将其与爱尔朗家族进行直接比较，来看爱尔朗家族是否是模拟延迟过程的好的模型，并且可以选择合适的延迟阶数。但是有时候，我们只能得到一些概括的统计数据，比如样本平均值和方差，而得不到整个分布的数据。在这种情况下，只要假定该延迟能与爱尔朗家族的某成员拟合，我们仍然能够估计出该延迟的阶数。n 阶爱尔朗分布的方差等于 $\sigma^2 = D^2/n$。与直觉和模拟结果一致，相对于平均延迟时间而言方差越小，延迟的阶数越高。

样本平均值记为 $\hat{D}$，样本方差记为 s^2，通过这两个数值可以近似求出延迟的阶数：

$$\hat{n}=\mathrm{INT}\left(\frac{\hat{D}}{s^2}\right)$$

其中,INT 是取整函数。当然,$\hat{D}/s^2$ 不一定是一个整数,与可能的数据样本误差相比较,通常取与其最近的整数能最大限度减少误差。需要指出的是,这种计算方法的基础是假定延迟分布属于爱尔朗家族;如果不是的话,得到的估计值就不是很理想了。

4. 物质延迟和信息延迟的关系

如前所述,假如物质延迟和信息延迟的延迟时间相等并且为常数,这两个延迟的输出是一模一样的,让我们来看看为什么。输入为 I、输出为 O 的一阶信息延迟公式如下:

$$\frac{\mathrm{d}O}{\mathrm{d}t}=(I-O)/D$$

即存量的输出速率仅由输入和输出之间的缺口决定,这一输出速率可以进一部清楚的细分成增加速率和减少速率:

$$\frac{\mathrm{d}O}{\mathrm{d}t}=\frac{I}{D}-\frac{O}{D}$$

该式等价于输入流为 I/D,输出流为 O/D,运输线上物料存量为 O 的一阶物质延迟。只要延迟时间保持不变,这两个延迟的行为就是完全一样的。但是,在物质延迟中,输出是离开物料存量的速率,而在信息延迟中,输出就是存量 O。如果延迟时间是一个变量,就会使得两个延迟的行为不一样。即使当延迟时间固定时两者的行为是一样的,建模人员还是要小心选择合适的延迟类型:因为现在固定的延迟时间可能随着模型的改进而变成变量。

5. 延迟参数估计注意的问题

综上所述,只要可以得到需要的数据,有多种计量经济学工具或者统计工具可以帮助我们从时间序列数据中估计延迟时间和分布。

但是因为多重共线性和缺乏数据等原因,通常直接估计权重值是不可行的。根据时间序列数据来测量滞后时间的主要计量经济学方法有:Koyck 或称几何滞后法(geometric lag)、多项式分布滞后法(polynomial distributed lags)、有理分布滞后法(rational distributed lags)和 ARIMA 模型等。很多计量经济学和时间序列统计的软件包都可以根据时间序列数据来完成这些计算。

在选择估计方法时,必须在公式的灵活性和公式要求估计的参数个数之间做一个平衡。有的方法假定了输出曲线的形状(等同于假定了延迟的阶数),并需要估计平均延迟时间。例如,Koyck 或者称几何滞后法是很容易估计的,但需要假定延迟是一阶的。其他方法(比如多项式分布滞后法)不需要严格的假定输出的分布曲线形状,但是它要求更多的数据。你不应该事先假定延迟的分布形状,除非有充分的独立的事实来证明它确实满足某一特定的分布形状,或者如果灵敏度分析表明我们所关心的结果并不视延迟的分布形状而定。

在可能使用计量经济学方法来估计延迟时间及其分布时,不要在模拟模型里使用通过历史数据估计的回归方程式,而应该用最符合情况的延迟结构。之所以要这样做有几个原因：

首先，计量经济学方法适用于离散时间，因为绝大多数经济数据和商业数据都是定期的，以不连续的时间间隔报告的，例如月报、季报或年报。系统动力学模型通常适用于连续时间，系统状态更新的时间间隔（time step）一般不等于用于估计延迟信息的报告的时间间隔，通常情况是前者比后者短。使用最符合实际情况（估计的延迟类型、阶数、平均延迟时间）的连续的延迟（系统动力学本身的延迟结构）能保证你的模型依然对模拟时间间隔（the simulation time step）具有鲁棒性（robust）。

其次，滞后（lag）的回归方程具有固定的滞后权重（lag weights），这意味着延迟时间是固定的。但是，在很多情况下延迟时间实际上是个变量。即使在你目前的模型中延迟时间被认为是固定的，进一步的研究可能会展示延迟时间必须作为一个内生变量嵌入到系统里。系统动力学中的物质延迟和信息延迟结构会对延迟时间的变化做出适合的反应，而分布滞后（distributed lag）的回归方程式中的延迟时间不能改变。并且，分布滞后的回归方程式不能区分物质延迟和信息延迟。当延迟时间变化（为变量）时，物质延迟和信息延迟的反应是不一样的。你的模型必须正确的区分开这两种类型的延迟对延迟时间的变化做出的反应，并且保证物质延迟中物料守恒。

8.5.2 当数值数据不可知时估计延迟

在很多情况下，我们得不到用于估计延迟的长度和形状所需的数据。在这些时候，你必须通过直接剖析延迟过程，或者凭借对相关系统类似的延迟的经验或者直接判断来估计这些参数。

对系统整体的延迟判断可能非常不准，且通常会低估了实际延迟时间。你对于制造业的投资延迟时间的估计是多少？猪肉价格发生变化时其供给需要多久才做出相应？经济学家调整他们对于通胀率的预期是多久？大多数人都显著地低估了这些延迟。上述延迟的实际长度分别大概是 3 年、2 年和 1 年（Senge，1978；Meadows，1970；Sterman，1987）。实际延迟时间越长，被人们低估得越多。

把延迟过程分解是一个有效的减少对延迟时间低估的策略。不要估计延迟的总长度，而是把延迟过程分解成不同的阶段，然后估计每个阶段的延迟长度。为了判断估计延迟时间而分解延迟过程，要把该过程的存量和流量结构分解到可操作层面。例如，考虑猪肉价格发生变化时猪肉总体供给变化的延迟（图 8-21）。

分解后会出现这样的过程。首先，养猪农户需要判断：猪肉价格的上涨是否会持续较长时间，以决定是否投资增加猪肉产量。然后他们将增加种猪存量（通过减少大母猪的供应），然后让大母猪生产。怀孕期后，小猪们出生了。小猪需要长大的时间，在饲养场生长一段时间，直到小猪达到最佳体重，即这个体重在市场上的价格减去饲养到这个体重的成本达到获利最大。只有到这个时候，猪才被送去宰杀，猪肉供给也随之增加。这些延迟过程大多数都是由猪的生理特点决定的，因此很容易估计，且相当的稳定。怀孕、成熟和长肥的延迟时间分别为 3.8 个月、5 个月和 2 个月，一个总延迟大约 11 个月的物料延迟（Meadows，1970）。那么养猪农户调整对于未来价格的预期的延迟时间是多长？增加种猪存量的延迟时间多长？因为从繁殖小猪到猪肉供给之间需要约 1 年的时

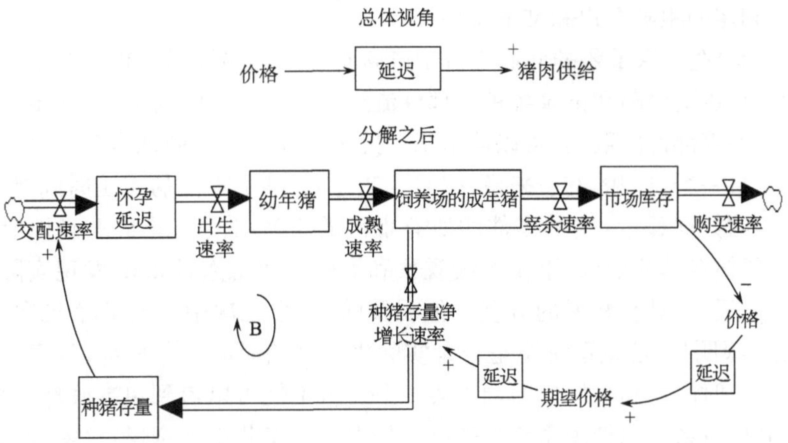

图 8-21　将生猪的生长过程分解来估计猪肉价格变化时对猪肉供给的延迟时间

间,因此农户不会冒险地对价格变化做出快速反应,他们必须等待较长的时间才能确信高价格将会持续。研究表明,猪肉的预期价格受近期价格影响很大,而超过 1 年时间的历史价格则影响非常小(Bessler and Brandt,1992)。Meadows(1970)测量了该预期调整延迟时间约为 6 个月,种猪存量调整延迟时间约为 5 个月。因此总的延迟,即从猪肉价格变化到猪肉供给发生变化之间的延迟,大概为 22 个月左右。一点都不奇怪,这么长的延迟时间很自然地使得市场价格不稳定:猪肉价格大约以 4 年为一个周期振荡。

过程的分解也帮助我们更好的研究各个小延迟过程的输出流分布。细分的阶段越多,输出流分布就越收紧,初始反应就越小。猪的怀孕过程的差异是很小的:Meadows(1970)指出 90%的小猪出生于母猪怀孕后 111 天到 119 天,可见这是个高阶延迟。成熟延迟和长肥延迟的差异要大于怀孕延迟,但在脉冲输入下其短期反应(short run response)也不大。这两个延迟使用三阶延迟或者六阶延迟就足够。但是,价格预期延迟和种猪存量延迟可以用一阶延迟来表示:因为当实际值和期望值出现很大的差异时,价格预期和种猪存量都可能很快做出反应。因为整个延迟过程可以分为很多独立的阶段,其中大多数阶段的方差比较小,因此猪肉产量对猪肉价格升高的短期反应是完全可以忽略不计的。①

8.5.3　应用建议:沿着流程走一遍

即使我们可以得到数据,对于系统的直接研究仍然是很重要的。对于一家公司信息系统中的数据你应该持有怀疑态度,并且花时间去第一手地调查研究其流程。如果你要为一个生产制造过程建模,那么你应该走进实际的工厂去看看生产线,从头到尾跟着几个零件走一遍,从它们刚刚摆上生产线到制成后送到客户手里。如果研究的是服务行

① 实际上短期来看,价格上升对猪肉供给产生负面效应。考虑整个行业,种猪存量的增加需要减少送去宰杀的母猪。因此猪肉价格刚刚上升的时候宰杀率会下降,致使猪肉供给下降,这造成一个正反馈回路:高价格导致短期供给减少——因为养猪农户把本应宰杀的母猪用来增加种猪存量,于是反过来进一步推高价格。一个好的猪肉生产系统模型应该包括这个造成不稳定的反馈循环,而不能像一般模型,例如蛛网模型(cobweb models),将供给延迟看成一个整体。

业，那么从头到尾的跟随客户和文书文件。

Finan(1993)在一家重要的商业飞机制造商研究过很多种零部件的制造流程。公司的订单计划系统负责跟踪和记录各种零部件流经各个生产工序的情况。Finan 下载了某些具有代表性的零部件的数据，可以得出每一批零部件的生产周期全都精确地等于计划分配的时间。拿一个典型的例子来说，按照生产计划，某个零件的完工时间是 10 天。那么信息系统中的数据显示，这种零件的所有批次的生产时间都非常准确地等于 10 天。然而，通过反复核对其他记录、下生产线观察和询问生产工人，Finan 发现实际上这一延迟时间等于 22 天，且具有 9 天的方差。他观察的 20 个批次中只有 2 个批次在 10 天或 10 天内完成。很明显，信息系统不是记录实际生产开始时间，而是令其等于生产结束时间减去计划完工时间。到工厂里面调查第一手资料不但可以得到更准确地数据，而且可以帮助发现其信息系统和管理系统中的巨大失误。一点儿也不奇怪，这家公司的管理系统和生产流程的质量如此糟糕，如果订单激增，它不能够快速稳定地提高其产量以满足订单。当需求持续维持在高位时，生产瓶颈、额外成本和产品不能按时交付给客户等问题导致费用增加，利润大幅下滑，公司损失共计超过 10 亿美元。

这一章讨论了延迟，以及如何为延迟建模。首先，所有延迟都包含有至少一个存量(stock)。第二，物料流中的延迟与信息反馈中的延迟必须区别对待：物料流是守恒的，信息流则不是。这一区别决定了这两种延迟在延迟时间变化时的不同表现。每个延迟都有两个主要属性：平均延迟时间和围绕着平均延迟时间的延迟的输出分布。这一章讨论了多种物料延迟和信息延迟的公式，以帮助建模人员应付一系列的可能的延迟分布情况。一阶延迟在脉冲输入下的输出呈指数递减。最大的输出出现在脉冲输入刚开始的时候。由一系列一阶延迟组成的高阶延迟的输出一开始为 0，增长到最大值，然后减小到 0。管道延迟保留了输入流进入的顺序，因此输出流与输入流完全一样，只是往后推延了一段时间。一阶延迟假设运输线上的物流存量在任何时候都是完美混合的，因此输出流与输入流的顺序完全无关。延迟的阶数越高，假设混合的程度越小；管道延迟假设运输线上的存量内容完全没有混合。延迟的阶数越高，输出分布的方差越小。最后，本章还讨论了如何估计延迟的长度和输出分布。当数值数据可得时，计量经济学工具能够帮助估计延迟的长度和分布。当数值数据不可得时，对相关过程的直接分析可以得到较好的估计结果。如果通过主观判断来进行估计，最好把延迟过程分解为独立的数个阶段，然后逐一估计每阶段的延迟，这样的结果比笼统地估计结果更加准确。你应该使用各种信息源来帮助你确定延迟(和其他的模型参数)，而且只要条件允许，就直接调研整个流程。

➢思考题

1. 思考整个供应链上的延迟现象。假设一个供应链上存在生产商、分销商、批发商、零售商，以及最终用户。梳理整个系统运转的过程中哪些地方存在延迟，是那种类型的延迟(物质延迟，信息延迟，管道延迟，一阶延迟)，这样的系统会产生怎样的行为？

2. 将生猪的生长过程分解来估计我国猪肉价格变化时对猪肉供给的延迟时间。

第 9 章

典型结构的动态 2:路径依赖与正反馈

9.1 路径依赖的概念

为什么钟表按照顺时针方向运行?为什么绝大多数国家的人习惯右行?为什么微软的视窗操作系统和英特尔的处理器占据了个人计算机市场的大半江山?为什么会出现"富人更富,穷人更穷"的现象?这一系列的问题该如何解释呢?其实,这些问题中都存在路径依赖(path dependence)现象。路径依赖是一种发展模式,系统发展前期微小的、随机的事件往往能够决定系统运行的最终结果。在存在路径依赖的系统中,系统平衡的最终结果取决于初始条件和随机扰动。

路径依赖主要出现于系统的正反馈过程中。即使所有的点在最初都具有同样的吸引力,微观噪声和外界扰动也会打破系统的平衡。正反馈过程然后放大这些小的初始差异,直到它们具备宏观的重要性为止。一旦一种主宰性的设计或标准已经出现,转换成本就变得令人恐惧,所以均衡是自我增强的,即系统已经被锁定。

那么,究竟是什么原因导致系统产生路径依赖现象呢?一般来说,路径依赖出现于正反馈系统中。图 9-1 描述了负反馈系统的运动特征和正反馈系统导致的路径依赖之间的差别。

图 9-1　路径依赖现象

如图 9-1(a)所示,我们先设想有一个光滑的碗。系统处于局部平衡状态,现在加力使玻璃球偏离平衡状态,迫使玻璃球偏离平衡点 P^* 的作用力越大,促使玻璃球回到平衡点的反作用力就越大,因此这是一个稳定平衡,体现出的系统特性为负反馈。即这个碗的底部是稳定平衡点,不管初始状态下玻璃球位于什么地方,都是产生一个回到平衡点的反作用力,总会回到碗的底部,经过振荡之后玻璃球最后在平衡点稳定下来。干扰不能影响玻璃球达到平衡状态。这种平衡是稳定平衡,这个系统是一个负反馈系统,不具有路径依赖的特征。即无论玻璃球的初始速度是多少,也无论玻璃球的初始位置在哪里,最终小球总会回到碗底部的平衡点。不过,我们所讨论的范围仅限于这个碗内,即这是局部稳定平衡,离开了这个碗系统的动态学特征就会发生变化。

如图 9-1(b)所示，现在，再把这个碗倒扣过来。此时，碗的顶点，也就是原先碗的底部，就是一个平衡点——如果玻璃球一开始就位于这里的话，它将一直停在这里不动。然而，这样的平衡是不稳定的。外力，即便是轻微的扰动也会导致玻璃球滚落下去，在重力的作用下会滚得越来越快，从而导致正反馈过程。这种轻微扰动无论是从作用力大小上还是方向上，都决定了玻璃球未来的状态，即系统处于路径依赖状态。这样的系统中存在着路径依赖现象，玻璃球滚落的方向取决于最初的扰动：如果一开始的扰动是朝向左边的，那么玻璃球就会向左边一直滚下去；如果一开始的扰动是朝向右边的，那么玻璃球就会向右边一直滚下去。不管如何，玻璃球最后总是要停下来的。但是，玻璃球滚动所产生的路径依赖现象，意味着玻璃球可以停在地板的任何地方。至于玻璃球停在地板的哪个地方，则取决于最开始的扰动。

路径依赖在实际中还有很多实例，在气象预报中也有类似的问题。气象学家爱德·洛伦茨(Edward Lorenz)在作气象学研究时，使用一个仅仅基于 12 个方程的简单计算机模拟模型进行长期天气形势分析，他打算用该模型解决一个关于较长期特别天气序列问题。洛伦茨匆匆忙忙地将起始状态数据重新输入进去，只是使用小数后三位数而不是以前的小数点后面的六位数。因为这只是千分数上的微小差别，他假定新的模拟会与过去的模拟相吻合。然而，令他惊讶的是，新的天气模式很快地与以前的模拟发生偏离，并且所有相似之处在几个月内消失殆尽。洛伦茨发现：一个复杂系统初始条件的微小变化可能非常显著地改变这个系统的长期行为。这种对初始条件的敏感性依赖被称为“蝴蝶效应”(butter-fly effect)：一只蝴蝶今天的一次振翅拍动，随着时间的发展，可能给系统带来巨大的改变，以至于导致在世界其他某个地方产生一场风暴。洛伦茨发现了在复杂的物质和社会系统中普遍存在的并且使预测不可能进行的非线性关系。

路径依赖现象还有另一个特征是“锁定”。我们仍然以图 9-1 为例解释这一特征。当玻璃球停留在碗的顶部的时候，所有的可能平衡点都是等价的。你可以用极微小的扰动来使玻璃球的状态发生巨大变化：轻轻向左边吹动一下玻璃球，它就会向左边滚并且停留在屋子左边的某个地方；轻轻向右边推一下玻璃球，它就会向右边滚落。一旦玻璃球离开了平衡点，再想让它回到那里就需要花费很大的力气。玻璃球离平衡点越远，它滚动得就越快，改变它的状态就需要更大的努力，几乎达到不能改变的程度，这种现象称为锁定。

在汽车工业刚开始发展的时期，人们如何驾驶汽车是随意的。但是随着汽车越来越多，一致的行驶规则变得越来越重要。于是，沿路的一边开车的人越多，就会影响新手也沿着这边开车，如此一来，正反馈作用就产生了。在世界上就形成了两种行驶规则：在英国及其殖民地，包括日本和其他一些国家，人们沿着路的左边开车；而在其余的国家，人们习惯于沿着路的右边开车。最初，瑞典人选择左向开车，就像英国那样。但是，随着瑞典同欧洲大陆的其他国家贸易和联系越来越紧密，瑞典制造和销售的右向汽车越来越多，瑞典人越来越不习惯于沿着路的左边开车。而逐渐倾向于像欧洲大陆和北美一样沿着路的右边开车。到 1967 年，这种矛盾终于得到解决：从这年的 9 月 3 日凌晨 5 点开始，所有的瑞典人开始沿着路的右边开车。至于为什么瑞典人能够如此低成本地实现这样的转变，部分原因是由于前期工作做得好。更重要的原因是瑞典的人口密度比较小，并且汽车的保有量也比较低。1967 年,瑞典总人口仅仅为 800 万,汽车约有 200 万辆,折合每平方英里中有 46 人和 12 辆汽车。瑞典的公路建设和拥有汽车的人群发展比较缓慢,因此,行驶规则的调整所带来的困难就比较小。我们设想一下,如果日本试图改变人们的行车方式,又会出现什么情况呢?尽管日本的国土面积仅有瑞典的 80%,但是,根据 1990 年的统计报告,日本约有 126 000 万人口,汽车的保有量约 40 000 万,折合每平方英里中有 870 人和 275 辆车。如果试图改变现有的行车方式,那么成本将高得难以想象。因此,到现在日本仍然是左向行车(Sterman,2000)。

9.2 路径依赖的一个简单模型:Polya 过程

读者很容易就可以设计一个简单的包含路径依赖特征的案例。我们设想这样一种情况:向罐子里面投球。罐子里面只有黑色和红色两种颜色的球。每次放入罐子里面的球的颜色是随机的。现在,我们向罐子里面投球,并且规定每次选择向罐子里投放某种颜色的球的概率等于当前罐子里面所拥有这种颜色球的比率。正是这一假设决定了这个案例的路径依赖特征。我们假设,一开始的时候,罐子里面各有一个黑色和红色的球。接下来读者向罐子里面投放黑球或红球的概率各为 1/2。假设选择投放一个黑球,那么,罐子里面就变成了 2 个黑球和 1 个红球。根据假设,向罐子里再次投放黑球的概率就变成了 2/3。我们假设此次又投放的是黑球,则罐子中有 3/4 的球都是黑色的。这意味着罐子中黑球所占的比率将一直保持优势,罐子中的黑球会越来越多。但是,如果在第二次投放球的时候,我们投入的是红球的话,接下来,再次投放黑球的概率就会只有 1/3,而不是 2/3。最终,罐子里面红球将会占大多数。可见,这个系统中两种颜色球的比率受到历史过程的影响,也就是受每次投放球这一随机事件的影响,并且越早投放的球的颜色对后来的影响程度越大。图 9-2 描述了这个系统的因果关系图。这个系统也被称为 Polya 过程。它首次被数学家 George Polya(1887~1985 年)提出。

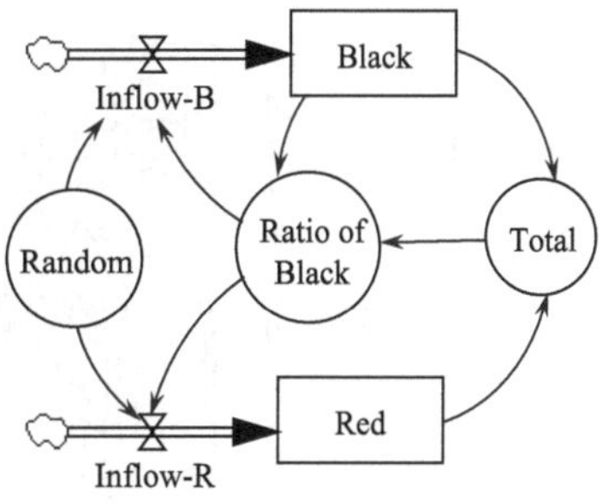

图 9-2 Polya 过程

每一次向罐子中投放一个球。每一次投放何种颜色的球的概率等于这种颜色的球占罐子中球总数的百分比。首先,产生一个 [0,1] 区间均匀分布的随机数,于是可以得到下面的表达式:

$$\text{Ratio-B} = \text{Black}/\text{Total}(\text{Total} = \text{Black} + \text{Red})$$

$$\text{Inflow-B} = \begin{cases} 1 & \text{Random} < \text{Ratio-B} \\ 0 & \text{Other} \end{cases}$$

$$\text{Inflow-R} = \begin{cases} 1 & \text{Random} > \text{Ratio-B} \\ 0 & \text{Other} \end{cases}$$

其中,Random 为 [0,1] 区间均匀分布的随机数。

在 Polya 过程中，每一种球都包含两个反馈过程：一个正反馈过程和一个负反馈过程。如果罐子中黑球所占比率越大的话，再次投放黑球的概率就会越大(正反馈过程)。同样，黑球所占的比率越大，黑球的总数就越多，那么，每次新加入的黑球对系统的影响力就越小(负反馈过程)。

图 9-3 描述了模拟 Polya 过程的结果。每一次模拟都包含 730 次投放。在开始的时候，球的前一次投放都对下一次投放产生显著的影响(例如，投放第一个球的结果决定了第二次投放某种颜色的球的概率是 2/3 还是 1/3)，此时，正反馈过程占主导。但是，随着投放的球越来越多，每一次新投入的球对下一次投放的影响力逐渐减小。正反馈过程逐渐减弱，负反馈过程相对加强。直到有一时刻，再投放入一个球对所有颜色的球都产生负面的影响，这时，系统的正反馈过程和负反馈过程达到平衡。达到平衡，罐子中各种颜色的球所占的比率将会稳定下来，然后，各种颜色的球将会以这个稳定的概率投放到罐子中。

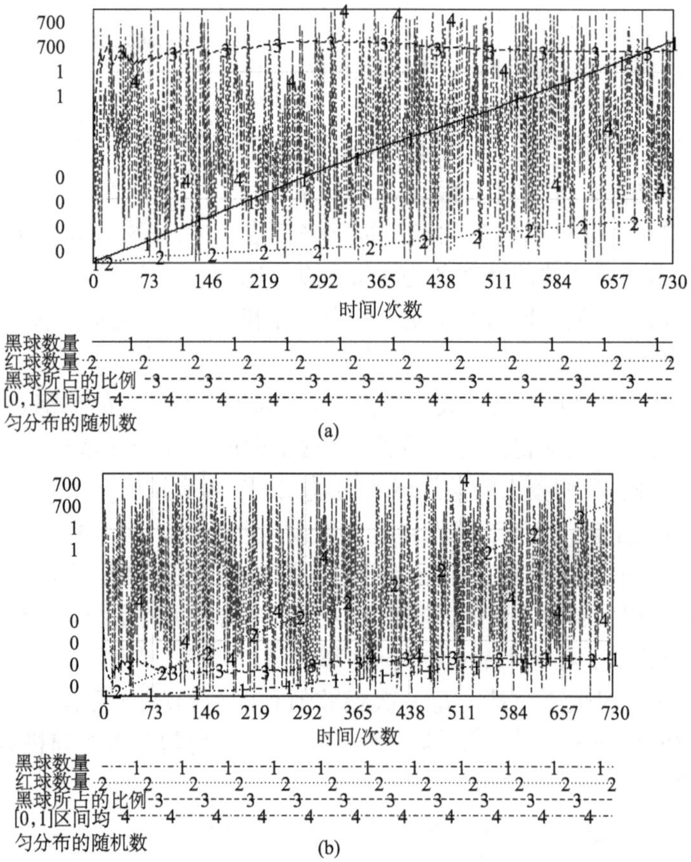

图 9-3　Polya 过程的实现

改变随机数的种子，可以得到不同的结果。图 9-3(a)的结果为黑球占优势，图 9-3(b)的结果为红球占优势。无论哪种情况，最终黑球和红球所占的比例都趋近于稳定。

表 9-1 截取了 2 次模拟的最前 20 次和最后 20 次投球的情况。从最先 20 次的投掷可见,模拟(a)中,几乎前 10 次投掷就决定了黑球将占优势的最终结果;模拟(b)在 20 次以后,红球的比重才显示出优势。

表 9-1　两个 Polya 过程

(a)					(b)				
时间	黑球数量	红球数量	黑球所占的比例	[0,1]均匀分布的随机数	时间	黑球数量	红球数量	黑球所占的比例	[0,1]均匀分布的随机数
0	1	1	0.500 0	0.151 5	0	1	1	0.500 0	0.901 5
1	2	1	0.666 6	0.990 4	1	1	2	0.333 3	0.195 9
2	2	2	0.500 0	0.066 3	2	2	2	0.500 0	0.520 9
3	3	2	0.600 0	0.461 7	3	2	3	0.400 0	0.760 0
4	4	2	0.666 6	0.242 8	4	2	4	0.333 3	0.229 4
5	5	2	0.714 2	0.638 9	5	3	4	0.428 5	0.470 4
6	6	2	0.750 0	0.586 9	6	3	5	0.375 0	0.014 4
7	7	2	0.777 7	0.222 6	7	4	5	0.444 4	0.587 9
8	8	2	0.800 0	0.144 6	8	4	6	0.400 0	0.206 7
9	9	2	0.818 1	0.324 1	9	5	6	0.454 5	0.763 6
10	10	2	0.833 3	0.920 7	10	5	7	0.416 6	0.541 2
11	10	3	0.769 2	0.113 0	11	5	8	0.384 6	0.125 4
12	11	3	0.785 7	0.424 7	12	6	8	0.428 5	0.084 1
13	12	3	0.800 0	0.375 7	13	7	8	0.466 6	0.817 0
14	13	3	0.812 5	0.668 8	14	7	9	0.437 5	0.961 0
15	14	3	0.823 5	0.579 4	15	7	10	0.411 7	0.400 7
16	15	3	0.833 3	0.688 2	16	8	10	0.444 4	0.624 0
17	16	3	0.842 1	0.556 9	17	8	11	0.421 0	0.838 0
18	17	3	0.850 0	0.478 3	18	8	12	0.400 0	0.425 2
19	18	3	0.857 1	0.577 3	19	8	13	0.380 9	0.415 1
20	19	3	0.863 6	0.236 3	20	8	14	0.363 6	0.634 4
⋮	⋮	⋮	⋮	⋮	⋮	⋮	⋮	⋮	⋮
711	595	118	0.834 5	0.626 8	711	200	513	0.280 5	0.493 8
712	596	118	0.834 7	0.147 3	712	200	514	0.280 1	0.808 0
713	597	118	0.834 9	0.719 2	713	200	515	0.279 7	0.875 3
714	598	118	0.835 1	0.293 5	714	200	516	0.279 3	0.332 2
715	599	118	0.835 4	0.383 3	715	200	517	0.278 9	0.798 8
716	600	118	0.835 6	0.142 1	716	200	518	0.278 5	0.521 5
717	601	118	0.835 8	0.848 2	717	200	519	0.278 1	0.171 9
718	601	119	0.834 7	0.373 6	718	201	519	0.279 1	0.378 4

续表

(a)					(b)				
时间	黑球数量	红球数量	黑球所占的比例	[0,1]均匀分布的随机数	时间	黑球数量	红球数量	黑球所占的比例	[0,1]均匀分布的随机数
719	602	119	0.834 9	0.451 0	719	201	520	0.278 7	0.672 0
720	603	119	0.835 1	0.775 2	720	201	521	0.278 3	0.155 3
721	604	119	0.835 4	0.332 4	721	202	521	0.279 3	0.994 2
722	605	119	0.835 6	0.913 8	722	202	522	0.279 0	0.077 1
723	605	120	0.834 4	0.360 6	723	203	522	0.280 0	0.034 9
724	606	120	0.834 7	0.875 2	724	204	522	0.280 9	0.413 0
725	606	121	0.833 5	0.146 4	725	204	523	0.280 6	0.286 9
726	607	121	0.833 7	0.869 5	726	204	524	0.280 2	0.238 1
727	607	122	0.832 6	0.151 2	727	205	524	0.281 2	0.143 8
728	608	122	0.832 8	0.436 1	728	206	524	0.282 1	0.658 6
729	609	122	0.833 1	0.404 2	729	206	525	0.281 8	0.473 6
730	610	122	0.833 3	0.199 5	730	206	526	0.281 4	0.876 4

从后 20 次的投掷可以看出，Polya 过程发展到一定程度时，黑球和红球的比例将趋于稳定。模拟(a)中，黑球的比例稳定在 0.83 左右；模拟(b)中，黑球的比例稳定在 0.28 左右。

虽然，到最后黑色和红球比率将会保持稳定，但是到达这一比率的过程取决于历史过程。一开始的随机事件决定了系统以何种方式行进。球的不断累积决定了系统中各种颜色的球以一定比率达到了平衡。在最开始的时候，为了将罐子中黑球和红球的比例从 2∶1 调整为 1∶2，需要连续向罐子中投放 3 次红球。而这一事件发生的概率有 1/10[P(红球3|黑球 2、红球 1)=(1/3)(2/4)(3/5)]。然而，如果罐子中有 200 个黑球和 100 个红球的话，我们需要连续投放 300 个红球才能实现这一点。而这样的概率仅有 8.3×10^{-84}。可见，球数目越多，从当前相对比率改变的可能性就越低：系统锁定于历史选择。

Polya 证明系统中黑球所占的比率收敛于某一常数。但是，至于收敛于哪个常数，则取决于投放球的历史过程。同时，Polya 证明最终黑球占罐子中球总数的比率属均匀分布的：从 0 到 1 都有可能(进一步的讨论，请参考 Arthur，1994)。

9.3 经济管理活动中的路径依赖

在人类社会系统和自然界，路径依赖是一种普遍存在的现象。如果在动态系统正反馈过程占主导的话，这个系统就容易出现路径依赖。甚至在系统初始时，所有结果都是等概率发生的条件下，由于微观的轻微扰动，系统就会出现路径依赖。例如，最开始的时候我们的计算机使用什么操作系统是一件随机的事情，对每一个拥有计算机的人来讲使用何种操作系统没有显著差异。随着越来越多的人群使用 Windows 操作系统，这种系统的使用方法和技巧就越普及,使用的人就会越多,越来越多的应用软件也都是基于Windows操作系统开发,于是人们很难再从Windows操作系统转向其他系统。经济活动中,一旦某种标准得到确立,系统转向其他标准就需要花费巨额的成本,这种系统的平衡状态就会自我加强。系统锁定一直存在,直到系统发生结构性的变化或者系统外部力量对系统的平衡产生重大影响。有很多正反馈过程都能导致企业的发展壮大。很多例子都向我们证明了,系统中反馈过程能够使企业发展出现路径依赖现象,并最终使企业成为市场主导。成功企业的成功之处就在于它们能很好地利用这些正反馈过程。

➢思考题

1. 何为路径依赖?理解路径依赖对实际管理有何指导意义?
2. 何为锁定?锁定对现实管理有何指导意义?锁定和路径依赖有何关系?
3. 举例说明路径依赖和锁定现象,并对其结果进行分析。

第 10 章

典型结构的动态 3：老化链与协流

前几章讨论的存量流量结构只记录流经系统的物品总量。但是在很多情况下，除了物品总量以外，我们还需要记录物品的各种属性。这些属性可以是工人的平均技能或经验、原材料的质量，或者生产设备运行所需的能源和劳动力。我们用协流来记录流经一个存量流量结构的物品属性。通常，存量中物品的流出速率很大程度上取决于物品的老化程度。例如，人的死亡比例取决于其年龄，汽车的报废比例取决于车龄和里程数，机器的故障比例取决于距上次大修的时间远近，有前科的人再次被捕的比例取决于距他上次出狱有多久。在存量流量结构中，如果物品的流出速率与其老化程度相关的话，我们就可以应用老化链(aging chains)。本章将探讨如何就这些情况建模，并分析了一些案例，包括全球人口增长、组织老化、在职学习和技术变革等。

10.1 老化链

系统的动态性取决于该系统的存量流量结构。通常，一个过程的物料输入和物料输出之间有明显的延迟，在该延迟过程中(见 8.2 节)物料是守恒的。即在物料进入，经过一系列中间阶段，最后输出的这段过程中，物料既不会增加也不会减少：每个进入系统的物品最终都离开了，并且仅在延迟过程的一开始才有新物料流入。但是在很多情况下，某些中间阶段也会有输入流和输出流。在这种情况下，我们就要用到老化链来表示系统的存量流量结构。例如，由于新雇佣的员工需要经过长时间经验的积累才能达到与熟练工相同的较高的生产效率，建模人员通常会把员工分为两类：新手员工和熟练员工。这种情况不能用二阶物料延迟来表示，因为工厂既可以雇佣新手员工也可以雇佣熟练员工，而且新手员工和熟练员工都可能离开公司。也就是说，这一老化链上的任一存量都有各自的输入流和输出流(图 10-1)。

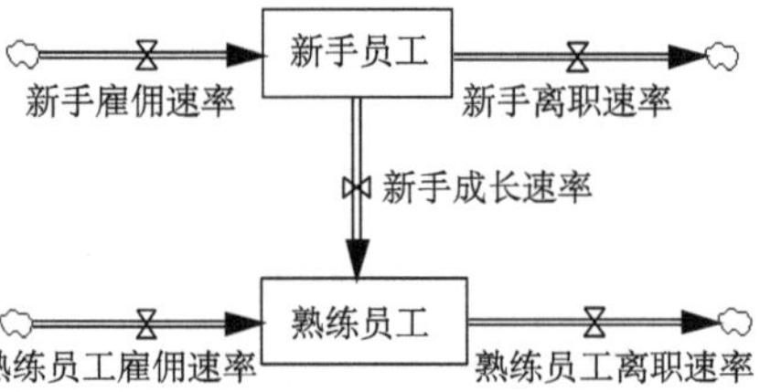

图 10-1 老化链的一个例子

10.1.1 老化链的一般结构

一个老化链可以包含任意多个存量，这些存量被称为群。每个群都可以有任意多个输入流或者输出流。图 10-2 展示了老化链的一般结构。总的存量被分为 n 个群,令 $1\leqslant i\leqslant n$,$C(i)$表示第 i 个群的存量,每个群都有一个输入流 $I(i)$和一个输出流$O(i)$。群 i 中的物品以转换速率 $T(i,i+1)$移动到群 $i+1$ 中,则有以下公式:

$$C(i)=\text{INTEGRAL}(I(i)+T(i-1,i)-O(i)-T(i,i+1),C(i)_{t_0}) \quad (10\text{-}1)$$

第一个群没有从上一个群到该群的转换速率,最后一个群没有从该群到下一个群的转换速率,即 $T(0,1)=0$,$T(n,n+1)=0$。一般来说,转换速率可以是正值也可以是负值(负转换速率意味着物品从群 $i+1$ 流向群 i)。转换速率通常用一个延迟来表示,且大多数情况是一阶延迟:

$$T(i,i+1)=C(i)/\text{YPC}(i) \quad (10\text{-}2)$$

其中,YPC(i)为群 i 中的物品移动到下一个群之前在群 i 的平均停留时间。物品在不同群中的 YPC(i)可以不相同。回顾第 8 章,一阶的输出流意味着存量中的物品是完全混合的,因此任何一个物品,其离开存量的可能性与其何时进入存量完全无关。第 8 章还提到,n 阶物质延迟近似于 n 个连续的一阶物质延迟。而一个 n 群的老化链的整体行为与 n 阶物质延迟相似,因此我们可以不断地增加老化链中群的个数,直到可以近似认为每一个群内的物品是完全混合的为止。

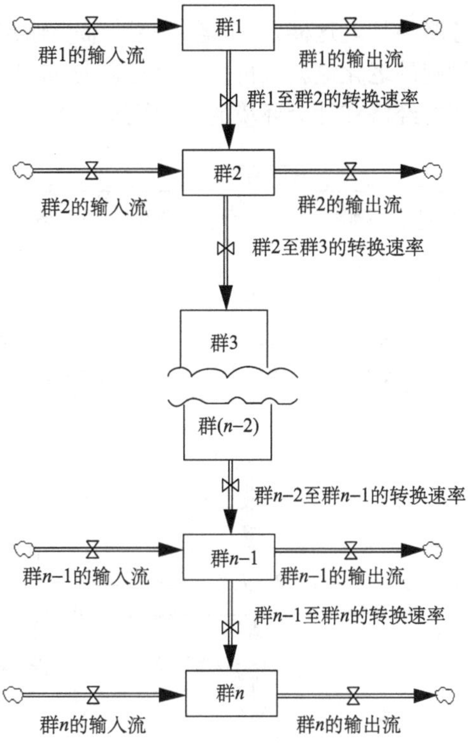

图 10-2　一个老化链的一般结构

流出速率可以用多种方法表示。流出速率通常指死亡速率(即离开存量的速率),公式如下:

$$O(i)=C(i)\cdot\text{FDR}(i) \quad (10\text{-}3)$$

其中,FDR(i)为第 i 个群内的死亡速率比例。

老化链可以应用于任何样本之中,只要样本中的物品离开样本的概率取决于此物品在样本中的停留时间。除了人口的老化和死亡,老化链还可以用来研究:工厂的机器设备发生故障的可能性与距离上一次维修的时间间隔的关系;各种期限的贷款的违约或者还款情况;离婚率与婚姻持续时间的关系;或者获得假释的人再次被捕的可能性。

10.1.2　案例:城市动态学中的人口和基础设施

Forrester(1969)的城市动态学模型包含了一个城市的三个关键元素的老化链:商业设施存量、住宅存量和人口(图 10-3)。Forrester 把商业设施分为三类:朝阳行业设施、成熟行业设施和夕阳行业设施。朝阳行业设施存量的增加来自于朝阳行业设施建设。从朝阳行业设施到成熟行业设施的转换速率是朝阳行业设施的下降速率。从成熟行业设施到夕阳行业设施的转换速率是成熟行业设施的下降速率。最终，夕阳行业设施存量因夕阳行业设施的拆除而减少。Forrester 假定所有的新建商业设施都属于朝阳行业设施，成熟行业设施存量的增加仅来自于朝阳行业设施的转换，夕阳行业设施存量的增加仅来自于成熟行业设施的转换。他还假设朝阳行业设施和成熟行业设施的拆除速率小到可以忽略不计。这样，整个老化链的唯一输出流就是夕阳行业设施的拆除速率。因此，商业设施的老化链就等价于一个三阶物质延迟（虽然每个群的生命周期不尽相同，且随着城市的经济和社会环境的变化而变化）。

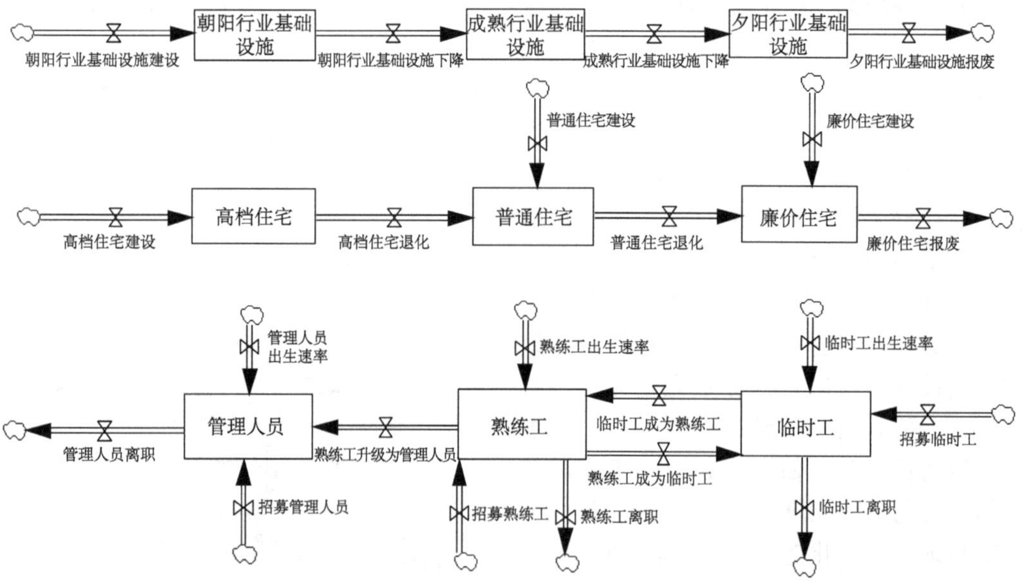

图 10-3　城市动态学模型中与商业、住房和劳动力有关的老化链

资料来源：Forrester（1969）

住宅存量老化链的情况更加复杂。Forrester 将住宅分为高档住宅、普通住宅和廉价住宅三类，对应着模型中描述的三类人：管理人员、熟练工和临时工。这三种住宅的任何一种都可以新建，每一类住宅因老化而逐渐降级为下一类住宅。比如说，在美国很多城市里，以前管理人员居住的高档住宅，现在被分割成两到三套公寓供熟练工居住；而纽约 Bronx 区的中产阶级公寓因为逐年老化，逐步沦为主要用于出租给临时工的廉价住宅。

上面提到的三类人都有各自的净出生速率（出生速率减去死亡速率）、招募速率和离职速率。随着工作经验的积累，临时工可以升入熟练工群，熟练工也可以升入管理人员群。当然熟练工也可能降入临时工群。

作为研究城市问题和城市政策的基本模型，Forrester 有意让其尽可能地保持简单。他没有列出这些老化链的所有可能的输入和输出流，而且如果模型已经可以满足需要的话就不再进一步细化。比如说，Forrester 忽略了管理人员向下层流动的可能性，也没有明确地表示出各类人群的年龄结构。Forrester 还假设商业设施不能作为住宅使用，反之亦然;而且老化的房子也不能通过翻新或者扩建而成为更高级的房子。从 30 年来的历史经验看,某些被省略的输入输出流确实变得十分重要。大量夕阳行业的工业用地变成了民用住宅;中产阶级向低收入阶层居住区移民使得很多老房子得以翻新;很多新兴产业最初是在普通住宅的车库或者卧室中创建的。这些输入输出流可以很容易地加入到基本模型中。比如说,Homer(1979a,1979b)利用城市动态学模型来研究保险机构的地区经济歧视。这个修改后的模型引入了中产阶级向低收入阶层居住区移民和老房子的翻新,以及出于获利目的的蓄意纵火。Mass(1974)、Schroeder 等(1975)将基本模型进行了很多扩展和升级,总的看来,根据基本模型得出的政策建议是非常可靠的,即使作出扩展模型边界和改变聚合度这样的重大改变也不会使原有的政策建议有多大的改变。此外,也可参考 Alfeld 和 Graham(1976)。

10.1.3　案例:人口金字塔和人口结构过渡

老化链经常用于研究种群的年龄结构。尤其是像人类这样寿命比较长的物种,年轻人和老年人的行为差异很大,在很多研究中都不能把他们归到同一个存量之中。第 7 章描述了一个最为简单的人口统计学模型,所有人都在同一个存量之中,出生速率和死亡速率与总人口数成比例:

$$人口 = \mathrm{INTEGRAL}(出生速率 - 死亡速率, 人口_{t_0}) \tag{10-4}$$

$$出生速率 = 出生速率比例 \times 总人口数 \tag{10-5}$$

$$死亡速率 = 死亡速率比例 \times 总人口数 \tag{10-6}$$

在这个一阶模型中,刚刚出生的婴儿就可以马上生育下一代,而且他们的死亡速率比例与最老的人是一样的,这显然是非常不合实际的假设。对于人类来说,死亡速率比例跟年龄密切相关:婴幼儿期死亡速率比例较高,从童年到中年较低,过了中年以后则随着年龄的增加而上升。生育年龄大致为 15~50 岁,而且在该年龄段里不同年龄的人生育速率比例是不一样的。人口增长速率的变化改变着人口年龄结构,从而影响该人群的整体行为。比如说,平均寿命较长的国家的人口的死亡速率比例可能要高于平均寿命较短的国家:如果平均寿命较短的国家的人口在快速增长,那么死亡速率比例较低的年轻人在总人口中占的比例较高,就会抵消因为较短的平均寿命而导致较高的死亡速率比例。从出生到进入生育年龄的时间延迟会造成年龄结构的波动。20 世纪 50 年代是美国婴儿出生的高峰期,导致后来对学校、对工作岗位的需求增加,以及未来几十年对退休系统造成影响。我们必须要把人口按年龄分组,才能为诸如此类的现象所造成的影响建模。

人口统计学家通常用人口金字塔来表示人口的年龄结构。图 10-4 可以表示出不同年龄组和不同性别的人群的人口数。世界总人口的年龄结构和大多数发展中国家(如尼日利亚)的年龄结构都像一个金字塔,因为人口快速增长导致年轻人要多于年长的人。而在发达国家年轻人和较年长的人的数量基本一致,因为这些国家的一代甚至几代人都保持较低的人口增长速率比例。从年龄结构图还可以清楚地看到人口结构由于经济大萧条、第二次世界大战和战后婴儿潮而产生的波动。例如在美国,经济大萧条和世界大战导致出生速率下降，因此 1930～1945 年出生的人要明显少于 50 年代婴儿潮期间出生的人（即使除去正常死亡人数的影响）。我们还可以清楚地看到婴儿潮在美国人口结构中的后续影响（从图 10-4 中可以发现，5～19 岁的人群规模比较大，这正是婴儿潮期间出生的人的下一代）。在很多发达国家（包括日本），人口出生速率低于替代速率，因此最年幼的人群规模要小于青壮年期人群。

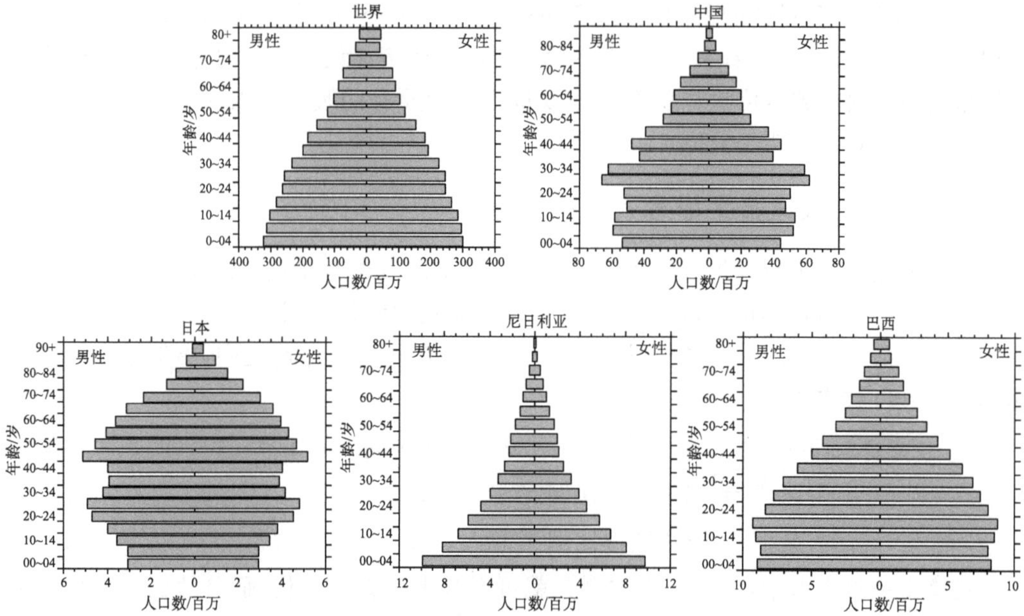

图 10-4　1998 年的世界人口结构和某些国家的人口结构

注：图中标度不同

资料来源：US Census Bureau

为了让模型能反映这些问题，我们用老化链来表示总人口，将总人口分为 n 个群，每个群表示某个年龄段，如 5～10 岁、11～15 岁等，最后一个群表示在某个年龄以上的所有人。我们提出下面的公式，这个公式同时还把人口按性别作了划分：

$$P_S(0)=\text{INTEGRAL}(B_S+I_S(0)-D_S(0)-M_S(0),P_S(0)t_0) \tag{10-7}$$

$$P_S(i)=\text{INTEGRAL}(M_S(i-1)+I_S(i)-D_S(i)-M_S(i),P_S(i)t_0)$$

$$i=1,\cdots,n-1 \tag{10-8}$$

$$P_S(n)=\text{INTEGRAL}(M_S(n-1)+I_S(n)-D_S(n),P_S(n)t_0) \tag{10-9}$$

其中，$P_S(i)$为第 i 群的人口数；B 为出生速率；$I(i)$为第 i 群的净移入（移入速率减去移出速率）；$D(i)$为第 i 群的死亡速率；$M(i)$为人口从第 i 群到第$(i+1)$群的转换速率；下标 S 为性别（M 为男性，F 为女性）；YPC(i)为第 i 群的年数。

出生速率是处于生育年龄段的所有女性所生的婴儿的总和：

$$B_S = S_S\left(\frac{TF}{CY_F - CY_I + 1}\right)\sum_{a=CY_I}^{CY_F} w(a)P_F(a), \text{其中}, \sum_{a=CY_I}^{CY_F} w(a) = 1 \qquad (10\text{-}10)$$

其中,$P_F(a)$为第 a 群中的女性人口数;TF 为总生育数,即每位女性在生育年龄段所生的婴儿总数;CY_I和 CY_F分别为生育年龄段的第一年和最后一年,因此 $TF/(CY_F - CY_I + 1)$表示每位女性在生育年龄段中平均每年所生的婴儿数。我们通常认为生育年龄段为15～49岁(包括 15 岁和 49 岁)。由年龄决定的权重 $w(a)$表示每位女性在年龄段 a 所生的婴儿占在生育年龄段中所生婴儿总数的比例(图 10-5),该权重与营养等生理因素,以及女性在社会中的地位、法定结婚年龄和教育等社会经济因素相关。出生性别比例 S_S表示出生婴儿中男女婴各占的比重。这个比例通常接近,但不等于 0.5。出生性别比例并不是保持不变的:在重男轻女的社会里,随着胎儿性别检测技术的发展,现在人们可以有选择地流产女婴,从而导致 S_F(出生女婴比例)下降。有些传统社会中杀死女婴的现象在这个模型中也可以反映出来,具体表现为最年幼的女性人群具有较高的死亡速率。

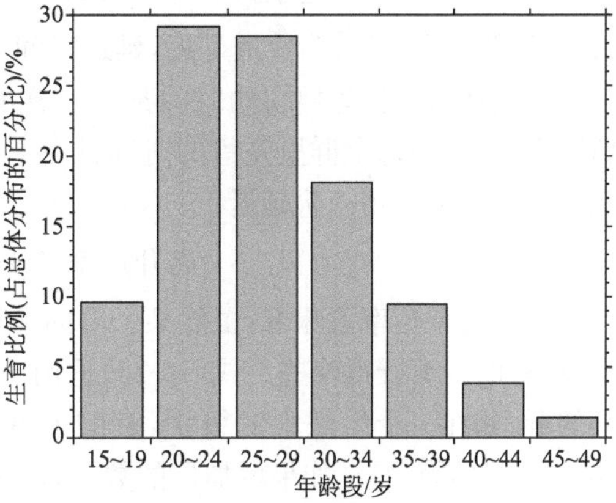

图 10-5　婴儿出生时母亲年龄的全球平均分布(1990～1995 年)

资料来源:United Nations Population Division, Population Newsletter,59(June,1995)

随着时间推移,人们逐渐沿老化链向下一个群移动。这个过程可以用式(10-1)、式(10-2)和式(10-3)来描述。但是,大多数标准的人口统计学模型都使用一套略有不同的公式。它们常使用离散时间,其间隔等于每个群的年数:YPC(i)。它们还假设群内人口的死亡速率是不变的,并且在计算人口从一个群移动到下一个群之前先扣除相应的死亡人数:

$$M_S(i) = \text{离开速率}_S(i) \times (SF_S(i)) \qquad (10\text{-}11)$$

$$D_S(i) = \text{离开速率}_S(i) \times (1 - SF_S(i)) \qquad (10\text{-}12)$$

群内人口通过两种方式离开当前所在的群:一个是因为年龄增长而进入到下一个群;另一个是在进入下一个群之前就死亡了。存活比例 $SF_S(i)$表示因年龄增长而进入下一个群的人口数占离开该群的总人口数的比例,1－SF 则表示在这个群就死亡的人口数占离开该群的总人口数的比例。存活比例可以很容易地由该群的寿命表或者存活分布表得到。如果某个群的存活比例为 SF,那么其由年龄决定的死亡速率比例(FDR)是一个指数衰减的比例,公式为 $FDR_S(i) = -\ln(SF_S(i))/YPC(i)$。如果由年龄决定的死亡速率比例 FDR 已知,那么存活比例就可以根据下式计算出来:

$$SF_S(i) = \exp(-FDR_S(i) \times YPC(i)) \qquad (10\text{-}13)$$

如果某个年龄跨度为 10 年的群中由年龄决定的人口死亡速率比例为 FDR＝0.01/年,即每年群内总人口的 1%死亡,那么 10 年后存活比例等于 90.5%。每一年的死亡人数会随着存活人数的减少而减少，因此这个比例值高于 90%。

人口离开速率有两个常用的公式。标准的人口统计学模型假设时间是离散的，而且每个时间段里死亡速率是不变的。我们可以用管道延迟来模拟这种情况，即每个群的离开速率等于进入速率（即从上一个群到该群的转换速率加移入速率），其延迟时间正好等于 YPC 年：

$$离开速率_S(i) = \text{DELAYP}(M_S(i-1) + I_S(i), \text{YPC}(i)) \quad (10\text{-}14)$$

其中，DELAYP 函数为管道延迟，延迟时间等于每个群的平均停留时间 YPC(i)。

人们在每个群里停留的时间都是一样的情况下才可以应用管道延迟。但是大多数情况下，人们在每个群里停留的时间并不是相等的，而且死亡速率也各有不同。这种情况下我们可以应用一阶延迟：

$$离开速率_S(i) = P_S/\text{YPC}(i) \quad (10\text{-}15)$$

一阶离开速率意味着：虽然某个群的平均停留时间为 YPC(i)年，但是有的人离开得早些，有的人离开得晚些。式(10-15)适用于不是根据年龄来划分而是根据成员类别来划分的群，如在一个组织中的级别，有的人晋升得比平均水平快，有些比平均水平慢（见 10.1.6 节的模型）。如果增加群的数目，那么每个群的年数就会减少，一个由 n 个一阶群构成的老化链将趋近于管道延迟。

死亡的两种公式表达：同样是描述转换速率（成熟速率），式(10-2)和式(10-3)，与式(10-11)～式(10-15)是不一样的。在前面的公式中，成熟速率等于群中的人口数除以该群的平均停留时间，死亡人数与总人口数成比例。而在后面的公式中，死亡出现在人们离开群的时刻。这两种情况比较类似，但不完全一样。首先考虑式(10-11)～式(10-15)，为简单起见，假设离开速率采用式(10-15)的一阶公式来表示。那么每个群的总输出流就是 $M(i)+D(i)=离开速率_S(i)=P(i)/\text{YPC}(i)$。该式说明第 i 群的人在该群的平均停留时间为 YPC(i)。离开群的总输出流被分为两部分：进入下一个群和离开老化链（即死亡）。这种处理方法常见于基于离散时间和管道延迟的人口统计学模型，模型中每个群代表一个特定年龄段，且定义每个个体在群内停留固定长的时间。在研究某些实行“要么升职，要么离职”政策的组织（如咨询公司、律师事务所、大学等）时，这是一种很适合的行为模型。在这些组织中，老化链中的群就表示各种不同级别，如顾问、高级顾问、合伙人等。每一个级别中，所有人在工作若干年后都会经历一次评审，表现好的会被晋升，其他人就会被要求走人（见 10.1.6 节）。

在式(10-2)和式(10-3)里，每个群的总输出流是 $M(i)+D(i)=P(i)/\text{YPC}+P(i)\times \text{FDR}(i)$。这表明群内人口的死亡是持续进行的。群内人口的平均停留时间小于 YPC。这种处理方法同样适用于很多模型，如城市动态学模型。该模型把总人口分为不同的社会经济等级，人们按一定的概率从一个等级移动到另一个等级，但是也随时可能死亡。

哪种方法更好呢？从应用“要么升职，要么离职”政策的律师事务所或者大学来看，这两种处理方法都可行。所有的老师在经过一段时间（如 8 年）以后，都要经过一次评审，然后被授予终身教职或者被解雇，如式(10-11)所示。但是，也会有某些老师在未待满 8 年参加评审之前就离开了的情况，如式(10-2)所示。如果必要的话，建模时可以把这两种处理方法结合起来使用。但大多数情况下研究人员得到的数据不足以支持他们同时使用这两种处理方法,况且这两种处理方法的区别很小,所以没有必要都使用。

10.1.4　老化链和人口惯性

人类的年龄结构造成人口的大量增长。1999 年世界人口超过 60 亿,并且在以每年 7800 万的速率递增(1.3%/年)。即使世界人口的生育速率马上降低到替代速率——也就是平均来说,人们生育的后代数量刚好可以替代他们自己——世界人口也不会马上进入稳定状态。相反,人口还会继续增加。根据联合国 1998 年的报告,即使生育速率马上降低到替代速率,2050 年世界人口仍将达到 84 亿,2150 年达到 95 亿,即增长超过 1/3。只要出生人口数量大于死亡人口数量,人口就会继续增加。虽然每个群都只是替换他们自己,但是处于生育年龄的人数要远远大于比他们年长的人的人数。因为世界人口一直在增长,在未来 30 年左右越来越多的人将达到生育年龄,导致人口出生总数的进一步增加。人类寿命很长,加之从出生到生育年龄之间存在很长的延迟,这些情况意味着生育速率和死亡速率的变化对于人口数的影响非常缓慢。

我们以中国为例进一步解释人口年龄结构如何造成巨大的人口惯性。20 世纪 70 年代后期,因为中国政府制定的计划生育政策和其他社会经济环境的变化,中国的生育速率下降到甚至低于替代速率(图 10-4)。但是,中国人口仍从 1980 年的 9.85 亿增加到 1998 年的 12.37 亿,在不到 20 年的时间里增长超过了 25%。即便生育速率一直保持在比替换速率低的水平,中国人口仍将继续增长,直到 2030 年达到约为 14 亿的峰值后,才会缓慢下降。图 10-6 比较了 1998 年中国的实际人口年龄结构和美国人口调查局(the U. S. Census Bureau)预测的 2010 年中国人口年龄结构。可以看到,35 岁以下的人口保持不变甚至有所减少,但 35 岁以上人口急剧地增加,这是因为进入 35 岁以上年龄群的人数要远远超过离开这些年龄群的人数。

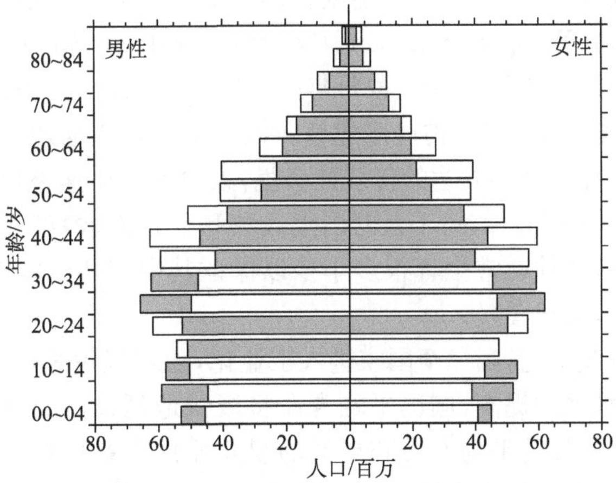

图 10-6　预测的中国人口年龄结构与当前中国人口年龄结构比较

注:灰色柱:1998 年数据;白色柱:2010 年预测值

资料来源:U. S. Census Bureau

这些案例说明，即使生育速率低于替换速率，人口仍然可能保持增长；即使生育速率高于替换速率，人口也可能减少。在一个将人口年龄细分的模型中，生育速率的波动（或者更具一般性地说，各个群的输入流和输出流速率的波动）将导致人口年龄结构发生变化，这个模型表现出来的行为与不分年龄、把所有人放入一个存量的模型表现出来的行为显然是不同的。

10.1.5 应用系统动力学实例：世界人口和经济增长

大多数人口统计学模型，比如说美国人口调查局和联合国的预测模型，都假设受孕、出生、死亡和移民等为外生变量，并据此计算出年龄分布和总人口数。为了预测诸如在校学生人数、劳动力人数或者享受社会保障的人数等，商业机构和政府部门需要了解短期的人口趋势，这些人口统计学模型是不可或缺的预测工具。

但是长期来看，出生速率和平均寿命不应该作为外生变量。很多因素，诸如营养条件、医疗保健条件、物质生活条件、环境污染、人口密度等，都取决于人口规模和富裕程度，这就形成了很多的反馈。而实际上，包括联合国使用的人口模型在内，所有的人口统计学模型都割裂了这些反馈。官方预测近期的低生育速率趋势将持续下去，直到总生育速率降到足够低，从而使世界人口最终达到均衡。如联合国 1998 年的中等生育速率方案（medium fertility scenario）就假设生育速率若在 2055 年降低至与替换速率相等，则世界总人口将稳定在大约 110 亿。

Forrester（1971）在 *World Dynamics*，以及后来的 Meadows 等（1972，1974）第一次提出考虑了世界人口、全球经济、自然资源和物理环境的集成模型。这些模型研究在人类的活动接近地球的承载极限的情况下世界人口和经济增长的影响。Forrester 的模型把世界人口看做一个存量。Meadows 等丰富并扩展了 Forrester 的模型，把世界人口分成四个群（0～14 岁一群，15～44 岁一群，45～64 岁一群，65 岁及以上一群）。Meadows 的这个四级老化链表现非常好，而且准确度较高。如果不分群的话，测量误差和参数的不确定性将会相当大。Wang 和 Sterman（1985）将 Meadows 等的模型的人口部分应用于中国，他们的模型有 66 个群，0～65 岁每年一个群，65 岁以上一个群。

Meadows 等还试图为人口结构过渡建模。人口结构过渡描述了工业化进程中人口增长率的变化模式。在经济不发达的传统社会里，人口粗出生速率比例和粗死亡速率比例（crude birth and death rates，每千人的出生人数和死亡人数）都比较高且不稳定。平均寿命相对来说较短，女性通常生育很多小孩以保证其中有几个能够长大成人，为父母养老。总的说来，人口增长缓慢。

按照人口结构过渡理论，当一个国家进入工业化，随着现代医疗设备的引入、公共卫生制度的建立、医疗水平的提高，国民平均寿命将极快地延长，死亡速率下降，最终人口出生速率也会下降。更长的平均寿命和更低的婴儿死亡率意味着更多的孩子可以长大成人，因此女性不再需要生很多小孩以达到期望的家庭规模。而且人们期望的家庭规模趋向减小，因为抚养孩子的成本上升了，而孩子对于家庭的经济贡献减小了。在工业社会，抚养孩子成本上升和孩子的经济贡献减小是因为孩子开始工作的年龄推迟了，父母必须供养孩子更长的时间；而且供养孩子的成本升高了。可是人口出生速率比例下降很慢,因为人们期望的家庭规模、适婚年龄以及其他影响生育速率比例的因素已经深深扎根于传统文化、宗教信仰和其他社会结构中;而且夫妻双方并不是基于经济利益最大化的原则来决定是否生育孩子的。

因此,在人口结构过渡进程中,初始阶段死亡速率比例下降而出生速率比例居高不下,因此人口加速增长;但最终出生速率比例将下降至与死亡速率比例基本持平的水平,人口数达到平衡。图 10-7 展示了瑞典和埃及的粗出生速率比例和粗死亡速率比例。在瑞典,因为工业化较早,死亡速率比例下降缓慢,因此在过渡进程中人口增长得比较缓慢,人口翻番用了 120 年(1875～1995 年)。但是,在埃及,与其他许多工业化较晚的国家情况类似,第二次世界大战后死亡速率比例迅速下降,出生速率比例虽然开始下降但仍处于较高水平,因此人口增长得非常快,仅用了 30 年时间(1966～1996 年)人口就翻番了。直到 20 世纪 90 年代后期,其人口结构的过渡仍远未结束。

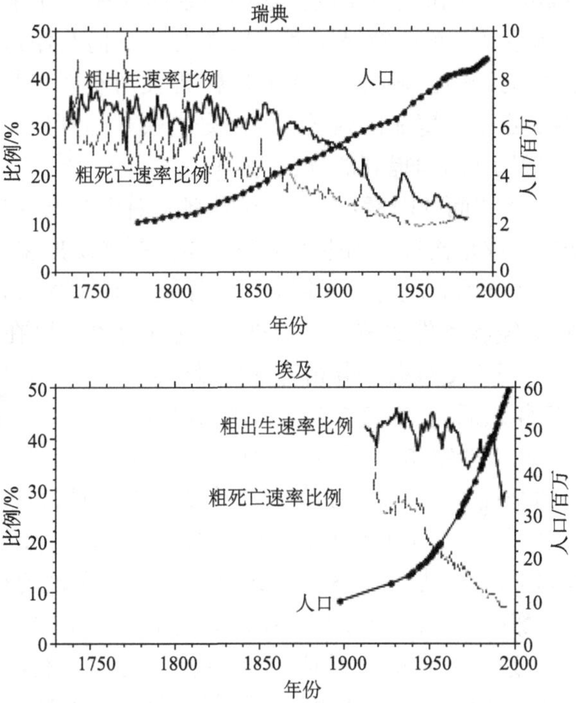

图 10-7　人口结构过渡

资料来源:Dana Meadows and Diana Wright(personal communication)

Meadows 等的全球模型包含了一套关于人口结构过渡的完整的内生理论。为此,模型不仅要表示出世界人口的年龄结构,而且也必须为总的生育速率和平均寿命的变化建模。研究人员测试了包含 1 个、4 个和 15 个群的模型,发现包含 4 个群的模型能够足够准确地反映当时的实际情况,同时保持了模型的简洁,使得当时(20 世纪 70 年代初期)的计算机能够运行该模型。通常,模型中每个群的死亡速率比例是食物、医疗保健、物质生活条件和其他因素的独立的函数。但是实际上,当时尚无法得到所有上述所需的数据。

于是 Meadows 等(1974)指出，当平均寿命变化时，死亡速率比例的年龄分布基本保持稳定。死亡速率比例遵循一条 U 形曲线：年幼时的死亡速率比例最高，10～30 岁死亡速率比例最低，30 岁之后死亡速率比例随年龄的增加而逐渐提高。随着平均预期寿命延长或者缩短，与之对应，死亡速率比例分布曲线往下或者往上平移，但是形状基本上不变。假设这条分布曲线形状不变，那么特定年龄的死亡速率比例曲线可以表示为

$$\mathrm{FDR_S}(i) = \mathrm{RFDR_S}(i) f_{\mathrm{S},i}(\mathrm{LE}) \tag{10-16}$$

其中，RFDR(i)为各个群的参考死亡速率比例；LE 为出生时的平均期望寿命。参考死亡速率比例是在某个参考年的死亡速率比例，该参考年的平均寿命 LE 满足 $f_{\mathrm{S},i}(\mathrm{LE})=1$。与年龄相关的递减函数 $f_{\mathrm{S},i}$ 把死亡速率比例和平均期望寿命联系起来，它可以从实际数据或者人口统计数据中估计得到。

Meadows 等的模型认为平均寿命由四个因素决定：人均食物供给、人均医疗保健服务、接触持续性环境污染的程度和人口密度。这些因素间存在着相乘的关系，以表示它们之间的重要的相互依赖关系，而且确保模型在极端情况下仍然保持鲁棒性。比如说，当人均食物供给趋近于零时，平均寿命也将趋近于零；即使所有因素都达到最优，平均寿命也还是有限的。这些决定平均寿命的因素自身也是由模型的其他部分决定的，因此是内生的，从而使得模型实现了(前面提到的)反馈循环。

总生育数 TF 取决于两方面的因素：人的生理限制和期望的家庭规模。对于生育的控制的有效性，取决于生育数是接近人的生理限制还是控制者所期望的家庭规模。在这个模型中，多方面的社会经济因素决定着人们期望的家庭规模和生育控制的有效性。当期望的家庭规模随着社会经济条件的改变而改变时，其延迟也可以在模型中反映出来。这个模型的运行结果与宏观历史数据十分相符，而且是第一个关于人口结构过渡的全面的内生模型。即便在 25 年之后，在制定控制人口增长的政策时该模型仍然被广泛使用。

Forrester 和 Meadows 等将人口、经济增长和环境之间的相互作用当做内生因素处理，建立了第一套集成的全球模型，用来研究资源受到限制的情况下世界的增长动态。在 Meadows 等的模型中，人口结构过渡并不是自然而然发生的。如果资源和环境承载能力充足，且经济发展非常均衡，即使最贫困的人口也能拥有充足的食物、干净的饮水、医疗保健和体面的工作，那么人口结构过渡将在世界范围内发生，最终世界人口将达到稳定，且平均寿命长，生育速率比例低。但是，如果忽视了穷国的经济发展，或者环境污染、资源短缺、高人口密度、食物短缺及其他问题限制了经济的发展，那么就不会形成导致低生育速率比例的社会经济条件，人口结构过渡也就不会发生。人口和经济将继续保持增长，直至超过地球的承载能力。由此带来的环境恶化将降低地球的承载能力并使死亡速率比例上升。在 100 年之内，人口和经济将双双下降。

Meadows 等(1972)从这一研究得出如下结论：

(1) 如果世界人口、工业化速度、环境污染、食物生产和能源消耗的增长趋势保持现状不变，那么现在的增长趋势将在未来 100 年内的某个时间达到极限。最可能的后果将是人口和经济都将突然地无法控制地下降。

(2) 我们有能力改变这种情况，建立一种可持续稳定发展的生态和经济。我们可以有意识地设计一种全球的均衡，使得地球上每个人的基本物质需要都可以得到满足，每

个人都享有平等的机会发掘出个人的潜力。

(3) 如果我们决定向上述第二个方向努力,那么越早开始着手,成功的机会就越大。

Forrester 和 Meadows 的团队都大力支持关于增长问题的对话和辩论,提倡更深入的研究以得到更完善的模型、更透彻的理解和最终付诸实施的行动和政策,以防止人口和经济超过地球的承载极限而崩溃。他们所大力倡导的正是现在广为人知的可持续发展概念。作者们还指出了模型的缺陷。Meadows 等(1972)写道:"与任何其他模型一样,我们建立的模型并不完美,过于简化,还有待进一步深入。"他们公布了这两个模型的全部资料以便任何会使用计算机的人都能复制、修改和改进他们的模型。已经有很多人改进和扩展了这两个模型,相关的论文已有几十篇。

这两个模型引发了广泛的关于增长问题的激烈甚至有些尖锐的讨论,时至今日仍未结束。这两个模型还刺激了其他的针对全球模型的研究,包括建模方法、模型边界、时限和意识形态等。在边界比较窄的全球模型中,很多反馈都被割裂了,其运行结果会更加乐观;而那些包括许多人类活动和环境之间的反馈的模型,其结果则与最初的研究一致①。

10.1.6　案例:组织的增长和年龄结构

出生速率比例的波动对于世界人口的年龄结构具有非常重要的作用。增长对于一个组织的年龄结构和成熟度也有很深远的影响。绝大多数组织都包含不同的晋升链(promotion chains),代表各个部门中员工的不同级别。比如说,在咨询公司,员工级别分为顾问、高级顾问、合伙人和董事。

一个组织自身的增长速率对于其成员在晋升链中各个级别的分布和晋升都有重要的影响。图 10-8 展示了一个典型的美国大学的晋升链。美国大学的教师有三种级别:助理教授、副教授和正教授。绝大多数的美国大学都实行"升职或离职"的政策:经过一段时间以后,所有教师都要经过一次评审,通过评审的升职,不合格的就被解雇。正教授可获终身教职,除非他们自愿退休(20 世纪 80 年代起美国已经取消了强制退休)。除了偶尔直接聘用副教授或正教授,大多数新聘用的教师都是助理教授级别的。

"升职或离职"政策意味着如下的转换速率和离开速率(给出的是助理教授的公式,副教授的转换速率和离开速率也与之类似):

$$\text{助理教授晋升速率} = \text{助理教授评审速率} \times \text{助理教授晋升比例} \qquad (10\text{-}17)$$

$$\text{助理教授离职速率} = \text{助理教授评审速率} \times (1 - \text{助理教授晋升比例}) \qquad (10\text{-}18)$$

$$\text{助理教授评审速率} = \frac{\text{助理教授人数}}{\text{助理教授评审平均时间}} \qquad (10\text{-}19)$$

请注意,一般来说所有聘用合同上的合同期都是一样的,意味着助理教授和副教授

① Forrester(1971b)给出了第一个全面包含内生的人口和地球承载能力的全球模型。Meadows 等(1974)为这个模型提供了全面的文档,称为 WORLD3。Meadows 等(1972)对模型的假设和结果进行了非技术性讨论。Meadows、Meadows 和 Randers(1992)改进了原模型,为想在这个问题进行更深入研究的人提供了最佳的切入点。Meadows、Richardson 和 Bruckmann(1982)对其他全球模型和这些模型的建模方法都进行了评论。

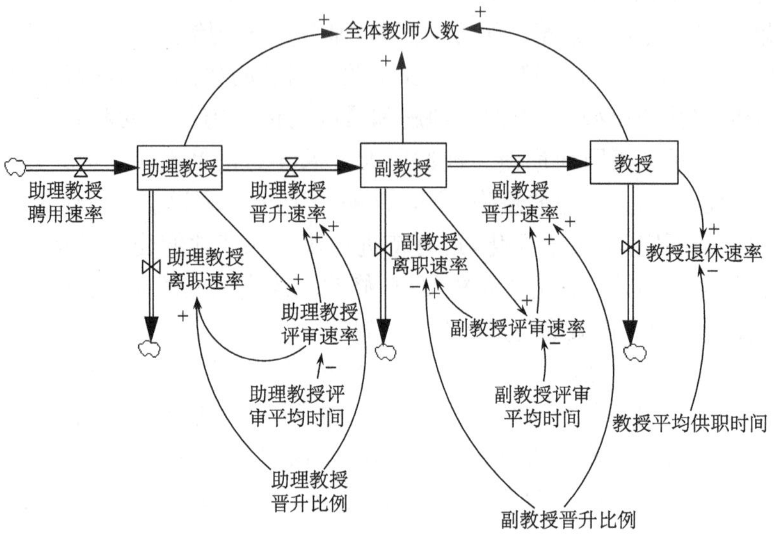

图 10-8　一所典型的美国大学的晋升链

注：该图省略了副教授和教授的聘用。助理教授和副教授的评审速率是一阶的；正教授的退休速率是副教授晋升速率的三阶延迟。这个模型改编自 David Peterson 的模型，已获得使用授权

的晋升过程应该是管道延迟，但在模型中该延迟却被作为一阶延迟处理。这是因为确实有部分老师比其他人晋升得更早的情况存在：有时跟个人因素有关，如某个正教授离职，需要有人马上接替他的位置；有时是因为市场的压力，如有的炙手可热的年轻学者会被快速晋升，以免被其他学校挖走。晋升速率和离开速率公式需要能够反映出这些不确定因素。一阶延迟假定的完全混合似乎是对晋升时间的差异有些矫枉过正了，但是与正教授相比，助理教授和副教授的供职时间比较短，因此一阶延迟也不会给模型带来很大的误差。

与上面的情况不一样，正教授的供职时间很长，年轻教授的退休概率显然小于年老的教授，因此如果把正教授的退休过程作为一阶延迟处理显然是不合适的。在我们的这个模型中，正教授的退休过程被作为三阶延迟处理。

根据上面的假设，一所大学的所有教师在三个级别上的分布是怎样的呢？这个分布取决于教师在各个级别上的平均停留时间、平均晋升比例和教师总人数的增长速率。在大多数大学里，一位助理教授平均任职 3 年后晋升为副教授，副教授平均经过 5 年后晋升为正教授。正教授一般工作 35 年左右，其平均退休年龄大约为 70 岁。晋升比例有时高有时低，但平均来说所有级别都在 50%左右。有了上面的参数以后，我们很容易地(借助 Little 法则)得到以下分布：助理教授占 21%，副教授 18%，正教授 61%——一个倒三角形的分布。如果教师总数维持不变，那么一名教师得到终身教职的唯一机会是一名正教授退休或者去世。

但是，只有少数大学的教师总数维持不变。绝大多数的美国大学在第二次世界大战结束到 20 世纪 70 年代之间都经历了一个快速成长期，直至婴儿潮出生的那一代人从大学毕业。从那以后，因为适龄的人口数减少以及联邦政府对高等教育支持的减弱，大学

的增长速率放慢甚至出现负增长。图 10-9 展示了麻省理工学院 1930 年以来所有老师的级别分布(其他顶级大学的情况也与之类似,尽管时间和规模可能不同)。直到 1970 年,教师总人数都在以大约每年 3.7%的速率快速增长,且大多数都是级别较低的年轻教师,正教授所占的比例在 1930～1969 年大约只有 36%。进入 20 世纪 70 年代以后,增长势头停止了,教师总人数基本保持稳定,直到 90 年代中期。新聘用的助理教授数量减少,教师年龄分布趋于稳定。到 1993 年,助理教授只有不到总人数的 18%,正教授的比例则超过了 63%——非常接近均衡状态。

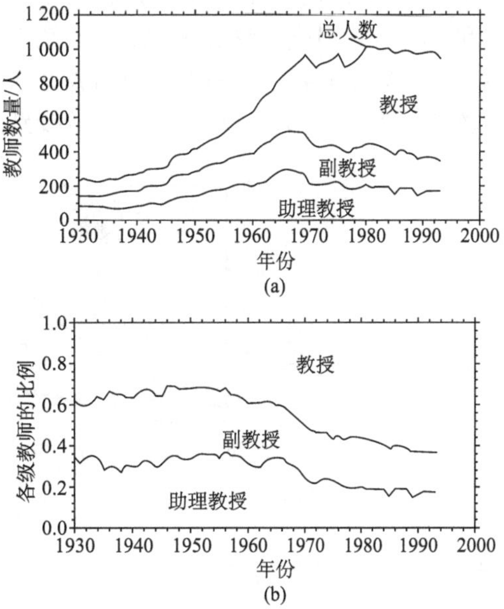

图 10-9　麻省理工学院的教师级别分布

资料来源:Data provided by David Peterson;MIT

这种变化所造成的影响是很深远的。在大学的快速增长时期,大部分教师都很年轻,而且尚未获得终身教职。这给大学以极大的灵活性,可以吸收到很多有才华的人。因为获得高级职称的人比较少,因此年轻教师们得到终身教职的机会比较大,有些甚至很快就被晋升为系主任或者院长。而当增长停止的时候,大部分的职位已经由终身教授们担任,灵活性下降。想要成为终身教授就变得很难。在某些院系,因为在婴儿潮时期发展得太快,终身教授规模过大,因此几乎不聘用新人。上述情况在全美国的大学比比皆是,因此很多博士研究生毕业后发现他们无法得到助理教授的职位从而走上追求终身教职的职业发展道路,被迫接受低报酬的博士后职位,或者干脆离开学校。

教师的级别结构变化对于学校的财务也有很大影响。因为高级别教师比低级别教师的工资高,因此高级别教师比例上升会造成总体工资水平上升。又因为各级别的工资水平要与通货膨胀保持同步,因此总工资额势必增长得更快,由此造成的学校成本的增加推动了学费的上涨。20 世纪 70～80 年代,学费的上涨幅度远远超过了通货膨胀率。为了缓解预算压力,并给大学注入新鲜血液,麻省理工学院等顶尖大学实行了一个鼓励提前退休的计划,加速了正教授的离开。

从上面的讨论可以看出,教师的聘用速率和晋升比例会随着大学的发展而改变,而不是一成不变的。在给出了教师在各个级别的平均停留时间的前提下,只要拥有各个级别教师的数据,就可以计算出聘用速率和晋升比例,然后将这些数据输入模型计算结果与实际数据作比较,来验证模型的假设是否合理。图 10-10 展示了这些结果。聘用速率和晋升比例的数据的取样周期比较宽,因此数据密集度不高。但如果抛开这一点不谈,则模型结果近乎完美地符合实际情况。这说明:我们的假设(助理教授和副教授的离开速率为一阶延迟,正教授为三阶延迟)是合理的;另外还说明,把教师分为三个群已经足够,不必再进行细分了。从图 10-10 中可以得出与前面的讨论一致的结论:晋升比例和聘用速率在学校的高速增长时期保持较高水平，而在增长停滞时开始下降。同时注意到 20 世纪 60 年代，聘用速率激增导致助理教授人数激增。而且与我们的直觉相符，聘用高潮过后是长达数年的聘用低潮期。更有意思的是，在 20 世纪 60 年代的聘用高潮过后，因为副教授人数增多，空缺减少，从助理教授到副教授的晋升比例明显下降。

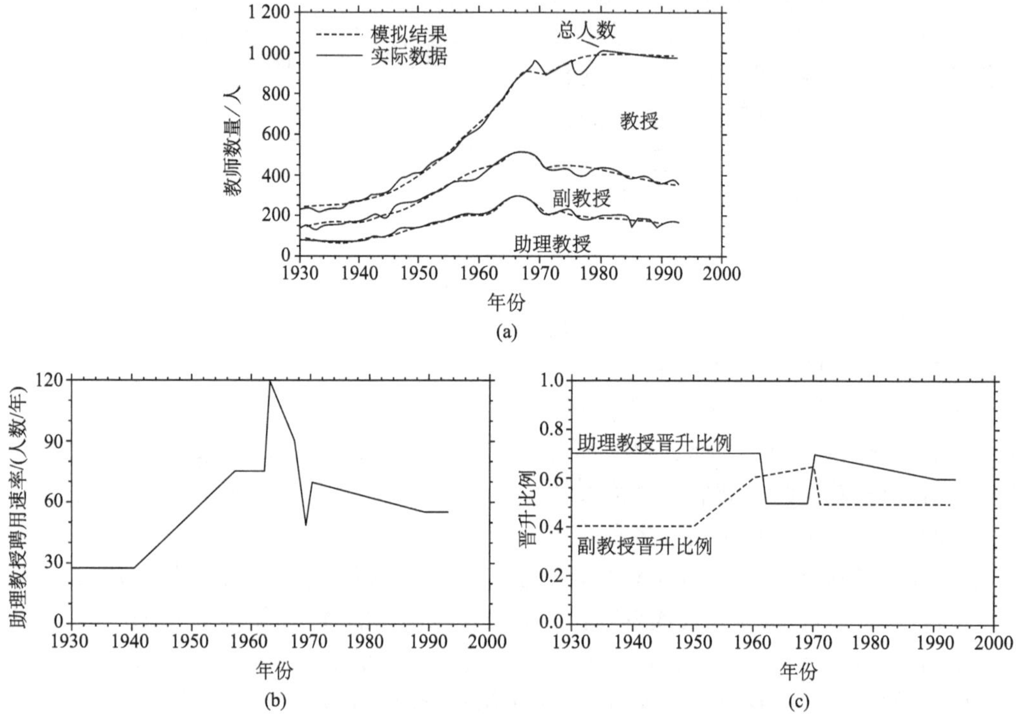

图 10-10 麻省理工学院教师级别结构的模拟结果

资料来源：Adapted from a model developed by David Peterson

图 10-10(a)为各级别教师的模拟结果(使用由实际数据得出的聘用速率和晋升比例)和实际数据对比，图 10-10(b)为由实际数据得出的助理教授聘用速率，图 10-10(c)为由实际数据得出的晋升比例。

实际上，在大学教师的职业体系中，甚至任何职业体系中，雇员的人数和构成都通过市场或者其他渠道影响着聘用速率和晋升比例，形成反馈。那些把聘用、晋升和离开等因素看成外生变量的模型能得出很有用的结论，但是如果能把他们都纳入到模型中则会更好。比如说，晋升比例可以看成是由两个因素决定的内生变量，这两个因素分别是管理宽度(每个人管理的直接下属的数量)和两个相邻级别的雇员人数的比例。晋升比例甚至还受到组织的财务状况的影响。教师主动辞职另谋高就的速率取决于他们认为自己有多大可能得到晋升。而这种晋升的可能取决于全体教师的年龄结构和组织的增长速率。最优秀的教师会从校外得到很多相当有吸引力的工作机会，因此如果一所大学的增长速率放慢，晋升机会减少，那么它最优秀的教师将大量外流。优秀教师外流使得学校竞争力下降，进一步减缓其增长，于是形成恶性循环。

前面的例子展示了如何将老化链应用于一个组织的人口结构,还展示了组织增长对于人口在组织中不同层级的分布的重要影响。一个组织的稳定状态下的人口结构取决于其人口增长速率。如果一个社区、一个国家或者整个世界的人口增长速率发生变化,儿童与处于生育年龄的人的比例会改变,青壮年劳动力与退休人口的比例会改变,这些改变将对社会、经济和政治造成显著的影响。与之类似,当一个商业机构或者其他组织的增长速率发生变化时,那么高级员工与初级员工的比例、升职机会和劳动力平均成本都会相应改变,而且这些改变仅取决于组织的增长速率的变化。一个组织的增长速率通常会随着组织规模的扩大而放缓,那么其高级员工所占比例将会增大,必将不利于引进新鲜血液,以及不利于给已在组织中的人提供具有吸引力的职业发展道路。组织增长速率下降得越快,这个矛盾就越突出。当那些早期增长速率最快、最成功的组织因规模的扩大而放慢增长速率时,它们将遇到最大的挑战。

10.1.7　晋升链和学习曲线

让我们再次回到新手和熟练工例子中来(图 10-11),当员工人数增长速率变化时,用二级晋升链来考察工人的成长延迟对生产效率的影响是非常有效的①。晋升链为表示新手的学习曲线提供了一种简单且有效的方法。简单起见,我们假设不能直接雇佣熟练工。在某些行业,直接雇佣熟练工确实是不可能的,要么是由于雇佣成本过高,要么是由于之前其他公司的工作经验对提高工作效率所发挥的作用有限,新手需要对现有的特定工作的经验积累才能真正成为熟练工。

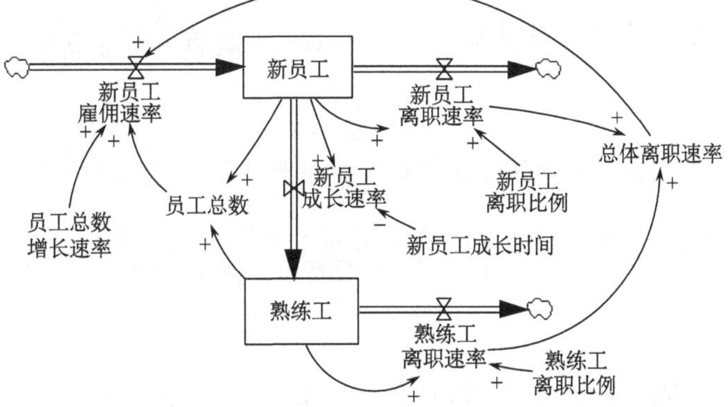

图 10-11　工人培训的二级晋升链

我们称新手的生产效率与熟练工生产效率的比为新手生产效率比例。一般来说新手的生产效率要低于熟练工的生产效率,因此新手生产效率比例小于 1。所有工人的最大产量(total potential output)为

$$\text{最大产量} = \text{熟练工生产效率} \times (\text{新手生产效率比例} \times \text{新手人数} + \text{熟练工人数}) \tag{10-20}$$

① Oliva(1996)将晋升链用于研究英国一家重要银行的服务水平。Abdel-Hamid 和 Madnick(1991)将晋升链应用于软件产品开发过程。Packer(1964)将晋升链应用于一家高科技企业的成长模型。

平均生产效率为

$$平均生产效率 = 最大产量 / 工人总数 \tag{10-21}$$

把模型中的延迟过程都看成一阶的，那么

$$新手离职速率 = 新手人数 \times 新手离职比例(\text{rookie quit fraction}) \tag{10-22}$$

$$熟练工离职速率 = 熟练工人数 \times 熟练工离职比例 \tag{10-23}$$

$$新手成长速率 = 新手人数 / 新手成长时间 \tag{10-24}$$

出于测试的目的，我们假设工人人数以某个特定的指数增加。因此公司需要招聘足够数量的员工，使之既能补充那些离职的工人，又能使目前总员工人数按一定比例增加，因此，

$$新手雇佣速率 = 总离职速率 + 工人增长速率比例 \times 工人总数 \tag{10-25}$$

$$总离职速率 = 新手离职速率 + 熟练工离职速率 \tag{10-26}$$

达到稳态时的新手和熟练工两类人的分布是怎样的呢？当工人增长速率为 0 时，均衡状况是这样的：

$$新手雇佣速率 = 新手离职速率 + 新手成长速率 \tag{10-27}$$

$$新手成长速率 = 熟练工离职速率 \tag{10-28}$$

因为给出了流的定义，我们可以很容易地得到稳态下新手的人数：

$$新手人数_{稳态} = 熟练工人数 \times (熟练工离职比例 \times 新手成长时间) \tag{10-29}$$

由此可知稳态下的新手比例(新手占总人数的比例)是

$$新手比例_{稳态} = 熟练工离职比例 \times \frac{新手成长时间}{(1 + 熟练工离职比例 \times 新手成长时间)} \tag{10-30}$$

稳态下，平均生产效率与熟练工生产效率的比例小于 1，公式如下：

$$\frac{平均生产效率_{稳态}}{熟练工生产效率} = \frac{(1 + 新手生产效率比例 \times 熟练工离职比例 \times 新手成长时间)}{(1 + 熟练工离职比例 \times 新手成长时间)} \tag{10-31}$$

直觉告诉我们，除非新手会立即成长为熟练工，否则新手的相对生产效率越低，稳态下的总体平均生产效率就越低。新手成长时间越长，那么处于成长期的新手就越多；熟练工离职速率越快，就需要招募越多的新手来补充这些熟练工。上面两个因素都会降低稳态下的平均生产效率。

新手离职比例在这个模型中对稳态结果完全没有影响。因为所有的新手均属于同一个群，离职的新手会被立即补充，不会影响到新手人数的变化速率。当然实际上，新手离职速率越高，公司人力资源部门的负担和成本就会越高。更符合实际的处理方法是，要么把新手细分成数个群，要么设定招募新手需要一定的时间。如果是这样的话，新手离职比例就会影响到稳态的结果了。

下面举例说明。假设新手成长时间是 100 周(大概 2 年)，熟练工在公司的平均供职

时间为 10 年(即熟练工离职比例为 0.002/周)。新手离职比例较高,假设为 0.01/周(因为新手更容易因为能力不足而被组织淘汰,或者因为不喜欢现有工作而自己辞职),假设新手的平均生产效率相当于熟练工的 25%,那么计算可知,稳态下的新手比例为1/6,稳态下的平均生产效率是熟练工生产效率的 0.875。①

新手成长时间和新手生产效率比例这两个因素共同决定了新手的学习曲线。假设某家公司的员工全是新手,没有一个熟练工。那么开始时的生产效率等于新手生产效率比例,然后逐渐提高,最终达到熟练工生产效率水平。因为新手的成长过程是一阶延迟,因此生产效率应该以指数形式增长,其时间常数为新手成长时间。如果有证据说明新手的成长过程不是一阶的,那么我们应该把晋升链进一步细分,以符合实际的生产效率变化曲线。

如果公司在增长,情况又会怎样呢?我们不妨作一次模拟。如图 10-12 所示,工人总数从第 5 周开始以 50%/年(0.01/周)的速率呈指数增长。初始熟练工总数为 1000 人,因此初始的雇佣速率为 100 人/年。雇佣速率立刻超过了工人总离职速率,工人总数开始以 50%/年增长。因为招募的新人都没有经验,因此新手比例开始增加,平均生产效率开始下降。在稳态下,新手比例上升到 54%,生产效率下降到熟练工生产效率的 59%。虽然通过学习每个员工的生产效率从 0.25 提高到 1,但是因为公司增长而导致的人口结

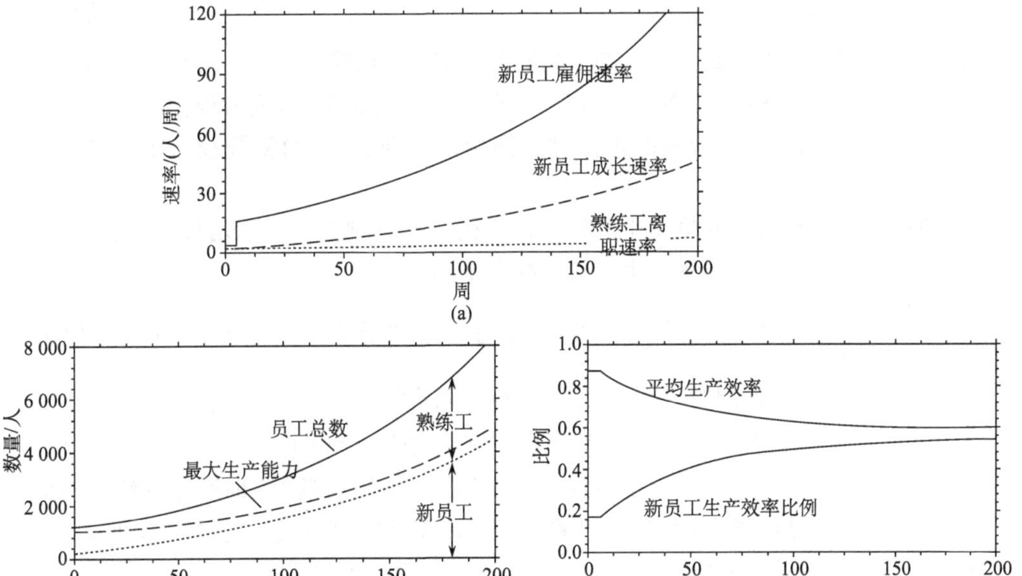

图 10-12　二级晋升链在总体增长下的表现

注:从第 5 周开始,工人总数以 50%/年递增。新手生产效率比例=0.25,新手成长时间=100 周,熟练工离职比例=0.002/周,新手离职比例=0.01/周

① 不失一般性,我们令熟练工生产效率等于 1,那么最大产量在数值上就等于全时等量熟练工人数[full-time equivalent(FTE) experienced personnel]。

构变化降低了平均生产效率。因此在这个模型中，虽然公司很快招募了很多新人，也要相应地多发工资，但是公司的最大产量(参见图中所示的 FTE 熟练工曲线)在前 6 个月却几乎没有什么改变。1 年以后，工人总数增长了 50%，但最大产量仅上升了 36%。[①]

10.1.8 指导和在职培训

到目前为止我们都是假设新手自然而然就可以获取经验，也不需要任何成本。而实际上要想将新手培养成熟练工通常需要现有的熟练工做这些新手的师傅。新手在学习过程中会向师傅提问，或者导致师傅放慢工作速率，这样，就会占用一部分熟练工自己的工作时间。我们把该因素引入到模型中来，即把决定最大产量的因素“熟练工人数”修改为“有效熟练工人数”：

$$\text{最大产量} = \text{熟练工生产效率} \times (\text{新手生产效率比例} \times \text{新手人数} + \text{有效熟练工人数}) \tag{10-32}$$

其中，有效熟练工人数等于熟练工总人数减去他们培训新手的时间。也就是

$$\text{有效熟练工人数} = \text{最大}(0, \text{熟练工人数} - \text{培训新手的熟练工人数}) \tag{10-33}$$

$$\text{培训新手的熟练工人数} = \text{新手人数} \times \text{培训新手所需的熟练工的时间比例} \tag{10-34}$$

每个新手都要占用熟练工一定的工作时间，这段时间等于式(10-34)中的“培训新手所需的熟练工的时间比例”。在极端情况下，新手的人数非常多，或者他们对于培训的需求量特别大，致使熟练工把所有的工作时间都用来培训新手，而实际投入工作的时间等于 0[②]。

培训对于均衡状态下的员工生产效率只有很小的影响。在考虑培训的情况下，均衡状态下的平均生产效率和熟练工生产效率存在下列关系：

$$\frac{\text{平均生产效率}_{\text{稳态}}}{\text{熟练工生产效率}} = [1 + (\text{新手生产效率比例} - \text{培训新手所需的熟练工的时间比例}) \times \text{熟练工离职比例} \times \text{新手成长时间}] \div (1 + \text{熟练工离职比例} \times \text{新手成长时间}) \tag{10-35}$$

我们采用前面的例子中所用到的参数，并选取一个较高的“培训所需熟练工时间比例”：0.5/人。计算结果显示，稳态下的平均生产效率下降到熟练工生产效率的 79%，与之相比，在没有考虑培训问题的模型中，稳态下的平均生产效率为 87.5%。

虽然培训问题的引入对于稳态下的生产效率影响不大，但是假如工人总数同时在增长，那么培训对于生产效率和最大产量的影响还是十分明显的。引入培训的因素：每个新手需要相当于 0.5 个熟练工来培训他，则可以从图 10-12 得到图 10-13。与图 10-12 相

---

① 生产效率的提高和新手比例的变化是指数形式的，这是因为新手成长过程是一阶过程。在更加符合实际的模型里，新手被细分为多个群，这使得最大产量的增长速度更加缓慢。

② 正常情况下，迫于生产压力，新手培训时间会大大减少，低于其所需要的时间，有效熟练工人数不可能降到 0。因此，要使模型更加符合实际，应该把新手成长时间作为变量，当实际培训时间小于需求的时候，新手成长时间加长了。

比,图 10-13 中的新手人数和熟练工人数有着类似的增长趋势。不同的是,随着新手比例上升,熟练工用于培训新手的总时间增加,用于生产的时间减少。在其他参数不变的情况下,计算结果显示,稳态下的平均生产效率下降到 32%,与图 10-12 中的 59%相比,下降了 46%。从短期来看,总人数的增长甚至导致最大产量下降。最大产量最低时甚至比总人数增加前的稳态值还低 9%,经过 67 周后才恢复到初始水平。

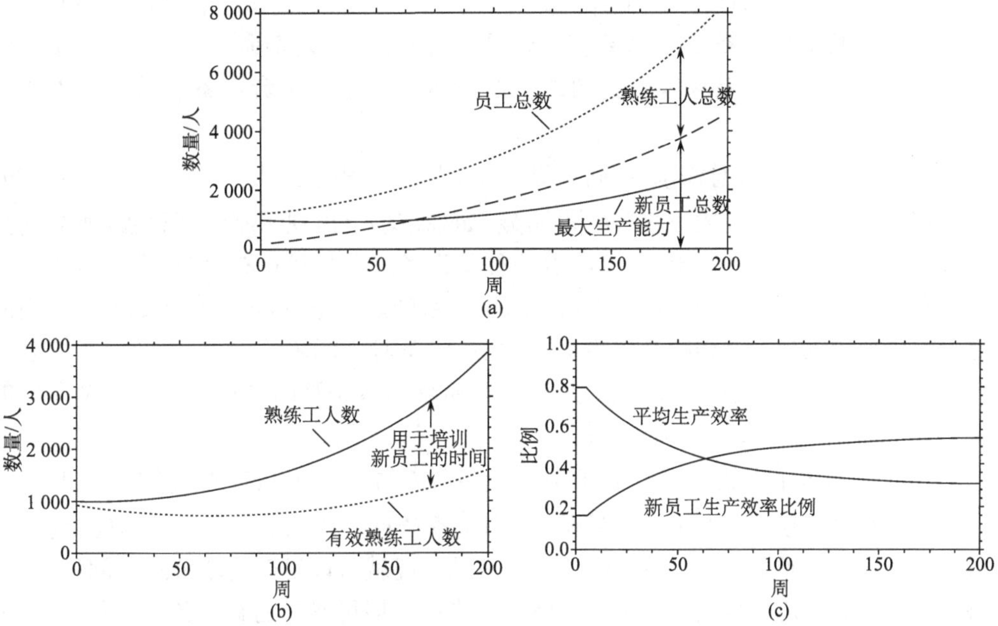

图 10-13　考虑加入培训的情况

注:每个新手需要 0.5 个熟练工对其进行在职培训,其他参数与图 10-12 相同

10.2　协流:为存量的属性建模

目前为止所讨论的存量和流量网络仅仅记录物品的数目。存量的大小说明了存量中物料的多少,但是却没有表示出任何跟物料相关的其他属性。一个描述一家公司的模型可能包含几个对应不同种类员工的存量,但是这些存量仅仅说明了员工的数量,而无法说明他们的生产效率、平均年龄、经验水平以及其他可能对模型具有重要意义的属性。通常我们有必要记录很多属性,如工人的经验技能、设备的生产效率、产品开发过程中出现的设计缺陷及存货的账面价值等。协流(coflow)结构被用来记录一个系统的存量流量结构中流动的物品的属性。

举个例子来说,我们需要建立一个模型帮助某家公司了解新技术得到应用的速率,以及新技术对工人数量的影响。这家公司从设备供应商购买的每一台设备都需要一定数量的工人来操作。一段时间以后随着技术的进步,生产过程变得越来越自动化,所需要的工人越来越少。这家公司很想知道安装和使用新的更节省人工的设备需要多长时间，以及它对于工人总数的需求何时会改变。

我们从简单的模型起步，这个模型描述公司的固定资产（厂房和设备等）存量。购买固定资产会导致固定资产存量增加，废弃固定资产会导致固定资产存量减少。为简单起见，假设废弃过程是一阶的：

$$固定资产存量 = \mathrm{INTEGRAL}(购买固定资产 - 废弃固定资产, 固定资产(t_0)) \quad (10\text{-}36)$$

$$购买固定资产 = 外生变量 \quad (10\text{-}37)$$

$$废弃固定资产 = 固定资产存量 / 固定资产平均寿命 \quad (10\text{-}38)$$

公司对于工人的总需求等于公司的生产设备数与平均每台设备所需的工人数的乘积：

$$工人总需求 = 固定资产存量 \times 平均需求工人数 \quad (10\text{-}39)$$

如何为平均需求工人数建模呢？很明显，如果市场上出现了某种新设备，所需的操作工人数只是现有设备的一半，那么随着这种新设备逐渐替代现有设备，平均需求工人数将逐渐减小。从新设备的出现到平均需求工人数随之调整，这之间存在延迟。上面的思路也可以应用到生产过程的其他方面，如生产设备对于能源的需求、生产设备的总生产效率等。一个很让人感兴趣的想法是把这些需求因素调整的过程看成是一个简单的延迟，其调整时间等于资产平均寿命：

$$平均需求工人数 = \mathrm{SMOOTH}(新设备所需的工人数, 资产平均寿命) \quad (10\text{-}40)$$

但是这个延迟模型存在根本的缺陷：当固定资产存量并未处于均衡状态时，使用这个表达式将产生严重的错误。我们假设一个极端情况就可以说明这个公式的问题所在。假设公司的设备供应商推出了一种只需原来一半的人即可操作的新设备。与此同时，公司完全停止购买新设备（如因为经济萧条），仍然使用现有的低效率的设备，因此平均每台设备所需的工人数完全没有变化。但是根据式(10-40)，延迟模型仍会逐渐降低平均需求工人数并最终达到效率较高的新设备所需的工人数，尽管公司连一台新设备都没有买。在没有任何投资和开销的情况下，平均需求工人数“神奇地”降到了新设备的需求数水平。可见，平均需求工人数的变化速率取决于增加固定资产存量（购买新设备）的速率和减少固定资产存量（废弃老设备）的速率。设备对于工人的需求数与设备本身相关。如果把这个调整过程看成延迟过程那就割裂了设备的属性和设备之间的联系。要为这种情况建模，需要记录每个进入资产存量和离开资产存量的设备所需要的工人数。要做到这一点，就要用到协流①。

图 10-14 展示了上面讨论的固定资产存量模型的结构。协流也是一个存量流量结构，与主存量流量结构完全一样。购买新设备和废弃老设备导致资产存量的变化，协流记录了变化的资产存量对工人数的需求。

---

① 有学者仍然试图使用式(10-40)中的延迟，他们作了一些改变：把资产平均寿命作为变量，或者使用高阶延迟来表示这个过程，但是对此的异议仍然很多。实际上，很多文献中的模型还是用延迟来为这种调整过程建模，包括很多关于能源需求的计量经济学模型。在这些模型中，假定经济能源密度（energy intensity of the economy，输出 BTU/\$或者每美元资产存量每年的 BTU）随着能源价格变化而变化的过程是某种形式的分布延迟，与消耗能源的固定资产的特点、大小或者销售额无关。

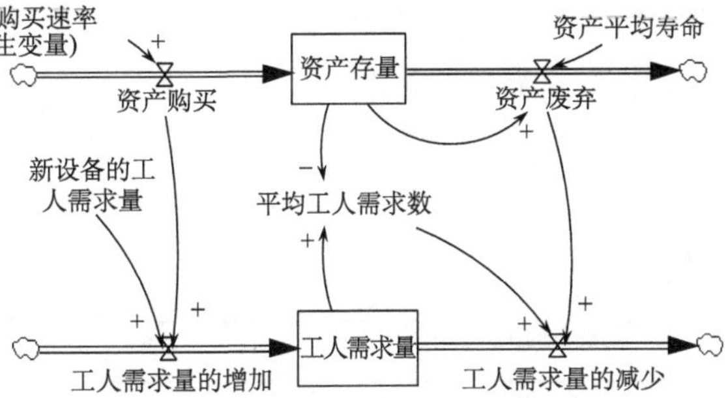

图 10-14　协流记录着从属于固定资产存量的工人需求量

购买新设备会增加资产存量,废弃老设备会减少资产存量。这里,资产存量被看成一阶过程,资产购买速率是外生变量。

工人需求量是个存量,表示操作公司当前所有设备所需的工人总数。每当购买新设备加入到资产存量中时,操作这台设备所需要的工人数就会被加入工人需求量存量中;每当一台老设备被废弃,离开资产存量时,这台废弃设备需要的平均工人数就会从工人需求量存量中扣除:

$$\text{工人需求量的增量} = \text{新增固定资产} \times \text{单位新资产对工人的需求量} \tag{10-41}$$

举例来说,如果每台设备需要 100 人操作,那么购买 10 台这样的设备就会使工人需求总数增加 1000 人。我们假定设备的废弃过程是一阶过程,因此设备废弃的概率就与其购买时间等其他任何属性无关。因此,被废弃的设备需要的工人数就等于所有现有设备的平均需求工人数,该平均需求工人数等于工人需求总数除以资产存量。这样就有

$$\text{工人需求量的减少量} = \text{废弃资产} \times \text{平均需求工人数} \tag{10-42}$$

$$\text{平均需求工人数} = \text{工人需求总数} / \text{资产存量} \tag{10-43}$$

$$\text{工人需求总数} = \text{INTEGRAL}(\text{工人需求量的增量} - \text{工人需求量的减少量}, \text{工人需求总数}(t_0)) \tag{10-44}$$

如果一台设备平均需要 200 名工人,那么废弃 10 台设备就使得工人需求总数减少 2000 人。如果每台替换这些被废弃设备的新设备只需要 100 名工人,则这次设备的更新换代可以使工人需求总数减少 1000 人。

协流结构具有明显的优点。在稳定状态下,固定资产的购买数量和废弃数量是相等的,如果新购买的固定资产需求工人数不变,那么工人需求总数也会保持不变:购买新资产所需要增加的工人数量正好和废弃旧资产而减少的需求数量相互抵消。公司在稳态下的工人需求总数等于新资产需求工人数乘以资产存量。

只要新资产需求工人数保持不变,那么不管购买或废弃多少资产都不会改变平均需求工人数。现在假设突然出现了一种新的设备,其需求工人数只有现有设备的一半。图 10-15 展示了工人需求总数将如何变化。如我们所料,因为已经假设资产废弃过程为一阶延迟,所以工人需求总数逼近新的稳态水平的过程是指数形式的,其时间常数等于资产的平均寿命。

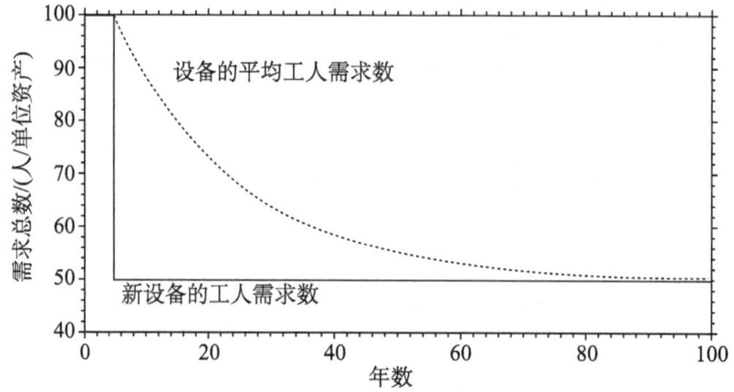

图 10-15　在需求工人数只有原来一半的新型设备出现后，工人需求总数的变化

如果系统只是简单的指数衰减，那么有什么必要用协流呢？图 10-15 所展示的结果正是根据式(10-40)所得到的结果，为什么不采用既简单又容易解释的延迟过程来表示平均需求工人数的调整过程呢？这是因为平均需求工人数取决于资产的购买速率和废弃速率。在稳定状态下，即在资产购买速率、资产废弃速率以及资产存量都稳定不变的情况下，协流的表现与一阶延迟完全一样，其时间常数等于资产平均寿命。但是，假如公司在快速发展，资产购买速率按照一个固定数值呈指数型上升，则新设备替换老设备的速率越来越快，很快就把老设备对于平均需求工人数的影响给“稀释”了。再如资产废弃速率随着公司资产存量的利用率而改变等情况。在上述这些情况下，旧设备被替换的速率在不断变化，平均需求工人数也会随之而变化。图 10-16 比较了三种情况下的平均需求工人数：一是资产购买速率保持不变；二是资产购买速率以 10%/年的速率上升；三是资产购买速率以 10%/年的速率下降。

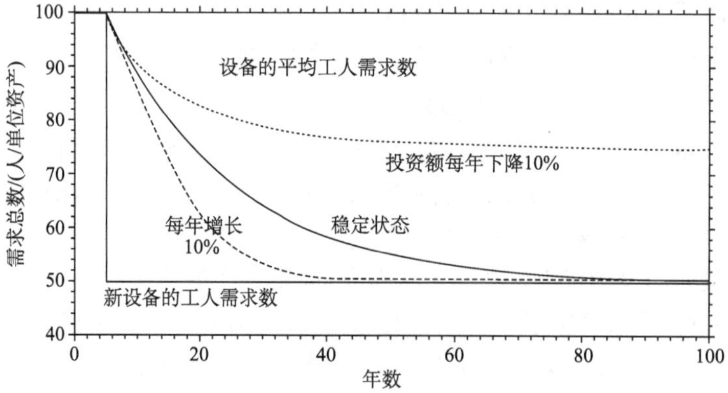

图 10-16　资产存量的增长速率的变化影响了资产存量的属性

在资产存量增长的情况下，新设备的购买速率更快，需要更少工人的新设备在资产存量中很快便占据了主导地位。在该情形下，平均需求工人数只用了大约 35 年就下降到了新水平；而在资产存量处于稳定状态的情况下，这一过程花了超过 90 年。更有意思

的是,在资产存量以 10%/年的速率减少的情况下,新设备投资很快便降到极低的水平,大约 20 年后,新设备的购买降低到可以忽略不计的程度,公司资产存量由老旧而低效的设备组成,以至于平均需求工人数一直无法降到新水平。通过清楚地把流入流出设备存量的物品属性记录下来,协流模型准确地描述了公司的平均需求工人数和工人需求总数的变化情况。

这个工人需求量的例子可以应用到任何存量的任何属性上。图 10-17 展示了一个通用的、只有一个输入流和一个输出流的协流结构。

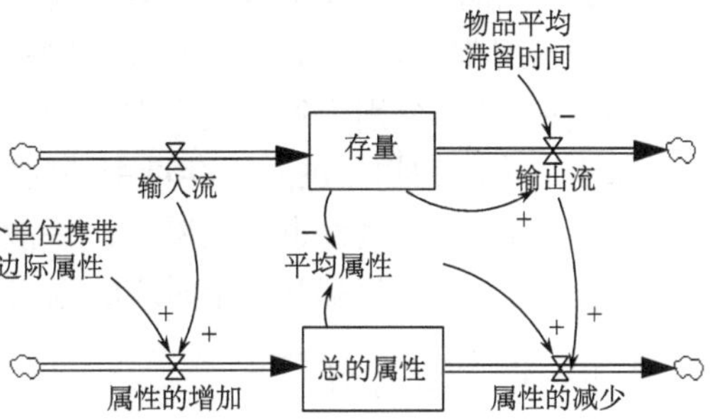

图 10-17　典型的协流结构

一般来说,主存量可以有任意多个输入流和输出流,设其输入流数目为 m,输出流数目为 n,则有

$$存量 = \text{INTEGRAL}(总输入流 - 总输出流,存量(t_0)) \tag{10-45}$$

$$总输入流 = \sum_{i=1}^{m} 输入流(i) \tag{10-46}$$

$$总输出流 = \sum_{j=1}^{n} 输出流(j) \tag{10-47}$$

$$输出流(j) = 存量 / 输出流(j) 在存量中的平均停留时间 \tag{10-48}$$

每个输出流都被当做一个一阶延迟,其时间常数由输出流决定,可以是常量或者变量。

协流记录主存量的属性并精确地反映出主存量的结构。每个进入主存量的物品所拥有的属性都会相应地增加属性存量中该属性的数值。在前面的例子中,每台新购入的设备都把该设备需求的工人数加入到工人需求总数属性存量中。主存量中每单位存量增加所带来的其属性存量中该属性的数值增量,就是每单位存量的边际属性。不同输入流的边际属性可能不同。比如说,公司可能购买不同型号的设备,而每种设备所需要的工人数各不相同。因此

$$属性总量 = \text{INTEGRAL}(属性的总增加 - 属性的总减少,属性总量(t_0)) \tag{10-49}$$

$$属性的总增加 = \sum_{i=1}^{m} 输入流\ i\ 的每个物品的边际属性 \times 输入流(i) \tag{10-50}$$

类似地,主存量的每一个输出流也会相应减少属性存量。每当一个物品离开主存量,属性存量中属性值就会相应减少。所减少的单位物品平均属性值等于属性存量除以主存量的物品数:

$$属性存量的减少量 = \sum_{j=1}^{n} 单位物品平均属性 \times 输出流(j) \tag{10-51}$$

$$单位物品平均属性 = 总属性 / 主存量物品数 \tag{10-52}$$

我们可以在模型中使用任意多种属性，每种属性用一个独立的协流来表示。比如说，可以用一个协流表示公司资产存量对于工人人数的需求，另一个协流表示对能源的需求，第三个协流可以表示设备的生产效率，第四个协流可以表示产品的废品率，等等。

三种情况都是：从第 5 年开始，新设备对于工人的需求下降了 50%。三种情况下资产购买速率不同，分别为每年上升 10%、保持不变和每年下降 10%。

每当一个新的物品进入到存量中，其拥有的属性也被加入总的属性中；每当一个物品离开存量时，总的属性也相应减少。一般来说，主存量可以有任意多个输入流或者输出流，每个输入输出流都有一个对应的流连接到总的属性存量。

10.2.1 非守恒协流

目前为止所讨论的协流结构，其属性存量都是守恒的，即改变属性存量的唯一途径是主存量发生物品流入或者流出。但是很多时候，即便与之相关的主存量没有发生任何变化，属性存量也可能改变。例如，对生产设备进行技术改进可能改变设备所需工人或能源的属性存量，但是公司却并没有购买或者废弃任何设备。再比如，即便存货本身完全没有变化，公司仍可以降低其账面价值以反映市场价值的改变。在这些情况下，属性存量是不守恒的。这样的协流结构中，属性存量包括额外的流入属性存量的输入流和流出属性存量的输出流，而在主存量中，没有与之对应的输入/输出流。

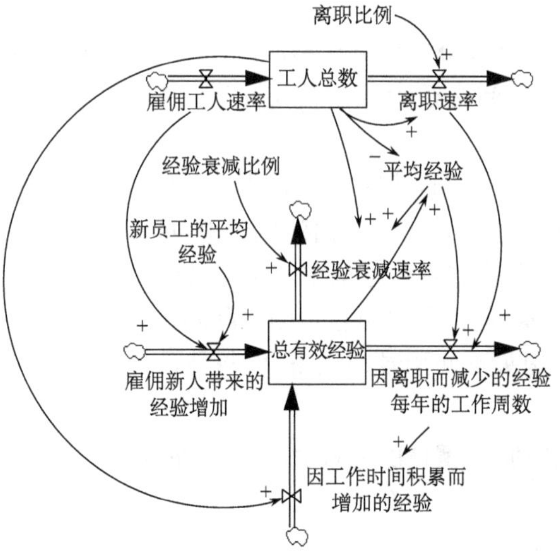

图 10-18 非守恒协流的例子：工作经验

假设为一家公司的员工建模，如图 10-18 所示。新员工能带来一定的工作经验，离职的员工将带走一定的工作经验。另外，工作时间的积累能增加工作经验，工作经验也可能因为遗忘或者技术更新而减少。

员工存量因为雇佣新人而增加，因为员工离开而减少。出于这个例子的需要，我们假设雇佣速率和离开速率是外生的——尽管一般来说这两个变量应该作为内生变量处理。在这个模型中，协流记录着平均有效经验和总有效经验值。有效经验(单位为人・周)指的是每名员工的有效工作周数，总有效经验存量就是所有员工的有效经验的总和。每一名新雇佣的员工都能带来一定的有效经验。离开的员工会带走他们所拥有的平均经验：

$$\text{平均经验} = \text{总有效经验} / \text{员工总数} \tag{10-53}$$

$$\begin{aligned}\text{总有效经验} = \text{INTEGRAL}(&\text{雇佣新人带来的经验} + \text{工作中积累的经验} \\ &- \text{离职员工带走的经验} - \text{经验衰减速率}, \\ &\text{总有效经验}(t_0))\end{aligned} \tag{10-54}$$

$$\text{雇佣新人带来的经验} = \text{新人平均经验} \times \text{雇佣的新人人数} \tag{10-55}$$

$$\text{离职员工带走的经验} = \text{平均经验} \times \text{离职员工人数} \tag{10-56}$$

员工每工作 1 周，就会积累 1 周的有效经验。在这个例子中，模拟的时间单位是年，但是平均经验是用周来衡量的。总有效经验的增加量是所有员工一年之内所工作过的周数的总和①：

$$\text{工作中积累的经验} = \text{员工总数} \times \text{每年工作的周数} \tag{10-57}$$

最后还要考虑，因为人们会遗忘学过的知识，生产流程改造亦会使得原有的经验变得没有用处，所以有效经验也会衰减。虽然有效经验衰减速率比例可能会因为组织结构变动、技术革新等原因而变化，但是在这里我们假设该速率比例为常数。因为经验衰减而造成的有效经验减少是所有员工的平均经验减少的总和：

$$\text{经验衰减速率} = \text{员工总数} \times \text{平均经验} \times \text{经验衰减速率比例} \tag{10-58}$$

因为有效经验存量受到非守恒流——经验积累和经验衰减——的影响，因此一般来说，稳态下的平均经验不会等于新雇佣员工的平均经验，而在守恒的协流中两者是相等的。稳定状态下，影响总有效经验存量的四个速率之和必等于 0。当雇佣速率和离职速率也相等时，员工总数达到稳定：员工增加数＝员工减少数＝员工总数×离职速率比例。通过简单的代数运算可以知道稳定状态下的平均经验是

$$\begin{aligned}\text{平均经验}_{\text{稳态}} = &(\text{离职速率比例} \times \text{新雇佣员工的平均经验} + \text{每年工作的周数})\\ &\div(\text{离职速率比例} + \text{经验衰减速率比例})\end{aligned} \tag{10-59}$$

稳态下的总有效经验就等于稳态下的平均经验乘以员工总数。新雇佣员工的经验越多，或者每年的工作周数越多，那么稳态平均经验就越高；经验衰减越快，或者员工离开得越快，那么稳态平均经验就越低。

更高的平均经验意味着更高的生产效率、更好的质量和更低的成本。学习曲线理论提供了大量的模型，把经验和生产效率、质量或者成本等联系起来。学习曲线的一个常见公式就是，相关经验翻番导致生产效率提高一定百分比：

$$\text{生产效率} = \text{参考生产效率} \times (\text{平均经验} / \text{参考经验})^{c} \tag{10-60}$$

其中，参考生产效率是在参考经验下可实现的生产效率；指数 c 决定了学习曲线的形状，c 可用如下公式表示：

$$c = \log_2(1 + f_p) = \ln(1 + f_p)/\ln(2) \tag{10-61}$$

其中，f_p 指的是每当有效经验翻番时生产效率的变化比例[可参考 Zangwill 和 Kantor (1998)提出的该曲线和其他学习曲线的推导过程]②。类似的公式可以用来为其他属性建模，比如废品率、设备发生故障的平均时间间隔，或者单位成本，以及其他取决于平均

① 这个例子的模拟使用年为单位时间，而经验却是以周计算的。这并不矛盾。考虑式(10-57)中的单位。工作中积累的经验的增量用人・周/年来衡量，取决于员工人数和每年中平均每人工作周数。如果模拟的单位时间是月，那么在职积累经验的增量将等于员工人数乘以一个月平均每人工作周数。请注意：一年的工作周数可能不等于 52，因为假期、病假、罢工、晋升成经理都会降低员工积累经验的速率。

② 生产效率的变化比例 f_p 取正值是因为更多的经验可以促进生产效率。如果学习曲线用于表示单位成本，那么 f_p 是负的，即经验增加导致成本下降。

经验的属性。

绝大多数学习曲线模型都认为随着时间的推移经验只会越来越多，经验存量绝不可能减少，因此生产效率只可能越来越高。而前面提到的模型认为生产效率取决于每个工人的平均有效经验。把学习作为公司内部人力资本中的一个组成部分，意味着与传统的学习曲线模型不同，公司的生产效率也有可能下降。例如，如果突然有大批有经验的员工离职，或者由于技术变革而使原来的经验无用武之地，那么生产效率就可能会下降。

除了存在于员工的经验存量中，学习也存在于寿命更长的存量中，如厂房和设备、组织的工作流程以及其他基础设施。我们可以参照前述的员工有效经验模型为这些基础设施的经验累积建模，尽管这些基础设施存量的流出速率要慢得多。在这个模型中生产效率取决于根植在公司的各种资源和基础设施中的经验，而不是"经验积累"这种抽象的概念。跟那些简单地认为经验只会越来越多的模型相比，这个模型中的生产效率、成本或质量等可以随着经验的下降而恶化，而传统的学习曲线模型则做不到这一点。

有证据表明现实中确实存在"遗忘曲线"。Sturm(1993)建立了欧洲、苏联和美国的核工业遗忘曲线模型。令人惊讶的是，在超过半数的国家中，尤其是在苏联，随着操作经验的积累，意外停电事故的次数和持续时间居然在增长。Sturm 提出这样的假设：随着计划经济的衰落，政治和经济处于混乱之中，造成安全生产的经验减少。Henderson 和 Clark(1990)发现在半导体行业，由于产品结构出现革新，造成原有经验失效，使得本来在行业中占据主导地位的公司丧失其领先地位，缺乏经验的新公司反而借机后来居上。要想正确地为此类情况建模就需要用到非守恒协流。

10.2.2 协流和老化链的结合

我们在前面的例子中假设离开主存量的物品所带走的属性等于单位物品平均属性，这一假设显然不是很精确。特别地，我们还假设总属性的减少是一阶的，就是说我们认为存量中的所有物品都是完全混合的。第 8 章已经说过，完全混合的假设通常是不合适的，更好的做法是使用高阶延迟或者高阶老化链。在这样的情况下，协流结构能准确地反映出高阶延迟或者老化链的结构。

比如说，Sterman(1980)建立了一个模型来表达一家公司或者一个经济体的生产函数。生产依赖于资本、劳动力、能源和原材料的输入，这些输入要求都包含在公司的资产存量中(类似于前面的员工人数需求模型)。但是，计量经济学证据和现场研究证明，资产的废弃过程不是一阶的。比如说，新机器和新设施的废弃概率肯定与旧机器旧设施是不一样的。这个过程很明显是高阶的。因此，我把资产存量分解成一个老化链，并添加相对应的协流。进一步假设资产对于劳动力、能源、原材料的需求量在开始建设的时候就已经确定了(一幢新写字楼对于能源的需求在其奠基后就基本上不会变了，除非进行耗资巨大的升级)。图 10-19 展示了资产各年龄阶段的存量和与之对应的协流，这些协流记录着资产设备对各种资源的需求量。为了符合与主存量中资产的废弃过程相关的数据的需要，还可以增加资产设备年龄阶段存量的数量。图 10-19 是这个模型的简明表示，其中资产建设延迟是一阶的，但是使用三阶的延迟(三个年龄阶段)，对应一个三阶协流以记录在建资产对于各种资源的需求更符合实际一些。同样地，在该模型中只有属于最老年龄段的资产才会被废弃。其实如果能得到相关数据的话,很容易为每个年龄阶段的资产都找到一个废弃速率。如果是这样的话,每个年龄阶段对应的资源需求存量也要能够相应地减少,减少量等于该年龄阶段的单位资产平均资源需求乘以该年龄阶段的资产的废弃速率。

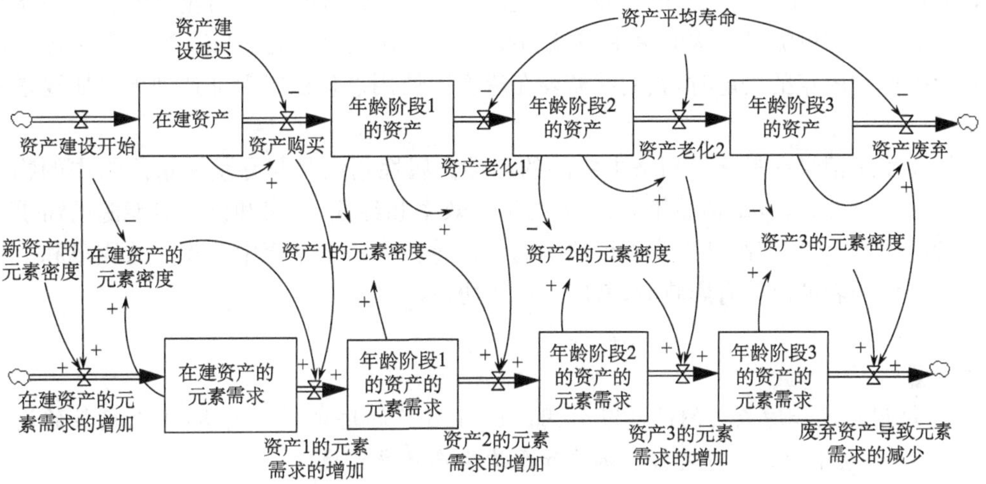

图 10-19　资产存量的年龄结构和记录资源需求的协流

协流结构精确地跟踪着资产存量老化链。每种资源(劳动力、能源、原材料等)都应有一个协流。在这个模型里不允许进行设备改造。Sterman(1980)提供了一个更详细的允许设备改造的模型。

$$\text{总资产存量} = \sum_{i=1}^{n} \text{年龄阶段 } i \text{ 的资产}$$

$$\text{资产的资源需求总量} = \sum_{i=1}^{n} \text{年龄阶段 } i \text{ 的资产的资源需求}$$

$$\text{资产的平均资源密度} = \frac{\text{资产元素的需求总量}}{\text{总资产存量}}$$

需要注意的是,图 10-19 中所示的这个模型不允许改变资产对于各资源的需求。这样的模型被称为油灰-黏土(putty-clay)模型,因为资源需求只有在投资前可以改变(就像油灰一样);但一旦投资开始实施,资源需求就保持不变直至该资产被废弃(所需资源的比例就像黏土在烧窑中烧过一样被固定了)。在现实生活中,设备升级改造、维护保养和磨损都可能改变当前资产的资源需求。这个模型稍作修改即可以引入这些资源需求的改变(Sterman 在 1980 年构建了一个通用的生产模型,考虑了设备升级改造的可能性,使建模人员可以对已经投入使用的资产的资源需求指定任意不同的组合,从纯油灰-黏土到纯油灰-油灰)。

10.3　小结

老化链被广泛用于描述一个人群的人口统计学结构。这里的“人群”不仅指人类群体，还可以是一家工厂的机器的存量、公路上的汽车的数量或公司的应收账款。当系统中的物品离开存量流量结构的速率与该物品的年龄有关时，也就是说，当存量中个体的死亡速率比例由年龄决定时，我们就需要在建模中使用老化链以保证达到模型所要求的精确度。

协流用来记录存量流量网络中物品的属性。属性指的是与存量流量网络中的物品相关的任何特性，可以是物品年龄、工人的生产效率和经验、厂房和设备对能源的需求及其包含的技术水平、产品开发中设计缺陷的数量等。当一个系统中的物品的质量和数量都对系统使用者的决策有影响时，就应该使用协流。

➢思考题

1. 培训延迟和增长之间的相互作用。10.1.8 节的培训模型说明：工人总数的增长速率越高，稳态下的工人平均经验水平和平均生产效率就越低。

(1) 使用考虑了在职培训因素的模型，推导出稳态下平均生产效率的代数表达式，其自变量包括总人数增长速率、熟练工离职速率比例、新手成长时间、新手生产效率比例、培训新手所需的熟练工的时间比例。当总人数增长速率上升时，其他因素是如何使稳态平均生产效率下降的？

(2) 目前的模型假设新手的学习和成长过程是一阶的，但是这种假设对于很多高技术含量的工作来说是不现实的。将这个过程修改为三阶的(新手离职速率比例和新手成长时间不变)，假设这三个阶段中的新手都具有同样的离职概率。切记要修改总的雇佣速率使之能够补充所有离开的员工。每个阶段中的新手需要同样的在职培训时间。首先，假设所有新手的生产效率都是熟练工的 0.25，重复图 10-13 的试验(一开始系统处于稳态，然后总人数以固定的速率呈指数增长)。接下来，采取更符合实际的假设：处于培训阶段 1、2、3 的新手的生产效率分别为熟练工生产效率的 0、0.25、0.5。高阶培训过程是怎样影响从稳定状态到增长状态的转变的呢？

(3) 在很多组织中，如咨询公司、律师事务所及其他专业性劳务公司，熟练工不仅要培训新手，而且还要参与新手招聘。修改原来的模型以反映熟练工因为参与招聘工作而减少的工作时间。假设每招聘一个新手需要一个熟练工(新手不参与招聘)一定比例的工作时间。建模时要注意度量的单位。以咨询公司招聘 MBA 学生为例，顶级咨询公司通常会在招聘中下很大力气。除了公司员工要去大学进行宣讲和面试以外，通过初次面试的候选人还要到公司进行第二轮、第三轮甚至第四轮面试。公司的高层会参与这些面试，接着必须花费更多时间来讨论和决定最后的录用名单。在模型中公司对应聘者的筛选应作为显式参数处理，表示为平均每个通过面试的应聘者获得的工作机会个数这样一个无量纲的比例。另外，还需要一个参数反映应聘者接受职位的概率。请尽可能地估计以上参数和公司高层招聘每个应聘者所花费的时间，试着改变公司总人数的增长速率然后运行新模型。回答下面的问题:招聘工作对于平均生产效率和有效生产能力有何影响?公司人数增长对于公司高层的可用来赢利的工作时间有何影响?如果公司决定减少高层员工用于招聘新手的时间将会造成什么后果?如果公司降低录取条件,将出现什么情况?如果公司的声誉下降,应聘者接受职位的概率下降,将出现什么情况?用因果图表示出公司的最大产量和平均生产效率会如何反过来影响公司为客户提供优质服务的能力,以及招到并留住最优秀的应聘者的能力。上述的发现对于公司的成长策略有什么启示?

2. 根据下面的情况建立和测试协流:

(1) 一家公司使用订单生产(make-to-order,即不保留库存,接到订单后才相应生产订单所需的产品)的生产模式。订货会增加订单存量,货物交付或者订单取消后会减少订单存量。假设平均交货时间是一个常数,等于 4 周。又假设每周有 1%的订单被取消。客户采取货到付款,但价格在订货时就已经确定,不管从订货到到货期间价格是否改变。试建立一个协流,跟踪订单存量的平均价值,以及确定已完成的订单的平均价格。另外试计算公司收入的公式(假设订单在完成时才被记入收入)。

(2) 以美国国债为例。债务会因为借债而增加,因为还债而减少。还债速率取决于未偿债务的平均到期时间。平均到期时间是由国库券、期票和债券共同决定的。假设平均到期时间是 5 年,财政部会转存到期的国库券,并发行新债券以弥补财政赤字。赤字等于支出减去收入。假设收入是个常数:每年 9000 亿美元。支出包括国债的利息和政府项目支出。假设政府项目支出也是个常数:每年 9000 亿美元(这些数值与 1998 年的实际数据大致相等)。应付利息等于未偿债务数额与平均利率的乘积。1998 年的未偿债务大概为 25 000 亿美元。平均利率的处理比较复杂。首先,令平均利率为一个恒定的外生变量,初始值等于 7%/年。然后,保持模型其他部分不变,用协流来表示平均利率。协流能更加准确地反映实际情况,即平均利率与每一笔已发行的国库券、期票和债券相关,即便在新发行的国债的利率已经发生变化的情况下。

首先,验证当新发行债券的利率保持不变时,使用协流的模型和不使用协流的模型的行为是一样的。然后,假设利率从 7%/年下降到 3%/年(1992 年),比较两个模型的行为。使用协流的模型的行为有什么不一样?为什么?为了模拟连续时间的效果,应使用较小的时间间隔,如 1/16 年。

(3) 很多时候我们需要为存量中的物品的平均年龄,或者平均进入存量时间建模。如为一家公司的工人建模。假设仅有一个工人存量,该存量因为雇佣新工人而增加,因为人员离开(退休、辞职或死亡)而减少。假设人员离开速率是一阶的,工人平均在公司供职 10 年。试构建一个协流跟踪工人存量中工人的平均年龄,以及他们加入公司的平均时间。提示:工人的平均年龄和其加入公司的平均时间这两个属性仅需要一个协流表示。构建一个模型,令其初始时处于稳定状态。证明在稳态下,工人的平均年龄等于平均供职年限加上加入公司时的平均年龄。然后研究工人的平均年龄对不同输入的反应,如对不同的平均供职时间的反应,对雇佣速率和离开速率出现阶跃或者脉冲变化的反应,对雇佣速率呈指数增长或者指数下降的反应。请注意:完成这道题目需要多引入一个可以改变属性存量的流,而在主存量中并没有相应的流与该流对应。这样的结构我们称之为非守恒协流，因为即使主存量没有发生输入或者输出，属性存量也可能发生变化。

(4) 公司的固定资产存量因为购买资产而增加，因为资产废弃而减少。固定资产的平均寿命是 20 年。在给出每件固定资产的成本的前提下，建立一个协流，描述公司固定资产的账面价值。假设每件固定资产的价值都会因为折旧而减小，固定资产的平均折旧寿命可以不同于其实际寿命。

3. 经验和学习的动态性。深入分析图 10-18 中的员工经验模型。假设雇佣速率等于离开速率(加上测试用的外生输入)，这样离开的员工能够立刻被新雇佣的员工代替。假设初始员工总数为 1000 人，其他参数如下：

离开速率比例 = 0.20/ 年

新雇佣员工的平均经验 = 10 周

每年平均工作周数 = 50 周

经验衰减速率比例 = 0.10/ 年

经验翻番导致生产效率提高的比例：$f_{\mathrm{p}} = 0.30$

参考生产效率 = 100(件 / 周)/ 人

参考经验 = 10 周

(1) 稳态下每个工人的平均经验是多少？修改各个参数，观察稳态平均经验如何变化？

(2) 如果员工永远不会离开公司，平均经验和生产效率将会如何变化？令初始员工总数等于一个很小的值(等于 1)，离职速率比例等于 0，然后在模拟开始时一次性雇佣 1000 人，试作出新员工群的学习曲线。离职速率比例等于 0 的话，有经验的员工永远不会离开公司。那么有效经验会一直增加吗？为什么？如果存在稳态的话，稳态下的平均经验和生产效率是多少？

(3) 令系统处于稳态，然后修改各个参数，看看平均经验和生产效率如何变化。假设员工离职速率翻番，会对平均经验和生产效率产生什么影响？为什么？

(4) 令系统处于稳态，假设由于生产过程的变化速率加快，导致有效经验的衰减速率翻番。请问会对平均经验和生产效率产生什么影响？为什么？

(5) 如果公司开始扩张，平均经验会如何变化？令系统处于稳态，然后假设雇佣速率开始以 30%/年的速率以指数形式递增。请问稳态下的平均经验是多少？达到稳态需要多长时间？对于生产效率有何影响？这个模型与 10.1.7 节的新手/熟练工模型相比，有什么不一样？

第11章

典型结构的动态 4:系统基模

11.1　系统基模的概念

创建学习型组织管理理论的管理大师彼得·圣吉(Peter M. Senge),在其专著 *The Fifth Discipline*: *The Art and Practice of the Learning Organization* 中,提出了关于系统的动态性复杂的一系列概念(Senge,1990)。

为了更好地理解系统的动态性复杂,首先,给出细节性复杂的概念。

定义 11.1　在系统中,变量的开环式因果链关系称为线段式因果关系,由线段式因果关系产生的复杂性称为细节性复杂(detailed complexity)(贾仁安等,1998)。

细节性复杂刻画的对象是如图 11-1 所示的线段式(开环)因果关系。

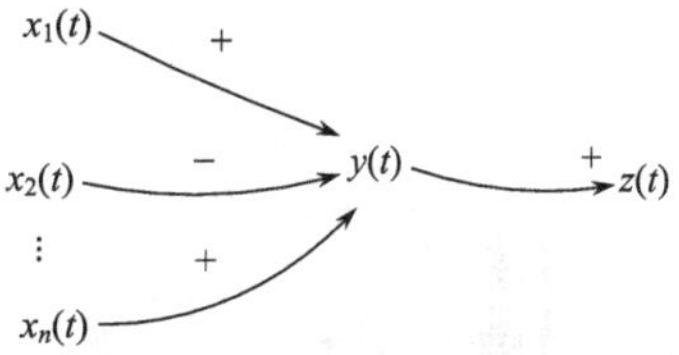

图 11-1　线段式(开环)因果关系

定义 11.2　在系统中,变量的反馈环因果关系称为反馈因果互动关系,由反馈因果互动关系(包括时间延迟)产生的系统复杂性称为动态性复杂(dynamics complexity)(贾仁安,丁荣华,2002)。

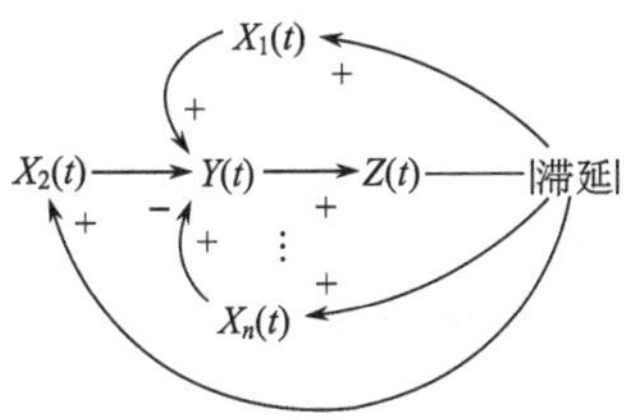

图 11-2　反馈环因果关系

动态性复杂刻画的对象是如图 11-2 所示的反馈环因果关系。

动态性复杂与细节性复杂存在着本质的区别,社会经济系统中出现的复杂现象通常是由动态性复杂造成的。Peter M. Senge 博士总结出社会经济系统中常见的几种动态性复杂系统结构,基本涵盖了各种典型的系统管理问题,这些具有典型意义的反馈环结构被称为系统基模(Senge,1990)。

在动态性复杂研究领域还存在大量的理论与实际问题需要研究。系统动力学为刻画系统动态性复杂提供了有力的理论与方法。其中,系统基模是研究管理问题动态性复杂的一个重要工具。

11.2　常见的系统基模

系统基模(archetype,系统的基本模型)是学习如何看见个人和组织中结构的关键所在。

运用系统基模可以发现，各类管理问题有其共通性，系统基模的目的是重新调整我们的认知，使我们更能看出结构的运作，以及看到结构中的杠杆点。Peter M. Senge 博士在其专著 *The Fifth Discipline*:*The Art and Practice of the Learning Organization* 中，给出了描述现代管理系统的 7 个基模，所有的基模都是由正反馈、负反馈和时间滞延组成的。

11.2.1 成长上限基模

正反馈导致增长，增长总会遇到各种限制与瓶颈，然而大多数的成长之所以停止，却不是因为达到了真正的极限。这是由于，增强环路固然产生快速的成长，却常常在不知不觉中触动一个抑制成长的负反馈环路开始运作，使增长减缓、停顿，甚至下滑。

成长上限基模结构如图 11-3 所示。

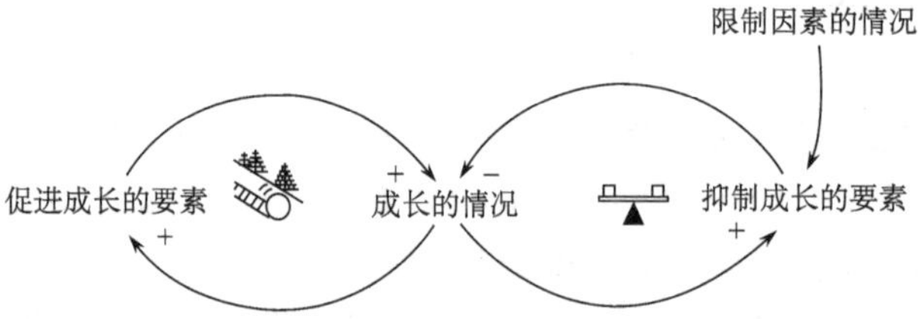

图 11-3 成长上限基模

图 11-3 中，左边部分是组织成长的正反馈环，右边部分是抑制成长的负反馈环。这一反馈结构刻画了各种组织运行的基本结构。管理方针（杠杆解）是：不要去推动"增强（成长）环路"，应该要除去（或减弱）限制的来源。读者可以在实际中找到大量这样的案例，如图 11-4 和图 11-5 所示。

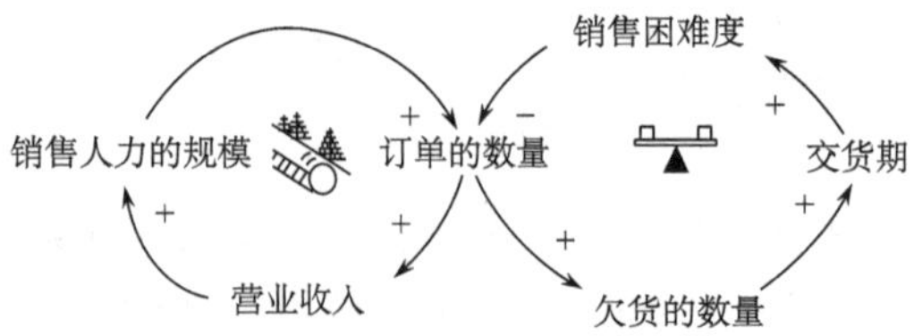

图 11-4 成长上限实例一

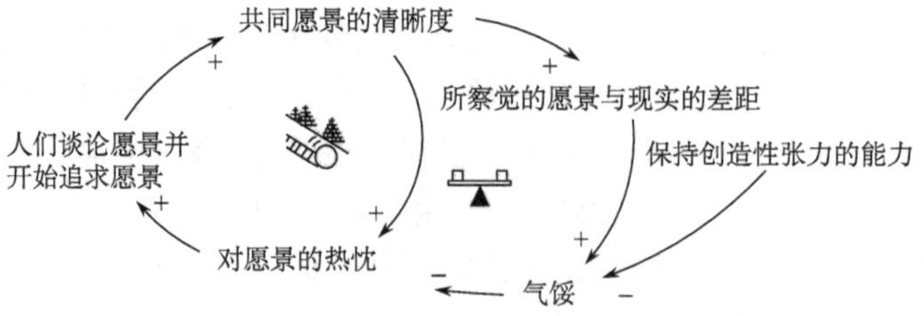

图 11-5 成长上限实例二

11.2.2 成长与投资不足基模

图 11-6 给出了成长与投资不足基模的结构图。如果公司或个人的成长接近上限时，可以投资在"产能"的扩充上，以突破成长的上限，再创未来。但是这种投资必须积极，且

必须在成长降低之前，不然将永远无法做到。然而大部分的做法是将目标或绩效标准降低，来使投资不足"合理化"。如此一来，"慢郎中"的产能扩充进度将难以应付"急凉风"的需求快速，而且使绩效越来越差，最后可能使成长逆转而使需求大幅下滑。在图 11-6 中，上半部分成长上限基模，由一个正反馈环和一个负反馈环构成；下半部分为投资不足负反馈环。图中存在因果关系：绩效$\xrightarrow{-}$认识投资需求，这条负因果链的含义是：当绩效低的时候，才认识到增加投资的重要性，才着手投资，而投资到产出存在延迟时间，所以企业就面临因投资不及时而生产下滑，甚至破产。管理方针（杠杆解）是：如果确实有成长的潜能，应在需求之前迅速扩充产能，如果成长已经开始减缓，此时切忌再努力推动成长环，应致力于扩充产能并减缓成长的速度。将基模中负反馈环中的负因果链（绩效（标准）$\xrightarrow{-}$对投资需求认识程度）改为正因果链（绩效（标准）$\xrightarrow{+}$对投资需求认识程度）

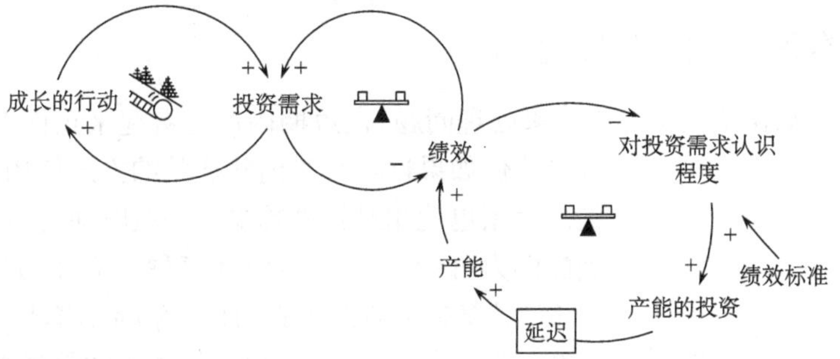

图 11-6　成长与投资不足基模

成长与投资不足是一个具有普遍性的问题，图 11-7 所示的是一个基本建设硬件投资实例。图 11-8 所示的是服务品质投资不足的案例。美国人民航空成立于 1980 年，在 5 年之中，以创新性的产品概念及业界最低的成本，成为全美第五大空运公司。但是，早期的声誉与低价所带来的需求量，到了 1982 年开始超过公司的服务能力。最后，人民航空的股价下跌，使士气与服务更进一步滑落，1986 年，人民航空被其他航空公司接管。

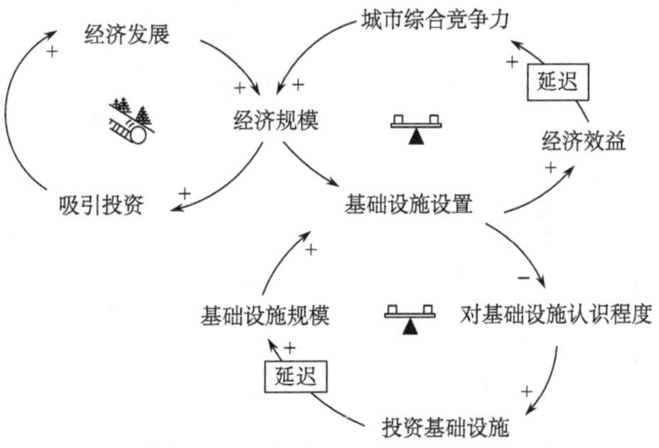

图 11-7　成长与投资不足实例一

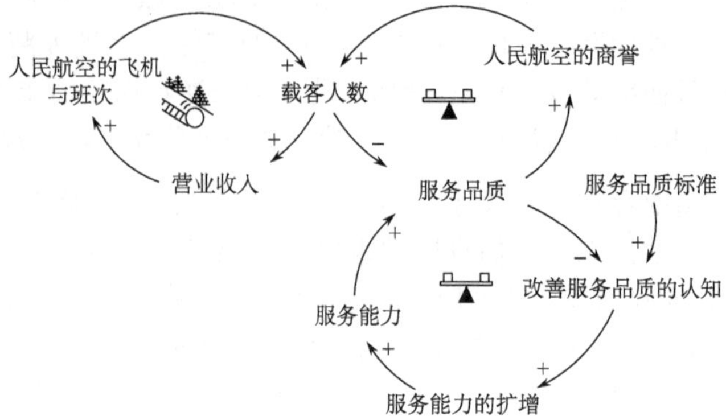

图 11-8　成长与投资不足实例二：美国人民航空案例

11.2.3　舍本逐末(目标侵蚀)基模

使用一项头痛医头的治标方式来处理问题，在短期内产生看起来正面而立即见效的效果。但如果这种暂时消除症状的方式使用越多，治本措施的使用也就相对越来越少。一段时间之后，使用治本措施的能力可能萎缩。这个基模称为舍本逐末基模，见图 11-9。该基模的管理方针(杠杆解)是：将注意力集中在根本解。但如果问题急迫，由于根本解的效果受时间滞延影响，在进行根本解的过程中，可暂时使用症状解来换取时间。

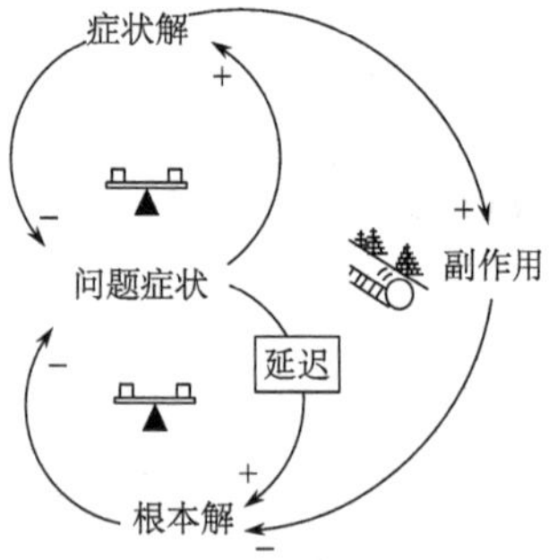

图 11-9　舍本逐末基模

很多组织中都存在这种只注重症状解、不注重根本解的基模结构。如图 11-10 所示的只注重引进外部人才、不注重内部人才培养，就是一个舍本逐末基模的实例。图 11-11所示的降低质量标准、对付眼前状况，而不增强提高质量的措施，也是舍本逐末基模的一个实例。

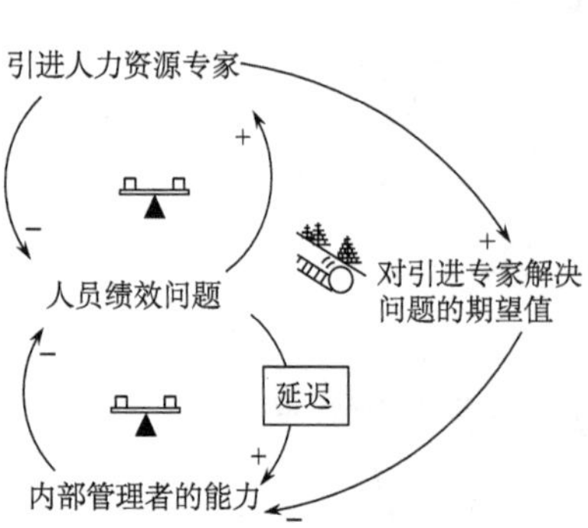

图 11-10　舍本逐末基模实例一

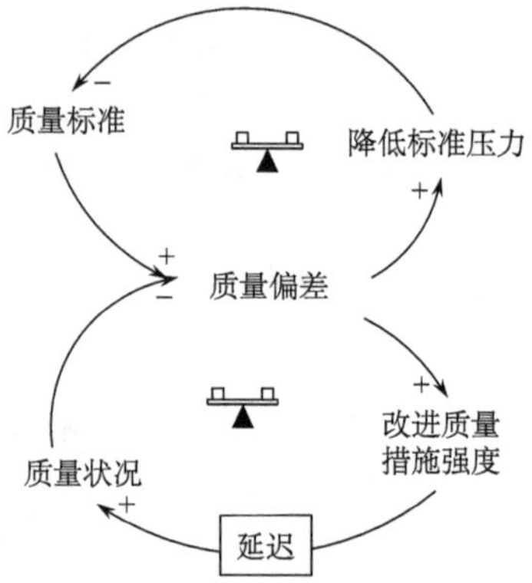

图 11-11　舍本逐末基模实例二：目标侵蚀

11.2.4　恶性竞争(两败俱伤)基模

不论组织或个人,往往认为要保有自己的利益,必须建立在胜过对手的基础上,但这样会产生一个对立情势升高的恶性竞争,只要有一方领先,另一方就会感受到更大的威胁,导致它更加积极行动,重建自己的优势,而一段时间之后,这又对另一方产生威胁,升高它行动的积极程度……这样的恶性竞争基模如图 11-12 所示。该基模结构的管理方针(杠杆解)是:寻求一个双赢政策,将对方的目标也纳入自己的决策考量。在许多例证中,一方积极采取和平行动,会使对方感觉威胁降低,能够倒转对立局势升高的情势。

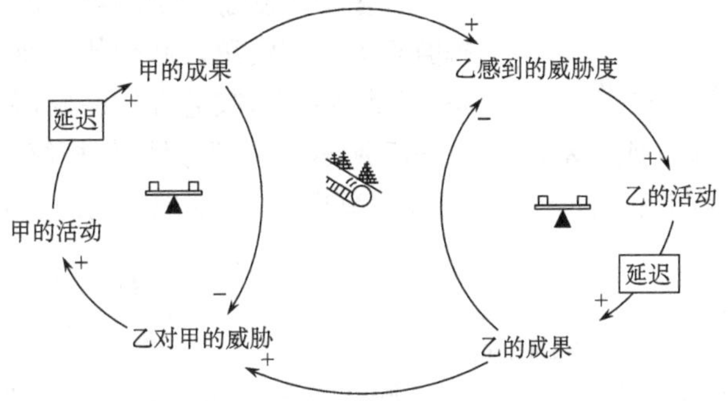

图 11-12　恶性竞争基模

在实际系统中,常常出现如图 11-12 所示的两个组织,只把目光注意在对方的威胁上,所采取的对策也是对付对方的威胁,因此造成恶性竞争,两败俱伤。国际上曾经出现的美苏军备竞赛以及图 11-13 所示的两企业的降价竞争,均属于恶性竞争基模结构。

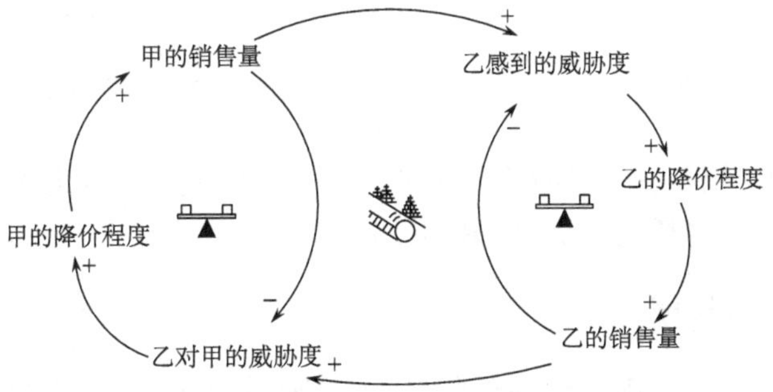

图 11-13　恶性竞争基模实例

11.2.5　富者愈富基模

两个活动同时进行,表现成绩相近,但为有限的资源而竞争。其中一方开始做得比较好,便占有较多的优势去争取更多的资源;而另一方却陷入资源越来越少,表现也越来越差的循环。这就是富者愈富基模,如图 11-14 所示。管理方针(杠杆解)是:在决定两者之间的资源分配时,除了成绩表现这项标准外,更应重视整体均衡发展的更上层目标。

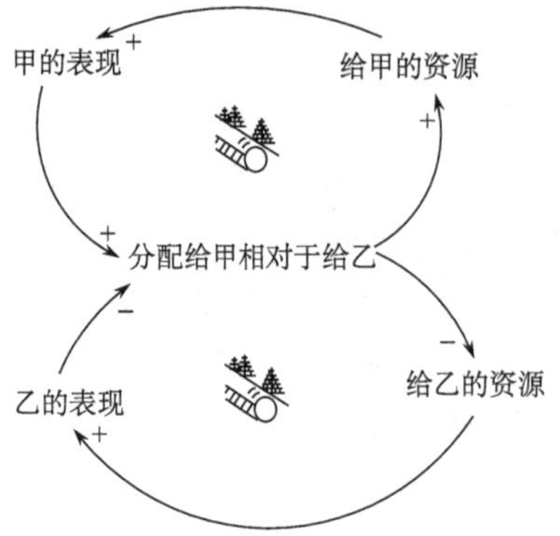

图 11-14　富者愈富基模

有些状况可以将“同一”资源予以“区分”规划，创造公平的竞争环境，统筹发展。

富者愈富基模说明了宏观控制的重要性，例如，几乎所有人的左手和右手的发达程度都不一样，因为人们通常用右手的时间比较多，所以右手更发达，这就是富者愈富基模的生活实例。

11.2.6　共同悲剧基模

许多个体基于个别的需求而共同使用一项很充裕但有极限的资源。起初他们使用这项资源逐渐扩展，但是到后来，收益开始递减，并且越努力，成长越慢。最后，资源显著减少或告罄，如图 11-15 所示。管理方针(杠杆解)是：通过教育、自我管制、政府调控，由参与者共同设计的正式调节机制，以管理共同的资源。

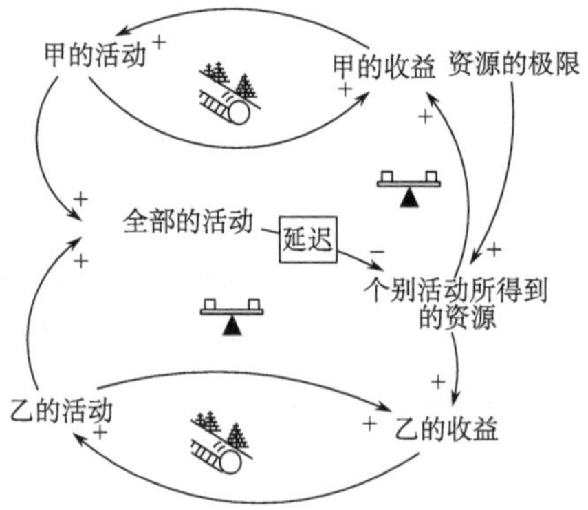

图 11-15　共同悲剧基模

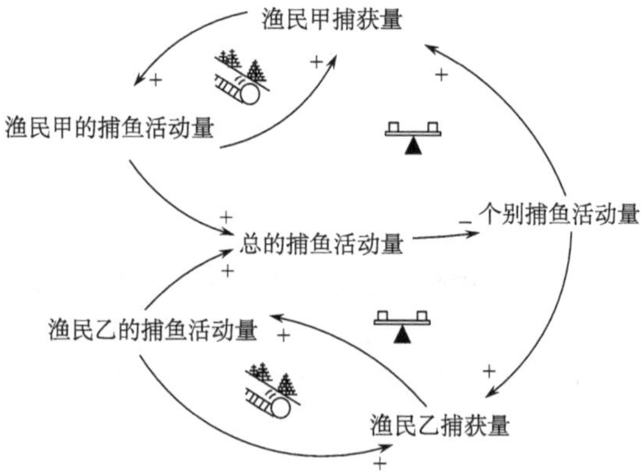

图 11-16　共同悲剧基模实例

中央电视台曾经播放过一个案例，讲述了多个个体共同捕鱼导致鱼资源枯竭的例子，就是一个共同悲剧基模的实例，见图 11-16。

11.2.7　饮鸩止渴基模

在管理实践中，常常出现这样的现象：一个管理对策在短期内有效，长期而言，会产生越来越严重的后遗症，使问题更加恶化，这种结构被称为饮鸩止渴基模，见图 11-17。管理方针(杠杆解)是：眼光凝聚在长期焦点。如果可能的话，完全屏除那种短期对策。除非短期对策只是用来换取时间，以寻求更妥善的长期解决方案。

在企业销售过程中，往往对库存的产品实行销价处理，而畅销的产品保持高价，如果只是简单地采用这种销售方式，忽视了周围环境的变化，就容易导致饮鸩止渴基模，见图 11-18。

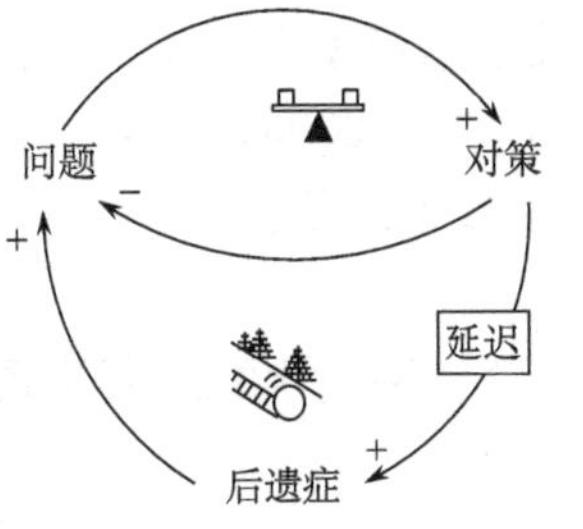

图 11-17　饮鸩止渴基模

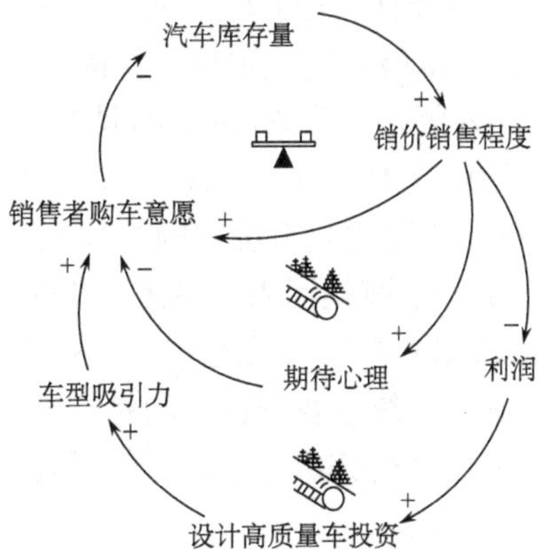

图 11-18　饮鸩止渴基模实例

11.3　顶点赋权反馈因果关系图分析法

Peter M. Senge 博士在其 *The Fifth Discipline*:*The Art and Practice of the Learning Organization* 一文中提出的上述基模分析方法,是系统动力学因果关系图理论在实际管理系统中的成功应用,其研究成果得到了管理学领域专家的一致称赞,对于指导管理实践具有显著效果。

基模分析对于发现和研究复杂系统结构中的主要矛盾和问题,具有重要意义。然而,在实际应用中,由于 Peter M. Senge 博士提出的基模分析尚停留在定性分析层次,仅用七大基模来分析管理系统中的实际问题,存在下述三个不足:刻画系统中管理问题的深度不足、准确性不足、动态性不足。所以,20 世纪兴起的系统思考基模分析的学习和应用热潮逐步走向衰落。对此,贾仁安、王翠霞等针对实际问题,将图论理论、系统动力学因果关系图理论等应用于系统动力学定量反馈分析,提出了顶点赋权因果关系图分析法(王翠霞,贾仁安,2006,2007b;JiaRenan,WangCuixia,2007;贾仁安等,2007),成为一种可靠性很强的分析和仿真方法。

11.3.1　顶点赋权因果关系图分析法

顶点赋权因果关系图模型是 SD 因果关系图和存量流量图之间的中间模型,系统的关键顶点赋权图分析法是在下面几个已有的基本概念的基础上提出来的。

定义 11.3　设 T 为一时间区间,对于任一确定的 $t\in T$,$G(t)=(V(t),X(t))$,$V(t)=\{v_1(t),v_2(t),\cdots,v_n(t)\}$,$X(t)=\{x_{ij}(t),i,j=1,2,\cdots,n\}$,是一个有向图,则称 $G(t)=(V(t),X(t))$为 T 上的动态有向图(贾仁安等,2007)。

定义 11.4　设 $t\in T$,$G(t)=(V(t),X(t))$是一个动态有向图,若存在映射:$F(t)$:$X(t)\to\{+,-\}$,则 $G(t)$连同映射 $F(t)$称为因果关系图,记做 $D(t)=(V(t),X(t),F(t))$,且弧集 $X(t)$又称为因果链集,动态有向图 $G(t)$称为因果关系图 $D(t)$的基图,$D(t)$称为 $G(t)$的因果关系图(贾仁安等,2001)。

定义 11.5 设时间区间 T 上的因果关系图 $G(t)=(V(t),X(t),F(t))$，若由顶点关联弧的关联关系、试验数据或顶点的实际意义等，给出了 T 上某一时刻顶点集 $V(t)$ 上所有顶点的值，代入因果关系图，所得的具有顶点值的因果关系图称为该时刻的顶点赋权因果关系图，记做 $D(t)=(V(t),X(t),F(t))$（王翠霞，贾仁安，2006）。

定义 11.6 通过建立系统问题的顶点赋权因果关系图模型对系统问题进行分析的方法称为系统的顶点赋权因果关系图分析法（王翠霞，贾仁安，2006）。

用顶点赋权图分析法对系统进行分析通常需要如下基本步骤：

步骤 1 确定系统中要分析的问题。

步骤 2 采用基模分析方法，建立时间区间 T 上问题发展变化的因果关系图 $G(t)=(V(t),X(t),F(t))$。

步骤 3 对时间区间 T 上问题发展变化的因果关系图 $G(t)=(V(t),X(t),F(t))$，给定 $t\in T$，确定一关键顶点值，然后对其余顶点 $v_i(t)\in V(t)$，通过 $v_i(t)$ 相关弧 $x_{ij}(t)$ 的理论方程，或 $v_i(t)$ 的试验数据，或其实际数据等，计算出 $v_i(t)$ 的对应值。将所有顶点的值代入因果关系图，建立刻画系统问题的顶点赋权因果关系图 $D(t)=(V(t),X(t),F(t))$。

步骤 4 综合建立顶点赋权图模型的过程，形成解决系统问题的管理方针及对策。

11.3.2 顶点赋权因果关系图模型

本节将按顶点赋权因果关系图分析法的步骤分析兰坡村规模养殖沼气工程系统的主要矛盾问题。

1. 确定系统发展中遇到的问题

兰坡村所属的萍乡地区地处井冈山西域、湘赣边境，境内多属低山丘陵地带，年均气温 17.3℃。兰坡村系统内的经济活动主要是生猪养殖、稻谷种植，以及少量的旱地农户自给蔬菜种植。生猪养殖以泰华猪场为规模养殖代表，其沼气工程原料来源于猪场的猪粪尿等养殖废弃物。泰华猪场实行自繁自养，2005 年出栏生猪 3000 余头，猪舍建在兰坡村较高的坡地上，面积约 2.1 万 m^2，猪舍南面有一面积约 0.4hm^2 的池塘，池塘下有清水灌溉沟渠，沟渠流经 13.3hm^2 水稻田，邻近有旱地近 16.7hm^2。猪场先后建设了共计 270m^3 的三个小型沼气池，对养殖粪便进行治理，现已解决了猪粪水的直接排放污染问题。但其厌氧发酵产生的沼气和沼液却因用户、资金、自有土地缺乏等原因长年直接排放，沼气剩余部分直接排入大气，沼液与灌溉用水混流不断进入沿途的稻田，水稻由于过肥而出现“青苗”现象，影响了产量，剩余沼液还通过水沟被排入下游水域，且在近 7 个月的农闲季节，沼液全部沿灌溉水渠流入下游水域，对沿途及下游水域造成了严重污染（图 11-19）。

通过分析我们得出如下结论：

兰坡村规模养殖沼气工程系统是一个由养殖业、种植业、能源、环境、管理构成的复杂系统。

系统运行中存在的主要问题如下：

问题 1 因沼气存储、供气设施缺乏，农户对沼气能源的价值及其直接排放造成污染

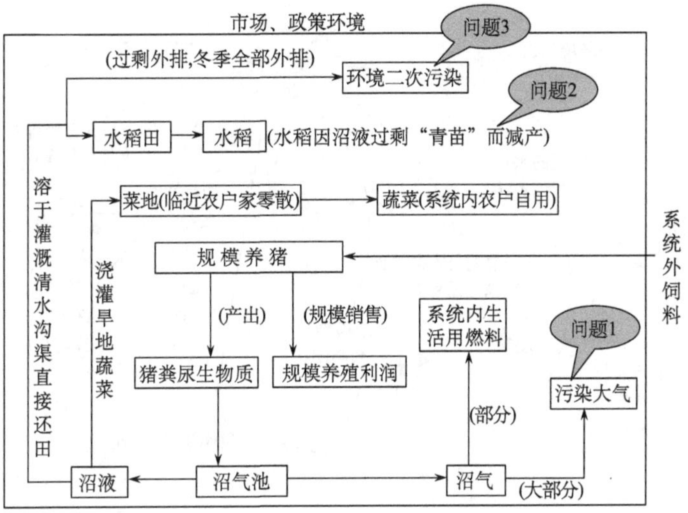

图 11-19　兰坡村规模养殖沼气工程系统分析示意图

的认识不足,使得每日产生的沼气绝大部分直接对外排放,对大气产生污染。

问题 2　沼液与灌溉用水混合排灌造成水稻苗发青、稻谷减产。

问题 3　由于承载沼肥的农田不足和长达 7 个月的冬闲季节沼肥浪费引发污染。

我们称这种由沼气发酵产出物即沼气、沼液产生的污染为养殖业的二次污染。显然兰坡村规模养殖沼气工程系统存在较严重的二次污染。

2. 建立增长上限因果关系图

用增长上限理论对上述问题进行分析,兰坡村规模养种生态能源系统是一个由养殖业、种植业、生态能源、环境、管理构成的复杂环境经济系统,具有增长上限反馈结构。系统的因果关系图 $G(t)=(V(t),X(t),F(t))$ 如图 11-20 所示,由 16 个变量即顶点构成,现设定 $t\in T$,T 为泰华猪场 270m^3 沼气池已建成并投入使用的时间区间。图 11-20 显示,系统内存在 4 条正反馈环(以表示)、4 条负反馈环(以表示)。

其中,4 条正反馈环分别如下:

(1) $v_1(t)$ 规模养殖生猪数 $\xrightarrow{+}$ $v_2(t)$ 规模养殖利润 $\xrightarrow{+}$ $v_1(t)$ 规模养殖生猪数(图 11-20 1);

(2) $v_1(t)$ 规模养殖生猪数 $\xrightarrow{+}$ $v_3(t)$ 猪粪尿量 $\xrightarrow{+}$ $v_4(t)$ 产沼气量 $\xrightarrow{+}$ $v_5(t)$ 沼气能源效益 $\xrightarrow{+}$ $v_1(t)$ 规模养殖生猪数(图 11-20 2);

(3) $v_1(t)$ 规模养殖生猪数 $\xrightarrow{+}$ $v_3(t)$ 猪粪尿量 $\xrightarrow{+}$ $v_7(t)$ 沼肥养分含量 $\xrightarrow{+}$ $v_8(t)$ 沼液浇灌无公害菜地面积及产量 $\xrightarrow{+}$ $v_1(t)$ 规模养殖生猪数(图 11-20 3);

(4) $v_1(t)$ 规模养殖生猪数 $\xrightarrow{+}$ $v_3(t)$ 猪粪尿量 $\xrightarrow{+}$ $v_7(t)$ 沼肥养分含量 $\xrightarrow{+}$ $v_9(t)$ 沼肥

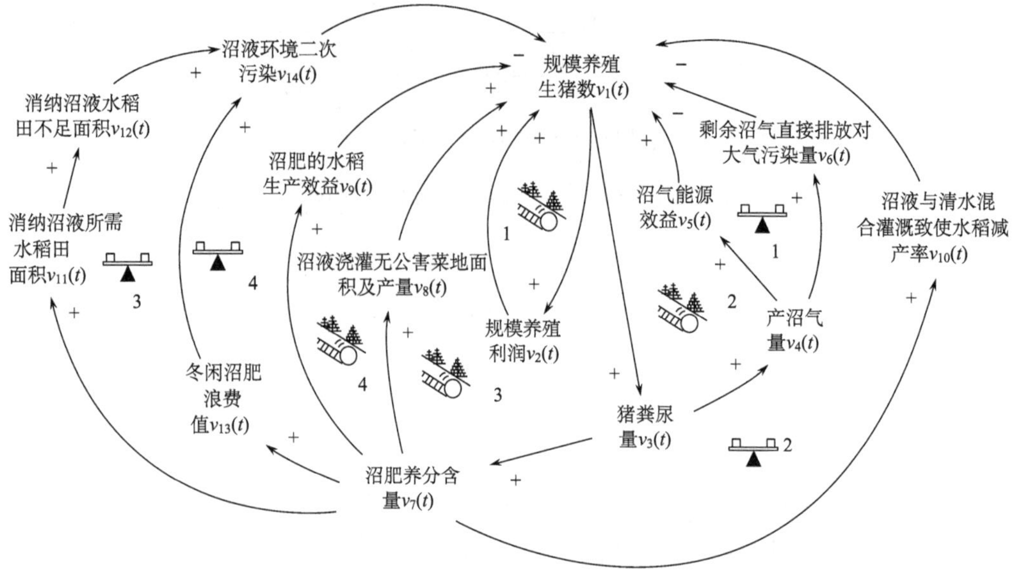

图 11-20　泰华生猪规模养殖沼气工程生物质能源开发系统增长上限因果关系图 $G(t)=(V(t),X(t),F(t))$

的水稻生产效益$\xrightarrow{+}v_1(t)$规模养殖生猪数(图 11-20 4)。

4 条正反馈环(1～4)刻画了兰坡村生猪规模养殖沼气工程系统良性运转的促进因素:规模养殖的利润、沼气能源效益及蔬菜、水稻生产有机肥源的取得,是养殖业废弃物生物质能源开发再生利用、污染治理模式运行发展的动力,构成了兰坡村生猪规模养殖沼气工程系统的增长子系统。

4 条负反馈环分别如下:

(1) $v_1(t)$规模养殖生猪数$\xrightarrow{+}v_3(t)$猪粪尿量$\xrightarrow{+}v_4(t)$产沼气量$\xrightarrow{+}v_6(t)$剩余沼气直接排放对大气污染量$\xrightarrow{-}v_1(t)$规模养殖生猪数(图 11-20 1);

(2) $v_1(t)$规模养殖生猪数$\xrightarrow{+}v_3(t)$猪粪尿量$\xrightarrow{+}v_7(t)$沼肥养分含量$\xrightarrow{+}v_{10}(t)$沼液与清水混合灌溉致使水稻减产率$\xrightarrow{-}v_1(t)$规模养殖生猪数(图 11-20 2);

(3) $v_1(t)$规模养殖生猪数$\xrightarrow{+}v_3(t)$猪粪尿量$\xrightarrow{+}v_7(t)$沼肥养分含量$\xrightarrow{+}v_{11}(t)$消纳沼液所需水稻田面积$\xrightarrow{+}v_{12}(t)$消纳沼液水稻田不足面积$\xrightarrow{+}v_{14}(t)$沼液环境二次污染$\xrightarrow{-}v_1(t)$规模养殖生猪数(图 11-20 3);

(4) $v_1(t)$规模养殖生猪数$\xrightarrow{+}v_3(t)$猪粪尿量$\xrightarrow{+}v_7(t)$沼肥养分含量$\xrightarrow{+}v_{13}(t)$冬闲沼肥浪费值$\xrightarrow{+}v_{14}(t)$沼液环境二次污染$\xrightarrow{-}v_1(t)$规模养殖生猪数(图 11-20 4)。

4 条负反馈环(1～4)揭示了由于沼气大量剩余、沼液与灌溉清水混流、消纳沼液所需水稻田面积不足、冬闲季节沼肥浪费造成严重二次污染对养殖规模的制约反馈关系,构成了兰坡村生猪规模养殖沼气工程系统的上限子系统。于是得出结论:兰坡村规模养殖沼气工程系统是一个增长上限基模结构(Jia Renan et al. ,2007)。

11. 3. 3　顶点赋权因果关系图模型各顶点权值的确定

为了深入刻画已建成了沼气池并投入使用后的规模养殖系统问题,在图 11-20 所示的增长上限基模 $G(t)=(V(t),X(t),F(t))$基础上,取 $t=2005$ 年,对图 11-20 所示的系统增长上限因果关系图从关键顶点"规模养殖生猪数"开始,通过关联因果链方程或试验数据或实际意义等,确定描述各顶点 $v_i(t)$的指标并计算出该年度的对应值,建立兰坡村规模养殖沼气工程系统的关键顶点赋权图模型。

1. 关键变量顶点值

已知 2005 年泰华猪场年出栏生猪 3000 头,即规模养殖生猪数 $v_1(t)=3000$ 头/a。

这是规模养殖系统的一个关键变量,也是系统运行分析的初始值。下面分析以此为初始值的系统其他各变量的对应值。

2. 规模养殖利润 $v_2(t)$的计算与分析

在图 11-21 中,顶点 $v_2(t)$的关联因果链为:$v_1(t)$规模养殖生猪数$\xrightarrow{+}$$v_2(t)$规模养殖利润(万元/a)。由于泰华猪场实行的是自繁自养模式,本书建立了自繁自养模式下的养殖利润公式:

平均每头猪的利润(元/头)
=商品猪价格(元/kg)×平均每头重量(kg/头)-[平均每头饲料成本(元/头)
+平均每头人工成本(元/头)+平均每头水电成本(元/头)
+平均每头防疫成本(元/头)+平均每头母猪平摊成本(元/头)
+平均每头设备折旧平摊成本(元/头)]　　(11-1)

根据泰华猪场近 10 年的统计数据得

泰华猪场平均每头猪的利润(元/头)
=7. 6(元/kg)×105(kg/头)-[235(kg/头)×2. 1(元/kg)+45(元/头)
+10(元/头)+12(元/头)+130(元/头)+30(元/头)]
=798(元/头)-720. 5(元/头)=77. 5(元/头)

泰华猪场年出栏 3000 头生猪的年销售利润

$$v_2(t)=77.5(\text{元/头})\times 3000(\text{头/a})\times 10^{-4}=23.25(\text{万元/a})$$

由此可见,虽然每头猪的销售利润只有 77. 5 元,但实行规模养殖,年出栏 3000 头的泰华猪场年利润达 23 万余元。这就证明了生猪的规模养殖确实是农民增收的一条途径。而规模养殖的可观收入反过来又会促进农民扩大生猪养殖的规模,形成正反馈,因此利润是农民发展生猪规模养殖的直接动力。

3. 规模养殖猪粪尿量 $v_3(t)$的计算与分析

由因果链 $v_1(t)$规模养殖生猪数$\xrightarrow{+}$$v_3(t)$猪粪尿量的关联关系计算 $v_3(t)$的值。

一般一头猪日排粪量 2kg、排尿量 3kg，饲养期为 180d，但猪排粪、尿量与饲料结构及环境有关。近年实测结果显示：泰华猪场一头猪日排粪量平均为 1.5kg，排尿量为 2.6kg。另外，泰华猪场由于养殖管理效益高，猪出栏重量 100～110kg，饲养期为 160d。按此生长期及日排量系数，计算泰华猪场年出栏 3000 头时的年猪粪尿排泄量。

猪场生猪年产粪尿量(t/a)

=[1.5(kg/(d·头))+2.6(kg/(d·头))]×160(t)×3000(头/d)×10^{-3}

=1968(t/d)

进一步分析，猪粪尿中含有大量生物质资源，如营养成分氮(N)、磷(P)、钾(K)。查阅相关文献猪粪尿中 N、P、K 含量，计算出泰华猪场年出栏 3000 头生猪时年产猪粪尿的 N、P、K 含量分别为 7.9(t/a)、4.38(t/a)、15(t/a)。

综上所述得出泰华猪场年出栏 3000 头时猪粪尿量 $v_3(t)$ 的值

$$v_3(t)\big|_{t=2005}=\begin{cases}\text{粪尿量 } 1968(\mathrm{t/a})\\ \text{含 N 量 } 7.9(\mathrm{t/a})\\ \text{含 P 量 } 4.38(\mathrm{t/a})\\ \text{含 K 量 } 15(\mathrm{t/a})\end{cases}$$

$v_3(t)$ 值揭示了一方面猪场粪尿是一个大的生物质资源库；但另一方面，巨量的猪粪尿若集中排放，将造成严重的污染。

4. 规模养殖沼气工程生物质能源开发产沼气量 $v_4(t)$ 的计算与分析

泰华猪场为了治理猪粪尿污染，开发其生物质能源，先后建立了共计 270m^3 的三个沼气池，对猪粪尿进行厌氧处理，本节先计算其年出栏 3000 头猪时的产沼气量。

沼气发酵产气量的计算一般有三种计算方式，本书采用原料干物率及干物质(TS)产气率计算。

在图 11-20 中，顶点 $v_4(t)$ 的因果关联链为：$v_3(t)$ 猪粪尿量 $\xrightarrow{+}$ $v_4(t)$ 年产沼气量。

猪粪年产沼气量(m^3/a)=鲜猪粪量(t/a)×18%(干物率)
×257.3(m^3/t)(干猪粪产气量)

猪尿年产沼气量(m^3/a)=鲜猪尿量(t/a)×3%(干物率)
×257.3(m^3/t)(干猪粪产气量)

于是，泰华养殖场规模养殖猪粪尿年产沼气量

$v_4(t)$=720(t/a)×18%×257.3(m^3/t)+1248(t/a)×3%×257.3(m^3/t)

=42 979(m^3/a)

沼气是以甲烷(CH_4)为主要成分的一种可燃的混合气体，作为一种清洁高效的能源，沼气可替代薪柴、煤炭作为生活用燃料，既有利于减少对不可再生能源的消耗，又为农民节约购买商品燃料的支出；而且能避免薪柴、煤炭燃烧产生过量烟尘及二氧化碳对大气的污染，提升农村生活用能的质量，改善农村生态环境。

5. 沼气能源效益 $v_5(t)$ 的计算及分析

随着向市场经济的过渡，农村地区所消费的能源正逐步由生物质一次能源主导型向

商品能源主导型转化,目前我国中部地区农村生活用燃料以煤炭、薪柴为主。因此可从以下三个方面计算泰华猪场每年产生的 42 979m^3沼气的能源效益。

(1) 替代燃煤,利于能源的可持续发展:

$$
\begin{aligned}
&1m^3\text{ 沼气有效能值}(GJ^{①}/a)\\
&= 0.02092(GJ/m^3)(\text{沼气能值}) \times 60\%(\text{沼炉热能转换系数})\\
&= 0.012552(GJ/m^3)\\
&1kg\text{ 煤的有效能值}(GJ/kg)\\
&= 0.0136(GJ/kg)(\text{煤的能值}) \times 29.4\%(\text{煤炉热转换率})\\
&= 0.0039984(GJ/kg)
\end{aligned}
$$

所以,

$$
\begin{aligned}
&1m^3\text{ 沼气煤当量}(kg/m^3)\\
&= 0.012552(GJ/m^3)/0.0039984(GJ/kg)\\
&= 3.1318(kg/m^3)\\
&3000\text{ 头猪年产沼气煤当量}(t/m^3)\\
&= 42979(m^3/a) \times 3.1318(kg/m^3) \times 10^{-3}\\
&= 134.6(t/a)
\end{aligned}
$$

以上计算结果显示,规模养殖年出栏 3000 头猪时,每年猪场粪尿可产生的沼气相当于 134.6t 煤燃烧的热值,每日可替代 368.8kg 的燃煤。煤是不可再生的资源,在当今能源紧缺、农村生活用能匮乏的背景下,通过沼气技术对猪场粪尿生物质资源的二次开发利用,具有保障国家能源安全、促进能源可持续发展的战略意义。

(2) 减少薪柴砍伐,利于农村水土保持、环境治理:

$$
\begin{aligned}
&1kg\text{ 薪柴的有效能值}(GJ/kg)\\
&= 0.0167(GJ/kg)(\text{薪柴的能值}) \times 25\%(\text{柴灶热效率})\\
&= 0.004175(GJ/kg)\\
&1m^3\text{ 沼气薪柴当量}(kg/m^3)\\
&= 0.012552(GJ/m^3)/0.004175(GJ/kg)\\
&= 3.006(kg/m^3)\\
&3000\text{ 头猪年产沼气薪柴当量}(t/m^3)\\
&= 42979(m^3/a) \times 3.006(kg/m^3) \times 10^{-3}\\
&= 129.2(t/a)
\end{aligned}
$$

薪柴的过度砍伐是造成许多地区水土流失的重要原因。上述数据表明 3000 头猪的粪尿,通过沼气池发酵,每年可产生的沼气相当于 129.2t 薪柴燃烧的热值,每日可替代 354.0kg 的薪柴。可见,通过沼气技术对猪场粪尿生物质资源的二次开发利用,有利于农

① $1GJ = 10^9J$。

村水土保持。

(3) 减少农民生活用能支出,减轻农民负担。由于沼气商品化发展在我国还不成熟,无法得知其市场价格,一般沼气价值按与其等量用能的农家燃料的费用替代,本书按当地的燃煤价格折算沼气价值。实地调查得当地农户平均每户每天烧煤球 5 个,煤球价格为 0.40 元/个,每个煤球重 0.75kg,则每户平均每天生活用燃煤 3.75kg,费用为 2 元。将每日所需燃煤折算成沼气,则

$$\begin{aligned}&\text{平均每户每天需沼气量}(\mathrm{m^3/户\cdot d})\\&=3.75(\mathrm{kg/户\cdot d})/3.1318(\mathrm{kg/m^3})(\text{沼气煤当量})\\&=1.2(\mathrm{m^3/户\cdot d})\end{aligned}$$

所以泰华猪场年产沼气可供 98 户($117.8(\mathrm{m^3/d})/1.2(\mathrm{m^3/户\cdot d})$)农家生活用燃料。

由煤球价格折算的沼气价格为

$$(0.40\text{元/个}\times 5\text{个})/1.2(\mathrm{m^3})=1.67(\text{元}/\mathrm{m^3})$$

于是,泰华猪场年猪粪尿产气量的价值为

$$42\,979(\mathrm{m^3/a})\times 1.67(\text{元}/\mathrm{m^3})\times 10^{-4}=7.2(\text{万元/a})$$

综上,年出栏猪 3000 头时,每年的猪粪尿通过沼气工程生物质能源开发所潜在的沼气能源效益值为

$$v_5(t)=\begin{cases}\text{年产沼气的煤当量 }134.6(\mathrm{t/a})\\\text{年产沼气的薪柴当量 }129.2(\mathrm{t/a})\\\text{年沼气能源收入 }7.2(\text{万元/a})\end{cases}$$

沼气的这一潜在的能源效益值表明沼气工程生物质能源开发在猪场粪尿生物质能源开发中重要的经济、社会和生态效益。这一效益促使规模养殖数量 $v_1(t)$ 的增加,形成正反馈环。

6. 剩余沼气直接排放对大气污染量 $v_6(t)$ 的计算与分析

虽然沼气存在可观的潜在能源效益,但沼气的主要成分甲烷(CH_4)和二氧化碳(CO_2)是温室气体,系统内使用不完的沼气直接外排,对大气产生污染。本书选取剩余排放的沼气中所含的 CH_4 和 CO_2 量作为沼气对大气污染值的描述。

泰华猪场在目前年出栏 3000 头规模下,只有 1/3 的沼气得到有效利用。其具体使用数据结构如下:至 2006 年 8 月,猪场职工做饭、洗澡水加热全使用沼气燃料,相当于 7 户普通农家用气量。另外猪场还为附近 24 户农家架设了沼气输气管道,安装了燃气灶具,为其提供生活燃气,因此按前述 $1.2(\mathrm{m^3/户\cdot d})$ 计,

$$\text{日均用气量}=1.2(\mathrm{m^3/户\cdot d})\times 31\text{户}=37.2(\mathrm{m^3/d})$$

则

$$\begin{aligned}\text{日均外排沼气量}(\mathrm{m^3/d})&=\text{日产沼气量}(\mathrm{m^3/d})-\text{日均用气量}(\mathrm{m^3/d})\\&=117.8(\mathrm{m^3/d})-37.2(\mathrm{m^3/d})\\&=80.6(\mathrm{m^3/d})\end{aligned}$$

年外排沼气量(万 m^3/a)=日均外排沼气量(m^3/d)×365(d/a)×10^{-4}

=80.6(m^3/d)×365(d/a)×10^{-4}

=2.94(万 m^3/a)

年外排沼气含 CH_4 量(万 m^3/a)

=年外排沼气量(万 m^3/a)×沼气中甲烷(CH_4)含量(%)

=2.94(万 m^3/a)×(55~70)%

=(1.62~2.06)(万 m^3/a)

=1.84(万 m^3/a)(取均值)

年外排沼气含 CO_2 量(万 m^3/a)

=年外排沼气量(m^3/a)×沼气中二氧化碳(CO_2)含量(%)

=2.94(万 m^3/a)×(25~40)%

=(0.735~1.18)(万 m^3/a)

=0.96(万 m^3/a)(取均值)

综上,得剩余沼气直接排放对大气污染量

$$v_6(t)=\begin{cases}\text{外排沼气量:2.94 万 } m^3/a\\ \text{外排沼气含 } CH_4 \text{ 量:1.84 万 } m^3/a\\ \text{外排沼气含 } CO_2 \text{ 量:0.96 万 } m^3/a\end{cases}$$

每年 2.94 万 m^3 剩余沼气的直接排放,其对大气产生的污染,制约着养殖规模的扩大,形成了顶点赋权负反馈环。

7. 沼肥养分含量 $v_7(t)$ 的计算及分析

泰华猪场沼气工程生物质能源开发对养殖粪便的污染治理产生了很好的效益,2006 年 5 月,对猪场原厌氧消化液(即沼液)实地采样,经南昌大学环境工程试验室检测,得其主要污染物的浓度含量指标为 CODcr:334mg/L、氨氮:12.7mg/L、磷:19.2mg/L,较猪粪尿直接排放(CODcr:21 000mg/L、氨氮:134mg/L、磷:326mg/L)有很好的改善。《畜禽养殖业污染物排放标准》规定最高允许排放浓度标准要求(CODcr:400mg/L、氨氮:80mg/L、磷:8.0mg/L),可见沼液中 CODcr 的浓度、氨氮 NH_3-N 的浓度已达到了最高允许排放浓度标准。

沼肥所含的种植业所需的养分可以其中所含的 N、P、K 量表示,资料显示,沼肥中 N、P、K 的收集率,N 和 P 一般可达 95%,K 一般可达 90%,所以,其年产沼肥中 N、P、K 含量分别为

猪场年产沼肥含 N 量(t/a)=猪场年产猪粪尿含 N 量(t/a)×95%

=7.9(t/a)×95%=7.5(t/a)

猪场年产沼肥含 P 量(t/a)=猪场年产猪粪尿含 P 量(t/a)×95%

=4.4(t/a)×95%=4.18(t/a)

猪场年产沼肥含 K 量(t/a)=猪场年产猪粪尿含 K 量(t/a)×90%

=25(t/a)×90%=22.5(t/a)

所以，泰华猪场年出栏 3000 头猪时，其猪粪尿经厌氧发酵所产沼肥养分含量

$$v_7(t)=\begin{cases}\text{N:}7.5(\text{t/a})\\ \text{P:}4.18(\text{t/a})\\ \text{K:}22.5(\text{t/a})\end{cases}$$

8. 沼液浇灌无公害蔬菜地面积及其产量 $v_8(t)$ 的计算与分析

从顶点 $v_7(t)$ 的值可知沼液含有丰富的氮磷钾基本营养元素。近 10 年来，沼液的综合功能不断被揭示和证明，其所含的氮磷钾都是以速效养分的形式存在，因此速效营养能力很强，养分可利用率高，是一种多元的速效复合肥。用沼肥浇灌蔬菜，可减少农药、化肥的使用，还能增加作物产量，提供品质，同时增强抗病和防冻能力。而且长期施用沼肥，可明显改善土壤性状，优化土壤生态环境，达到永续利用。

泰华猪场附近 38 家农户皆用沼肥在自家房前屋后零散的自用蔬菜地种植蔬菜。

种植的无公害蔬菜地面积＝人均自给蔬菜面积（亩[①]）×平均每户人数（人/户）×户数（户）
＝0.08（亩/人）×5（人/户）×38（户）
＝15.2（亩）＝1（hm^2）

年自给无公害蔬菜量（kg/a）＝蔬菜地面积（亩）×平均单位面积蔬菜量（kg/亩）
＝蔬菜地面积（亩）×[平均每人每天蔬菜量（kg/人·d）×自给系数×年天数（d/a）÷人均自给蔬菜面积（亩）]
＝15.2（亩）×[0.7（kg/人·d）×0.6/0.08（亩/人）]×365（d/a）
＝29127（kg/a）＝2.9（t/a）

由此得无公害蔬菜地及其产量

$$v_8(t)=\begin{cases}\text{无公害蔬菜地面积 }1\text{hm}^2\\ \text{无公害蔬菜 }2.9(\text{t/a})\end{cases}$$

此结果揭示，实行规模养殖，可为农户蔬菜种植提供有机肥源。以沼气工程进行生物质能源开发，使规模养殖与无公害农产品生产形成一个互相推动的顶点赋权正反馈环。

9. 沼肥的水稻生产效益 $v_9(t)$——沼肥用于水稻生产的化肥农药效益的计算与分析

中部是我国的水稻主产区，以养殖业为中心，以沼气工程生物质能源开发为纽带的“猪-沼-粮”生态农业模式具有重要现实意义。调研得，当地种植水稻每亩需施用 180～200 元化肥、50～70 元农药，以沼肥替代化肥用于水稻种植，可以节约化肥支出，同时由于沼肥具有较好的抗病虫害能力，使用沼肥后农药使用减半。分别取其平均值，得泰华

① 1 亩≈666.67m^2。

猪场沼肥用于 200 亩水稻生产的化肥农药效益值。

沼肥用于水稻生产的化肥农药效益 $v_9(t)$(万元/a)

=[每亩节约的化肥支出(元/亩·a)+每亩节约的农药支出(元/亩·a)]

×农田面积(亩)×104

=[190(元/亩·a)+30(元/亩·a)]×200(亩)×104

=4.4(万元/a)

水稻生产使用沼肥,可替代化肥、节约农药,规模养殖与水稻生产形成正反馈,其对应的顶点赋权正反馈环(图 11-20 4)定量地揭示了正反馈的力度。

10. 沼液与清水混合灌溉致使水稻减产率 $v_{10}(t)$ 的计算及分析

以沼肥替代化肥用于水稻种植,可以节约化肥、农药支出,改善土壤土质,但不合理的沼肥灌溉方式又使水稻减产。泰华猪场所在地水稻产量原平均为 550kg/亩,后因猪场沼液与灌溉用水混流还田,当水稻需要施肥时,沼肥可替代化肥。但当水稻只需清水灌溉时,沼肥仍然顺水流入,造成水稻苗过肥而发青,使猪场周边 13.3hm^2(200 亩)水稻田平均产量仅为 300kg/亩,平均每亩减产 250kg。水稻减产率:

$$v_{10}(t) = 250\text{kg/ 亩} \div 550\text{kg/ 亩} = 45.5\%$$

中部地区是中国乃至世界的水稻主产区,水稻如此高的减产率必然危及粮食安全。这是制约实施"猪-沼-粮"工程的一条重要的负反馈环,其对应的顶点赋权反馈环定量地揭示了负反馈的制约力度。

11. 消纳沼液所需水稻田面积 $v_{11}(t)$ 的计算与分析

据全国化肥试验网的肥料定位试验结果表明,要达到 600~800kg/亩的粮食产量,并保持和提高土壤肥力,合理的施肥量其中氮每季施 150~180kg/hm^2,磷每季施 45~75kg/hm^2。实地调查得,兰坡自然村小流域水稻每年双季种植比单季种植亩产仅多 100kg,增加收入 100 余元,考虑到劳动力成本,农户大多选择每年只种一季稻。由沼肥养分含量 $v_7(t)$ 值(N:7.5t/a,P:4.18t/a)得泰华猪场

消纳沼肥中的氮需农田面积(hm^2)=7500(kg/hm^2)÷(150~180)(kg/hm^2)

=41.7(hm^2)(取上限)

消纳沼肥中的磷需农田面积(hm^2)=4180(kg/hm^2)÷(45~75)(kg/hm^2)

=55.7(hm^2)(取上限)

综合考虑对 N、P 的承载量,消纳沼液所需水稻田面积 $v_{11}(t)$=55.7hm^2(取上限)

12. 消纳沼液水稻田不足面积 $v_{12}(t)$ 的计算与分析

兰坡村规模养殖系统内现有水稻田 13.3hm^2(200 亩)。由于目前蔬菜种植为农户自给自足,菜地量少且分散,所用沼液是农户肩挑浇灌,消纳沼液量非常少,所以消纳沼液水稻田不足面积将近似为

$$v_{12}(t) = 55.7\text{hm}^2 - 13.3\text{hm}^2 = 42.4\text{hm}^2$$

13. 冬闲沼肥浪费值 $v_{13}(t)$ 的计算及分析

泰华养殖场所在地水稻每年 5 月播种，9 月底收割，种植期约为 5 个月，其余近 7 个月时间，稻田一般荒存闲置，本书称之为冬闲田。冬闲田的存在，对人均耕地严重不足的中部地区而言，是一种极大的浪费。同时，冬闲季节水田不需灌溉，沼肥除极少一部分被农户用于闲散菜地浇灌外，绝大部分不被利用，造成极大的资源浪费。从这一角度考虑，每年有近 7/12 的沼肥不曾被利用，其浪费值

$$v_{13}(t)=\begin{cases}\text{N}:7.5(\text{t/a})\times 12=4.375(\text{t/a})\\ \text{P}:4.18(\text{t/a})\times 7/12=2.43(\text{t/a})\\ \text{K}:22.5(\text{t/a})\times 7/12=13.125(\text{t/a})\end{cases}$$

如此大量的有机养分得不到有效利用，不仅是资源的浪费，而且对环境造成污染。

14. 沼液二次污染 $v_{14}(t)$ 的计算及分析

由于消纳猪场所产沼液水稻田面积的不足以及水稻生产用肥的季节性，大量的沼液不能在系统内消化，尤其是在这 7 个月冬闲季节中，溶有大量沼液的水沿水渠直接流往下游，其中所含的氮、磷、氨氮及化学需氧量等使沿途及下游水体出现富营养化，发黑、变臭、水质恶化，甚至渗入地下水，污染了下游饮用水源。本书以过剩沼液中所含的氮、磷量及氨氮(NH_3-N)和化学需氧量 CODcr 浓度作为沼液二次环境污染量指标。按以下公式计算：

每年过剩沼液总氮量(t/a)
=水稻种植季节过剩沼液含氮量(t/a)+冬闲季节沼液中氮总量(t/a)
=种植季节沼液中氮总量－水稻田面积(hm^2)×农田每季合理的施氮肥量($t/hm^2\cdot a$)+冬闲季节沼液中氮总量(t/a)
$=5/12\times 7.5(\text{t/a})-13.3(\text{hm}^2)\times 0.18(\text{t/hm}^2\cdot \text{a})+7.5\times 7/12(\text{t/a})$
$=5.106(\text{t/a})$

每年过剩沼液总磷量(t/a)
=水稻种植季节过剩沼液含磷量(t/a)+冬闲季节沼液中磷含量(t/a)
=种植季节沼液中磷总量－水稻田面积(hm^2)×农田每季合理的施磷肥量($t/hm^2\cdot a$)+冬闲季节沼液中磷总量(t/a)
$=(5/12)\times 4.18(\text{t/a})-13.3(\text{hm}^2)\times 0.075(\text{t/hm}^2\cdot \text{a})+4.18\times(7/12)(\text{t/a})$
$=3.18(\text{t/a})$

沼液中氨氮(NH_3-N)和化学需氧量 CODcr 浓度如前文所述由 2006 年 5 月实地采样检测得：氨氮(NH_3-N)浓度=12.7mg/L，化学需氧量(CODcr)浓度=334mg/L，因此沼液环境二次污染量的值为

过剩沼液总 N 量：5.1t/a
过甚沼液总 P 量：3.18t/a
CODcr 浓度：334mg/L
NH_3-N 浓度：12.7mg/L

这个顶点值反映了剩余沼液的污染程度，每年 5.1t 氮、3.18t 磷的盈余，且虽然沼液 CODcr 的浓度、氨氮 NH_3-N 的浓度已达到《畜禽养殖业污染物排放标准》规定最高允许排放浓度标准要求（CODcr：400mg/L、氨氮：80mg/L、磷：8.0mg/L），但常年排放，它们对土壤水体富营养化的危害仍不可小视。

11.3.4　兰坡村规模养殖系统顶点赋权因果关系图模型

将 11.3.3 节计算的各顶点的对应值代入图 11-20 得兰坡村养殖规模为年出栏生猪 3000 头时的关键顶点赋权图 $D_1(t)=(V_1(t),X_1(t),F_1(t))$（图 11-21）（贾仁安等，2007）。

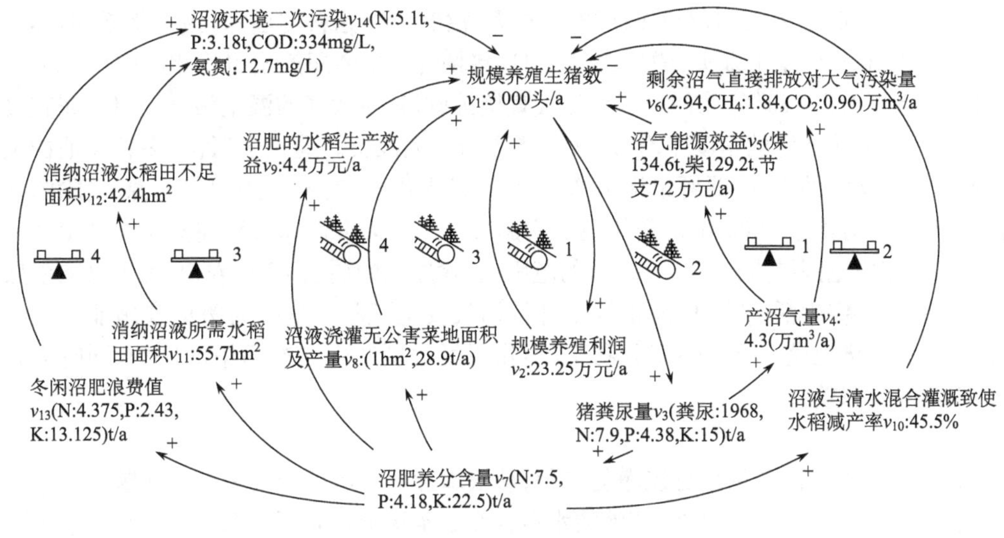

图 11-21　年出栏 3000 头时的关键顶点赋权图

图 11-21 中 4 个正反馈环各顶点值深刻揭示了年出栏 3000 头时，可获利润 23.25 万元，同时对每年产生的 1968t 猪粪尿采用沼气技术厌氧发酵，能产生 42 979m^3 的沼气及含氮、磷、钾分别为 7.5t、4.18t、22.5t 的高品质有机肥，沼气可替代 134.6t 燃煤或 129.2t 薪柴用做生活用燃料，沼肥可替代化肥、农药用于水稻及蔬菜的种植，促进种植业的发展。4 个负反馈环各顶点值以实际的数据，具体地刻画了在泰华猪场规模养殖沼气工程生物质能源开发系统年出栏 3000 头养殖规模下，存在的剩余 2/3 的沼气排放产生大气污染、沼液与清水混流使水稻减产 45.5%，由于承载农田的面积不足（缺 42.4hm^2/a）及冬闲季节农田的闲置等原因产生严重的二次污染，这 4 个方面的负反馈作用，成为生猪规模养殖业发展的制约。

用同样的计算方法，可以得到年产 1 万头生猪的顶点赋权因果关系图模型。

11.3.5 基于顶点赋权图分析法的管理对策

同样方法也可计算出当关键变量规模养殖生猪数取其他值(如 1000 头、5000 头乃至 1.5 万头)时各顶点的值,并得到相应的顶点赋权因果关系图模型。比较各时点顶点值的变化,可动态分析各增长正反馈环与各制约负反馈环的反馈作用力度变化规律,寻找减弱甚至去除上限子系统各负反馈环对系统增长起制约作用的杠杆解。通过对兰坡村规模养殖废弃物综合利用增长上限系统的反馈力度的这种动态的定量比较分析,借鉴系统动力学反馈分析理论和彼得·圣吉关于成长上限基模的管理方针:"此时不要尝试去推动成长,而要除掉限制成长的因素",我们提出促进兰坡村规模养殖沼气工程系统有效运行、持续发展的如下管理对策。

对策 1:增加投入,扩充用户,充分利用沼气能源,消除沼气污染

图 11-21 顶点 $v_2(t)$ 值反映出由于沼气用户的有限,每年 2.94 万 m^3 的剩余沼气被直接排放到大气,造成污染,随着养殖规模的扩大、沼气发酵原料的增加,污染将增加,养殖规模若由 3000 头增至 1 万头(增长 233%)时,猪场的年猪粪尿产出也将相应增长 233%,产出沼气量也增长 233%。资料显示,沼气直接排放,其对大气的温室污染比猪粪尿直接排放更严重,而从能源的角度来看,这又是能源的巨大浪费。通过多层次、多轮实地群决策,根据泰华猪场的实际,课题组提出增加投入、扩大用户、充分利用沼气能源、消除沼气污染的对策。对策于 2005 年初开始逐步实施,2006 年又投资 60 万,建立了 200m^3 储气柜,将沼气用户范围扩大到 1.5～2km 的范围内,除原先的周边 29 户农户,另外又向镇敬老院、陶瓷厂供应生活用气,目前正规划开发沼气发电工程。这一对策的实施能保证年出栏 1 万头生猪规模下沼气的充分利用,消除沼气过剩产生二次污染的制约,同时为农户带来沼气能源效益。

对策 2:实行沼液与灌溉用水分流净化工程,从根本上解决水稻青苗减产的问题

系统关键顶点赋权图 11-21 沼液清水混合灌溉水稻减产负反馈环(⚖ 2),揭示了由于沼肥流入灌溉水渠,与灌溉用水混流,使水稻在只需清水灌溉的非用肥时期,也只能以这种混合着沼肥的水灌溉,造成秧苗过肥而"青苗"减产甚至不产,3000 头时减产率就已高达 45.5%,1 万头时将更高。如此高的减产率危及水稻生产的安全。根据消除增长制约、促进发展的管理原则,提出建设专用沼液管道,实施沼液与灌溉用水分流,同时对沼液实施多级净化的对策。兰坡村生态能源试点项目,2005 年投资 12 万元建成沼液与灌溉用清水分流排灌工程。2006 年实地调查显示,青苗问题已解决,水稻增产,规模养殖废弃物综合利用的"猪-沼-粮"生态模式正常运行,得到农民一致好评。

对策 3:提高系统内土地资源利用效率,建立养殖和水稻种植、冬闲田与旱地蔬菜种植相结合的生态工程,促进养殖业和种植业一体化发展

制约兰坡村规模养殖沼气工程发展的负反馈环(⚖ 3、⚖ 4),刻画了系统内用以消纳沼肥的农田的严重不足以及水稻种植用肥的季节性(中部地区水稻单季种植农田冬闲近 7 个月),造成了严重的二次污染,其后果是农业生态环境恶化,系统内及下游水体富营养化,水稻减产,甚至危及饮用水安全,与农户纠纷冲突不断,污染同样使生猪疫病增加,制约着养殖规模的扩大。为消除这一制约因素,提出对策:提高系统内土地资源利用效率,建立养殖和水稻种植、冬闲田与旱地种植相结合的生态工程,促进养殖业和种植业一体化发展。

此对策已于 2005 年和 2006 年在兰坡村规模养殖循环经济系统实施应用,利用兰坡村系统内还未开发的 16.7hm^2 的旱地和 13.3hm^2 冬闲田,开发"猪-沼-菜"工程。2005 年 10 月至 2006 年 4 月泰华猪场通过冬闲田使用权转让,在 30 余亩冬闲田中,开发了以马铃薯和包心菜为主要品种的冬闲田蔬菜种植工程,取得初步成效。2006 年 10 月,在 2005 年实施的基础上,利用 100 余亩冬闲田,开发以榨菜为主要品种的沼肥蔬菜种植工程。对策的系列实施,将消除增长制约,促进循环经济系统发展。

对策 4:在发展猪规模经营,实现农民增收时,考虑生态成本,强调区域适度规模

"农业、农村、农民"问题是我国发展亟待解决的问题,而解决"三农"问题的核心是转变经济增长方式,促进农民增收。正反馈环 1 反映出在商品猪售价不变的条件下,当年出栏猪数为 3000 头时,规模养殖利润为 23.25(万元/a);年出栏 1 万头时,规模养殖利润为 77.5(万元/a),由此可见养殖规模的扩大有利于提高养殖利润,应该扩大养殖规模。

然而,本书在计算养殖利润时,未考虑环境污染治理成本,长期以来人类无成本地使用着自然资源,肆意地向环境排放废弃物,致使生态环境急剧恶化。为此建议在发展猪规模经营,计算养殖利润时计入生态成本,考虑环境对废弃物的消纳能力,强调养殖的适度规模。

对策 5:政府、高校及科研机构积极投入,对以沼气工程为纽带的养殖废弃物综合利用给予扶持

养殖业是一个市场风险大而利润不高的产业,但综合利用的技术和资金门槛较高。在中国的农村,一项技术或成果只有能为农民带来切实的利益,才能得到广泛的接受和应用。因此,建议各方面尤其是政府部门加强对综合利用公益性质的认识,对实施综合利用模式的养殖户在土地、贷款、税收等方面给予足够扶持,加大对农村经济落后地区中小型养殖场沼气工程建设的投入。同时,建议高等院校及科研机构加强综合利用的基础理论与技术成果研发、科普宣传,增强农户对新技术的接受力和经济承受力,消除资金、技术对规模养殖污染物综合利用有效运行与发展的制约,使其能为农民带来实惠因而得以推广实施。2005 年,兰坡村泰华猪场被列为南昌大学系统工程研究所、管理科学与工程博士点的生态能源科研教学基地,2006 年又被列为江西省政府规模养殖沼气工程的重点建设项目,政府投资 60 万元资助其废弃物综合利用循环经济模式的进一步发展。

兰坡村规模养殖沼气工程顶点赋权因果关系图模型,实现了定性与定量相结合刻画的系统问题,使提出的管理对策更加具有针对性、可靠性,并为以后的管理对策实施效果提供了仿真检验。

➢思考题

1. 什么叫动态性复杂？动态性复杂与细节性的复杂有何区别？

2. 根据彼得·圣吉建立基模的思想方法，建立两个有实际意义的基模。

3. 什么是顶点赋权因果关系图模型？顶点赋权因果关系图与SD因果关系图和存量流量图之间的关系如何？

第 12 章

流率基本入树建模法和反馈环计算法

系统动力学建模方法是通过因果关系图、存量流量图建立结构模型，然后建立方程模型。这种建模方法从系统实际出发，通过对子系统的分析，建立流位流率树，逐步添加变量枝，不断累加而形成一个复杂的存量流量图结构模型。当模型建成之后，面对一个复杂的存量流量图结构模型，往往连建模者自己都难以说清楚是怎样将其逐步添加而成的。这主要是因为，系统动力学建模的中间过程复杂深奥，没有一个简洁规范的方法。因此，一个这样的复杂存量流量图结构模型含有多少个反馈环，各个反馈环中的具体反馈变化，等等，都是困扰模型研究者甚至建模者自身的难题。而以上问题对于系统动力学建模和推广、模型调试、模型分析、仿真结果分析等都十分重要。

12.1 系统动力学流率基本入树建模法

我们知道，在系统动力学中，一个微分方程对应着一棵入树，因此，先建立各微分方程对应的入树，就可以得到整个模型。南昌大学贾仁安教授及其研究小组于 1998 年创立流率基本入树建模法(贾仁安等，1998)。该方法以还原论的思想为指导，将图论中生成树理论应用于动态复杂系统的反馈结构分析。此方法把所研究的整个系统按研究目的划分为一个一个的子系统，然后设定每个子系统内部的流位、流率、辅助变量，抓住系统反馈结构变量中最基本的流率变量，用一组以流率变量为根的树模型来刻画系统内各变量之间的因果关系，最后通过引入嵌运算构建系统网络存量流量图。

12.1.1 流率基本入树建模法的基本概念

定义 12.1 若 $t\in T$，一个动态有向图 $T(t)=(V(t),X(t))$ 中，存在一个点 $v(t)\in V(t)$，使 $T(t)$ 中的任何一点 $u(t)\in V(t)$，有且仅有一条由 $u(t)$ 至 $v(t)$ 的有向道路，则此有向图 $T(t)$ 称为一棵入树，且 $v(t)$ 称为树根，满足入度 $d^{-}(u(t))=0$ 的 $u(t)$ 称为树尾，从树根至树尾的一条有向道路称为一根树枝(贾仁安等，1998)。

定义 12.2 在系统动力学存量流量图中，以流率为树根、以流位为树尾的入树 $T(t)$ 称为流率入树。流率入树 $T(t)$ 中含流位的个数称为入树的阶数，从树尾沿一枝至树根所含流位的个数称为这枝的枝阶长度。流率入树最大枝阶长度称为该入树的阶长度(贾仁安等,1998)。

定义 12.3 各枝阶长度为1的流率入树称为流率基本入树(贾仁安等,1998)。

定义 12.4 不真包含在任何其他流率基本入树的流率基本入树称为极大流率基本入树(贾仁安等,1998)。

定义 12.5 存量流量图中任何一个子图称为半子存量流量图,满足含流位 $L(t)$ 及其流率 $R(t)$(或流出率 $R_1(t)$ 或流入率 $R_2(t)$)的半子存量流量图称为子存量流量图(贾仁安等,1998)。

定义 12.6 已知 $t\in T$,半子存量流量图 $G_1(t)=(Q_1(t),E_1(t),F_1(t))$,$G_2(t)=(Q_2(t),E_2(t),F_2(t))$,则

(1) 作 $G_1(t)\cup G_2(t)$ 且保持 $F_1(t)$,$F_2(t)$ 确定的映射关系。

(2) 若流率 $R_p(t)$ 及其对应的流位 $L_p(t)$ 在 $G_i(t)(i=1,2)$ 中,则在(1)的基础上再增加一条弧,构成因果链:$R_p(t)\rightarrow L_p(t)$,同时给出实际意义下的因果链极性。

由(1)和(2)所得到一个新的半子存量流量图 $G(t)$,定义这种运算为嵌运算,嵌运算记为 $\overrightarrow{\cup}$,则 $G(t)=G_1(t)\overrightarrow{\cup}G_2(t)$。

嵌运算满足以下性质:

交换律:$G_1(t)\overrightarrow{\cup}G_2(t)=G_2(t)\overrightarrow{\cup}G_1(t)$

结合律:$G_1(t)\overrightarrow{\cup}G_2(t)\overrightarrow{\cup}G_3(t)=(G_1(t)\overrightarrow{\cup}G_2(t))\overrightarrow{\cup}G_3(t)$

12.1.2 流率基本入树建模法的建模步骤

在引入上述基本概念的基础上,给出流率基本入树建模法的基本步骤。

步骤 1 通过系统分析,建立流位流率系:$\{(L_1(t),R_1(t)),(L_2(t),R_2(t)),\cdots,(L_n(t),R_n(t))\}$。

步骤 2 分别建立以流率变量 $R_i(t)$ 为根、以流位变量 $L_j(t)$ 为尾的,且流位变量直接或通过辅助变量控制流率变量的流率基本入树,可得图 12-1 所示的流率基本入树模型。

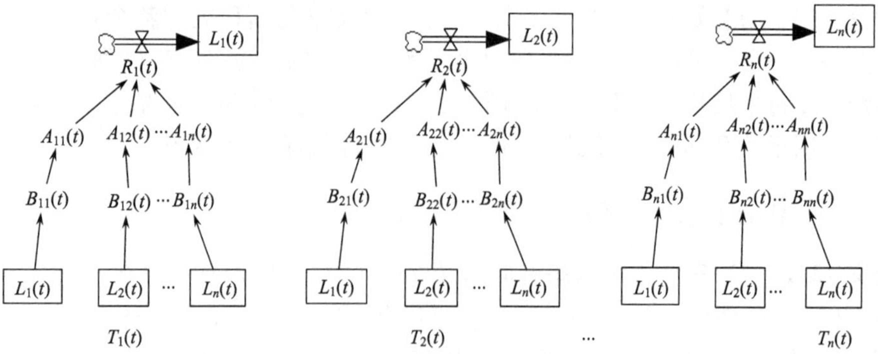

图 12-1 流率基本入树模型

图 12-1 中的 $A_{ij}(t)$,$B_{ij}(t)$(其中 $i,j=1,2,\cdots,n$)可能是多个辅助变量构成的有向链。

步骤 3　对这些基本入树模型 $T_1(t), T_2(t), \cdots, T_n(t)$ 作嵌运算，即顶点与顶点并，弧与弧并，流率与对应流位相连，则可得该流位流率系下的存量流量图模型。

建立流率基本入树和直接建立存量流量图模型是建立系统结构模型的两个等价方法。

同一流位流率系下的网络存量流量图 $G(t)$ 与流率基本入树模型 $T_1(t), T_2(t), \cdots, T_n(t)$ 具有当且仅当关系。即在同一流位流率系下，由网络存量流量图 $G(t)$ 分解可得入树模型 $T_1(t), T_2(t), \cdots, T_n(t)$，由入树模型 $T_1(t), T_2(t), \cdots, T_n(t)$ 可得网络存量流量图 $G(t)$（或记为 $G_n(t)$），$G_n(t) = \overrightarrow{\bigcup} T_i(t)$，$\overrightarrow{\bigcup}$ 为嵌运算。

12.1.3　流率基本入树模型概念的拓展

在研究过程中，根据上述 1998 年创立的系统动力学流率基本入树建模理论，贾仁安教授及其研究小组又提出了下述系统动力学流率基本入树建模理论的新概念，丰富了原流率基本入树建模理论。

1. 流率基本入树定义的拓展

定义 12.7　以流率为树根，通过辅助变量，以流位、流率为树尾的入树 $T(t)$ 每个流率 $R_i(t)$ 可通过树模型中的变量代换，可实现 $R_i(t)$ 只通过辅助变量依赖于流位变量。入树 $T(t)$ 称为流率基本入树模型（胡玲，贾仁安，2001）。

根据以上定义，在流位流率系 $\{(L_1(t), R_1(t)), (L_2(t), R_2(t)), \cdots, (L_n(t), R_n(t))\}$ 下，流率基本入树模型如图 12-2 所示。

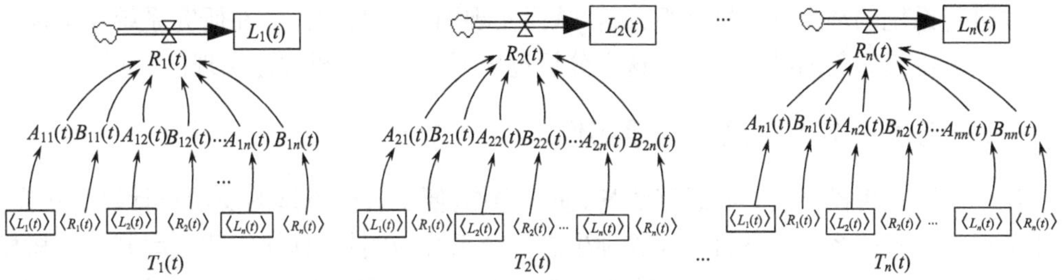

图 12-2　拓展定义下流率基本入树模型

其中，图 12-2 中的 $A_{ij}(t)$，$B_{ij}(t)$（其中 $i, j = 1, 2, \cdots, n$）是多个辅助变量构成的有向链；图 12-2 中省略了各因果链的"＋""－"号。

2. 流率基本入树模型定义拓展的新意

本流率基本入树模型从实际出发，将流率入树由原来仅以流位变量 $L_i(t)$ 为树尾扩充为以流位变量 $L_i(t)$ 或流率变量 $R_i(t)$ 为树尾。

这一概念的扩充源于实际需求，在模型方程建立过程中，常出现一个流率或辅助变量直接依赖于流率变量的情形。例如，某产品 $t+\mathrm{DT}$ 年的收入为 $A_i(t+\mathrm{DT})$，设 $L_i(t)$ 为 t 年的产品数，$R_i(t)$ 为 $[t, t+\mathrm{DT}]$ 时期产品数的变化量，则有 $A_i(t+\mathrm{DT}) = [L_i(t) +$

$R_i(t)$]×产品价格，因此树尾中增加流率变量 $R_i(t)$ 有利于方程的建立。

在流率基本入树定义拓展下的微分方程组模型：

$$\begin{cases} \dfrac{\mathrm{d}L_i(t)}{\mathrm{d}t} = R_i(t) = f_i(L_1(t), L_2(t), \cdots, L_m(t), R_1(t), R_2(t), \cdots, R_{i-1}(t), R_{i+1}(t), \\ \qquad\qquad \cdots, R_m(t), E_1(t), E_2(t), \cdots, E_n(t), a_1, a_2, \cdots, a_q) \\ L_i(t)\mid_{t=t_0} = L_i(t_0) \\ i = 1, 2, \cdots, m \end{cases}$$

由流率基本入树建模法，可以得到存量流量图中反馈环的性质。

定理 12.1 结构存量流量图中每个反馈环中必须含流位变量和流率变量(流出率或者流入率)。

证明：因为结构流图是由流率基本入树作嵌运算而构成的。作嵌运算中，顶点集与弧集作并运算时，只有流位变量 $L_i(t)$ 与对应流率 $R_i(t)$ 相连才能构成反馈环。因此，每个反馈环必须含流位变量与流率变量(流入率或流出率变量)。

证毕。

综观流率基本入树建模法的概念和建模步骤，流率基本入树建模法有两大好处：

(1) 有利于分部分、分子系统进行规范化建模，提高线段性思考的集中度与精确度；有利于用整体论与还原论相结合的思想方法对问题进行有效研究；有利于仿真方程的建立。

(2) 为利用代数的方法研究动态反馈复杂性系统问题提供了可能性。有了流率基本入树模型，通过将入树的枝转化为枝向量，构造枝向量行列式、枝向量矩阵，就可利用代数方法进行系统的动态反馈复杂性分析，从而实现图论与线性代数在研究系统反馈动态复杂性问题中最完美的结合。而且这个分析过程可借助计算机程序实现。

12.1.4 流率基本入树模型构建实例

流率基本入树模型法具有思路清晰、便于操作、便于进行模型的反馈环计算等优点。本小节以江西省萍乡市兰坡村规模养种生态能源系统为实例，具体阐述流率基本入树模型的构建过程。此实例是王翠霞、贾仁安等承担的相关课题研究成果(王翠霞，贾仁安，2007a；Jia Renan，et al.，2007；Jia Renan et al.，2007；贾仁安等，2007)。

1. 建立系统结构的流率基本入树

1) 建立系统动力学流率基本入树仿真模型的目的

在第 11 章建立了兰坡村规模养种沼气工程顶点赋权因果关系图模型，提出了消除增长上限，促进兰坡村规模养殖沼气工程系统有效运行、持续发展的 5 条管理对策。建立兰坡村规模养种生态能源系统动力学模型的目的，是仿真预测 5 条管理对策实施后各项能源生态工程可能出现的各种效果，研究该系统中生猪养殖、农民收入、水稻与蔬菜种植、养殖废弃物生物质能源开发利用及剩余沼液、沼气污染环境等之间的相互作用，确保规模养殖农民增收和水稻安全，环境不受污染。

2) 建立流位流率系：$\{(L_1(t), R_1(t)), (L_2(t), R_2(t)), \cdots, (L_n(t), R_n(t))\}$

根据顶点赋权图变量结构建立流位流率系如下：

5 条管理对策是基于兰坡村规模养种沼气工程顶点赋权因果关系图模型提出的，顶点赋权因果关系图模型含规模养殖生猪数 $v_1(t)$、规模养殖年利润值 $v_2(t)$、猪粪尿量 $v_3(t)$、产沼气量 $v_4(t)$、沼气能源效益 $v_5(t)$、剩余沼气直接排放对大气污染量$v_6(t)$、沼肥养分含量 $v_7(t)$、沼液浇灌无公害蔬菜地及其产量 $v_8(t)$、沼肥的水稻生产效益 $v_9(t)$、沼液与清水混合灌溉致使水稻减产率 $v_{10}(t)$、消纳沼液水稻田不足面积 $v_{12}(t)$、冬闲沼肥浪费值 $v_{13}(t)$、沼液二次环境污染 $v_{14}(t)$14 个变量，仿真预测 5 条管理对策实施后，14 个变量可能出现的各种情景。因此兰坡村规模养种生态能源系统结构流率基本入树模型的流位流率系是

（生猪数 $L_1(t)$ （头），生猪数变化量 $R_1(t)$（头/a））

（总纯收入 $L_2(t)$ （万元），总纯收入变化量 $R_2(t)$（万元/a））

（生猪收入 $L_{21}(t)$ （万元），生猪收入变化量 $R_{21}(t)$（万元/a））

（稻谷收入 $L_{22}(t)$ （万元），稻谷收入变化量 $R_{22}(t)$（万元/a））

（蔬菜收入 $L_{23}(t)$ （万元），蔬菜收入变化量 $R_{23}(t)$（万元/a））

（沼气收入 $L_{24}(t)$ （万元），沼气收入变化量 $R_{24}(t)$（万元/a））

（沼液污染量 $L_{31}(t)$ （t），沼液排放变化量 $R_{31}(t)$-沼液综合利用变化量 $R_{32}(t)$）

（沼液综合利用量 $L_{32}(t)$ （t），沼液综合利用变化量 $R_3(t)$（t/a））

（稻谷产量 $L_4(t)$(t)，稻谷产量变化量 $R_4(t)$（t/a））

（蔬菜地面积 $L_5(t)$(hm^2)，蔬菜地面积变化量 $R_5(t)$(hm^2/a)）

（沼气量 $L_6(t)$(m^3)，沼气变化量 $R_6(t)$(m^3/a)）

在管理对策仿真中，还将采用如下管理对策实施调控因子，因此，在流率基本入树中，包含如下 3 个管理对策调控因子：

粮食安全分流创新工程因子 C_1、冬闲田及旱地蔬菜工程因子 C_2、政府及科研项目沼气因子 C_{31}、C_{32}，$C_i \in [0,1]$，$i=1,2,31,32$。$C_i=0$ 表示没有实现此工程，$C_i=1$ 表示完全实现了此工程，$C_i \in (0,1)$表示部分实现了此工程。

3）兰坡村规模养种生态能源系统结构流率基本入树模型

兰坡村规模养种沼气工程顶点赋权因果关系图模型，11 个流位变量对 11 个流率变量的关联关系，建立以下 10 棵流率基本入树构成[图 12-3(a)～(f)]。

(1) 生猪数变化量 $R_1(t)$（头/a）流率基本入树 $T_1(t)$[图 12-3(a)]。$T_1(t)$是根据下述系统分析建立的。

在我国，农村生猪养殖规模主要受市场收入的影响，同时生猪数变化量 $R_1(t)$与原养殖规模也有关，规模越大，变化量越大，同时还受环境的影响：沼液对农田污染而引发的纠纷，一定程度上将制约养殖规模的扩大。因此对剩余沼液、沼气污染治理、疾病防御、有机生猪创新等工程的实施将改善养殖环境，从而促进养殖规模的扩大。而且为贯彻农村养殖业适度规模发展的原则，我们假设自 2010 年起，每年生猪的增长规模不得超过 1000 头。据此采用 SD 中乘积式 MIN 函数得

“生猪数变化量 $R_1(t)$”＝MIN(“生猪数 $L_1(t)$”×“市场收入影响因子 $M_{14}(t)$”×有机生猪调控参数 $M_{13}(t)$ ×“沼气污染制约因子 $M_{12}(t)$”×“沼液污染制约因子 $M_{11}(t)$”×疾病防疫工程调控参数 K_{11}，IF THEN ELSE(Time>2009，1000，3000))

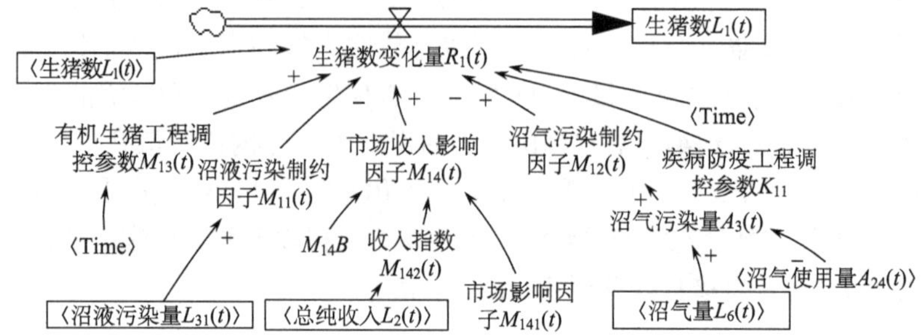

(a) $T_1(t)$

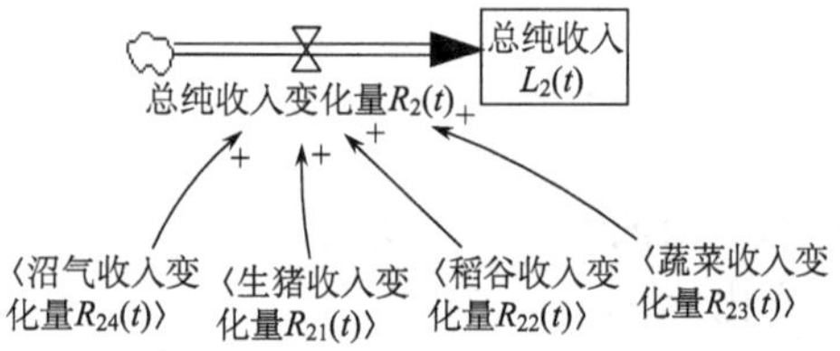

(b) $T_2(t)$

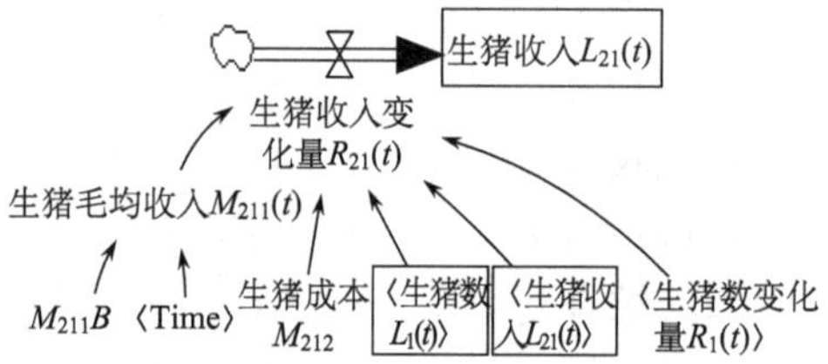

(b1) $T_{21}(t)$

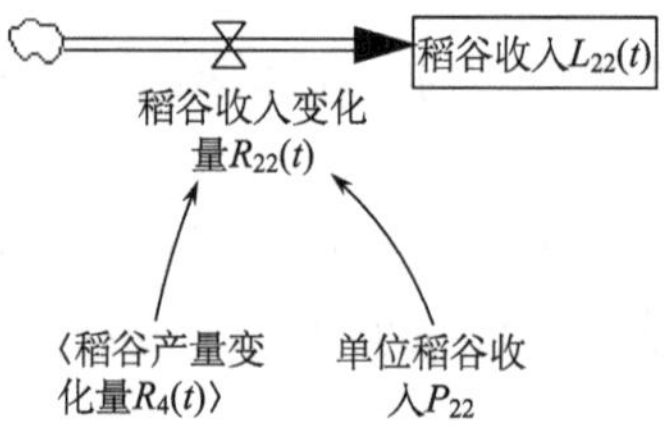

(b2) $T_{22}(t)$

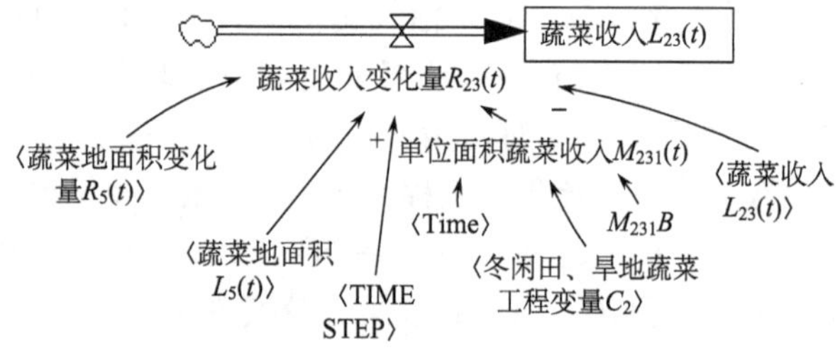

(b3) $T_{23}(t)$

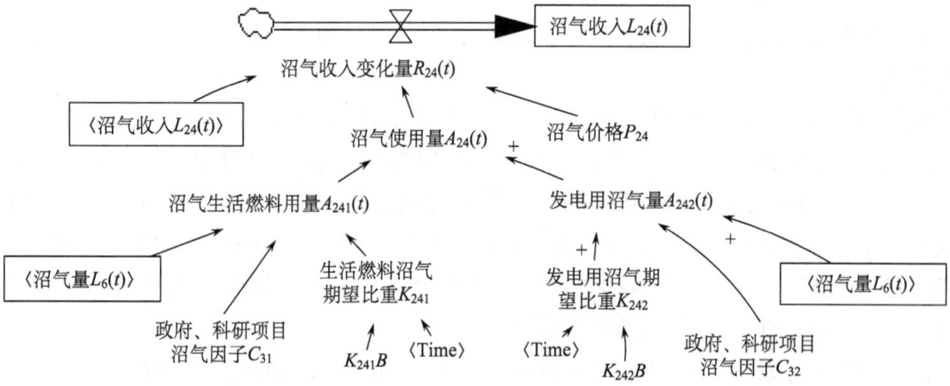

(b4) $T_{24}(t)$

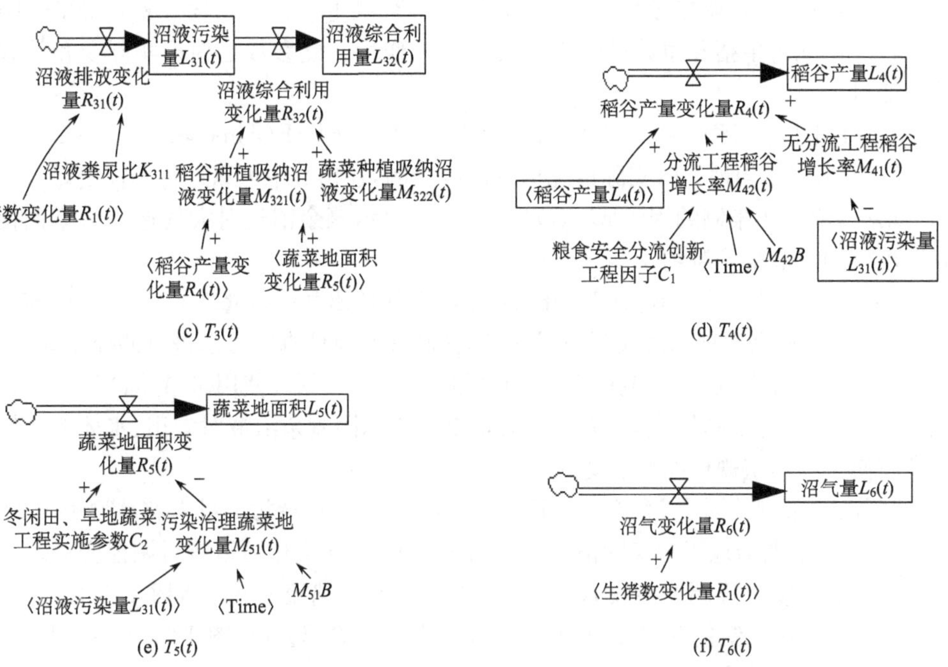

图 12-3 兰坡村规模养种生态能源系统结构流率基本入树模型

生猪数变化量 $R_1(t)$(头/a):表示[t,t+DT]期间生猪数变化量,其微分方程为

$$\begin{cases} R_1(t) = \dfrac{\mathrm{d}L_1(t)}{\mathrm{d}t} = L_1(t) \times M_{14}(t) \times M_{12}(t) \times M_{11}(t) \times M_{13}(t) \times K_{11} \\ L_1(t)\mid_{t=2002} = 1200\text{ 头} \end{cases}$$

1200 头是生猪数流位的初始值,即 2002 年的生猪数。

第一,市场收入影响因子 $M_{14}(t)$(无量纲):表示上一阶段[t−DT,t]的收入和本阶段[t,t+DT]的市场环境对本阶段[t,t+DT]生猪养殖数量变化 $R_1(t)$的影响,是市场影响因子和收入指数的表函数(表 12-1)。

$$M_{14}(t) = M_{14}B(M_{141}(t) \times M_{142}(t))$$

表 12-1 市场收入影响因子表函数表

$M_{141} \times M_{142}$	0.47	0.63	0.78	1	1.8	3.7
M_{14}	0.03	0.12	0.14	0.33	0.4	0.5

其中,$M_{141}(t)$为市场影响因子(无量纲),由于一直以来兰坡村生猪销售不存在滞销问题,所以实际上 $M_{14}(t)$依赖于 $M_{142}(t)$。因此市场对养殖规模的变化产生影响很小,此处忽略,该因子取常数 1。

$M_{142}(t)$为收入指数(无量纲):表示[t−DT,t]期间年总纯收入的增长情况。

"收入指数 $M_{142}(t)$"="总纯收入 $L_2(t)$"/DELAY1I("总纯收入 $L_2(t)$",1 , 9.09)

9.09 为总纯收入 $L_2(t)$(万元)仿真起始年 2002 年的上一年的值,为一预设值。

$M_{14}(t)$的表函数建立很困难,上述表函数是通过基本反馈环逐步调试法得出的。

第二，有机生猪调控参数 $M_{13}(t)$（无量纲）：有机生猪创新工程计划在 2008 年启动，该工程的实施对生猪养殖数量的增加具有促进作用。此参数是根据实际及预测设定的外生变量。

“有机生猪工程调控参数 $M_{13}(t)$”＝IF THEN ELSE(Time>2007，1.01，1)

1.01 是根据当地当时实际情况估算而确定的，在仿真中可以进行调控变动。

第三，沼气污染制约因子 $M_{12}(t)$（无量纲）：表示剩余沼气对大气造成污染而使生猪养殖规模的发展受到制约。

“沼气污染制约因子 $M_{12}(t)$”＝IF THEN ELSE(“沼气污染量 $A_3(t)$”>0，0.985，1)

0.985 是根据当地当时实际情况估算而确定的，在仿真中可以进行调控变动。

“沼气污染量 $A_3(t)$”＝“沼气量 $L_6(t)$”－“沼气使用量 $A_{24}(t)$”

第四，沼液污染制约因子 $M_{11}(t)$（无量纲）：表示因剩余沼液对农田、水体等环境造成污染而使生猪养殖规模的发展受到制约。

“沼液污染制约因子 $M_{11}(t)$”＝IF THEN ELSE(“沼液污染量 $L_{31}(t)$”>0，0.98，1)

0.98 是根据当地当时实际情况估算而确定的，在仿真中可以进行调控变动。

令疾病防疫工程调控参数 $K_{11}=1$，于是就得到生猪流率基本入树 $T_1(t)$。

(2) 总纯收入变化量 $R_2(t)$（万元/a）流率基本入树 $T_2(t)$[图 12-3(b)]。$T_2(t)$是根据下述系统分析建立的。

依据兰坡村规模养种生态能源系统的边界设置，在此收入仅包括生猪收入 $L_{21}(t)$、稻谷收入 $L_{22}(t)$、蔬菜收入 $L_{23}(t)$、沼气收入 $L_{24}(t)$，因此总纯收入的变化量仅与生猪收入变化量 $R_{21}(t)$、稻谷收入变化量 $R_{22}(t)$、蔬菜收入变化量 $R_{23}(t)$、沼气收入变化量 $R_{24}(t)$有关，其具体表达式为和式为

“总纯收入变化量 $R_2(t)$”＝“生猪收入变化量 $R_{21}(t)$”＋“稻谷收入变化量 $R_{22}(t)$”
＋“蔬菜收入变化量 $R_{23}(t)$”＋“沼气收入变化量 $R_{24}(t)$”

总纯收入变化量 $R_2(t)$（万元/a）：表示[t,t+DT]期间总纯收入变化量，其微分方程为

$$\begin{cases} R_2(t) = \dfrac{\mathrm{d}L_2(t)}{\mathrm{d}t} = R_{21}(t) + R_{22}(t) + R_{23}(t) + R_{24}(t) \\ L_2(t)\big|_{t=2002} = 8.9\text{ 万元} \end{cases}$$

(3) 生猪收入变化量 $R_{21}(t)$（万元/a）流率基本入树 $T_{21}(t)$[图 12-3(b1)]。$T_{21}(t)$是根据下述系统分析建立的。

生猪收入的变化依赖于同期生猪的数量、价格、成本，也与上一期生猪收入有关，其具体表达式为积差式

“生猪收入变化量 $R_{21}(t)$”＝[(“生猪毛均收入 $M_{211}(t)$”－生猪毛均成本 M_{212})
×(“生猪数 $L_1(t)$”＋“生猪数变化量 $R_1(t)$”)×10^{-4}]
－“生猪收入 $L_{21}(t)$”

这就建立了生猪收入流率通过辅助变量受流位 $L_1(t)$、$L_{21}(t)$和流率变量 $R_1(t)$控制的流率基本入树模型 $T_{21}(t)$。

生猪收入变化量 $R_{21}(t)$（万元/a）：表示[t,t+DT]期间生猪收入变化量，其微分方程为

$$\begin{cases} R_{21}(t) = \dfrac{\mathrm{d}L_{21}(t)}{\mathrm{d}t} = (M_{211}(t) - M_{212}) \times (L_1(t) + R_1(t)) \times 10^{-4} - L_{21}(t) \\ L_{21}(t)\mid_{t=2002} = 3 \text{ 万元} \end{cases}$$

“生猪毛均收入 $M_{211}(t)$”(元/头):指平均每头生猪的毛收入。

$$M_{211}(t) = M_{211}B(\mathrm{Time}) \times 105$$

其中,105(kg/头)为出栏生猪每头平均重量。

$M_{211}B(\mathrm{Time})$(元/kg):指生猪价格,根据历史数据及商品猪价格变动周期预测的表函数。

$$M_{211}(t) = M_{211}B(\mathrm{Time})$$

表 12-2 为生猪价格预测值。

表 12-2　生猪价格预测值

年份	2003	2004	2005	2006	2007	2008	2009	2010	2011	2012	2013	2014	2015
生猪价格/(元/kg)	7.5	9.4	7.9	7.6	9	8.3	7.3	7.2	7.4	8	9	7.5	7.3

生猪毛均成本 M_{212}(元/头),表示每头猪的养殖成本,按如下公式计算得出:

每头猪的平均养殖成本 M_{212}(元 / 头)

= 平均饲料成本 493.5(元 /kg) + 平均人工成本 45(元 / 头)

+ 平均水电成本 10(元 / 头) + 平均防疫成本 12(元 / 头)

+ 母猪平摊成本 130(元 / 头) + 设备折旧平摊成本 30(元 / 头)

= 720.5(元 / 头)

(4) 稻谷收入变化量 $R_{22}(t)$(万元/a)流率基本入树 $T_{22}(t)$[(图 12-3(b2)]。

稻谷收入的变化依赖于单位重量稻谷的收入和稻谷的产量的变化,其具体表达式为以下乘积式:

“稻谷收入变化量 $R_{22}(t)$”=单位稻谷收入 P_{22}ד稻谷产量变化量 $R_4(t)$”

这就建立了稻谷收入流率受稻谷产量流率变量 $R_4(t)$控制的流率基本入树模型 $T_{22}(t)$。

稻谷收入变化量 $R_{22}(t)$(万元/t):表示[t,t+DT]期间稻谷收入变化量,其微分方程为

$$\begin{cases} R_{22}(t) = \dfrac{\mathrm{d}L_{22}(t)}{\mathrm{d}t} = P_{22} \times R_4(t) \\ L_{22}(t)\mid_{t=2002} = 4.375 \text{ 万元} \end{cases}$$

单位稻谷收入 P_{22}(万元/t):根据兰坡村情况,每 1000kg 稻谷纯收入 0.0625 万元,故 P_{22}为=0.0625 万元。

(5) 蔬菜收入变化量 $R_{23}(t)$(万元/a)流率基本入树 $T_{23}(t)$[图 12-3(b3)]。

蔬菜收入变化依赖于单位面积蔬菜的收入和蔬菜地面积的变化。其具体表达式为乘积式:

$$“蔬菜收入变化量 R_{23}(t)” = “单位面积蔬菜收入 M_{231}(t)” \times (蔬菜地面积 L_5(t) + “蔬菜地面积变化量 R_5(t)”) - 蔬菜收入 L_{23}(t)$$

这就建立了蔬菜收入流率受蔬菜地面积流率变化量 $R_5(t)$ 控制的流率基本入树模型 $T_{23}(t)$。

蔬菜收入变化量 $R_{23}(t)$（万元/a）：表示[$t,t+\mathrm{DT}$]期间蔬菜收入变化量，其微分方程为

$$\begin{cases} R_{23}(t)=\dfrac{\mathrm{d}L_{23}(t)}{\mathrm{d}t}=M_{231}(t)\times(L_5(t)+R_5(t))-L_{23}(t) \\ L_{23}(t)\mid_{t=2002}=0.9\ 万元 \end{cases}$$

单位面积蔬菜收入 $M_{231}(t)$（万元/hm^2）：在实施冬闲田、旱地蔬菜工程之前，蔬菜种植仅限于周边 38 家农户自给蔬菜的种植，蔬菜地面积约 $1\mathrm{hm}^2$，按每户每日食用蔬菜价值 0.65元计，38 户年食用蔬菜价值 0.9 万元。

实施冬闲田、旱地蔬菜种植工程之后，单位面积蔬菜收入按蔬菜年销售收入计算。基于上述分析，构建如下函数：

$$“单位面积蔬菜收入 M_{231}(t)”=\mathrm{IF\ THEN\ ELSE}(“冬闲田、旱地蔬菜工程变量 C_2” =0,\ 0.9,\ M_{231}B(\mathrm{Time})\ )$$

$$M_{231}(t)=M_{231}B(\mathrm{Time})$$

表 12-3 为单位面积蔬菜收入预测值。

表 12-3　单位面积蔬菜收入预测值

年份	2003	2004	2005	2006	2007	2008	2009	2010	2011	2012	2013	2014	2015
单位面积蔬菜收入/万元	0.9	0.9	1.2	1.25	1.5	1.5	1.5	1.5	1.5	1.5	1.5	1.5	1.5

表函数 $M_{231}B$ 在 2005 年的值为 1.2，是由于 2005 年冬开发的 $3.1\mathrm{hm}^2$，2005 年冬闲田蔬菜收入 3.72 万元，平均每公顷收入 1.2 万元。2006 年增加 $68\mathrm{hm}^2$，平均每公顷收入增加到 1.25 万元，随后经定性预测为每公顷收入 1.5 万元。

(6) 沼气收入变化量 $R_{24}(t)$（万元/a）流率基本入树 $T_{24}(t)$[图 12-3(b4)]。

沼气收入依赖于同期沼气使用量和沼气价格。政府和科研单位于 2002 年在兰坡村启动沼气生活用燃料项目，将沼气部分用做生活燃料，并将在 2009 年开发沼气发电工程。

$$“沼气收入变化量 R_{24}(t)”=沼气价格 P_{24}\times“沼气使用量 A_{24}(t)”\times 10^{-4} -“沼气收入 L_{24}(t)”$$

沼气使用量 $A_{24}(t)$ 在政府、科研项目启动后，包含生活用燃料和发电两种用量。

基于上述分析，就建立了沼气收入流率受流位变量 $L_6(t)$ 和 $L_{24}(t)$ 控制的流率基本入树模型 $T_{24}(t)$。

沼气收入变化量 $R_{24}(t)$（万元/a）：表示$[t, t+DT]$期间沼气收入变化量，其微分方程为

$$\begin{cases} R_{24}(t) = \dfrac{dL_{24}(t)}{dt} = P_{24} \times A_{24}(t) \times 10^{-4} - L_{24}(t) \\ L_{24}(t)\mid_{t=2002} = 0 \text{ 万元} \end{cases}$$

第一，沼气价格 P_{24}：由于沼气商品化发展在我国还不成熟，无法得知其市场价格，一般沼气价值按与其等量用能的农家燃料的费用替代。按当地煤球价格折算的沼气价格为1.67元/ m^3（第 11 章有其详细的折算公式），故取 $P_{24}=1.67$ 元/m^3。

第二，$A_{24}(t)$（m^3）为沼气使用量，在兰坡村沼气能源系统内，对沼气的综合利用主要是替代燃煤用做生活燃料，2012 年后计划开发沼气发电工程，因此，

"沼气使用量 $A_{24}(t)$" = "沼气生活燃料用量 $A_{241}(t)$" + "发电用沼气量 $A_{242}(t)$"

第三，$A_{241}(t)$ （m^3）为沼气生活燃料用量，指$[t, t+DT]$期间用做生活燃料的沼气量。

沼气生活燃料用量 A_{241} = "沼气量 $L_6(t)$" × 生活燃料沼气期望比重 K_{241} × 政府、科研项目沼气因子 C_{31}

第四，K_{241}（无量纲）为生活燃料沼气量期望比重，指用做燃料的沼气占同期产沼气量的百分比，为依据实际和预测数据确定的表函数。

$$K_{241} = K_{241}B(\text{Time})$$

表 12-4 为用做燃料的沼气占同期产沼气量的百分比预测值。

表 12-4　用做燃料的沼气占同期产沼气量的百分比预测值

年份	2003	2004	2005	2006	2007	2008	2009	2010	2011	2012	2013	2014	2015
生活燃料沼气量期望比重	0.39	0.34	0.23	0.29	0.4	0.37	0.47	0.49	0.44	0.41	0.37	0.35	0.34

第五，$A_{242}(t)$ （m^3）为发电用沼气量，指$[t, t+DT]$期间用做发电的沼气量。

"发电用沼气量 $A_{242}(t)$" = "沼气量 $L_6(t)$" × 发电用沼气期望比重 K_{242} × 政府、科研项目沼气因子 C_{32}

其中，K_{242}（无量纲）为发电用沼气期望比重，指用做发电的沼气占同期产沼气量的百分比，为依据实际和预测数据确定的表函数。

$$K_{242} = K_{242}B(\text{Time})$$

表 12-5 为用做发电的沼气占同期产沼气量的百分比预测值。

表 12-5　用做发电的沼气占同期产沼气量的百分比预测值

年份	2003	2004	2005	2006	2007	2008	2009	2010	2011	2012	2013	2014	2015
发电用沼气期望比重	0	0	0	0	0	0	0.34	0.38	0.41	0.45	0.5	0.53	0.56

(7) 沼液变化量 $R_3(t)$（t/年）流率基本入树 $T_3(t)$[图 12-3(c)]。

沼液变化量 $R_3(t)$ 包括流入率沼液排放变化量 $R_{31}(t)$ 和流出率沼液综合利用变化量 $R_{32}(t)$。

由泰华养殖场的统计数据得

$$\text{每头猪生长期产粪尿量} = (1.5 + 2.6)(\text{kg/d} \cdot \text{头}) \times 160(\text{d}) \times 10^{-3} = 0.656(\text{t/头})$$

根据沼液排放量计算公式：

$$\text{沼液排放量} = \text{猪粪尿量} \times \text{沼液粪尿比 } K_{311}$$

于是，

$$\text{“沼液排放变化量 } R_{31}(t)\text{”} = 0.656 \times \text{“生猪数变化量 } R_1(t)\text{”} \times \text{沼液粪尿比 } K_{311}$$

由此得沼液排放变化量微分方程：

$$\begin{cases} R_{31}(t) = 0.656 \times R_1(t) \times K_{311} \\ L_{31}(t)\mid_{t=2002} = 696.9\text{t} \end{cases}$$

其中，K_{311} 为沼液粪尿比，$K_{311} = 1.12$（无量纲）

初始值 696.9t 由如下计算获得：2002 年，生猪数为 1200 头，排放沼液量为 0.656t/头×1200 头×1.12=881.7t，2002 年沼液灌溉的水稻仅 4hm^2，蔬菜地为农户零散的自给蔬菜种植地，合计约 1hm^2，由此计，2002 年综合利用的沼液量为

$$L_{32}(2002) = 4\text{hm}^2 \times 33.6\text{t/hm}^2 + 1\text{hm}^2 \times 50.5\text{t/hm}^2 = 184.8\text{t}$$

则

$$L_{31}(2002) = 881.7\text{t} - 184.8\text{t} = 696.9\text{t}$$

兰坡规模养殖能源生态系统工程，是以沼气工程为纽带，连接生猪养殖业与水稻、蔬菜种植的循环农业工程，系统内对沼液的综合利用主要为将沼液用于水稻和蔬菜种植。因此沼液综合利用变化量方程为稻谷种植吸纳沼液变化量 $M_{321}(t)$ 和蔬菜种植吸纳沼液变化量 $M_{322}(t)$ 之和，即

$$\text{“沼液综合利用变化量 } R_{32}(t)\text{”} = \text{“稻谷种植吸纳沼液变化量 } M_{321}(t)\text{”} + \text{“蔬菜种植吸纳沼液变化量 } M_{322}(t)\text{”}$$

综上，得到沼液变化量流率基本入树 $T_3(t)$。

沼液综合利用变化量微分方程：

$$\begin{cases} R_{32}(t) = \dfrac{\mathrm{d}L_{32}(t)}{\mathrm{d}t} = M_{321}(t) + M_{322}(t) \\ L_{32}(t)\mid_{t=2002} = 184.8\text{t} \end{cases}$$

稻谷沼液变化量 $M_{321}(t)$ (t/a)：表示稻田水稻种植对沼液吸纳量的变化值。

$$\text{“稻谷沼液变化量 } M_{321}(t)\text{”} = 4.48 \times \text{“稻谷产量变化量 } R_4(t)\text{”}$$

其中，4.48(t/t)为单位产量稻谷吸纳沼液量，其值由以下分析估算得出：实地调查得，兰坡自然村农户大多选择每年只种一季稻，产量平均 7.5t/hm^2。一般种植单季水稻的农田每年对猪粪尿承载吸纳量为 30t/hm^2，折算成沼液为 $30\text{t/hm}^2 \times 1.12 = 33.6\text{t/hm}^2$，则单

位产量稻谷吸纳沼液量$=\frac{33.6\mathrm{t/hm^2}}{7.5\mathrm{t/hm^2}}=4.48\mathrm{t/t}$，即平均 1t 稻谷的产量吸纳 4.48t 沼液。

蔬菜沼液变化量 $M_{322}(t)$ (t/a)：表示蔬菜种植对沼液吸纳量的变化值。

"蔬菜沼液变化量 $M_{322}(t)$" = "蔬菜地面积变化量 $R_5(t)$" × 50.4

其中，50.4 ($\mathrm{t/hm^2}$)为单位面积蔬菜地吸纳沼液量，其值由以下分析估算得出：一般蔬菜地每年对猪粪尿承载吸纳量为 45$\mathrm{t/hm^2}$，折算成沼液为 45$\mathrm{t/hm^2}$×1.12=50.4$\mathrm{t/hm^2}$，即平均 1$\mathrm{hm^2}$ 蔬菜地吸纳 50.4t 沼液。

(8) 稻谷产量变化量 $R_4(t)$(t/年)流率基本入树 $T_4(t)$[图 12-3(d)]。

稻谷产量变化量依赖于原有的基础。另外在 2005 年实施沼液清水分流工程以前，由于沼液与灌溉用水混流，水稻在只需清水灌溉的非用肥时期，也只能以这种混合着沼肥的水灌溉，造成秧苗过肥而"青苗"减产。在实施了分流工程之后，"青苗"减产问题解决，水稻增产，保证了粮食安全。据此分析得稻谷产量变化量方程为

"稻谷产量变化量 $R_4(t)$"= "稻谷产量 $L_4(t)$" ×["无分流工程稻谷增长率 $M_{41}(t)$" +"分流工程稻谷增长率 $M_{42}(t)$"]

稻谷产量变化量 $R_4(t)$(t/a)：表示$[t,t+\mathrm{DT}]$期间稻谷产量的变化量。

$$\begin{cases} R_4(t)=\dfrac{\mathrm{d}L_4(t)}{\mathrm{d}t}=L_4(t)\times[M_{41}(t)+M_{42}(t)] \\ L_4(t)\mid_{t=2002}=70\mathrm{t} \end{cases}$$

第一，无分流工程稻谷增长率 $M_{41}(t)$(无量纲)。在养殖业沼液污染未殃及水稻生产以前，稻谷产量稳定且略有增加，由于养殖规模的不断扩大，沼液的排放量大大超过了农田的承载能力，且由于沼液与灌溉用清水混流，造成对农田的污染，致使水稻营养过剩，出现"青苗"现象、稻谷减产，2002 年，减产情况明显凸显。基于此现实，构建无分流工程稻谷增长率 $M_{41}(t)$函数：

$M_{41}(t)$ = IF THEN ELSE("沼液污染量 $L_{31}(t)$" > 696.9，−0.005，0.001)

第二，分流工程稻谷增长率 $M_{42}(t)$(无量纲)。

分流工程稻谷增长率 $M_{42}(t)$=粮食安全分流创新工程因子 $C_1\times M_{42}B$(Time)

建设专用沼液管道、实施沼液与灌溉用水分流，同时对沼液实施多级净化，以确保粮食安全的分流创新工程于 2005 年在兰坡村建成。2006 年实地调查显示，青苗问题已解决，水稻增产 30%，规模养殖废弃物综合利用的"猪-沼-粮"生态模式正常运行。据此，建立分流工程稻谷增长率 $M_{42}(t)$的表函数 $M_{42}B$(Time)。表 12-6 为分流工程稻谷增长率的预测值。

表 12-6　分流工程稻谷增长率的预测值

年份	2003	2004	2005	2006	2007	2008	2009	2010	2011	2012	2013	2014	2015
分流工程稻谷增长率的预测值	0	0	0.3	0.01	0.011	0.01	0.009	0.0095	0.0098	0.0098	0.0097	0.0096	0.0095

(9) 蔬菜地面积变化量 $R_5(t)$ (hm^2/a) 流率基本入树 $T_5(t)$[图 12-3(e)]。

冬闲田、旱地蔬菜工程的开发是为了减小剩余沼液及沼液的季节性污染，随着生猪养殖规模的扩大，需开发的蔬菜地面积将扩大。根据兰坡村生态能源系统的实际，得流率蔬菜地面积变化量方程：

"蔬菜地面积变化量 $R_5(t)$"="污染治理蔬菜地变化量 $M_{51}(t)$ (hm^2/a)"
×"冬闲田、旱地蔬菜工程变量 C_2"

蔬菜地面积变化量 $R_5(t)$ (hm^2/a)：表示[$t,t+DT$]期间蔬菜地面积的变化量。

$$\begin{cases} R_5(t) = \dfrac{dL_5(t)}{dt} = M_{51}(t) \times C_2 \\ L_5(t)\mid_{t=2002} = 1hm^2 \end{cases}$$

$L_5(t)$的初值是如下确定的：2002 年，未实施冬闲田、旱地蔬菜工程，用沼肥蔬菜种植仅限于附近 38 家农户在自家房前屋后零散的自用蔬菜地种植蔬菜。此时种植的蔬菜地面积用如下公式计算：

种植的无公害蔬菜地面积＝人均自给蔬菜面积(亩)×平均每户人数(人/户)
×户数(户)
＝0.08(亩/人)×5(人/户)×38(户)
＝15.2(亩)＝1(hm^2)

污染治理蔬菜地变化量 $M_{51}(t)$ $(hm^2/年)$：沼液污染量引起的蔬菜地面积变化量。

兰坡村规模养种生态能源系统内用以消纳沼肥的农田严重不足，另外，水稻种植用肥具季节性(兰坡村水稻单季种植农田冬闲近 7 个月)，造成了严重的二次污染。2005 年起在兰坡村逐步实施冬闲田、旱地蔬菜工程，利用兰坡村系统内还未开发的旱地和冬闲田，开发"猪-沼-菜"工程，此工程实施的目的是提高并充分利用系统内土地资源利用效率，减小甚至消除沼液污染。因此建立污染蔬菜地影响因子 $M_{51}(t)$方程：

$M_{51}(t)$ ＝ IF THEN ELSE(沼液污染量 $L_{31}(t)$ ＞0，1，0)×$M_{51}B$(Time)

其中，$M_{51}B$(Time) 为预测确定的外生变量表函数。表 12-7 为预测确定的污染蔬菜地影响因子表函数表。

表 12-7　预测确定的污染蔬菜地影响因子表函数表

年份	2003	2004	2005	2006	2007	2008	2009	2010	2011	2012	2013	2014	2015
污染蔬菜地影响因子	0	0	3.11	6.58	2	1	1	2	2	4	3	3	3

(10) 沼气变化量 $R_6(t)$ (m^3/a) 流率基本入树 $T_6(t)$[图 12-3(f)]。

沼气生产的变化量依赖于其原料猪粪尿的可产沼气变化量：

猪粪(尿)年产沼气量＝鲜猪粪(尿)量×干物率×干猪粪产气量

得沼气排放变化量方程为

"沼气排放变化量 $R_6(t)$"＝(1.5×0.18＋2.6×0.03)×160×0.2573

$$\times\text{“生猪数变化量 }R_1(t)\text{”}$$

其中，1.5(kg)为每头猪日均排粪量；0.18(无量纲)为每千克鲜猪粪可得的干粪量比；2.6(kg)为每头猪日均排尿量；0.03(无量纲)为每千克鲜猪尿可得的干粪量比；160(d)为生猪的饲养期；0.2573(m^3/t)为干猪粪尿产气量。

沼气排放变化量 $R_6(t+1)$(m^3/a)：表示$[t,t+DT]$期间沼气排放量的变化量。

$$\begin{cases} R_6(t)=\dfrac{dL_6(t)}{dt}=(1.5\times 0.18+2.6\times 0.03)\times 160\times 0.2573\times R_1(t) \\ L_6(t)\mid_{t=2002}=3614\text{m}^3 \end{cases}$$

这样我们就建立了兰坡村规模养种生态能源系统结构的流率基本入树模型。这 10 棵流率基本入树是系统结构的核心关系，是由它们的关联才生成系统结构的复杂反馈系统结构。

2. 兰坡村规模养种生态能源系统结构存量流量图

将上述 10 棵流率基本入树作嵌运算：

$$G(t)=T_1(t)\overrightarrow{\bigcup}T_2(t)\overrightarrow{\bigcup}T_{21}(t)\overrightarrow{\bigcup}T_{22}(t)\overrightarrow{\bigcup}T_{23}(t)\overrightarrow{\bigcup}T_{24}(t)$$
$$\overrightarrow{\bigcup}T_3(t)\overrightarrow{\bigcup}T_4(t)\overrightarrow{\bigcup}T_5(t)\overrightarrow{\bigcup}T_6(t)$$

可得到系统结构存量流量图 $G(t)$(图 12-4)。

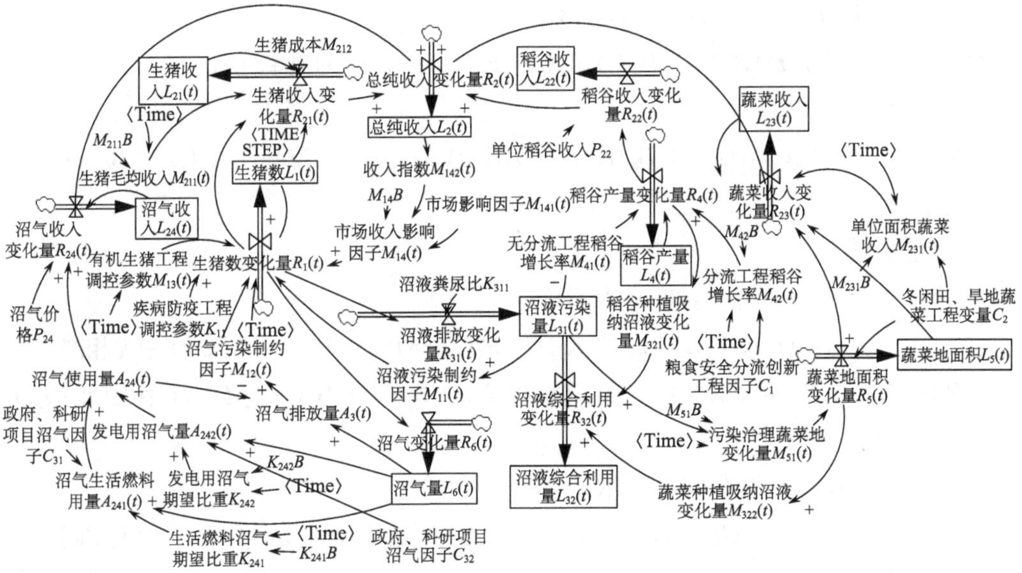

图 12-4　兰坡村规模养种生态能源系统结构存量流量图 $G(t)$

由此可清楚地看出，建立流率基本入树和直接建立存量流量图模型是建立系统结构模型的两个等价方法。但是，用流率基本入树模型建立系统结构模型，变量的控制关系更为清晰，更规范化。

12.2 枝向量行列式反馈环计算法

社会经济系统是一个由许多反馈环构成的复杂系统，例如，Forrester 教授的世界模型 WORLD Ⅱ的结构存量流量图由 82 条反馈环组成。确定系统的反馈环集合，对于结构分析、基模确定、模型调试、结果论证等都非常重要。贾仁安教授等从 20 世纪 90 年代起一直致力于用代数方法计算 SD 模型中的反馈环数量，取得了一系列重要的成果，本章主要介绍枝向量行列式反馈环计算法（胡玲，贾仁安，2001）。

12.2.1 枝向量行列式反馈环计算法的基本概念

定义 12.8 以流率基本入树 $T_1(t)$，$T_2(t)$，…，$T_n(t)$的枝中变量为元素，依次排列构成的向量$(R_i(t),\pm,A_{ij}(t),L_j(t))$或$(R_i(t),\pm,B_{ij}(t),R_j(t))$称为枝向量，其中 $R_i(t)$为流率，$L_j(t)$为流位，$A_{ij}(t)$，$B_{ij}(t)$为入树枝中的辅助变量依次排列的组合，其中，“±”表示枝向量极性，为枝向量因果链极性的乘积，取“+”或取“−”。规定：若 $R_i(t)$为流出率，其极性为“−”。

流率基本入树模型为利用代数的方法计算反馈环创造了条件。有了流率基本入树模型，通过将入树的枝转化为枝向量，构造枝向量行列式、枝向量矩阵。

定义 12.9 枝向量乘法

$$(R_i(t),A_{ij}(t),L_j(t))\times(R_t(t),B_{tp}(t),L_p(t))$$

$$=\begin{cases}(R_i(t),A_{ij}(t),L_j(t)),(R_j(t),B_{tp}(t),L_p(t)),R_t(t)\text{ 是 }L_j(t)\text{ 的流率且 }A_{ij}(t)\text{ 与 }B_{tp}(t)\text{ 中无相同变量}\\(R_t(t),A_{tp}(t),L_p(t)),(R_i(t),B_{ij}(t),L_j(t)),R_i(t)\text{ 是 }L_p(t)\text{ 的流率且 }A_{ij}(t)\text{ 与 }B_{tp}(t)\text{ 中无相同变量}\\0,\text{其他情况}\end{cases}$$

$$(R_i(t),B_{ij}(t),R_j(t))\times(R_t(t),B_{tp}(t),R_p(t))$$

$$=\begin{cases}(R_i(t),A_{ij}(t),R_j(t)),(R_t(t),B_{tp}(t),R_p(t)),R_j(t)=R_t(t),B_{ij}(t)\text{ 与 }B_{tp}(t)\text{ 中无相同变量}\\(R_t(t),B_{tp}(t),R_p(t)),(R_i(t),B_{ij}(t),R_j(t)),R_j(t)\neq R_t(t),B_{ij}(t)\text{ 与 }B_{tp}(t)\text{ 中无相同变量}\\0,\text{其他情况}\end{cases}$$

$$(R_i(t),A_{ij}(t),L_j(t))\times(R_t(t),B_{tp}(t),R_p(t))$$

$$=\begin{cases}(R_i(t),A_{ij}(t),L_j(t)),(R_t(t),B_{tp}(t),R_p(t)),R_j(t)=R_t(t),\text{且 }A_{ij}\text{ 与 }B_{tp}(t)\text{ 中无相同变量}\\(R_t(t),B_{tp}(t),L_p(t)),(R_i(t),A_{ij}(t),L_j(t)),R_p(t)\neq R_i(t),\text{且 }A_{ij}\text{ 与 }B_{tp}\text{ 中无相同变量}\\0,\text{其他情况}\end{cases}$$

定义 12.10 $(R_i(t),A_{ij}(t),L_j(t))+(R_i(t),B_{ij}(t),R_j(t))$（或$(R_i(t),A_{ij}(t),L_j(t))+(R_p(t),B_{tp}(t),L_t(t))$，仅表示在流率基本入树中存在$(R_i(t),A_{ij}(t),L_j(t))$和$(R_i(t),B_{ij}(t),R_j(t))$或$(R_i(t),A_{ij}(t),L_j(t))$和$(R_p(t),B_{tp}(t),L_t(t))$对应的两枝。

定义 12.11 入树模型 $T_1(t)$，$T_2(t)$，…，$T_n(t)$的枝向量行列式为

$$
\begin{array}{c|cccccc|}
 & L_1(t)/R_1(t) & \cdots & L_j(t)/R_j(t) & \cdots & L_n(t)/R_n(t) \\
T_1(t) & (R_1(t),\pm,A_{11}(t),L_1(t)) & \cdots & \begin{array}{c}(R_1(t),\pm,A_{1j}(t),L_j(t))\\+(R_1(t),\pm,B_{1j}(t),R_j(t))\end{array} & \cdots & \begin{array}{c}(R_1(t),\pm,A_{1n}(t),L_n(t))\\(R_1(t),\pm,B_{1n}(t),R_n(t))\end{array} \\
T_2(t) & \begin{array}{c}(R_2(t),\pm,A_{i1}(t),L_1(t))\\+(R_2(t),\pm,B_{i1}(t),R_1(t))\end{array} & \cdots & \begin{array}{c}(R_2(t),\pm,A_{2j}(t),L_j(t))\\+(R_2(t),\pm,B_{2j}(t),R_j(t))\end{array} & \cdots & \begin{array}{c}(R_2(t),\pm,A_{2n}(t),L_n(t))\\+(R_2(t),\pm,B_{2n}(t),R_n(t))\end{array} \\
\vdots & \vdots & & \vdots & & \vdots \\
T_n(t) & \begin{array}{c}(R_n(t),\pm,A_{n1}(t),L_1(t))\\+(R_n(t),\pm,B_{n1}(t),R_1(t))\end{array} & \cdots & \begin{array}{c}(R_n(t),\pm,A_{nj}(t),L_j(t))\\+(R_n(t),\pm,B_{nj}(t),R_j(t))\end{array} & \cdots & (R_n(t),\pm,A_{nn}(t),L_n(t))
\end{array}
$$

$$
\begin{aligned}
&=\sum_{j_1j_2\cdots j_n}((R_{1j_1}(t),\pm,A_{1j_1}(t),L_{j_1}(t))+(R_{1j_1}(t),\pm,B_{1j_1}(t),R_{j1}(t)))\\
&\quad\times((R_2(t),\pm,A_{2j_2}(t),L_{j2}(t))+(R_2(t),\pm,B_{2j_2}(t),R_{j2}(t)))\times\cdots\\
&\quad\times((R_n(t),\pm,A_{nj_n},L_{j_n}(t))+(R_n(t),\pm,B_{nj_n}(t),R_{j_n}(t)))
\end{aligned}
$$

其中,±表示枝向量的极性(取+或取−); $\sum\limits_{j_1j_2\cdots j_n}$ 表示对 $j_1j_2\cdots j_n$ 的所有 n 级排列求和。

枝向量行列式具有交换两行或两列行列式值不变的性质,按行列展开除各项全部为加号外,与代数行列式的性质一样。

定义 12.12　反馈环的阶数指反馈环中所含流率及流位相关的树的棵数。

计算此行列式即可得系统所有反馈环,此方法理论的提出实现了图论与线性代数在研究系统动态反馈复杂性问题中最完美的结合,而且这个分析过程可借助计算机程序实现。

1. 枝向量行列式反馈环计算方法 1——计算存量流量图模型的所有 2～n 阶反馈环

定理 12.2　计算流率基本入树模型对角置 1 的枝向量行列式:

$$
|\boldsymbol{A}_n(t)|=\begin{vmatrix}
1 & \cdots & \begin{array}{c}(R_1(t),\pm,A_{12}(t),L_2(t))\\+(R_1(t),\pm,B_{12}(t),R_2(t))\end{array} & \cdots & \begin{array}{c}(R_1(t),\pm,A_{1n}(t),L_n(t))\\+(R_1(t),\pm,B_{1n}(t),R_n(t))\end{array} \\
\begin{array}{c}(R_2(t),\pm,A_{21}(t),L_1(t))\\+(R_2(t),\pm,B_{21}(t),R_1(t))\end{array} & \cdots & 1 & \cdots & \begin{array}{c}(R_2(t),\pm,A_{2n}(t),L_n(t))\\+(R_2(t),\pm,B_{2n}(t),R_n(t))\end{array} \\
\vdots & & \vdots & & \vdots \\
\begin{array}{c}(R_n(t),\pm,A_{n1}(t),L_1(t))\\+(R_n(t),\pm,B_{n1}(t),R_1(t))\end{array} & & \begin{array}{c}(R_n(t),\pm,A_{n2}(t),L_j(t))\\+(R_n(t),\pm,B_{n2}(t),R_j(t))\end{array} & \cdots & 1
\end{vmatrix}
$$

可得流率基本入树模型即存量流量图模型的所有 2～n 阶反馈环。

2. 枝向量行列式反馈环计算方法 2——计算新增反馈环

定理 12.3　计算流率基本入树模型枝向量构成的 1-0 对角行列式:

$$|\boldsymbol{A}_n(t)|=\begin{vmatrix} 1 & \begin{array}{l}(R_1(t),\pm,A_{12}(t),L_2(t))\\+(R_1(t),\pm,B_{12}(t),R_2(t))\end{array} & \cdots & \begin{array}{l}(R_1(t),\pm,A_{1n}(t),L_n(t))\\+(R_1(t),\pm,B_{1n}(t),R_n(t))\end{array} \\ \begin{array}{l}(R_2(t),\pm,A_{21}(t),L_1(t))\\+(R_2(t),\pm,B_{21}(t),R_1(t))\end{array} & 1 & \cdots & \begin{array}{l}(R_2(t),\pm,A_{2n}(t),L_n(t))\\+(R_2(t),\pm,B_{2n}(t),R_n(t))\end{array} \\ \vdots & \vdots & & \vdots \\ \begin{array}{l}(R_n(t),\pm,A_{n1}(t),L_1(t))\\+(R_n(t),\pm,B_{n1}(t),R_1(t))\end{array} & \begin{array}{l}(R_n(t),\pm,A_{n2}(t),L_j(t))\\+(R_n(t),\pm,B_{n2}(t),R_j(t))\end{array} & \cdots & 0 \end{vmatrix}$$

可得 $G_{12\cdots(i-1)}(t)\overrightarrow{\bigcup}T_i(t)$所有 2～$n$ 阶新增反馈环。

定义 12.13 删除流率基本入树模型各树枝中的非重复辅助变量顶点，并仍按原方向联成关联弧，这样变换所得的模型，称为原模型的强简化流率基本入树模型。

定理 12.4 已知强简化流率基本入树 $T_1(t)$，$T_2(t)$，…，$T_n(t)$及嵌运算 $G_n(t)=T_1(t)\overrightarrow{\bigcup}T_2(t)\overrightarrow{\bigcup}\cdots\overrightarrow{\bigcup}T_n(t)$，则存量流量图 $G_n(t)$中反馈环(一阶以上)与由 $T_1(t)$，$T_2(t)$，…，$T_n(t)$构成的对角置 1 的行列式 A_n 的值一一对应。

强简化流率基本入树的主要作用有：①在不影响反馈基本结构条件下，能更直接地观察各流位对流率的控制；②为使用代数的方法计算结构存量流量图的所有反馈环提供简化。

12.2.2 用枝向量行列式法计算系统全部反馈环的步骤

(1) 由 $T_1(t)$，$T_2(t)$，…，$T_n(t)$的根尾关联枝直接求出 $G_n(t)$全部一阶反馈环。

(2) 建立强简化流率基本入树模型。

作强简化流率基本入树模型：$T_1(t)$，$T_2(t)$，…，$T_n(t)$。

(3) 作 $T_1(t)$，$T_2(t)$，…，$T_n(t)$的枝向量构成的对角置 1 枝向量行列式：

$$|\boldsymbol{A}_n(t)|=\begin{vmatrix} 1 & \begin{array}{l}(R_1(t),\pm,A_{12}(t),L_2(t))\\+(R_1(t),\pm,B_{12}(t),R_2(t))\end{array} & \cdots & \begin{array}{l}(R_1(t),\pm,A_{1n}(t),L_n(t))\\+(R_1(t),\pm,B_{1n}(t),R_n(t))\end{array} \\ \begin{array}{l}(R_2(t),\pm,A_{21}(t),L_1(t))\\+(R_2(t),\pm,B_{21}(t),R_1(t))\end{array} & 1 & \cdots & \begin{array}{l}(R_2(t),\pm,A_{2n}(t),L_n(t))\\+(R_2(t),\pm,B_{2n}(t),R_n(t))\end{array} \\ \vdots & \vdots & & \vdots \\ \begin{array}{l}(R_n(t),\pm,A_{n1}(t),L_1(t))\\+(R_n(t),\pm,B_{n1}(t),R_1(t))\end{array} & \begin{array}{l}(R_n(t),\pm,A_{n2}(t),L_j(t))\\+(R_n(t),\pm,B_{n2}(t),R_j(t))\end{array} & \cdots & 1 \end{vmatrix}$$

计算行列式$|\boldsymbol{A}_n(t)|$，得到强简化流率基本入树模型的 2～n 阶全部反馈环。

(4) 对所求出的反馈环核(称强简化流率基本入树构成的反馈环为原流率基本入树构成的反馈环的核)，施行从流率基本入树至强简化流率基本入树的逆变换，即补充强简化流率基本入树时删掉的非重复辅助变量，求出 $G_n(t)$的 2～n 阶的全部反馈环。

12.2.3 枝向量行列式反馈环计算实例

1. 反馈环计算

根据前文提出的枝向量行列式反馈环计算法，可以求出兰坡村规模养种生态能源系统结构流率基本入树模型即存量流量图模型中的全部反馈环。

(1) 由 $T_1(t)$，$T_2(t)$，…，$T_n(t)$的根尾关联枝直接求出 $G_n(t)$全部一阶反馈环。读者

直接求出。

(2) 建立强简化流率基本入树模型。

删掉图 12-4 中系统结构简化流率基本入树模型各树枝中的非重复辅助变量顶点，将其变换为对应的强简化流率基本入树(图 12-5)。

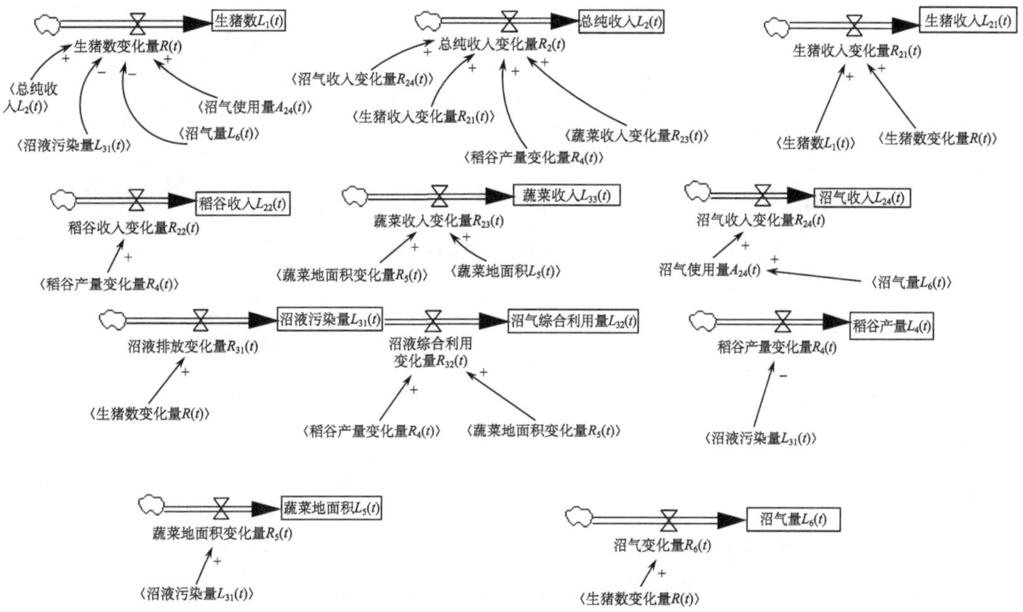

图 12-5 兰坡村规模养种生态能源系统结构强简化流率基本入树

(3) 兰坡村规模养种生态能源系统强简化流率基本入树模型的枝向量行列式为

$$
|\boldsymbol{A}_{10\times 10}|=
\begin{vmatrix}
1 & (R_1,+,L_2) & 0 & 0 & 0 & 0 & (R_1,-,L_{31}) & 0 & 0 & \begin{matrix}(R_1,-,A_3,L_6)\\+2(R_1,+,A_{24},L_6)\end{matrix} \\
0 & 1 & (R_2,+,R_{21}) & (R_2,+,R_{22}) & (R_2,+,R_{23}) & (R_2,+,R_{24}) & 0 & 0 & 0 & 0 \\
\begin{matrix}(R_{21},+,R_1)\\+(R_{21},+,L_1)\end{matrix} & 0 & 1 & 0 & 0 & 0 & 0 & 0 & 0 & 0 \\
0 & 0 & 0 & 1 & 0 & 0 & 0 & (R_{22},+,R_4) & 0 & 0 \\
0 & 0 & 0 & 0 & 1 & 0 & 0 & 0 & (R_{23},+,R_5) & 0 \\
0 & 0 & 0 & 0 & 0 & 1 & 0 & 0 & 0 & 2(R_{24},+,A_{24},L_6) \\
(R_{31},+,R_1) & 0 & 0 & 0 & 0 & 0 & 1 & (R_{32},-,R_4) & (R_{32},-,R_5) & 0 \\
0 & 0 & 0 & 0 & 0 & 0 & (R_4,-,L_{31}) & 1 & 0 & 0 \\
0 & 0 & 0 & 0 & 0 & 0 & (R_5,+,L_{31}) & 0 & 1 & 0 \\
(R_6,+,R_1) & 0 & 0 & 0 & 0 & 0 & 0 & 0 & 0 & 1
\end{vmatrix}
$$

计算此行列式

$$A_{10\times10}=(R_5,+,L_{31})$$

$$\begin{vmatrix}
1 & (R_1,+,L_2) & 0 & 0 & 0 & 0 & 0 & 0 & \begin{array}{c}(R_1,-,A_3,L_6)\\+2(R_1,+A_3,A_{24},L_6)\end{array}\\
0 & 1 & (R_2,+,R_{21}) & (R_2,+,R_{22}) & (R_2,+,R_{23}) & (R_2,+,R_{24}) & 0 & 0 & 0\\
\begin{array}{c}(R_{21},+,R_1)\\+(R_{21},+,L_1)\end{array} & 0 & 1 & 0 & 0 & 0 & 0 & 0 & 0\\
0 & 0 & 0 & 1 & 0 & 0 & (R_{22},+,R_4) & 0 & 0\\
0 & 0 & 0 & 0 & 1 & 0 & 0 & (R_{23},+,R_5) & 0\\
0 & 0 & 0 & 0 & 0 & 1 & 0 & 0 & 2(R_{24},+A_3,A_{24},L_6)\\
(R_{31},+,R_1) & 0 & 0 & 0 & 0 & 0 & (R_{32},-,R_4) & (R_{32},-,R_5) & 0\\
0 & 0 & 0 & 0 & 0 & 0 & 1 & 0 & 0\\
(R_6,+R_1) & 0 & 0 & 0 & 0 & 0 & 0 & 0 & 1
\end{vmatrix}$$

$$+\begin{vmatrix}
1 & (R_1,+,L_2) & 0 & 0 & 0 & 0 & (R_1,-,L_{31}) & 0 & \begin{array}{c}(R_1,-,A_3,L_6)\\+2(R_1,+A_3,A_{24},L_6)\end{array}\\
0 & 1 & (R_2,+,R_{21}) & (R_2,+,R_{22}) & (R_2,+,R_{23}) & (R_2,+,R_{24}) & 0 & 0 & 0\\
\begin{array}{c}(R_{21},+,R_1)\\+(R_{21},+,L_1)\end{array} & 0 & 1 & 0 & 0 & 0 & 0 & 0 & 0\\
0 & 0 & 0 & 1 & 0 & 0 & 0 & (R_{22},+,R_4) & 0\\
0 & 0 & 0 & 0 & 1 & 0 & 0 & 0 & 0\\
0 & 0 & 0 & 0 & 0 & 1 & 0 & 0 & 2(R_{24},+A_3,A_{24},L_6)\\
(R_{31},+,R_1) & 0 & 0 & 0 & 0 & 0 & 1 & (R_{32},-,R_4) & 0\\
0 & 0 & 0 & 0 & 0 & 0 & (R_4,-,L_{31}) & 1 & 0\\
(R_6,+,R_1) & 0 & 0 & 0 & 0 & 0 & 0 & 0 & 1
\end{vmatrix}$$

$$=(R_5,+,L_{31})\begin{vmatrix}
1 & (R_1,+,L_2) & 0 & 0 & 0 & 0 & 0 & \begin{array}{c}(R_1,-A_3,L_6)\\+2(R_1,+A_3,A_{24},L_6)\end{array}\\
0 & 1 & (R_2,+,R_{21}) & (R_2,+,R_{22}) & (R_2,+,R_{23}) & (R_2,+,R_{24}) & 0 & 0\\
\begin{array}{c}(R_{21},+,R_1)\\+(R_{21},+,L_1)\end{array} & 0 & 1 & 0 & 0 & 0 & 0 & 0\\
0 & 0 & 0 & 1 & 0 & 0 & 0 & 0\\
0 & 0 & 0 & 0 & 1 & 0 & (R_{23},+,R_5) & 0\\
0 & 0 & 0 & 0 & 0 & 1 & 0 & 2(R_{24},+A_3,A_{24},L6)\\
(R_{31},+,R_1) & 0 & 0 & 0 & 0 & 0 & (R_{32},-,R_5) & 0\\
(R_6,+,R_1) & 0 & 0 & 0 & 0 & 0 & 0 & 1
\end{vmatrix}$$

$$+(R_5,+,L_{31})(R_{32},-,R_5)\begin{vmatrix}
1 & (R_1,+,L_2) & 0 & 0 & 0 & 0 & \begin{array}{c}(R_1,-,A_3,L_6)\\+2(R_1,+,A_{24},L_6)\end{array}\\
0 & 1 & (R_2,+,R_{21}) & (R_2,+,R_{22}) & (R_2,+,R_{23}) & (R_2,+,R_{24}) & 0\\
\begin{array}{c}(R_{21},+,R_1)\\+(R_{21},+,L_1)\end{array} & 0 & 1 & 0 & 0 & 0 & 0\\
0 & 0 & 0 & 1 & 0 & 0 & 0\\
0 & 0 & 0 & 0 & 1 & 0 & 0\\
0 & 0 & 0 & 0 & 0 & 1 & 2(R_{24},+,A_{24},L_6)\\
(R_6,+R_1) & 0 & 0 & 0 & 0 & 0 & 1
\end{vmatrix}$$

$$+(R_4,-,L_{31})(R_{31},+,R_1)\begin{vmatrix}
(R_1,+,L_2) & 0 & 0 & 0 & 0 & 0 & \begin{array}{c}(R_1,-,A_3,L_6)\\+2(R_1,+,A_{24},L_6)\end{array}\\
1 & (R_2,+,R_{21}) & (R_2,+,R_{22}) & (R_2,+,R_{23}) & (R_2,+,R_{24}) & 0 & 0\\
0 & 1 & 0 & 0 & 0 & 0 & 0\\
0 & 0 & 1 & 0 & 0 & (R_{22},+,R_4) & 0\\
0 & 0 & 0 & 1 & 0 & 0 & 0\\
0 & 0 & 0 & 0 & 1 & 0 & 2(R_{24},+,A_{24},L_6)\\
0 & 0 & 0 & 0 & 0 & 0 & 1
\end{vmatrix}$$

$$
+(R_4,-,L_{31})(R_{32},-,R_4)\begin{vmatrix}
1 & (R_1,+,L_2) & 0 & 0 & 0 & 0 & (R_1,-,A_3,L_6)+2(R_1,+,A_{24},L_6) \\
0 & 1 & (R_2,+,R_{21}) & (R_2,+,R_{22}) & (R_2,+,R_{23}) & (R_2,+,R_{24}) & 0 \\
(R_{21},+,R_1)+(R_{21},+,L_1) & 0 & 1 & 0 & 0 & 0 & 0 \\
0 & 0 & 0 & 1 & 0 & 0 & 0 \\
0 & 0 & 0 & 0 & 1 & 0 & 0 \\
0 & 0 & 0 & 0 & 0 & 1 & 2(R_{24},+,A_{24},L_6) \\
(R_6,+R_1) & 0 & 0 & 0 & 0 & 0 & 1
\end{vmatrix}
$$

$$
+(R_{31},+,R_1)\begin{vmatrix}
(R_1,+,L_2) & 0 & 0 & 0 & 0 & (R_1,-,L_{31}) & (R_1,-,A_3,L_6)+2(R_1,+,A_{24},L_6) \\
1 & (R_2,+,R_{21}) & (R_2,+,R_{22}) & (R_2,+,R_{23}) & (R_2,+,R_{24}) & 0 & 0 \\
0 & 1 & 0 & 0 & 0 & 0 & 0 \\
0 & 0 & 1 & 0 & 0 & 0 & 0 \\
0 & 0 & 0 & 1 & 0 & 0 & 0 \\
0 & 0 & 0 & 0 & 1 & 0 & 2(R_{24},+,A_{24},L_6) \\
0 & 0 & 0 & 0 & 0 & 0 & 1
\end{vmatrix}
$$

$$
+\begin{vmatrix}
1 & (R_1,+,L_2) & 0 & 0 & 0 & 0 & (R_1,-,A_3,L_6)+2(R_1,+,A_{24},L_6) \\
0 & 1 & (R_2,+,R_{21}) & (R_2,+,R_{22}) & (R_2,+,R_{23}) & (R_2,+,R_{24}) & 0 \\
(R_{21},+,R_1)+(R_{21},+,L_1) & 0 & 1 & 0 & 0 & 0 & 0 \\
0 & 0 & 0 & 1 & 0 & 0 & 0 \\
0 & 0 & 0 & 0 & 1 & 0 & 0 \\
0 & 0 & 0 & 0 & 0 & 1 & 2(R_{24},+,A_{24},L_6) \\
(R_6,+R_1) & 0 & 0 & 0 & 0 & 0 & 1
\end{vmatrix}
$$

$$
=(R_5,+,L_{31})(R_{31},+,R_1)\begin{vmatrix}
(R_1,+,L_2) & 0 & 0 & 0 \\
1 & (R_2,+,R_{23}) & (R_2,+,R_{24}) & 0 \\
0 & 1 & 0 & (R_{23},+,R_5) \\
0 & 0 & 1 & 0
\end{vmatrix}
$$

$$
+(R_5,+,L_3)(R_{32},-,R_5)\begin{vmatrix}
1 & (R_1,+,L_2) & 0 & 0 & (R_1,-,A_3,L_6)+2(R_1,+,A_{24},L_6) \\
0 & 1 & (R_2,+,R_{21}) & (R_2,+,R_{24}) & 0 \\
(R_{21},+,R_1)+(R_{21},+,L_1) & 0 & 1 & 0 & 0 \\
0 & 0 & 0 & 1 & 2(R_{24},+,A_{24},L_6) \\
(R_6,+R_1) & 0 & 0 & 0 & 1
\end{vmatrix}
$$

$$
+(R_4,-,L_{31})(R_{31},+,R_1)\begin{vmatrix}
(R_1,+,L_2) & 0 & 0 & 0 \\
1 & (R_2,+,R_{22}) & (R_2,+,R_{24}) & 0 \\
0 & 1 & 0 & (R_{22},+,R_4) \\
0 & 0 & 1 & 0
\end{vmatrix}
$$

$$
+(R_4,-,L_{31})(R_{32},-,R_4)\begin{vmatrix}
1 & (R_1,+,L_2) & (R_1,-,A_3,L_6)+2(R_1,+,A_{24},L_6) \\
0 & 1 & 0 \\
(R_6,+,R_1) & 0 & 1
\end{vmatrix}
$$

$$
+(R_{31},+,R_1)\begin{vmatrix}
(R_1,+,L_2) & 0 & (R_1,-,L_3) \\
1 & (R_2,+,R_{24}) & 0 \\
0 & 1 & 0
\end{vmatrix}
$$

$$+\begin{vmatrix} 1 & (R_1,+,L_2) & 0 & 0 & \begin{matrix}(R_1,-,A_3,L_6)\\+2(R_1,+,A_{24},L_6)\end{matrix} \\ 0 & 1 & (R_2,+,R_{21}) & (R_2,+,R_{24}) & 0 \\ \begin{matrix}(R_{21},+,R_1)\\+(R_{21},+,L_1)\end{matrix} & 0 & 1 & 0 & 0 \\ 0 & 0 & 0 & 1 & 2(R_{24},+,A_{24},L_6) \\ (R_6,+R_1) & 0 & 0 & 0 & 1 \end{vmatrix}$$

$$\begin{aligned}=&(R_5,+,L_{31})(R_{31},+,R_1)(R_1,+,L_2)(R_2,+,R_{23})(R_{23},+,R_5)\\&+(R_5,+,L_{31})(R_{32},-,R_5)+(R_4,-,L_{31})(R_{31},+,R_1)(R_1,+,L_2)(R_2,+,R_{22})(R_{22},+,R_4)\\&+(R_4,-,L_3)(R_{32},-,R_4)+(R_{31},+,R_1)(R_1,-,L_{31})+(R_{21},+,R_1)(R_1,+,L_2)(R_2,+,R_{21})\\&+(R_{21},+,L_1)(R_1+,L_2)(R_2,+,R_{21})+(R_6,+,R_1)(R_1,+,L_2)(R_2,+,R_{24})\\&2(R_{24},+,A_{24},L_6)+(R_6,+,R_1)(R_1,-,A_3,L_6)+(R_6,+,R_1)2(R_1,+,A_{24},L_6)\end{aligned}$$

计算结果显示，兰坡村规模养种生态能源系统共含2～5阶反馈环12条。

2. 管理对策实施效果主导反馈基模仿真分析

我们将那些具有典型意义的主导反馈环结构的基模称为系统的主导反馈基模，在第11章基于顶点赋权图分析法，提出了发展循环经济促进兰坡村规模养殖沼气工程系统有效运行、持续发展的5条管理对策，是解决兰坡村规模养种生态能源系统运行中存在三大主要问题，即沼液与灌溉用水混合排灌造成水稻苗发青、稻谷减产的问题，由于承载沼肥的农田不足和长达7个月的冬闲季节沼肥浪费引发的沼液污染问题以及因沼气存储、供气设施缺乏，农户对沼气能源的价值及其直接排放造成污染的认识不足导致的沼气污染问题。这三个问题对应着三个子系统，三个子系统对应着三个反馈结构：

(1) 规模养殖农民增收与粮食安全子系统反馈结构，即主导基模一："猪-沼液-粮-收入"基模反馈结构。

(2) 保障规模养殖农民增收的"猪-沼气-菜"污染治理子系统反馈结构，即主导基模二："猪-沼液-菜-收入"基模反馈结构。

(3) 保障规模养殖农民增收的"猪-沼气能源开发"子系统反馈结构，即主导基模三："猪-沼气-收入"基模的反馈仿真预测分析。

下面基于逐步删除分析法分别对这三个主导反馈基模进行分析。

我们将删除反馈环集合中的部分反馈环进行分析称为逐步删除反馈环分析法；删除流率基本入树模型中的部分入树进行分析称为逐步删除流率基本入树分析法；令流率基本入树模型的k棵入树的流位、流率为0(即流位初始值为0，流率方程式×零因子)进行仿真分析称为逐步删除仿真分析法；统称逐步删除分析法。

第一，"猪-沼液-粮-收入"基模包含的反馈环。

这个子基模为"猪-沼液-粮-收入"基模，以$T_1(t)$(生猪数)、$T_2(t)$(总纯收入)、$T_{21}(t)$(生猪收入)、$T_{22}(t)$(稻谷收入)、$T_3(t)$(沼液)和$T_4(t)$(水稻产量)6棵流率基本入树刻画，不包含$T_{22}(t)$(蔬菜收入)、$T_{24}(t)$(沼气收入)、$T_5(t)$(蔬菜地面积)、$T_6(t)$(沼气量)。因此，根据逐步删除流率基本入树分析法，删除流率基本入树模型的入树$T_{22}(t)$(蔬菜收入)、$T_{24}(t)$(沼气收入)、$T_5(t)$(蔬菜地面积)、$T_6(t)$(沼气量)，并删除此4棵流率基本入树对$T_1(t)$(生猪数)、$T_2(t)$(总纯收入)、$T_{21}(t)$(生猪收入)、$T_{22}(t)$(稻谷收入)、$T_3(t)$(沼液)和 $T_4(t)$(水稻产量)6 棵流率基本入树的关联枝，得 $T_1{}'(t)$(生猪数)、$T_2{}'(t)$(总纯收入)、$T_{21}{}'(t)$(生猪收入)、$T_{22}{}'(t)$(稻谷收入)、$T_3{}'(t)$(沼液)和 $T_4{}'(t)$(水稻产量)6 棵流率基本入树。对这 6 棵流率基本入树作嵌运算：

$$G'_{1234}(t)=T_1{}'(t)\overrightarrow{\bigcup}T_2{}'(t)\overrightarrow{\bigcup}T_{21}{}'(t)\overrightarrow{\bigcup}T'_{22}(t)\overrightarrow{\bigcup}T_3{}'(t)\overrightarrow{\bigcup}T_4{}'(t)$$

得"猪-沼-粮-收入"反馈结构子存量流量图(图 12-6)。

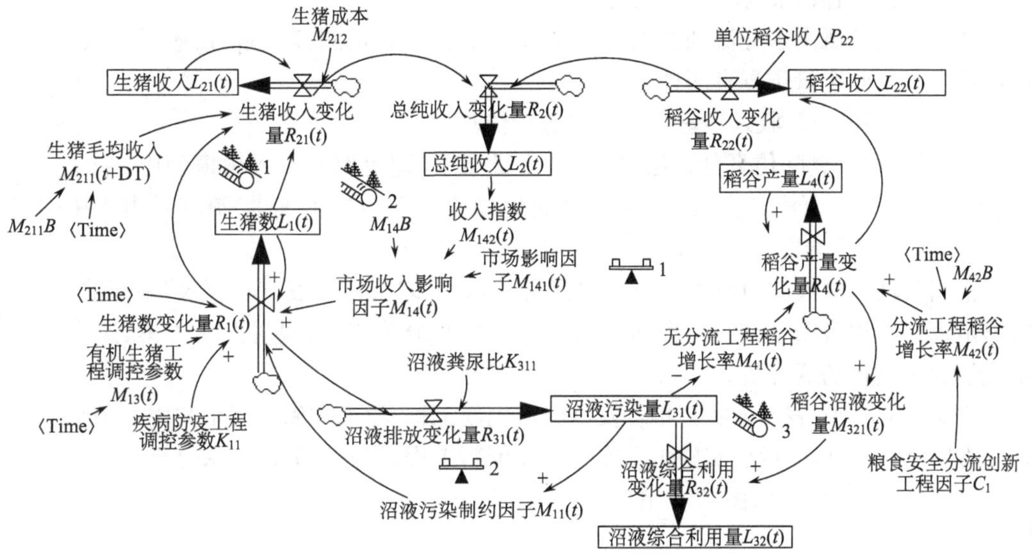

图 12-6　"猪-沼液-粮-收入"基模 $G_{1234}(t)$

第二，"猪-沼液-粮-收入"基模结构反馈分析。

通过逐步删除反馈环分析法，确定"猪-沼液-粮-收入"基模 $G_{1234}(t)$的反馈环。删除原行列式计算结果 12 条反馈环中包含 $T_{22}(t)$(蔬菜收入)、$T_{24}(t)$(沼气收入)、$T_5(t)$(蔬菜地面积)、$T_6(t)$(沼气量)的流位流率的反馈环，得 5 条反馈环：

基模结构存量流量图 $G_{1234}(t)$中，左上部分为规模养殖农民增收两个三阶正反馈环：

生猪数流率 R_1 作用生猪收入总纯收入三阶正反馈环 1：$(R_{21},+,R_1)(R_1,+,L_2)(R_2,+,R_{21})$

生猪数流位 L_1 作用生猪收入总纯收入三阶正反馈环 2：$(R_{21},+,L_1)(R_1,+,L_2)(R_2,+,R_{21})$，这是本基模的主要结构。

中间部分为生猪规模养殖产生沼液污染，使水稻发青，影响水稻收入，影响总纯收入，使生猪减产的五阶负反馈环 1：$(R_4,-,L_{31})(R_{31},+,R_1)(R_1,+,L_2)(R_2,+,R_{22})(R_{22},+,R_4)$，这是本基模的主要污染反馈环。为了消除这个五阶反馈环的制约，制定并实施了确保粮食安全的沼液与灌溉用水分流创新工程。图 12-6 中调控参数粮食安全分流创新工程因子 $C_1=1$ 为实施了此分流工程，否则 $C_1=0$。

下部分为生猪规模养殖产生沼液污染，沼液污染影响生猪养殖规模发展的二阶制约负反馈环 2：(R_{31}，+，R_1)(R_1，−，L_{31})

右下部分为没有实施沼液与灌溉用水分流创新工程，沼液污染的增加，使水稻减产，而水稻的减产使沼液污染更为严重的互相制约二阶正反馈环 3：(R_4，−，L_{31})(R_{32}，−，R_4)

第三，“猪-沼液-粮-收入”基模定量仿真预测分析。

对沼液与灌溉用水分流创新工程实施效果定量仿真预测，对“猪-沼液-粮-收入”基模定量仿真。此定量仿真有两种方法：

(1)“猪-沼液-粮-收入”基模 $G_{1234}(t)$进行仿真。

(2)通过逐步删除仿真分析法，在存量流量图中，即流率基本入树模型中，令 $T_{22}(t)$(蔬菜收入)、$T_{24}(t)$(沼气收入)、$T_5(t)$(蔬菜地面积)、$T_6(t)$(沼气量)流率基本入树的流位、流率为 0 进行仿真。

根据兰坡村规模养殖农民增收与粮食安全基模，即“猪-沼液-粮-收入”基模的内涵，根据是否实施粮食安全创新工程即沼液和灌溉用水分流工程，设置两个方案，选择稻谷量流位变量进行仿真分析。

方案 1：$C_1=0$，表示未实施粮食安全分流创新工程，沼液和灌溉用水共用一条水道。

方案 2：$C_1=1$，表示已实施粮食安全分流创新工程，沼液和灌溉用水分流。

仿真结果如表 12-8、图 12-7 和表 12-9、图 12-8 所示。

表 12-8 稻谷产量变化比较仿真结果 单位：t

年份	2002	2003	2004	2005	2006	2007	2008	2009	2010	2011	2012	2013	2014	2015
稻谷产量 $C_1=0$	70	69.75	69.4	69.06	68.71	68.37	68.03	67.69	67.35	67.01	66.68	66.35	66.02	65.69
稻谷产量 $C_1=1$	70	69.75	69.4	77.11	92.43	92.93	93.45	93.89	94.28	94.72	95.17	95.63	96.07	96.51

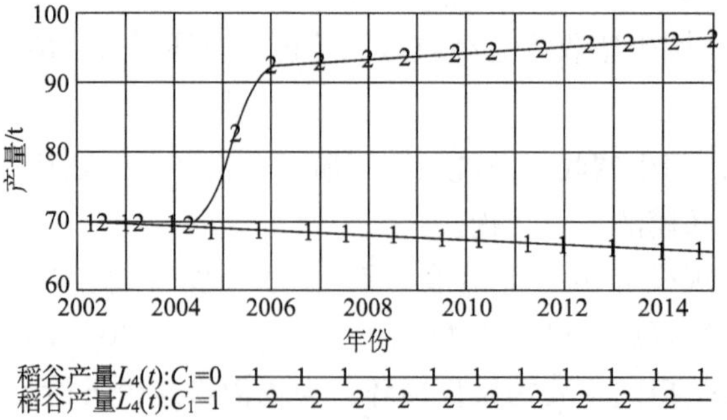

图 12-7 稻谷产量变化仿真结果图

表 12-9 总纯收入变化比较仿真结果 单位：万元

年份	2002	2003	2004	2005	2006	2007	2008	2009	2010	2011	2012	2013	2014	2015
总纯收入 $C_1=0$	9.2	28.10	48.94	43.86	72.08	128.58	120.29	79.80	72.64	113.68	220.28	245.57	151.60	124.03
总纯收入 $C_1=1$	9.2	28.10	48.94	43.35	70.31	126.52	118.24	77.80	70.62	111.43	217.53	242.70	149.11	121.64

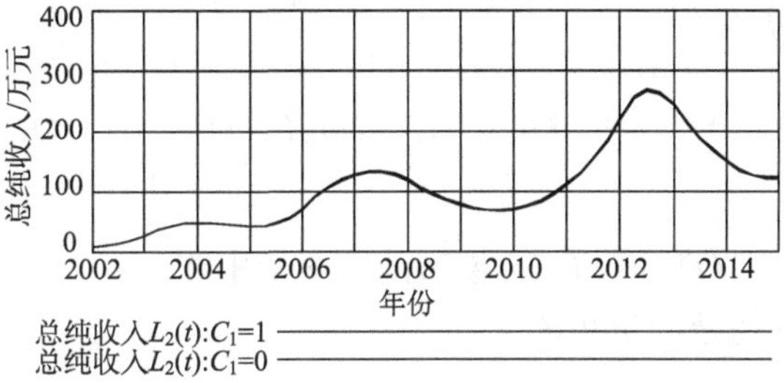

图 12-8 总结收入变化仿真结果图

表 12-8 和表 12-9 显示了两种方案下稻谷产量和总纯收入的变化趋势，结果显示，兰坡村规模养种生态能源系统内，如果不实施粮食安全创新工程，沼液和灌溉用水共用一条水道，水稻产量将逐年下降，生猪规模产生的沼液污染将危及水稻生产的安全；实施了沼液与灌溉用水分流创新工程，水稻产量则能保持稳步增长，证明沼液清水分流创新工程是系统“猪-沼液-粮-收入”生态农业模式实施的保障。

读者可以自行进行主导基模二：“猪-沼液-菜-收入”基模反馈结构和主导基模二：“猪-沼液-菜-收入”基模反馈结构分析。

12.3 枝向量矩阵反馈环计算法

本节阐述贾仁安及其研究团队建立的另一种计算反馈环的代数方法，该方法称为枝向量矩阵反馈环计算法（胡玲，贾仁安，2001）。

12.3.1 枝向量矩阵反馈环计算法的基本概念

已知系统以流位为尾的流率基本入树模型如图 12-9 所示。

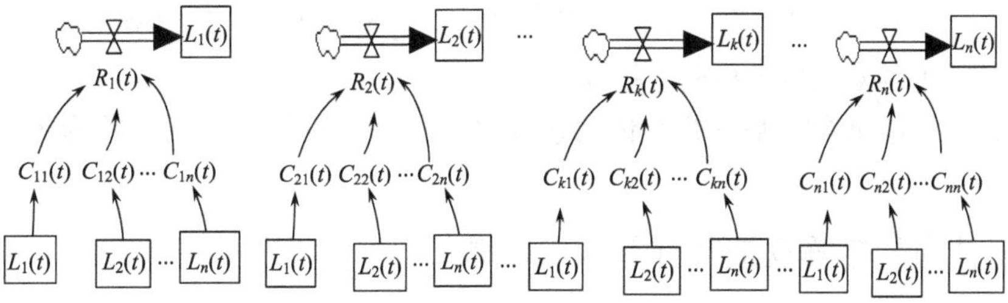

图 12-9 流率基本入树模型 $T_1(t), T_2(t), \cdots, T_n(t)$

定义 12.14 以流率基本入树模型的枝向量为元素构成的矩阵称为枝向量矩阵。

定义 12.15 由入树(包括流率基本入树及简化、强简化流率基本入树)$T_i(t)$的枝向量,$(R_i(t),A_{i1}(t),L_1(t))$,$(R_i(t),A_{i2}(t),L_2(t))$,…,$(R_i(t),A_{ij}(t),L_j(t))$,…,$(R_i(t),A_{in}(t),L_n(t))$$(i=1,2,\cdots,n)$构成的矩阵:

$$\boldsymbol{A}=\begin{bmatrix}(R_1(t),A_{11}(t),L_1(t)) & \cdots & (R_1(t),A_{1j}(t),L_j(t)) & \cdots & (R_1(t),A_{1n}(t),L_n(t))\\ \vdots & & \vdots & & \vdots\\ (R_i(t),A_{i1}(t),L_1(t)) & \cdots & (R_i(t),A_{ij}(t),L_j(t)) & \cdots & (R_i(t),A_{in}(t),L_n(t))\\ \vdots & & \vdots & & \vdots\\ (R_n(t),A_{n1}(t),L_1(t)) & \cdots & (R_n(t),A_{nj}(t),L_j(t)) & \cdots & (R_n(t),A_{nn}(t),L_n(t))\end{bmatrix} \tag{12-1}$$

称为此入树 $T_1(t)$,…,$T_i(t)$,…,$T_n(t)$模型的枝向量矩阵。

定义 12.16 设入树枝向量矩阵

$$\boldsymbol{B}=\begin{bmatrix}(R_1(t),B_{11}(t),L_1(t)) & \cdots & (R_1(t),B_{1j}(t),L_j(t)) & \cdots & (R_1(t),B_{1n}(t),L_n(t))\\ \vdots & & \vdots & & \vdots\\ (R_i(t),B_{i1}(t),L_1(t)) & \cdots & (R_i(t),B_{ij}(t),L_j(t)) & \cdots & (R_i(t),B_{in}(t),L_n(t))\\ \vdots & & \vdots & & \vdots\\ (R_p(t),B_{p1}(t),L_1(t)) & \cdots & (R_p(t),B_{pj}(t),L_j(t)) & \cdots & (R_p(t),B_{pn}(t),L_n(t))\end{bmatrix} \tag{12-2}$$

并令式(12-1)中 **A** 矩阵元素$(R_i(t),A_{ij}(t),L_j(t))=a_{ij}$ $(i=1,2,\cdots,n;j=1,2,\cdots,p)$,令式(12-2)中 **B** 矩阵元素$(R_i(t),B_{ij}(t),L_j(t))=b_{ij}$ $(i=1,2,\cdots,p;j=1,2,\cdots,m)$。则 $\boldsymbol{A}=(a_{ij})_{n\times p}$,$\boldsymbol{B}=(b_{ij})_{p\times m}$,$\boldsymbol{A}\times\boldsymbol{B}=(c_{ij})_{n\times m}$,其中,$c_{ij}=a_{i1}b_{1j}+a_{i2}b_{2j}+\cdots+a_{ip}b_{pj}$ $(i=1,2,\cdots,n;j=1,2,\cdots,m)$。

定义 12.17 所给定的枝向量矩阵乘法与代数学中给出的数矩阵乘法法则相同。

定义 12.18 将入树模型枝向量矩阵全体 a_{ii} 置为 0,其他 $a_{ij}(i\neq j)$不变,所得矩阵

$$\boldsymbol{A}_{n\times n}=(a_{ij})_{n\times n}=\begin{bmatrix}0 & a_{12} & \cdots & a_{1k} & a_{1(k+1)} & \cdots & a_{1(n-1)} & a_{1n}\\ a_{21} & 0 & \cdots & a_{2k} & a_{2(k+1)} & \cdots & a_{2(n-1)} & a_{2n}\\ \vdots & \vdots & & \vdots & \vdots & & \vdots & \vdots\\ a_{k1} & a_{k2} & \cdots & 0 & a_{k(k+1)} & \cdots & a_{k(n-1)} & a_{kn}\\ \vdots & \vdots & & \vdots & \vdots & & \vdots & \vdots\\ a_{(n-1)1} & a_{(n-1)2} & \cdots & a_{(n-1)k} & a_{(n-1)(k+1)} & \cdots & 0 & a_{(n-1)n}\\ a_{n1} & a_{n2} & \cdots & a_{nk} & a_{n(k+1)} & \cdots & a_{n(n-1)} & 0\end{bmatrix}$$

称为此入树模型的对角置零枝向量矩阵。

将枝向量矩阵 **A** 的最后一行全体元素置为 0,得到的矩阵记为 $\overline{\boldsymbol{A}}$,$\overline{\boldsymbol{A}}$ 称为 **A** 的行置零矩阵。

12.3.2 枝向量矩阵反馈环计算法的步骤

已知入树模型 $T_1(t)$,$T_2(t)$,…,$T_n(t)$及经嵌运算构成存量流量图 $G_{12\cdots(n-1)}(t)=$

$\overrightarrow{\bigcup_{i=1}^{n-1}} T_i(t)$，则 $G_{12\cdots(n-1)}(t)\overrightarrow{\bigcup}T_n(t)$ 产生的新增反馈环计算步骤如下：

(1) 由各入树 $T_k(t)$ 的根尾关联枝求新一阶反馈环。

(2) 建立 n 棵入树的对角置零枝向量矩阵

$$
\boldsymbol{A}_{n\times n}=\begin{bmatrix}
0 & a_{12} & \cdots & a_{1k} & a_{1(k+1)} & \cdots & a_{1(n-1)} & a_{1n}\\
a_{21} & 0 & \cdots & a_{2k} & a_{2(k+1)} & \cdots & a_{2(n-1)} & a_{2n}\\
\vdots & \vdots & & \vdots & \vdots & & \vdots & \vdots\\
a_{k1} & a_{k2} & \cdots & 0 & a_{k(k+1)} & \cdots & a_{k(n-1)} & a_{kn}\\
\vdots & \vdots & & \vdots & \vdots & & \vdots & \vdots\\
a_{(n-1)1} & a_{(n-1)2} & \cdots & a_{(n-1)k} & a_{(n-1)(k+1)} & \cdots & 0 & a_{(n-1)n}\\
a_{n1} & a_{n2} & \cdots & a_{nk} & a_{n(k+1)} & \cdots & a_{n(n-1)} & 0
\end{bmatrix}
$$

取 $\boldsymbol{A}_{n\times n}$ 的第 k 行元素构成行枝向量矩阵 $\boldsymbol{X}_{1\times n}$，$\boldsymbol{X}_{1\times n}=(a_{n1},a_{n2},\cdots,a_{n(n-1)},0)$

并将 $\boldsymbol{A}_{k\times k}$ 的第 n 行元素全部置零，作 $\overrightarrow{\boldsymbol{A}}_{k\times k}$ 对角置零枝向量矩阵

$$
\overrightarrow{\boldsymbol{A}}_{n\times n}=\begin{bmatrix}
0 & a_{12} & \cdots & a_{1(k-1)} & a_{1k}\\
a_{21} & 0 & \cdots & a_{2(k-1)} & a_{2k}\\
\vdots & \vdots & & \vdots & \vdots\\
a_{n1} & a_{n2} & \cdots & 0 & a_{(n-1)n}\\
0 & 0 & \cdots & 0 & 0
\end{bmatrix}
$$

用 $\boldsymbol{X}_{1\times n}$ 对 $\overrightarrow{\boldsymbol{A}}_{n\times n}$ 一次枝向量矩阵乘法，得一次行矩阵结果：

$$
\boldsymbol{X}_{1\times k}\cdot\overrightarrow{\boldsymbol{A}}_{k\times k}=(a_{k2}a_{21}+\cdots+a_{k(k-1)}a_{(k-1)1},a_{k1}a_{12}+a_{k3}a_{32}+\cdots+a_{k(k-1)}a_{(k-1)2},\cdots,
a_{n1}a_{1n}+a_{n2}a_{2n}+\cdots+a_{n(n-1)}a_{(n-1)n})
$$

当且仅当 $a_{ni_n},a_{i_1n}\neq 0(i_1=1,2,\cdots,n-1)$，所对应的二阶枝向量构成 $G_{12\cdots(n-1)}(t)\overrightarrow{\bigcup}T_n(t)$ 产生的二阶新增反馈环。

(3) 用一次行矩阵结果对 $\overrightarrow{\boldsymbol{A}}_{n\times n}$ 作二次枝向量矩阵乘法：

$(\boldsymbol{X}_{1\times n}\cdot\overrightarrow{\boldsymbol{A}}_{n\times n})\cdot\overrightarrow{\boldsymbol{A}}_{n\times n}=\boldsymbol{X}_{1\times n}\cdot(\overrightarrow{\boldsymbol{A}}_{n\times n})^2$，得二次行矩阵结果，$(\boldsymbol{X}_{1\times n}\cdot\overrightarrow{\boldsymbol{A}}_{n\times n})\cdot\overrightarrow{\boldsymbol{A}}_{n\times n}$ 行矩阵的各元素由 $a_{ni_1}a_{i_1i_2}a_{i_2n}$ 的和式构成，当且仅当 $a_{ni_1}a_{i_1i_2}a_{i_2n}\neq 0$，其对应枝向量链构成 $G_{12\cdots(n-1)}(t)\overrightarrow{\bigcup}T_n(t)$ 的三阶新增反馈环。

如此类推，用第 $n-1$ 次枝向量矩阵乘法 $\boldsymbol{X}_{1\times n}\cdot(\overrightarrow{\boldsymbol{A}}_{n\times n})^{k-2}$ 的行矩阵结果，对 $\overrightarrow{\boldsymbol{A}}_{n\times n}$ 作 n 次枝向量矩阵乘法。

$\boldsymbol{X}_{1\times n}\cdot(\overrightarrow{\boldsymbol{A}}_{n\times n})^{n-1}$ 为行矩阵，当且仅当 $a_{ni_1}a_{i_1i_2},a_{i_{k-1}n}\neq 0$，其对应枝向量链构成 $G_{12\cdots(n-1)}(t)\overrightarrow{\bigcup}T_n(t)$ 的 n 阶新增反馈环。

上述算法中，若将 $\boldsymbol{X}_{1\times n}=(a_{n1},a_{n2},\cdots,a_{n(n-1)},0)$ 改为 $\boldsymbol{X}_{1\times i}=(a_{i1},a_{i2},\cdots,a_{i(i-1)},0,a_{i(i+1)},a_{in})$，$(1\leqslant i<n)$，$\overrightarrow{\boldsymbol{A}}_{n\times n}$ 中为第 i 行置零，其他算法不变，可求出 $G_{12\cdots(i-1),(i+1)\cdots n}(t)\overrightarrow{\bigcup}T_i(t)$ 的全部新增反馈环。

12.3.3　枝向量矩阵反馈环计算实例

运用枝向量矩阵反馈环计算 SD 模型的反馈环的方法与枝向量行列式反馈环计算法

的原理一致，不仅能够计算模型的全部反馈环，还能够计算流率基本入树模型的入树棵数发生变化后系统新增的反馈环，为动态反馈分析提供依据。12.2 节中，我们用枝向量行列式法计算了一个 SD 存量流量图的全部反馈环，本节介绍一个用枝向量矩阵法计算新增反馈环的实例。

1. 企业人力资源管理流率基本入树模型

企业的人力资源管理由招聘甄选、职位管理、薪酬管理、培训开发这 4 个主要的人力资源管理职能模块构成，而且企业的招聘甄选、职位管理、薪酬管理和培训开发活动都是围绕着员工绩效这一中心主题开展的。典型的企业人力资源管理的构成如图 12-10 所示。

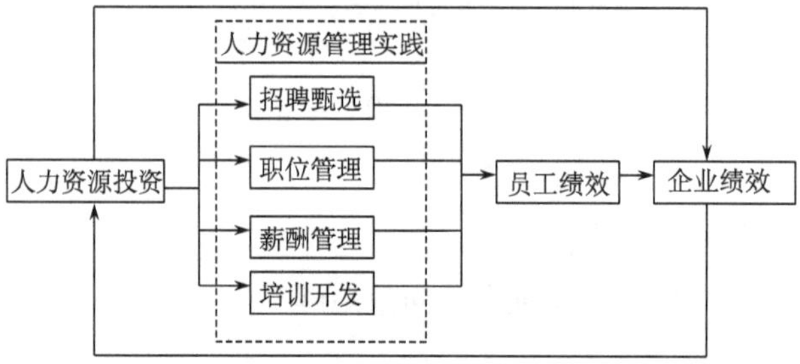

图 12-10　企业人力资源管理典型构成图

如图 12-10 所示，企业人力资源管理实践主要集中在人员的招聘甄选(包括人员的自动离职和不合格人员的解聘等企业人员变动)；农业企业内职位的设置和安排(包括职务设置和管理人员的增添或删减等)；发放薪酬(主要是依据绩效考核分数高低发放不等的奖金激励，基本福利不在此列)；进行提升员工技能和能力的培训等方面。企业进行“招聘甄选”、“职位管理”、“薪酬管理”、“培训开发”等人力资源管理活动的直接效果是提升员工绩效，从而间接地提升农业企业绩效。当然，一方面，企业人力资源方面的投资必然要消耗企业成本，也就是会减少一些已经取得的企业绩效(如利润)；另一方面，企业绩效的取得和提高给进行各项人力资源投资提供了资金来源，构成人力资源投资和企业绩效之间的资金循环关系。因此，系统变量及其分类如表 12-10 所示。

表 12-10　参数定义和量纲

变量	定义	类型	量纲
$L_1(t)$	员工绩效	流位	员工绩效评估单位
$R_1(t)$	员工绩效变化量	流率	员工绩效评估单位/年
$L_2(t)$	绩效薪酬(总量)	流位	万元
$R_2(t)$	绩效薪酬变化量	流率	万元/年
$L_3(t)$	培训费(总量)	流位	万元
$R_3(t)$	培训费变化量	流率	万元/年
$L_4(t)$	员工数	流位	人
$R_4(t)$	员工数变化量	流率	人/年
$K_4(t)$	员工数调整参数	参数	无量纲
$L_5(t)$	管理职位数	流位	个
$R_5(t)$	管理职位数变化量	流率	人/年
$L_6(t)$	农业企业绩效	流位	企业绩效评估单位
$R_6(t)$	农业企业绩效变化量	流率	企业绩效评估单位/年

在表 12-10 所述流位流率系$\{(L_1(t),R_1(t)),(L_2(t),R_2(t)),(L_3(t),R_3(t)),(L_4(t),R_4(t)),(L_5(t),R_5(t)),(L_6(t),R_6(t))\}$下的企业人力资源管理流率基本入树模型由图 12-11 所示的 6 棵流率基本入树构成(图中 k_1、k_2 分别表示奖金等级调控参数和奖金成本调控参数)。

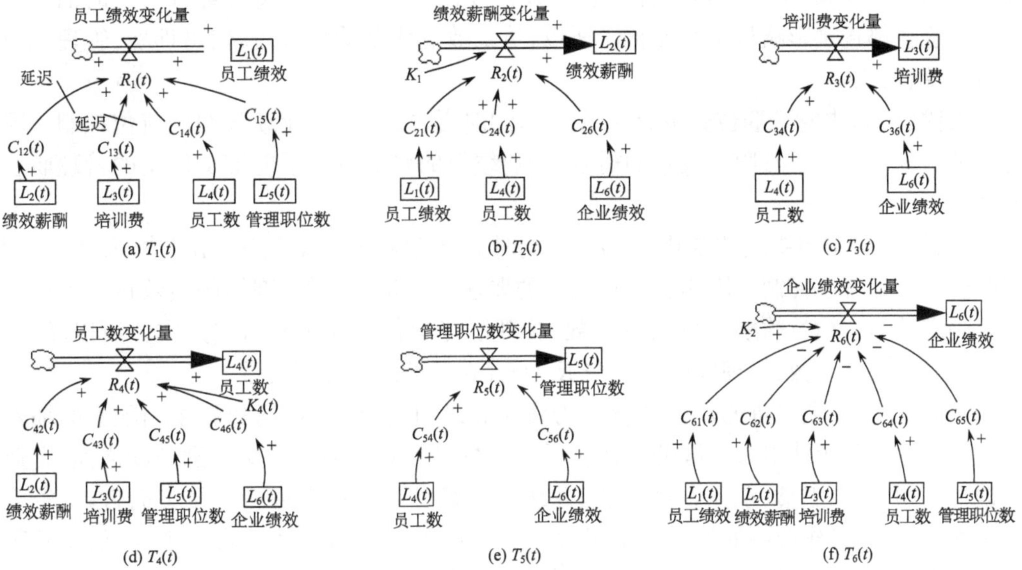

图 12-11　企业人力资源管理系统动力学流率基本入树模型

此流率基本入树模型刻画实际系统中,员工绩效 $L_1(t)$、绩效薪酬 $L_2(t)$、培训费 $L_3(t)$、员工数 $L_4(t)$、管理职位 $L_5(t)$,企业绩效 $L_6(t)$这 6 个积累变量流位,分别通过辅助变量 $C_{ij}(t)$,直接控制对应的 6 个流率 $R_1(t)$、$R_2(t)$、…、$R_6(t)$。模型揭示了系统动态变量的本质是各累计变量分别控制各流率变量。该模型各流率受流位控制的线段性关系是:

入树 $T_1(t)$中员工绩效变化量 $R_1(t)$,同时受绩效薪酬、培训费、员工数、管理职位数 4 个流位控制,因为每年员工绩效分数是由员工根据绩效考核指标,将所取得的业绩汇总而得出的,所以受员工数直接控制,而各员工绩效的获得还与奖金激励、培训和现存管理职位数直接相关,所以此流率受这 4 个流位控制。

入树 $T_2(t)$中绩效薪酬变化量 $R_2(t)$同时受员工绩效、员工数、企业绩效控制。因为员工一年的绩效薪酬首先由各员工的业绩与人员数计算确定,即以一定的绩效等级发放标准为依据,员工被分为多个等级,如用友软件的薪酬体系共分为 16 级,每一级又分为三个档次,除了级别之间的差异外,档次之间的差别小到几百元,大到几千元。根据各等级的指标体系,分别计算出各等级员工应得的绩效奖金,然后按计算结果支付绩效薪酬,所以绩效薪酬变化受员工数、员工绩效、企业绩效控制。

入树 $T_3(t)$中培训费变化量 $R_3(t)$只受员工数、企业绩效两个流位控制,因为企业培训管理根据资金能力和员工数量两个因素制定培训计划,支付一定数量的培训费用满足企业发展的需要。因此，培训费受这两个流位控制。

入树 $T_4(t)$ 中员工数变化量 $R_4(t)$ 经参数 $K_4(t)$ 修正后受绩效薪酬、培训费、管理职位数、企业绩效 4 个流位控制，因为绩效薪酬制度是吸引或导致人才流失的重要原因，是直接控制着员工数变化的最重要流位。另外，培训的机会多少对外部人员有不同程度的吸引作用；员工的职位安置等受管理职位数直接控制；企业绩效决定着对员工的福利保障等。这些都直接影响员工数变化。所以，员工数变化量受绩效薪酬、培训费、管理职位数、企业绩效控制。

入树 $T_5(t)$ 中管理职位数变化量 $R_5(t)$，同时受员工数、企业绩效两个流位控制。因为人员的多寡决定了对职位设置的需求，企业绩效的好歹决定了能够支付出的管理职位成本。

入树 $T_6(t)$ 中组织绩效变化量 $R_6(t)$，同时受员工绩效、绩效薪酬、培训费、员工数、管理职位数 5 个流位控制。因为员工在企业的要求和分工下工作，部门的绩效首先由员工绩效决定；同时，绩效薪酬、培训、员工数、管理职能运行需要企业付出成本。所以，绩效薪酬、培训费、员工数、管理职位数还与 $R_6(t)$ 存在负的因果控制关系。

然而，作为一项先进的现代企业人力资源管理机制，绩效管理和与之相配套的绩效薪酬体系是近几年才引入我国的。在实行基于员工绩效的绩效薪酬激励制度之前，企业根据员工的年龄、工龄、职务发放工资，并统一进行普调。对于每一位员工而言，工资收入是固定的，和工作业绩的好坏没有关系。在这样的固定薪酬体系背景下，我们构建了如下的企业人力资源管理系统动力学流率基本入树模型，如图 12-12 所示。

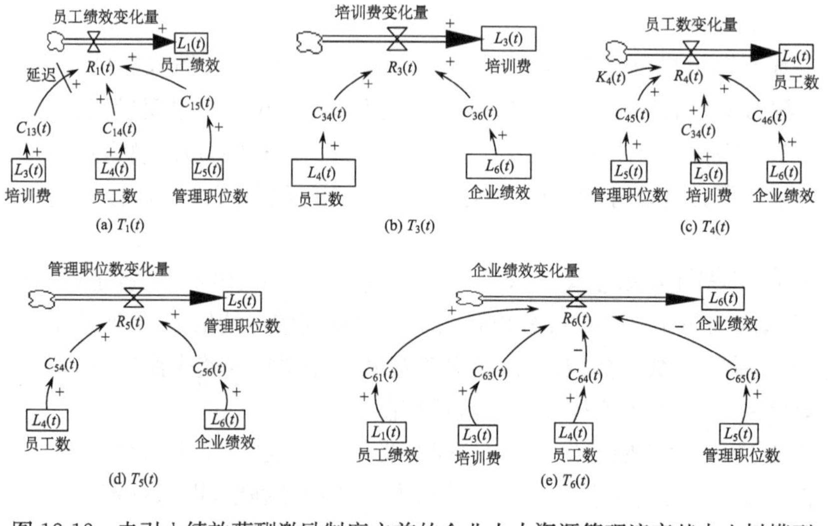

图 12-12　未引入绩效薪酬激励制度之前的企业人力资源管理流率基本入树模型

图 12-12 所示的模型包含 5 棵流率基本入树，分别以员工绩效变化量、培训费变化量、员工数变化量、管理职位数变化量、企业绩效变化量为流率变量。由图 12-12 可以得到未引入绩效薪酬激励制度之前，企业人力资源管理的系统存量流量图如图 12-13 所示。

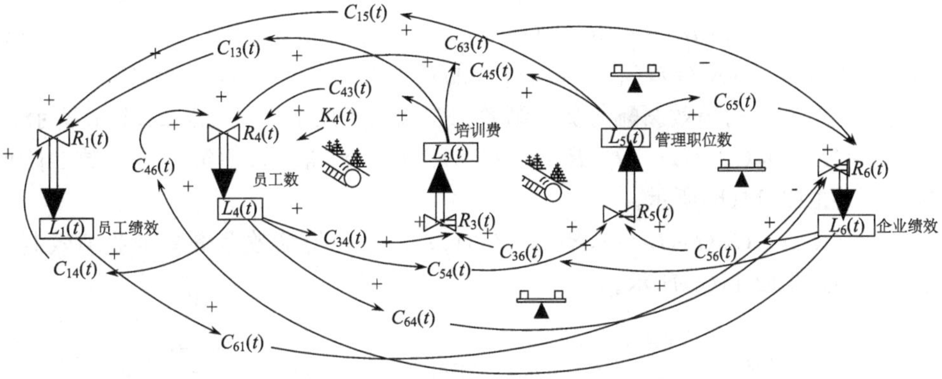

图 12-13　未引入绩效薪酬激励机制的企业人力资源管理子存量流量图

以下我们开始研究当农业企业引入绩效薪酬激励机制这一新的人力资源管理措施后，系统的反馈结构发生了怎样的变化。

用枝向量矩阵计算法，求引入绩效薪酬体系[入树 $T_2(t)$]后，产生的全部新增反馈环。通过对这些新增反馈环的特征分析，揭示采用绩效薪酬激励的人力资源管理机制对提升组织绩效的重大作用及其作用点，并分析实行此人力资源管理的制约因素，然后提出对应的管理方针，从而揭示人力资源管理实践和企业绩效之间关系的内部作用机理。

取入树模型对角置零枝向量矩阵 $\boldsymbol{A}_{6\times6}$ 的第二行作行矩阵：

$$\boldsymbol{X}_{1\times6}=((R_2,C_{21},L_1),\ 0,\ 0,\ (R_2,C_{24},L_4),0,(R_2,C_{26},L_6)) \tag{12-3}$$

然后作 $\boldsymbol{A}_{6\times6}$——绩效薪酬流率基本入树向量矩阵的第二行置零矩阵：

$$\vec{\boldsymbol{A}}_{6\times6}=\begin{bmatrix} 0 & (R_1,C_{12},L_2) & (R_1,C_{13},L_3) & (R_1,C_{14},L_4) & (R_1,C_{15},L_5) & 0 \\ 0 & 0 & 0 & 0 & 0 & 0 \\ 0 & 0 & 0 & (R_3,C_{34},L_4) & 0 & (R_3,C_{36},L_6) \\ 0 & (R_4,C_{42},L_2) & (R_4,C_{43},L_3) & 0 & (R_4,C_{45},L_5) & (R_4,C_{46},L_6) \\ 0 & 0 & 0 & (R_5,C_{54},L_4) & 0 & (R_5,C_{56},L_6) \\ (R_6,C_{61},L_1) & (R_6,C_{62},L_2) & (R_6,C_{63},L_3) & (R_6,C_{64},L_4) & (R_6,C_{65},L_5) & 0 \end{bmatrix} \tag{12-4}$$

令 $(R_i,C_{ij},L_j)=a_{ij}$，得

$$\boldsymbol{X}_{1\times11}=(a_{21},0,0,a_{24},0,a_{26}) \tag{12-5}$$

$$\vec{\boldsymbol{A}}_{6\times6}=\begin{bmatrix} 0 & a_{12} & a_{13} & a_{14} & a_{15} & 0 \\ 0 & 0 & 0 & 0 & 0 & 0 \\ 0 & 0 & 0 & a_{34} & 0 & a_{36} \\ 0 & a_{42} & a_{43} & 0 & a_{45} & a_{46} \\ 0 & 0 & 0 & a_{54} & 0 & a_{56} \\ a_{61} & a_{62} & a_{63} & a_{64} & a_{65} & 0 \end{bmatrix} \tag{12-6}$$

1）引进绩效薪酬激励机制的新增二阶反馈环

$$\boldsymbol{X}_{1\times 11}\cdot\vec{\boldsymbol{A}}_{11\times 11}=(a_{26}a_{16},(a_{21}a_{12}+a_{24}a_{42}+a_{26}a_{62}),(a_{21}a_{13}+a_{24}a_{43}+a_{26}a_{63}),$$
$$(a_{21}a_{14}+a_{26}a_{64}),(a_{21}a_{15}+a_{24}a_{45}+a_{26}a_{65}),(a_{24}a_{46}))\qquad(12\text{-}7)$$

由第二列及 $a_{ij}=(R_i(t),C_{ij}(t),L_j(t))$ 的逆变换，$a_{21}a_{12}=(R_2(t),C_{21}(t),L_1(t),R_1(t),C_{12}(t),L_2(t))$ 得绩效薪酬与员工绩效二阶增长正反馈环，如图 12-14(a)所示。

$a_{24}a_{42}=(R_2(t),C_{24}(t),L_4(t),R_4(t),C_{42}(t),L_2(t))$ 得绩效薪酬与员工数二阶增长正反馈环，如图 12-14(b)所示。

$a_{26}a_{62}=(R_2(t),C_{26}(t),L_6(t),R_6(t),C_{62}(t),L_2(t))$ 得绩效薪酬受企业绩效制约二阶负反馈环，如图 12-14(c)所示。

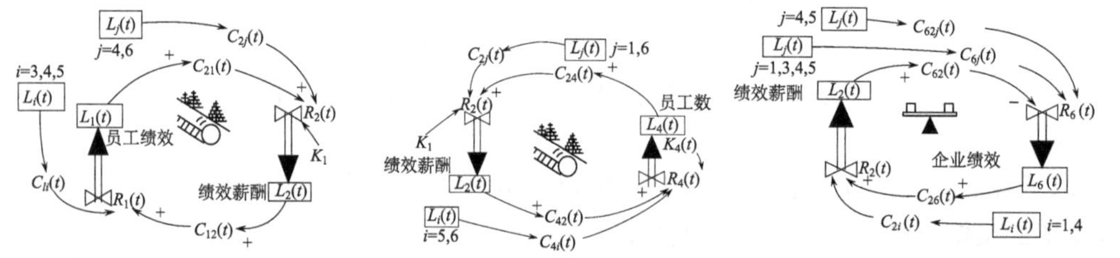

(a) 绩效薪酬与员工绩效增长二阶反馈环

(b) 绩效薪酬与员工数增长二阶反馈环

(c) 绩效薪酬受企业绩效制约二阶反馈环

图 12-14 引进绩效薪酬激励机制的新增二阶反馈环

2)引进绩效薪酬激励机制的新增三阶反馈环

作

$$(\boldsymbol{X}_{1\times 6}\vec{\boldsymbol{A}}_{6\times 6})\cdot\vec{\boldsymbol{A}}_{6\times 6}$$
$$=(a_{26}a_{61},(a_{21}a_{12}+a_{24}a_{42}+a_{26}a_{62}),(a_{21}a_{13}+a_{24}a_{43}+a_{26}a_{63}),(a_{21}a_{14}+a_{26}a_{64}),$$
$$(a_{21}a_{15}+a_{24}a_{45}+a_{26}a_{65}),(a_{24}a_{46}))$$
$$\cdot\begin{pmatrix}0 & a_{12} & a_{13} & a_{14} & a_{15} & 0\\ 0 & 0 & 0 & 0 & 0 & 0\\ 0 & 0 & 0 & a_{34} & 0 & a_{36}\\ 0 & a_{42} & a_{43} & 0 & a_{45} & a_{46}\\ 0 & 0 & 0 & a_{54} & 0 & a_{56}\\ a_{61} & a_{62} & a_{63} & a_{64} & a_{65} & 0\end{pmatrix}$$
$$=(a_{24}a_{46}a_{16},(a_{26}a_{16}a_{12}+a_{21}a_{14}a_{42}+a_{26}a_{64}a_{42}+a_{24}a_{46}a_{62}),$$
$$(a_{26}a_{16}a_{13}+a_{21}a_{14}a_{43}+a_{26}a_{64}a_{43}+a_{24}a_{46}a_{63}),(a_{26}a_{16}a_{14}+a_{21}a_{13}a_{34}+a_{26}a_{63}a_{34}$$
$$+a_{21}a_{15}a_{54}+a_{26}a_{65}a_{54}),(a_{26}a_{16}a_{15}+a_{21}a_{14}a_{45}+a_{26}a_{64}a_{45}+a_{24}a_{46}a_{65}),$$
$$(a_{21}a_{13}a_{36}+a_{24}a_{43}a_{36}+a_{21}a_{14}a_{46}+a_{21}a_{15}a_{56}+a_{24}a_{45}a_{56}))\qquad(12\text{-}8)$$

由此行矩阵的第二列元素，可知引进薪酬激励机制产生了 4 个三阶反馈环。对新增三阶反馈环进行分析。

(1) 新增三阶反馈环 1(正反馈环)。

由 $a_{26}a_{16}a_{12}=(R_2(t),C_{26}(t),L_6(t),R_6(t),C_{61}(t),L_1(t),R_1(t),C_{12}(t),L_2(t))$ 得绩效薪酬与员工绩效、组织绩效三阶增长正反馈环。如图 12-15(a)所示。

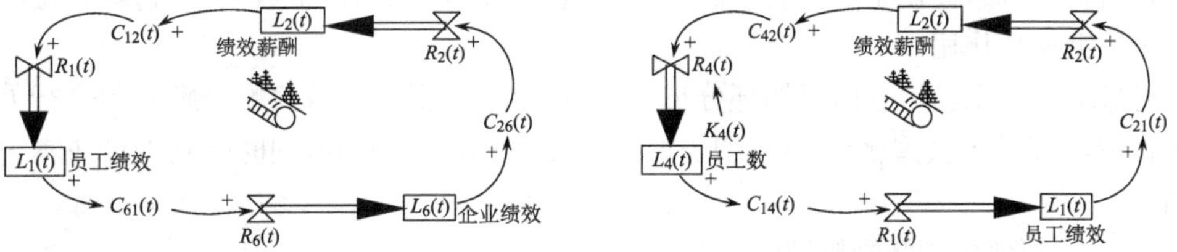

(a)激发内部员工提升绩效动力，绩效薪酬与员工绩效、企业绩效三阶增长反馈环

(b)吸引外部人才有序流入，绩效薪酬与员工数、员工绩效三阶增长反馈环

图 12-15

图 12-15(a)的绩效三阶正反馈环，揭示了绩效薪酬激励制度激活员工动力，增加员工绩效，员工绩效促进企业绩效，企业绩效又促进绩效薪酬激励机制实施的三阶增长反馈功能。

(2) 新增三阶反馈环 2(正反馈环)。

由 $a_{21}a_{14}a_{42}=(R_2(t),C_{21}(t),L_1(t),R_1(t),C_{14}(t),L_4(t),R_4(t),C_{42}(t),L_2(t))$得绩效薪酬与员工数、员工绩效三阶增长正反馈环。见图 12-15(b)。

图 12-15(b)的绩效薪酬与员工数、员工绩效三阶正反馈环，揭示了引进绩效薪酬激励机制后，绩效薪酬吸引系统外人才，促进员工增加，从而增加员工绩效总量。员工绩效提高又促进薪酬进一步提高的三阶增长反馈循环作用。

(3) 新增三阶反馈环 3(负反馈环)。

由 $a_{26}a_{64}a_{42}=(R_2(t),C_{26}(t),L_6(t),R_6(t),C_{64}(t),L_4(t),R_4(t),C_{42}(t),L_2(t))$得绩效薪酬与企业绩效、员工数三阶制约负反馈环。见图 12-16。

图 12-16 的新增三阶负反馈环，揭示了引进绩效薪酬激励机制后，薪酬促进员工增加，但员工加重组织成本，制约着企业绩效对绩效薪酬制度的支持这样一个负反馈循环作用

(4) 新增三阶反馈环 4(负反馈环)。

由 $a_{24}a_{46}a_{62}=(R_2(t),C_{24}(t),L_4(t),R_4(t),C_{46}(t),L_6(t),R_6(t),C_{62}(t),L_2(t))$得新增三阶制约负反馈环。见图 12-17。

此绩效薪酬与企业绩效、员工数三阶制约负反馈环，揭示了引进绩效薪酬激励机制

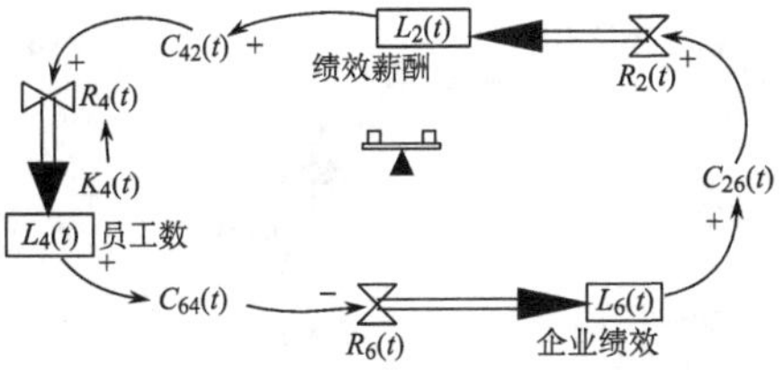

图 12-16　增加人员而福利、基本工资等人工成本增加，绩效薪酬与员工数、企业绩效三阶制约负反馈环

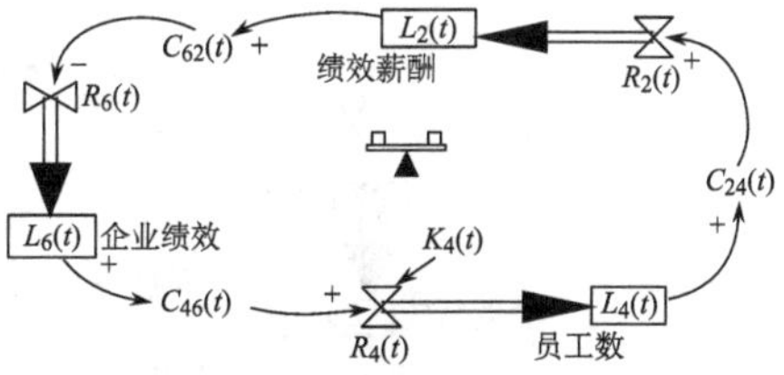

图 12-17　薪酬即时成本增加的绩效薪酬与组织绩效、员工数三阶制约负反馈环

后，绩效薪酬增加，促使企业的薪酬成本增大，企业绩效减少、员工数减少、薪酬费用减少的三阶反馈循环作用。

通过上述 4 个新增三阶反馈环分析，进一步揭示出引进绩效薪酬激励机制进行人力资源管理，可以促进组织产生持续增长力，帮助组织绩效的提升，同时受到人员成本方面的制约。

3）引进绩效薪酬激励机制的新增四阶反馈环

将$(\boldsymbol{X}_{1\times 6}\cdot\vec{\boldsymbol{A}}_{6\times 6})\cdot\vec{\boldsymbol{A}}_{6\times 6}$行矩阵[见式(12-7)]乘矩阵$\vec{\boldsymbol{A}}_{6\times 6}$[见式(12-8)]得

$$
\begin{aligned}
&(\boldsymbol{X}_{1\times 6}\cdot\vec{\boldsymbol{A}}^{2}_{6\times 6})\cdot\vec{\boldsymbol{A}}_{6\times 6}\\
=&(a_{24}a_{46}a_{61},(a_{26}a_{61}a_{12}+a_{21}a_{14}a_{42}+a_{26}a_{64}a_{42}+a_{24}a_{46}a_{62}),(a_{26}a_{61}a_{13}+a_{21}a_{14}a_{43}\\
&+a_{26}a_{64}a_{43}+a_{24}a_{46}a_{63}),(a_{26}a_{61}a_{14}+a_{21}a_{13}a_{34}+a_{26}a_{63}a_{34}+a_{21}a_{15}a_{54}+a_{26}a_{65}a_{54}),\\
&(a_{26}a_{61}a_{15}+a_{21}a_{14}a_{45}+a_{26}a_{64}a_{45}+a_{24}a_{46}a_{65}),(a_{21}a_{13}a_{36}+a_{24}a_{43}a_{36}+a_{21}a_{14}a_{46}\\
&+a_{21}a_{15}a_{56}+a_{24}a_{45}a_{56}))\\
&\cdot\begin{bmatrix}
0 & a_{12} & a_{13} & a_{14} & a_{15} & 0\\
0 & 0 & 0 & 0 & 0 & 0\\
0 & 0 & 0 & a_{34} & 0 & a_{36}\\
0 & a_{42} & a_{43} & 0 & a_{45} & a_{46}\\
0 & 0 & 0 & a_{54} & 0 & a_{56}\\
a_{61} & a_{62} & a_{63} & a_{64} & a_{65} & 0
\end{bmatrix}\\
=&(a_{24}a_{43}a_{36}a_{61}+a_{24}a_{45}a_{56}a_{61},(a_{24}a_{46}a_{61}a_{12}+a_{26}a_{61}a_{14}a_{42}+a_{21}a_{13}a_{34}a_{42}\\
&+a_{26}a_{63}a_{34}a_{42}+a_{21}a_{15}a_{54}a_{42}+a_{26}a_{65}a_{54}a_{42}+a_{21}a_{13}a_{36}a_{62}+a_{24}a_{43}a_{36}a_{62}\\
&+a_{21}a_{14}a_{46}a_{62}+a_{21}a_{15}a_{56}a_{62}+a_{24}a_{45}a_{56}a_{62}),(a_{24}a_{46}a_{61}a_{13}+a_{21}a_{15}a_{54}a_{43}\\
&+a_{26}a_{61}a_{14}a_{43}+a_{26}a_{65}a_{54}a_{43}+a_{21}a_{15}a_{56}a_{63}+a_{24}a_{45}a_{56}a_{63}+a_{21}a_{14}a_{46}a_{63}),\\
&(a_{26}a_{61}a_{13}a_{34}+a_{26}a_{61}a_{15}a_{54}+a_{21}a_{13}a_{36}a_{64}+a_{21}a_{15}a_{56}a_{64}),(a_{24}a_{46}a_{61}a_{15}\\
&+a_{26}a_{61}a_{14}a_{45}+a_{21}a_{13}a_{34}a_{45}+a_{26}a_{63}a_{34}a_{45}+a_{24}a_{43}a_{36}a_{65}+a_{21}a_{13}a_{36}a_{65}\\
&+a_{21}a_{14}a_{46}a_{65}),(a_{21}a_{14}a_{43}a_{36}+a_{21}a_{13}a_{34}a_{46}+a_{21}a_{15}a_{54}a_{46}+a_{21}a_{14}a_{45}a_{56}))
\end{aligned}
\tag{12-9}
$$

对式(12-9)行矩阵第二列 11 个元素进行四阶反馈环分析。

(1) 新增四阶反馈环 1(正反馈环)。

由 $a_{24}a_{46}a_{61}a_{12}=(R_2(t),C_{24}(t),L_4(t),R_4(t),C_{46}(t),L_6(t),R_6(t),C_{61}(t),L_1(t),R_1(t),C_{12}(t),L_2(t))$得新增绩效薪酬激励机制的四阶增长反馈环，见图 12-18。

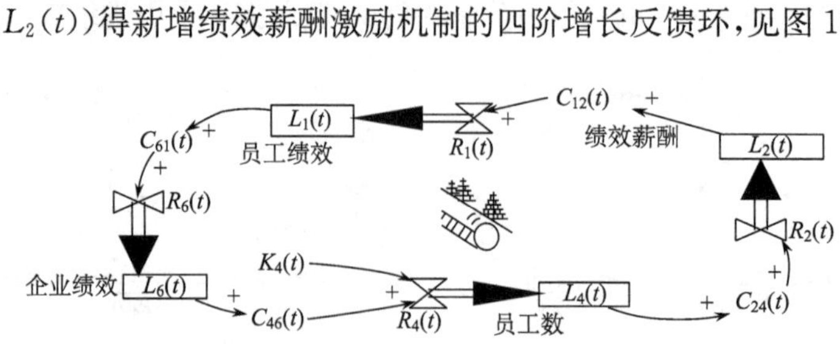

图 12-18　绩效薪酬与员工绩效、企业绩效、员工数四阶增长反馈环

图 12-18 新增四阶增长反馈环，揭示了引进绩效薪酬激励机制进行人力资源管理后，

系统将存在薪酬促进员工绩效，员工绩效促进企业绩效，企业绩效提高可支付的人工成本，保证员工数量增加又支持薪酬激励机制运转的四阶循环增长作用。

(2) 新增四阶反馈环 2(正反馈环)。

由 $a_{26}a_{61}a_{14}a_{42}=(R_2(t),C_{26}(t),L_6(t),R_6(t),C_{61}(t),L_1(t),R_1(t),C_{14}(t),L_4(t),R_4(t),C_{42}(t),L_2(t))$ 得新增绩效薪酬激励机制的四阶增长反馈环，见图 12-19。

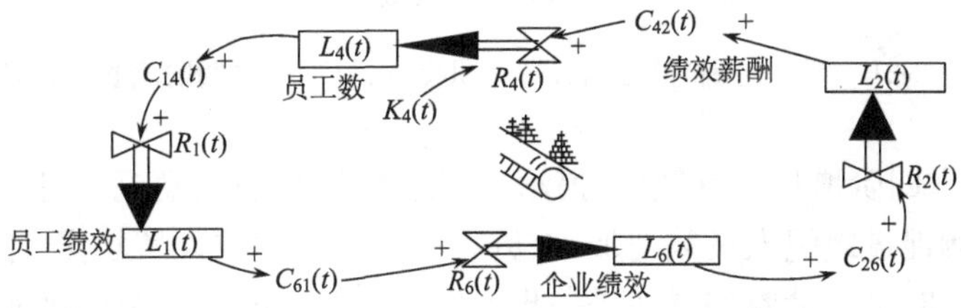

图 12-19　绩效薪酬与员工数、员工绩效、企业绩效四阶增长反馈环

图 12-19 新增四阶增长正反馈环，揭示了引进绩效薪酬激励机制进行人力资源管理后，系统存在薪酬促进组织员工数增加，员工数促进员工绩效总量增加，员工绩效促进企业绩效增加，企业绩效提高可支付的人工成本，保证员工数量增加又支持薪酬激励机制运转的四阶循环增长作用。

(3) 新增四阶反馈环 3(正反馈环)。

由 $a_{21}a_{13}a_{34}a_{42}=(R_2(t),C_{21}(t),L_1(t),R_1(t),C_{13}(t),L_3(t),R_3(t),C_{34}(t),L_4(t),R_4(t),C_{42}(t),L_2(t))$ 得新增绩效薪酬激励机制的四阶增长反馈环，见图 12-20。

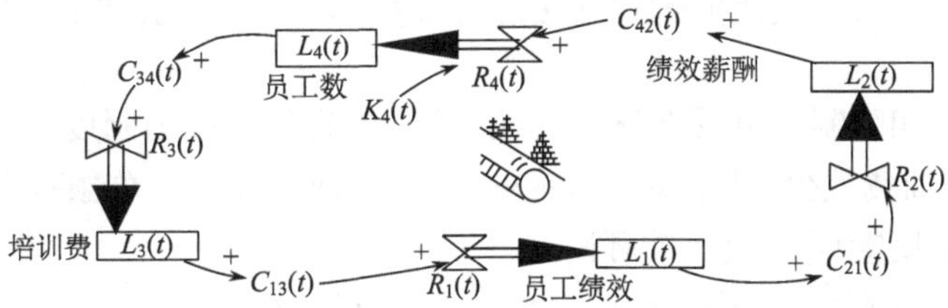

图 12-20　绩效薪酬与员工数、培训费、员工绩效四阶增长反馈环

图 12-20 新增四阶增长正反馈环，揭示了引进绩效薪酬激励机制进行人力资源管理后，系统存在薪酬促进组织员工数增加，员工数促进组织提供更多的培训费用(组织原有的人力资源管理方针之一)，培训费用投入的增加促进员工绩效增加，员工绩效增加提供绩效薪酬激励机制持续运行的动力这样一个循环促进作用。由此可知，绩效薪酬激励机制的运行需要培训制度的配合，才能构成系统化的人力资源管理。

(4) 新增四阶反馈环 4(正反馈环)。

由 $a_{21}a_{15}a_{54}a_{42}=(R_2(t),C_{21}(t),L_1(t),R_1(t),C_{15}(t),L_5(t),R_5(t),C_{54}(t),L_4(t),R_4(t),C_{42}(t),L_2(t))$ 得新增绩效薪酬激励机制的四阶增长反馈环，见图 12-21。

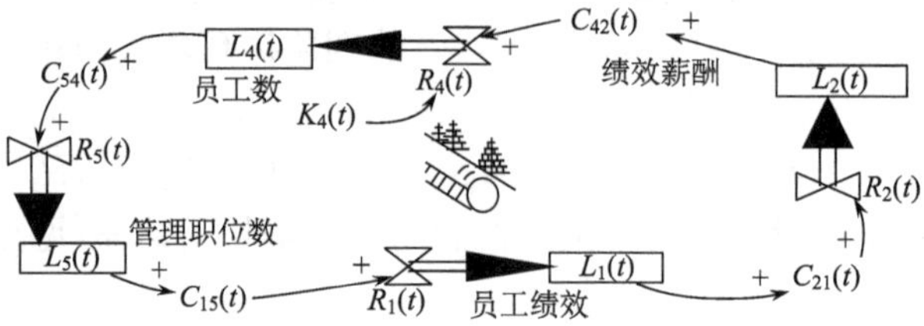

图 12-21　绩效薪酬与员工数、管理职位数、员工绩效四阶增长反馈环

图 12-21 新增四阶增长正反馈环，揭示了引进绩效薪酬激励机制进行人力资源管理后，系统存在薪酬促进组织人员数增加，人员数促进管理职位设置增多，细致和专业的分工使员工绩效增加，员工绩效的增加进一步促使薪酬总量增加的循环促进作用。

(5) 新增四阶反馈环 5(负反馈环)。

由 $a_{24}a_{43}a_{36}a_{62}=(R_2(t),C_{24}(t),L_4(t),R_4(t),C_{43}(t),L_3(t),R_3(t),C_{36}(t),L_6(t),R_6(t),C_{62}(t),L_2(t))$得新增绩效薪酬激励机制的四阶制约反馈环，见图 12-22。

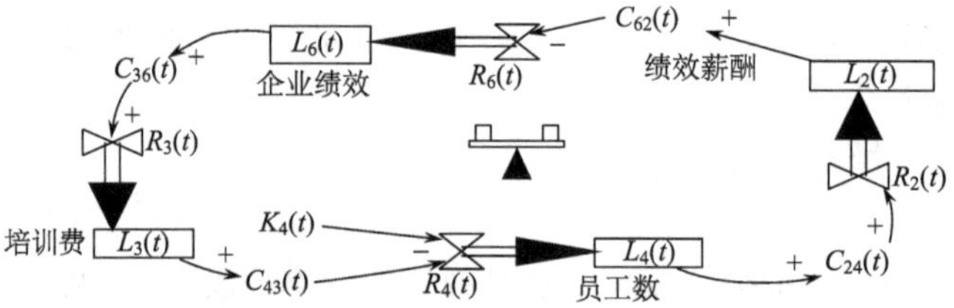

图 12-22　绩效薪酬与企业绩效、培训费、员工数四阶制约反馈环

图 12-22 新增四阶制约负反馈环，揭示了引进绩效薪酬激励制度后，成本增加，企业绩效降低，促使培训费减少，抑制员工数量的增加，致使绩效薪酬总额减少的作用。

(6) 新增四阶反馈环 6(负反馈环)。

由 $a_{26}a_{63}a_{34}a_{42}=(R_2(t),C_{26}(t),L_6(t),R_6(t),C_{63}(t),L_3(t),R_3(t),C_{34}(t),L_4(t),R_4(t),C_{42}(t),L_2(t))$得新增绩效薪酬激励机制的四阶制约负反馈环，见图 12-23。

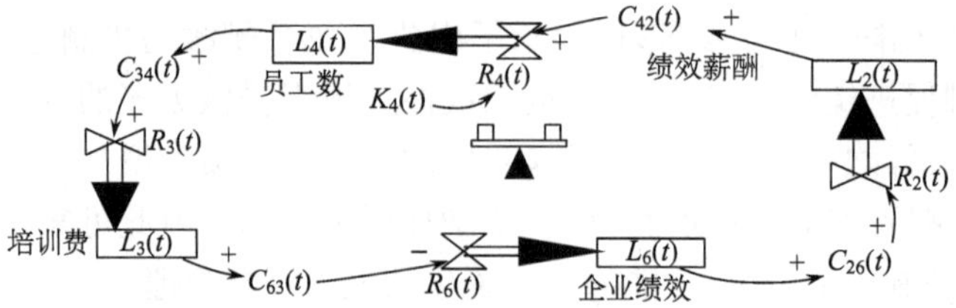

图 12-23　绩效薪酬与员工数、培训费、企业绩效四阶制约负反馈环

图 12-23 新增四阶制约正反馈环，揭示了引进绩效薪酬激励机制进行人力资源管理后，系统存在薪酬促进组织人员数增加，人员数促进企业支付更多的培训费用，从而增加成本，制约着企业绩效的增加，构成四阶循环制约作用。

(7) 新增四阶反馈环 7(负反馈环)。

由 $a_{26}a_{65}a_{54}a_{42}=(R_2(t),C_{26}(t),L_6(t),R_6(t),C_{65}(t),L_5(t),R_5(t),C_{54}(t),L_4(t),R_4(t),C_{42}(t),L_2(t))$得新增绩效薪酬激励机制的四阶制约负反馈环,见图 12-24。

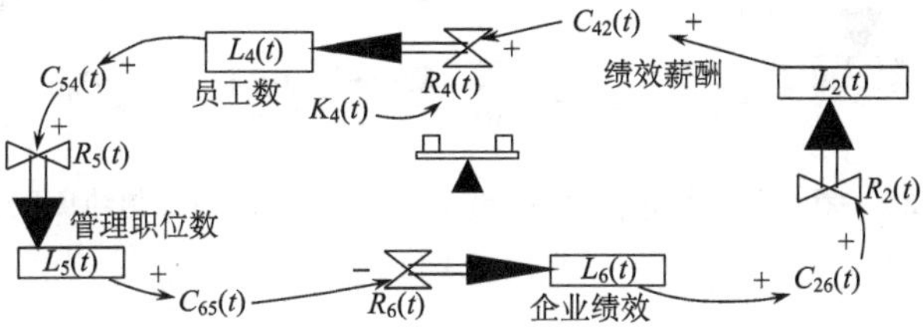

图 12-24　绩效薪酬与员工数、管理职位数、企业绩效四阶制约反馈环

图 12-24 新增四阶制约负反馈环,揭示了引进绩效薪酬激励机制进行人力资源管理后,系统存在薪酬促进组织员工数增加,员工数促进设置更多的职位,导致组织为此支付更多的内部运营成本,影响企业绩效增加,构成四阶循环制约作用。

(8) 新增四阶反馈环 8(负反馈环)。

由 $a_{21}a_{13}a_{36}a_{62}=(R_2(t),C_{21}(t),L_1(t),R_1(t),C_{13}(t),L_3(t),R_3(t),C_{36}(t),L_6(t),R_6(t),C_{62}(t),L_2(t))$得新增绩效薪酬激励机制的四阶制约负反馈环,见图 12-25。

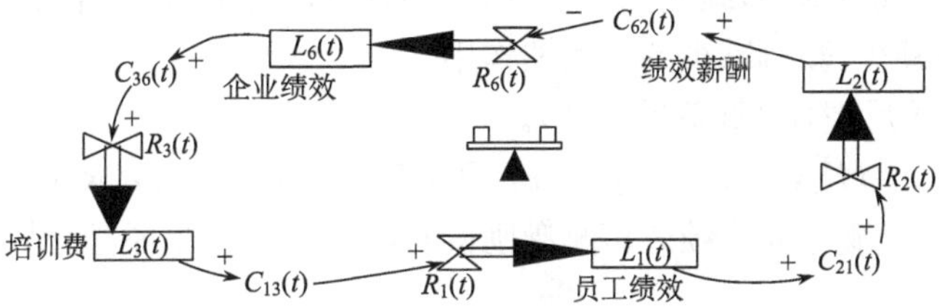

图 12-25　绩效薪酬与企业绩效、培训费、员工绩效四阶制约负反馈环

图 12-25 新增四阶制约负反馈环,揭示了引进绩效薪酬激励机制进行人力资源管理后,薪酬成本增加,企业绩效减少,促使培训费减少,以致又使薪酬减少的负反馈作用。

(9) 新增四阶反馈环 9(负反馈环)。

由 $a_{21}a_{14}a_{46}a_{62}=(R_2(t),C_{21}(t),L_1(t),R_1(t),C_{14}(t),L_4(t),R_4(t),C_{46}(t),L_6(t),R_6(t),C_{62}(t),L_2(t))$确定新增绩效薪酬激励机制的四阶制约负反馈环,见图 12-26。

图 12-26 新增四阶制约负反馈环,揭示了引进绩效薪酬激励机制进行人力资源管理后,薪酬成本增加,企业绩效减少,从而使员工可支配福利保障减少,使员工减少,以至于使员工绩效减少,又使薪酬减少的负反馈作用。

(10) 新增四阶反馈环 10(负反馈环)。

由 $a_{21}a_{15}a_{56}a_{62}=(R_2(t),C_{21}(t),L_1(t),R_1(t),C_{15}(t),L_5(t),R_5(t),C_{56}(t),L_6(t),R_6(t),C_{62}(t),L_2(t))$确定新增绩效薪酬激励机制的四阶负反馈环,见图 12-27。

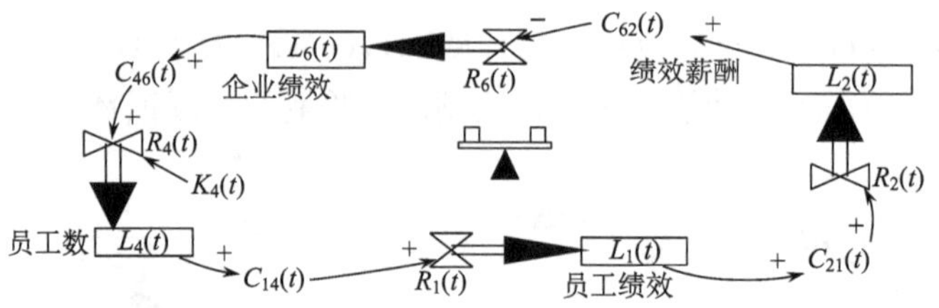

图 12-26　绩效薪酬与企业绩效、员工数、员工绩效四阶制约负反馈环

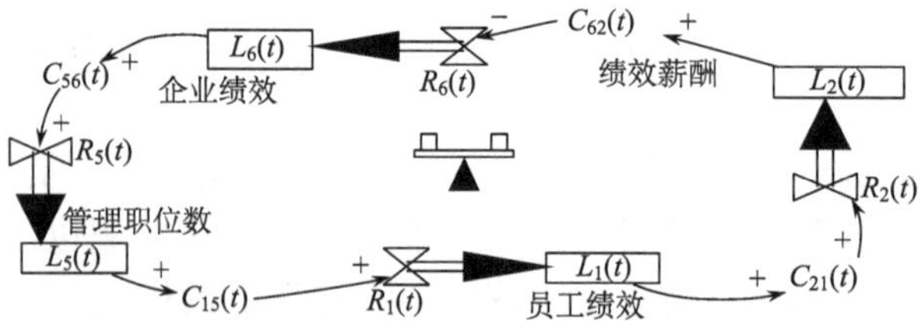

图 12-27　绩效薪酬与企业绩效、管理职位数、员工绩效四阶制约负反馈环

图 12-27 新增四阶制约负反馈环，揭示了引进绩效薪酬激励机制进行人力资源管理后，薪酬增加，企业成本增加，绩效减少，从而影响管理职位的营运成本支撑，使职位数减少，致使员工绩效减少、薪酬减少的负反馈作用。

(11) 新增四阶反馈环 11(负反馈环)。

由 $a_{24}a_{45}a_{56}a_{62}=(R_2(t),C_{24}(t),L_4(t),R_4(t),C_{45}(t),L_5(t),R_5(t),C_{56}(t),L_6(t),R_6(t),C_{62}(t),L_2(t))$确定新增绩效薪酬激励机制的四阶负反馈环，见图 12-28。

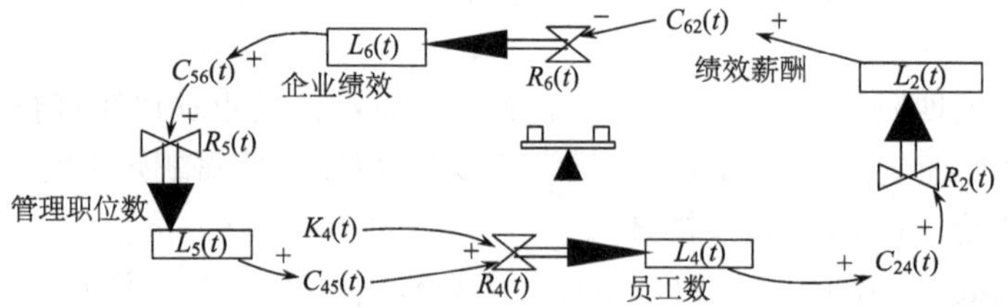

图 12-28　绩效薪酬与企业绩效、管理职位数、员工数四阶制约负反馈环

图 12-28 新增四阶制约负反馈环，揭示了引进绩效薪酬激励机制进行人力资源管理后，薪酬增加，企业成本增加，企业绩效减少，从而影响管理职位的营运成本支撑，使职位数减少，致使员工减少、薪酬减少的负反馈作用。

通过对 11 条新增四阶反馈环(其中 4 条增长正反馈环，7 条制约负反馈环)的分析，进一步揭示了引入绩效薪酬激励人力资源管理机制，可以非常有效地促进组织中个人和整体绩效的增加，但系统中同时存在人员运营成本、管理成本等制约作用，需要合理的机制使绩效薪酬激励、培训、人员管理、职位管理协调运作，才能发挥绩效薪酬激励机制的作用。

4) 引进绩效薪酬激励机制的新增五、六阶反馈环

将$(\boldsymbol{X}_{1\times 6}\vec{\boldsymbol{A}}^{3}_{6\times 6})$行矩阵乘矩阵$\vec{\boldsymbol{A}}_{6\times 6}$求五阶新增反馈环。

$$
\begin{aligned}
&(\boldsymbol{X}_{1\times 6}\vec{\boldsymbol{A}}^{3}_{6\times 6})\cdot\vec{\boldsymbol{A}}_{6\times 6}\\
=&(a_{24}a_{45}a_{56}a_{61},\ 0,\ (a_{24}a_{46}a_{61}a_{13}+a_{21}a_{15}a_{54}a_{43}+a_{26}a_{61}a_{14}a_{43}+a_{26}a_{65}a_{54}a_{43}+a_{21}a_{15}a_{56}a_{63}\\
&+a_{24}a_{45}a_{56}a_{63}+a_{21}a_{14}a_{46}a_{63}),\ (a_{26}a_{61}a_{13}a_{34}+a_{26}a_{61}a_{15}a_{54}+a_{21}a_{13}a_{36}a_{64}+a_{21}a_{15}a_{56}a_{64}),\\
&(a_{24}a_{46}a_{61}a_{15}+a_{26}a_{61}a_{14}a_{45}+a_{21}a_{13}a_{34}a_{45}+a_{26}a_{63}a_{34}a_{45}+a_{24}a_{43}a_{36}a_{65}+a_{21}a_{13}a_{36}a_{65}\\
&+a_{21}a_{14}a_{46}a_{65}),\ (a_{21}a_{14}a_{43}a_{36}+a_{21}a_{13}a_{34}a_{46}+a_{21}a_{15}a_{54}a_{46}+a_{21}a_{14}a_{45}a_{56}))
\end{aligned}
$$

$$
\cdot\begin{bmatrix}
0 & a_{12} & a_{13} & a_{14} & a_{15} & 0\\
0 & 0 & 0 & 0 & 0 & 0\\
0 & 0 & 0 & a_{34} & 0 & a_{36}\\
0 & a_{42} & 0 & 0 & a_{45} & a_{46}\\
0 & 0 & 0 & a_{54} & 0 & a_{56}\\
a_{61} & a_{62} & a_{63} & a_{64}+a_{624} & a_{65}+a_{625} & 0
\end{bmatrix}
$$

$$
\begin{aligned}
=&(0,\ (a_{24}a_{43}a_{36}a_{61}a_{12}+a_{24}a_{45}a_{56}a_{61}a_{12}+a_{26}a_{61}a_{13}a_{34}a_{42}+a_{26}a_{61}a_{15}a_{54}a_{42}\\
&+a_{21}a_{13}a_{36}a_{64}a_{42}+a_{21}a_{15}a_{56}a_{64}a_{42}+a_{21}a_{14}a_{43}a_{36}a_{62}+a_{21}a_{13}a_{34}a_{46}a_{62}\\
&+a_{21}a_{15}a_{54}a_{46}a_{62}+a_{21}a_{14}a_{45}a_{56}a_{62}),(a_{24}a_{45}a_{56}a_{61}a_{13}+a_{26}a_{61}a_{15}a_{54}a_{43}\\
&+a_{21}a_{15}a_{56}a_{64}a_{43}+a_{21}a_{15}a_{54}a_{46}a_{63}+a_{21}a_{14}a_{45}a_{56}a_{63}),(a_{21}a_{15}a_{56}a_{63}a_{34}\\
&+a_{21}a_{13}a_{36}a_{65}a_{54}),(a_{24}a_{43}a_{36}a_{61}a_{15}+a_{26}a_{61}a_{13}a_{34}a_{45}+a_{21}a_{13}a_{36}a_{64}a_{45}\\
&+a_{21}a_{14}a_{43}a_{36}a_{65}+a_{21}a_{13}a_{34}a_{46}a_{65}),(a_{21}a_{15}a_{54}a_{43}a_{36}+a_{21}a_{13}a_{34}a_{45}a_{56}))
\end{aligned}
$$

用$(\boldsymbol{X}_{1\times 6}\vec{\boldsymbol{A}}^{4}_{6\times 6})$行矩阵乘矩阵$\vec{\boldsymbol{A}}_{6\times 6}$求六阶新增反馈环。

作

$$
\begin{aligned}
&(\boldsymbol{X}_{1\times 6}\vec{\boldsymbol{A}}^{4}_{6\times 6})\cdot\vec{\boldsymbol{A}}_{6\times 6}\\
=&(0,\ 0,\ (a_{24}a_{45}a_{56}a_{61}a_{13}+a_{21}a_{15}a_{54}a_{46}a_{63}+a_{21}a_{14}a_{45}a_{56}a_{63}+a_{26}a_{61}a_{15}a_{54}a_{43}\\
&+a_{21}a_{15}a_{56}a_{64}a_{43}),\ (a_{21}a_{15}a_{56}a_{63}a_{34}+a_{21}a_{13}a_{36}a_{65}a_{54}),(a_{24}a_{43}a_{36}a_{61}a_{15}\\
&+a_{26}a_{61}a_{13}a_{34}a_{45}+a_{21}a_{13}a_{36}a_{64}a_{45}+a_{21}a_{14}a_{43}a_{36}a_{65}+a_{21}a_{13}a_{34}a_{46}a_{65}),\\
&(a_{21}a_{13}a_{34}a_{45}a_{56}+a_{21}a_{15}a_{54}a_{43}a_{36}))
\end{aligned}
$$

$$
\cdot\begin{bmatrix}
0 & a_{12} & a_{13} & a_{14} & a_{15} & 0\\
0 & 0 & 0 & 0 & 0 & 0\\
0 & 0 & 0 & a_{34} & 0 & a_{36}\\
0 & a_{42} & a_{43} & 0 & a_{45} & a_{46}\\
0 & 0 & 0 & a_{54} & 0 & a_{56}\\
a_{61} & a_{62} & a_{63} & a_{64} & a_{65} & 0
\end{bmatrix}
$$

$$
\begin{aligned}
=&(0,(a_{21}a_{15}a_{56}a_{63}a_{34}a_{42}+a_{21}a_{13}a_{36}a_{65}a_{54}a_{42}+a_{21}a_{13}a_{34}a_{45}a_{56}a_{62}\\
&+a_{21}a_{15}a_{54}a_{43}a_{36}a_{62}),\ 0,\ 0,\ 0,\ 0)
\end{aligned}
$$

(1) 新增五阶反馈环 1,2(正反馈环)。

由 $a_{24}a_{45}a_{56}a_{61}a_{12}=(R_2(t),C_{24}(t),L_4(t),R_4(t),C_{45}(t),L_5(t),R_5(t),C_{56}(t),L_6(t),$

$R_6(t), C_{61}(t), L_1(t), R_1(t), C_{12}(t), L_2(t)$)得新增绩效薪酬激励机制的五阶增长反馈环，见图 12-29(a)。

由 $a_{24}a_{43}a_{36}a_{61}a_{12}=(R_2(t), C_{24}(t), L_4(t), R_4(t), C_{43}(t), L_3(t), R_3(t), C_{36}(t), L_6(t), R_6(t), C_{61}(t), L_1(t), R_1(t), C_{12}(t), L_2(t))$得新增绩效薪酬激励机制的五阶增长反馈环，见图 12-29(b)。

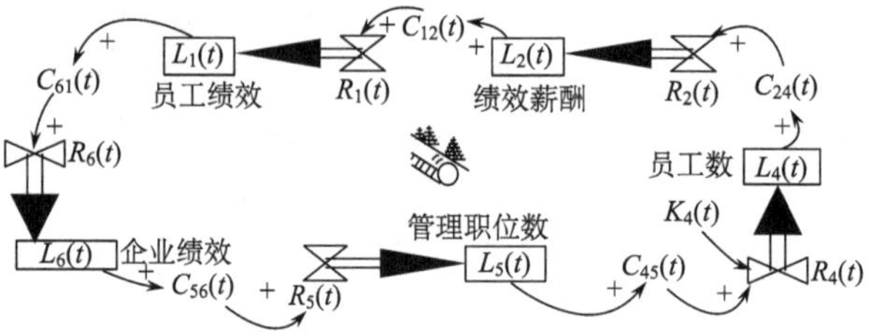

(a) 绩效薪酬与员工绩效、企业绩效、管理职位数、员工数五阶增长反馈环

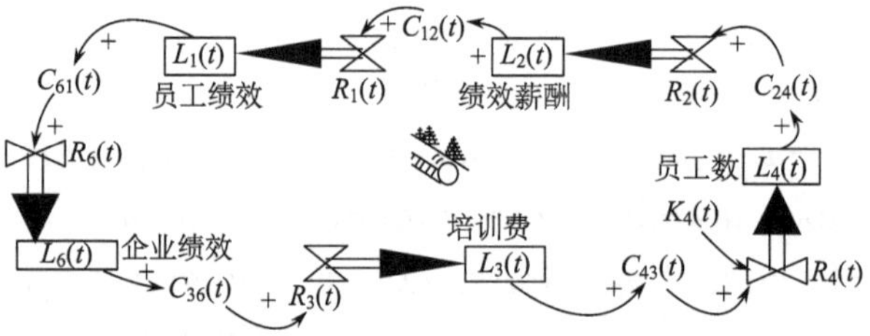

(b) 绩效薪酬与员工绩效、企业绩效、培训费、员工数五阶增长反馈环

图 12-29

图 12-29(a)和图 12-29(b)新增五阶增长正反馈环，揭示了引进绩效薪酬激励机制进行人力资源管理后，系统存在薪酬促进员工绩效，员工绩效促进企业绩效，企业绩效促进组织规模效应，系统中表现为管理职位数量增加或培训费投入增加，员工数量增加，员工数量增加进一步促进薪酬增加，这样一个五阶正循环作用。

(2) 新增五阶反馈环 3(正反馈环)。

由 $a_{26}a_{61}a_{13}a_{34}a_{42}=(R_2(t), C_{26}(t), L_6(t), R_6(t), C_{61}(t), L_1(t), R_1(t), C_{13}(t), L_3(t), R_3(t), C_{34}(t), L_4(t), R_4(t), C_{42}(t), L_2(t))$得新增绩效薪酬激励机制的五阶增长反馈环，见图 12-30。

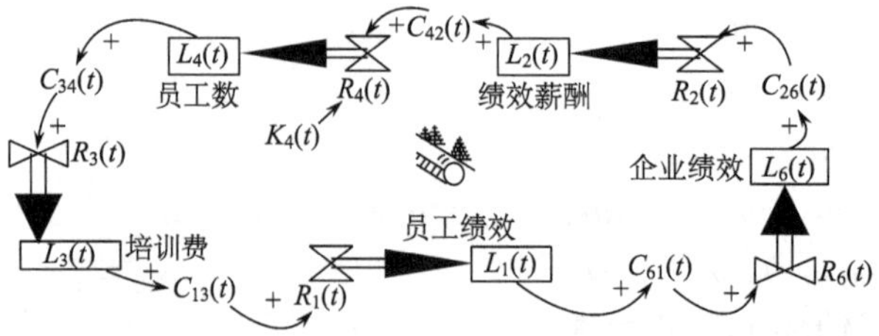

图 12-30　绩效薪酬与员工数、培训费、员工绩效、组织绩效五阶增长反馈环

图 12-30 新增五阶增长正反馈环，揭示了引进绩效薪酬激励机制进行人力资源管理后，系统存在薪酬促进员工数的增加，促使组织投入更多的培训费用，培训的增强促进员工绩效增加，员工绩效促进企业绩效，企业绩效增强促进薪酬激励机制得以更好的实施，这样一个五阶正循环作用。

(3) 新增五阶反馈环 4(正反馈环)。

由 $a_{26}a_{61}a_{15}a_{54}a_{42}=(R_2(t),C_{26}(t),L_6(t),R_6(t),C_{61}(t),L_1(t),R_1(t),C_{15}(t),L_5(t),R_5(t),C_{54}(t),L_4(t),R_4(t),C_{42}(t),L_2(t))$ 得新增绩效薪酬激励机制的五阶增长反馈环，见图 12-31。

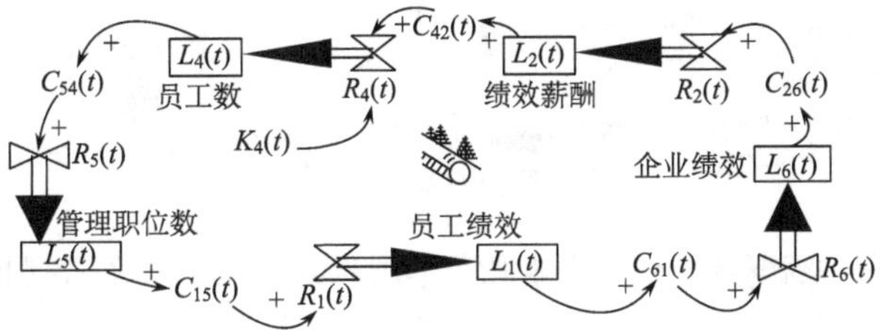

图 12-31　绩效薪酬与员工数、管理职位数、员工绩效、企业绩效五阶增长反馈环

图 12-31 新增五阶增长正反馈环，揭示了引进绩效薪酬激励机制进行人力资源管理后，系统存在薪酬促进员工数量增加，员工数量增加导致职位和管理职位数增加，构成员工和职务分工的合理匹配后，员工绩效增加，员工绩效促进组织绩效的提高，企业绩效进一步保障和促进绩效薪酬激励机制的发展，这样一个五阶正循环作用。其中，员工数和管理职务数的协调增长是系统良性运行的重要环节。

(4) 新增五阶反馈环 5(负反馈环)。

由 $a_{21}a_{13}a_{36}a_{64}a_{42}=(R_2(t),C_{21}(t),L_1(t),R_1(t),C_{13}(t),L_3(t),R_3(t),C_{36}(t),L_6(t),R_6(t),C_{64}(t),L_4(t),R_4(t),C_{42}(t),L_2(t))$ 得新增绩效奖金激励机制的五阶制约反馈环，见图 12-32。

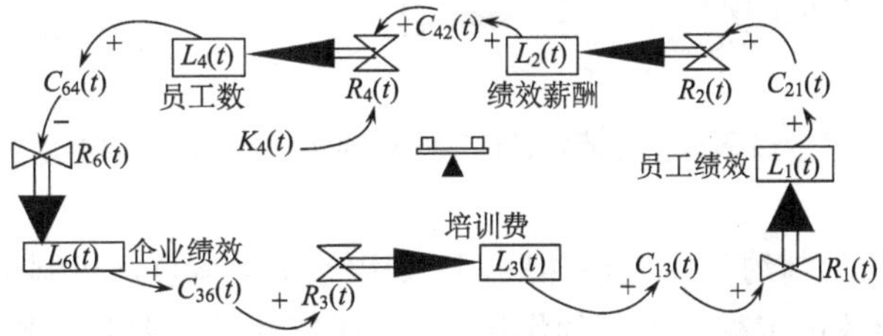

图 12-32　绩效薪酬与员工数、企业绩效、培训费、员工绩效五阶制约反馈

图 12-32 新增五阶制约负反馈环，揭示了引进绩效薪酬激励机制进行人力资源管理后，新增员工的工资、福利保障费用等方面的人工成本提高带来的制约作用。薪酬激励的增加使员工数增加，增加的员工使组织成本增加，消耗部分组织绩效，制约组织绩效提升，制约培训费投入的增加，培训投入不足会制约员工绩效提升，导致薪酬减少，这样一

个五阶循环作用。这一制约作用,产生于新增员工的保障和管理费用使组织成本上升,而不是对新增员工的薪酬激励。

(5) 新增五阶反馈环 6(负反馈环)。

由 $a_{21}a_{15}a_{56}a_{64}a_{42}=(R_2(t),C_{21}(t),L_1(t),R_1(t),C_{15}(t),L_5(t),R_5(t),C_{56}(t),L_6(t),R_6(t),C_{64}(t),L_4(t),R_4(t),C_{42}(t),L_2(t))$得新增绩效薪酬激励机制的五阶制约反馈环,见图 12-33。

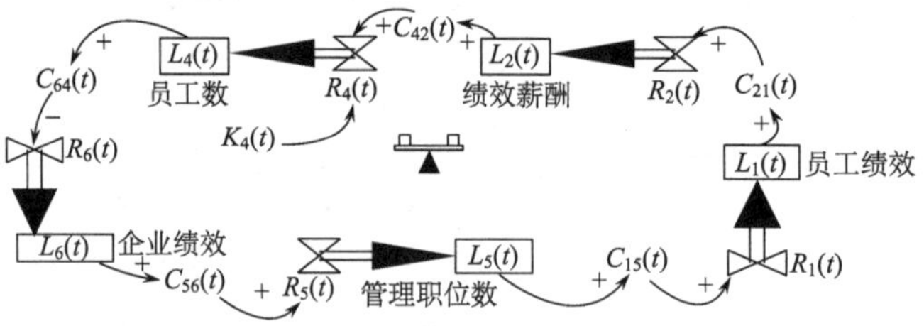

图 12-33 绩效薪酬与员工数、企业绩效、管理职位数、员工绩效五阶制约反馈环

图 12-33 新增五阶制约负反馈环,同样揭示了引进绩效薪酬激励机制进行人力资源管理后,新增员工的工资、福利保障费用等方面的人工成本使企业成本增加、企业绩效减少带来的制约作用。

(6) 新增五阶反馈环 7(负反馈环)。

由 $a_{21}a_{13}a_{34}a_{46}a_{62}=(R_2(t),C_{21}(t),L_1(t),R_1(t),C_{13}(t),L_3(t),R_3(t),C_{34}(t),L_4(t),R_4(t),C_{46}(t),L_6(t),R_6(t),C_{62}(t),L_2(t))$得新增绩效薪酬激励机制的五阶制约反馈环,见图 12-34。

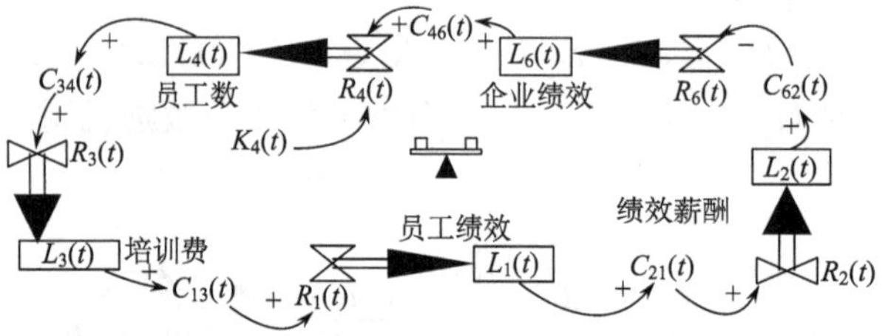

图 12-34 绩效薪酬与企业绩效、员工数、培训费、员工绩效五阶制约反馈环

图 12-34 新增五阶制约负反馈环,揭示了采用绩效薪酬激励机制进行人力资源管理后,薪酬成本增加导致员工减少的制约作用。薪酬成本增加,企业绩效受到制约,对人才的支撑和吸引力减弱,若使员工减少,则与员工数量具有比例关系的培训费用减少,导致员工绩效的提升受到制约,绩效薪酬激励随之减少的五阶制约反馈作用。

(7) 新增五阶反馈环 8,9(负反馈环)。

由 $a_{21}a_{14}a_{43}a_{36}a_{62}=(R_2(t),C_{21}(t),L_1(t),R_1(t),C_{14}(t),L_4(t),R_4(t),C_{43}(t),L_3(t),R_3(t),C_{36}(t),L_6(t),R_6(t),C_{62}(t),L_2(t))$得新增绩效薪酬激励机制的五阶制约反馈环,见图 12-35。

由 $a_{21}a_{15}a_{54}a_{46}a_{62}=(R_2(t),C_{21}(t),L_1(t),R_1(t),C_{15}(t),L_5(t),R_5(t),C_{54}(t),L_4(t),R_4(t),C_{46}(t),L_6(t),R_6(t),C_{62}(t),L_2(t))$得新增绩效薪酬激励机制的五阶制约反馈环，见图 12-36。

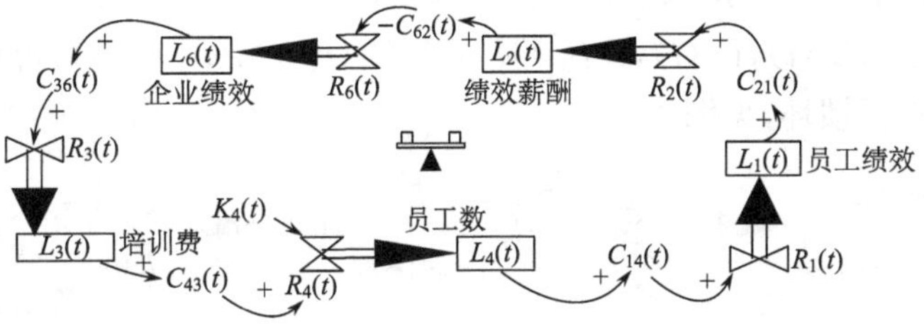

图 12-35　绩效薪酬与企业绩效、员工数、培训费、员工绩效五阶制约反馈环

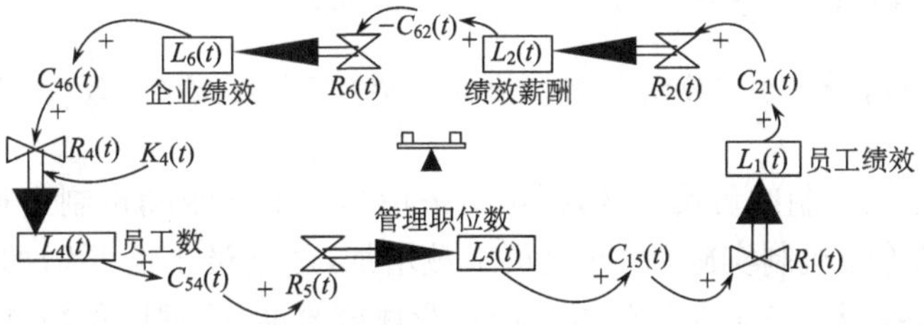

图 12-36　绩效薪酬与企业绩效、员工数、管理职位数、员工绩效五阶制约反馈环

图 12-35、图 12-36 新增五阶制约负反馈环，揭示了采用绩效薪酬激励机制进行人力资源管理后，薪酬成本增加导致员工基本工资、福利保障费用受到影响，使员工减少的程度，这是薪酬成本增加产生的制约作用之二。因为员工减少，会导致管理职位数减少(或培训费投入减少)、员工绩效减少、薪酬减少的五阶循环制约作用。

(8) 新增五阶反馈环 11(负反馈环)。

由 $a_{21}a_{14}a_{45}a_{56}a_{62}=(R_2(t),C_{21}(t),L_1(t),R_1(t),C_{14}(t),L_4(t),R_4(t),C_{45}(t),L_5(t),R_5(t),C_{56}(t),L_6(t),R_6(t),C_{62}(t),L_2(t))$得新增绩效薪酬激励机制的五阶制约反馈环，见图 12-37。

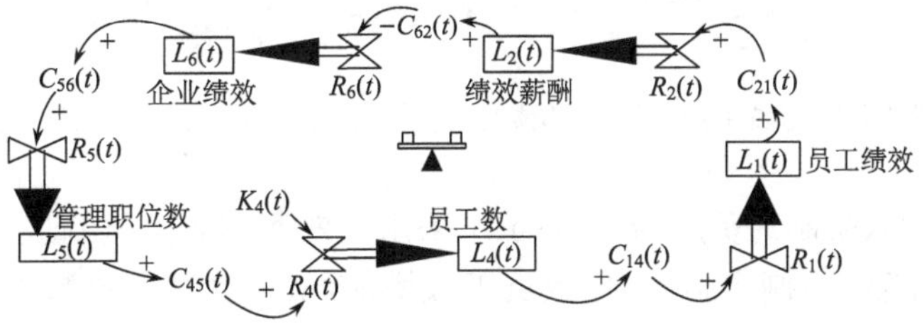

图 12-37　绩效薪酬与企业绩效、管理职位数、员工数、员工绩效五阶制约反馈环

图 12-37 新增五阶制约负反馈环，揭示了采用绩效薪酬激励机制进行人力资源管理后，薪酬成本增加，使企业绩效受到制约，影响管理职位运作成本，使职位数减少。管理

职位数的减少又导致员工流失，从而员工绩效总量减少、薪酬随之减少的五阶循环制约过程。

(9) 新增六阶反馈环 1(负反馈环)。

由 $a_{21}a_{15}a_{56}a_{63}a_{34}a_{42}=(R_2(t),C_{21}(t),L_1(t),R_1(t),C_{15}(t),L_5(t),R_5(t),C_{56}(t),L_6(t),R_6(t),C_{63}(t),L_3(t),R_3(t),C_{34}(t),L_4(t),R_4(t),C_{42}(t),L_2(t))$ 得新增绩效薪酬激励机制的六阶制约反馈环，见图 12-38。

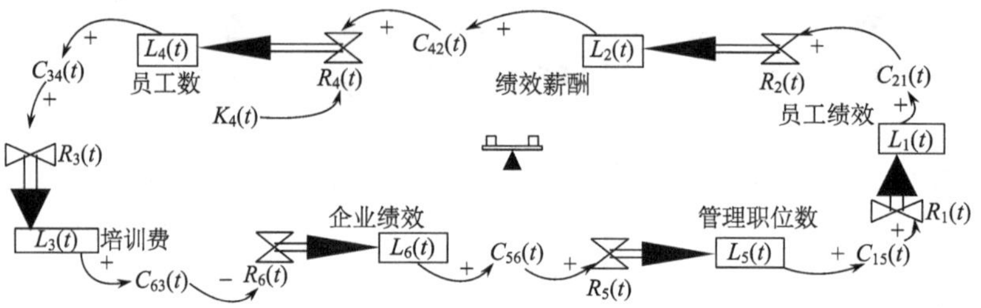

图 12-38　绩效薪酬与员工数、培训费、企业绩效、管理职位数、员工绩效六阶制约反馈环

图 12-38 新增六阶制约负反馈环，揭示了采用绩效薪酬激励机制进行人力资源管理后，系统存在薪酬等级机制实施后，导致员工数增加，新增员工需要增加培训费，使企业成本增加，企业绩效减少。企业绩效减少使企业规模收缩，管理职位数减少，从而又影响员工绩效，员工绩效的减少导致薪酬减少的循环制约作用。

(10) 新增六阶反馈环 2(负反馈环)。

由 $a_{21}a_{13}a_{36}a_{65}a_{54}a_{42}=(R_2(t),C_{21}(t),L_1(t),R_1(t),C_{13}(t),L_3(t),R_3(t),C_{36}(t),L_6(t),R_6(t),C_{65}(t),L_5(t),R_5(t),C_{54}(t),L_4(t),R_4(t),C_{42}(t),L_2(t))$ 得新增绩效薪酬激励机制的六阶制约反馈环，见图 12-39。

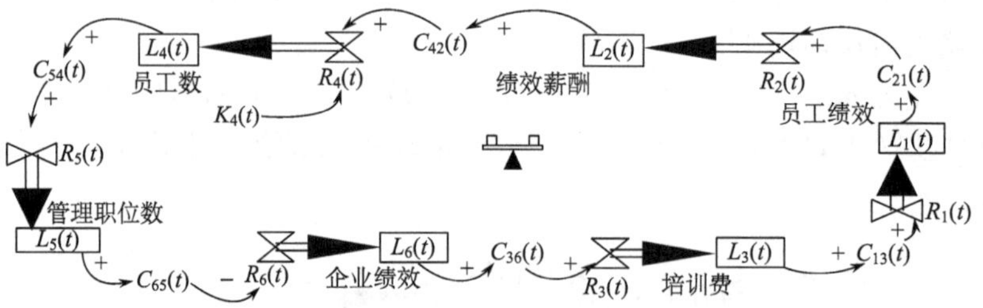

图 12-39　绩效薪酬与员工数、管理职位数、企业绩效、培训费、员工绩效六阶制约反馈环

图 12-39 新增六阶制约负反馈环，揭示了采用绩效薪酬激励机制进行人力资源管理后，系统存在薪酬等级机制实施后，导致员工数增加，从而管理职位数增加，管理成本增加，降低企业绩效，因此缩减培训费用，培训费用的减少影响员工绩效，员工绩效降低使薪酬降低的六阶循环制约作用。

(11) 新增六阶反馈环 3,4(负反馈环)。

由 $a_{21}a_{13}a_{34}a_{45}a_{56}a_{62}=(R_2(t),C_{21}(t),L_1(t),R_1(t),C_{13}(t),L_3(t),R_3(t),C_{34}(t),$

$L_4(t), R_4(t), C_{45}(t), L_5(t), R_5(t), C_{56}(t), L_6(t), R_6(t), C_{62}(t), L_2(t)$)得新增绩效薪酬激励机制的六阶制约反馈环，见图 12-40。

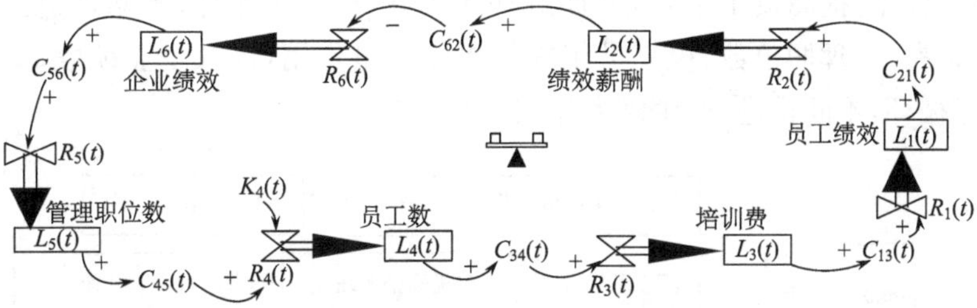

图 12-40　绩效薪酬与企业绩效、管理职位数、员工数、培训费、员工绩效六阶制约反馈环

由 $a_{21}a_{15}a_{54}a_{43}a_{36}a_{62} = (R_2(t), C_{21}(t), L_1(t), R_1(t), C_{15}(t), L_5(t), R_5(t), C_{54}(t), L_4(t), R_4(t), C_{43}(t), L_3(t), R_3(t), C_{36}(t), L_6(t), R_6(t), C_{62}(t), L_2(t))$得新增绩效薪酬激励机制的六阶制约反馈环，见图 12-41。

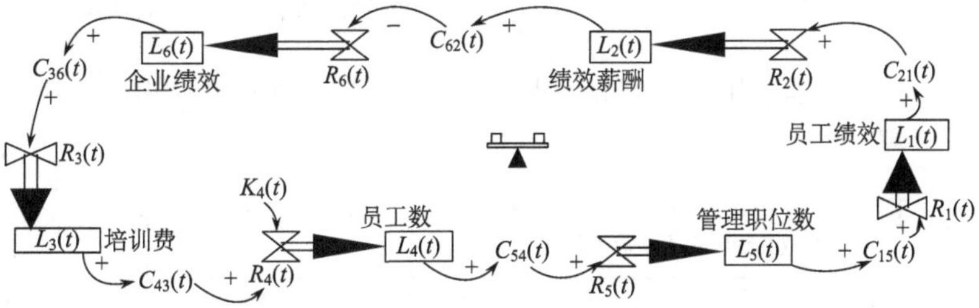

图 12-41　绩效薪酬与企业绩效、培训费、员工数、管理职位数、员工绩效六阶制约反馈环

图 12-40、图 12-41 新增六阶制约负反馈环，揭示薪酬成本增加，企业绩效暂时降低，当降低至管理职位运转成本（或培训成本）难以保证时，管理职位减少（培训费减少）的制约作用，因为管理职位减少（培训费减少），导致员工减少，从而薪酬减少的循环过程。

2. 引入绩效薪酬激励人力资源管理机制与企业绩效关系的反馈环综合分析

通过枝向量矩阵反馈环计算，得出引进等级薪酬激励机制，人力资源管理系统新增反馈环 32 条。新增 5 条正反馈环，促进内部员工绩效提高，增强组织绩效；新增 7 条正反馈环吸引外系统人才流入，提供企业绩效，但也新增 20 条负反馈环，增加组织成本。

下面分别对新增正、负反馈环的作用进行综合分析。

1）增强反馈环综合分析

从 12 条新增正反馈环的反馈作用进行分类，进一步深入揭示引进绩效薪酬激励制度进行人力资源管理存在的巨大作用。一是可以激发组织系统内部员工提升绩效的动力。员工在此动力作用下，提升员工绩效后，又对企业绩效、管理职位数量、人员数量的增加产生推动作用，然后提升奖金水平，形成正循环，新增正反馈激发员工动力作用见图 12-42。二是能吸引企业系统外部人才参与竞争，有序流入，提高绩效。吸引人才提升绩效新增正反馈作用图可进一步深入揭示这一作用。可以清楚地看出，由于组织系统正实施绩效薪酬激励制，人才流入系统后，他们会直接或通过培训费、管理职位数、提高企业绩效等多变量作用，提高员工绩效，又促进薪酬提升，形成正循环，不断推进。他们还会直接通过培训费、管理职位数、提高员工绩效等多变量作用，提升企业绩效，又促进薪酬提升，形成正循环，不断推进，产生巨大作用(图 12-43)。

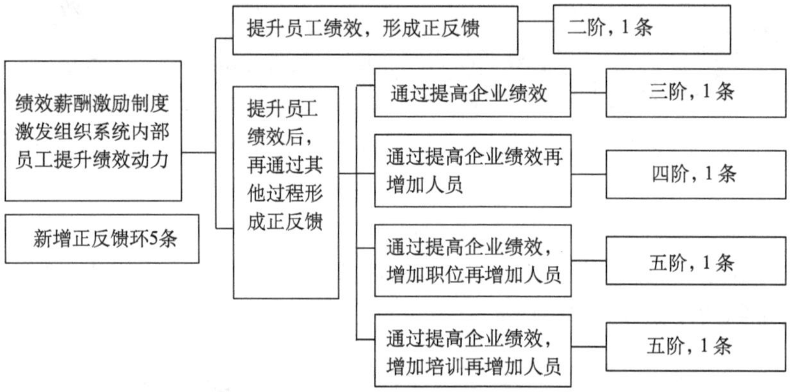

图 12-42　引入绩效薪酬制度新增正反馈激发员工动力作用图

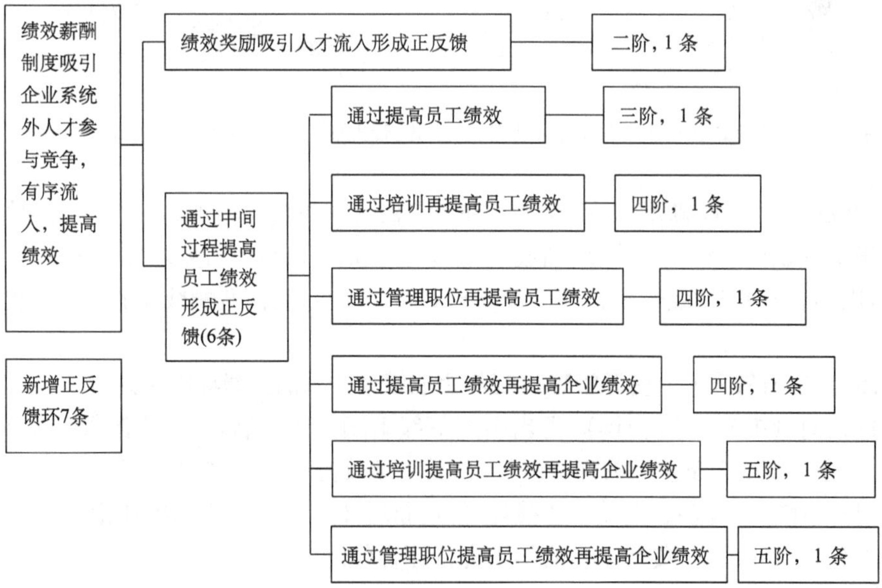

图 12-43　新增正反馈吸引人才提升绩效成长作用图

2）制约反馈环综合分析

绩效薪酬激励制度，作为一项被现代企业广泛采用的典型的人力资源管理活动，与企业绩效之间除了具有前面所阐明的正反馈环关系外，反映两者之间相互作用关系的系统结构中还存在 20 条新增的负反馈环。新增负反馈环揭示成本制约作用图(图 12-44),深刻地揭示了各类成本产生的制约作用,新增负反馈环中有 13 条是揭示即时付出薪酬成本产生的制约作用,又进一步证明了引进绩效薪酬激励制度,即时付出薪酬成本是最大制约。第二是新增人员福利、基本工资等人工成本、培训、新增管理职位的成本制约作用,又进一步揭示了通过调控、有效管理、消除这些成本制约上限是引进绩效薪酬人力资源管理的关键,是杠杆解之一。

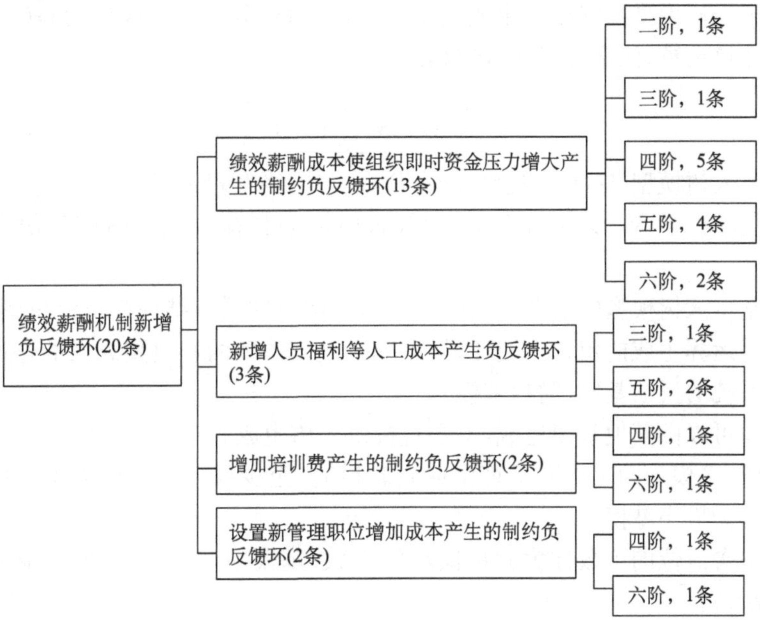

图 12-44　绩效薪酬机制新增负反馈揭示成本制约上限作用图

12.4　复杂系统极小基模分析

第 11 章我们介绍了系统的七大基模,这些系统基模实际上分别是反馈结构比较简单的系统动力学存量流量图。由这些简单的系统基模,可以构成更加复杂、千变万化的系统动力学模型。但是,如何生成系统基模,有没有规范的基模生成算法,成为系统动力学界的一个重要研究课题。系统动力学二阶极小基模矩阵生成法(贾晓菁,贾仁安,2007)的提出,给出了生成系统基模的一种规范算法。

12.4.1　二阶极小基模矩阵生成法

已知系统流率基本入树模型如下:

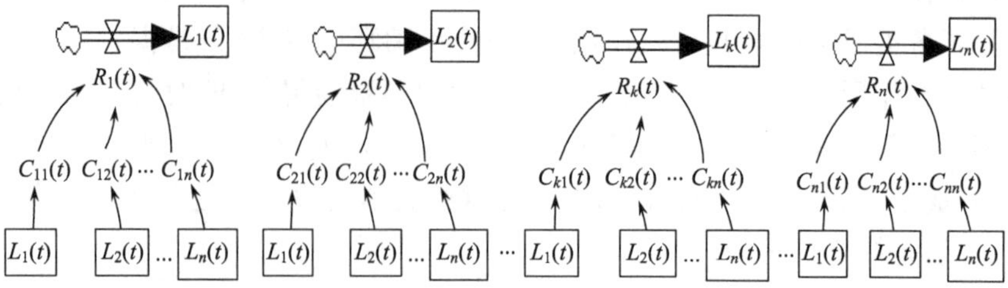

流率基本入树模型经嵌运算生成网络存量流量图 $G_{12\cdots n}(t)$(或记为 $G(t)$)。嵌运算是顶点与弧作拼运算,流率与对应流位相连。

$$G_{12\cdots n}(t)=\overrightarrow{\bigcup_{i=1}^{n}}T_i(t)$$

流率基本入树模型 $T_1(t)$, $T_2(t)$,…,$T_n(t)$与网络存量流量图 $G_{12\cdots n}(t)$具当且仅当关系。在系统动力学 Vensim 仿真软件下,入树模型与存量流量图模型仿真结果完全一样。

由流率基本入树模型中的全体入树经嵌运算构成的系统结构存量流量图中,由部分不同入树经嵌运算生成的包含反馈环,且流率必进反馈环的有典型意义的连通子存量流量图称为此系统的反馈基模(简称基模)。

有的基模可以由其他基模生成,不必直接由入树生成。

在由入树、基模为因子作嵌运算生成新基模时,至少要一个入树因子才能经嵌运算生成的基模称为极小基模。

反馈环中含流位的个数称为此反馈环的阶数;基模中,阶数最大的反馈环的阶数称为此基模的阶数。

已知系统动力学入树模型,由入树模型经嵌运算,从二阶极小基模开始逐步生成极小基模,直至全体入树进入极小基模为止,由此生成的极小基模的集合,称为此入树模型的极小基模集。

极小基模集可生成各种具特殊意义的基模,直至整个存量流量图。

定义 12.19 矩阵

$$\mathbf{A}_{n\times n}=\begin{bmatrix} 0 & (R_1(t),C_{12}(t),L_2(t)) & \cdots & (R_1(t),C_{1n}(t),L_n(t)) \\ (R_2(t),C_{21}(t),L_1(t)) & 0 & \cdots & (R_2(t),C_{2n}(t),L_n(t)) \\ \vdots & \vdots & & \vdots \\ (R_n(t),C_{n1}(t),L_1(t)) & (R_n(t),C_{n2}(t),L_2(t)) & \cdots & 0 \end{bmatrix}$$

称为流率基本入树模型 $T_1(t),T_2(t),\cdots,T_n(t)$的对角置零枝向量矩阵。

令 $a_{ij}=(R_i(t),C_{ij}(t),L_j(t))$, $i\neq j$, $i,j=1,2,\cdots,n$

则 $A_{n\times n}=(a_{ij})_{n\times n}=\begin{bmatrix} 0 & a_{12} & \cdots & a_{1k} & a_{1(k+1)} & \cdots & a_{1(n-1)} & a_{1n} \\ a_{21} & 0 & \cdots & a_{2k} & a_{2(k+1)} & \cdots & a_{2(n-1)} & a_{2n} \\ \vdots & \vdots & & \vdots & \vdots & & \vdots & \vdots \\ a_{k1} & a_{k2} & \cdots & 0 & a_{k(k+1)} & \cdots & a_{k(n-1)} & a_{kn} \\ a_{(k+1)1} & a_{(k+1)2} & \cdots & a_{(k+1)k} & 0 & \cdots & a_{(k+1)(n-1)} & a_{(k+1)n} \\ \vdots & \vdots & & \vdots & \vdots & & \vdots & \vdots \\ a_{(n-1)1} & a_{(n-1)2} & \cdots & a_{(n-1)k} & a_{(n-1)(k+1)} & \cdots & 0 & a_{(n-1)n} \\ a_{n1} & a_{n2} & \cdots & a_{nk} & a_{n(k+1)} & \cdots & a_{n(n-1)} & 0 \end{bmatrix}$，

$A_{n\times n}=(a_{ij})_{n\times n}$也称为流率基本入树模型$T_1(t),T_2(t),\cdots,T_n(t)$的对角置零枝向量矩阵。其中矩阵中上三角形的元素称为上对角三角形元素，矩阵下三角形中的元素称为下对角三角形元素。

由枝向量乘法

$$(R(t),A_{ij}(t),L_j(t))\times(R_t(t),A_{tp}(t),L_p(t))=\begin{cases}(R_i(t),A_{ij}(t),L_j(t),R_j(t),A_{tp}(t),L_p(t)),R_t(t) \\ \text{是 } L_j(t) \text{ 的流率且 } A_{ij}(t) \text{ 与 } A_{tp}(t) \text{ 中无相同变量} \\ (R_i(t),A_{ij}(t),L_j(t),R_j(t),A_{tp}(t),L_p(t)),R_t(t) \\ \text{是 } L_j(t) \text{ 的流率且 } A_{ij}(t) \text{ 与 } A_{tp}(t) \text{ 中无相同变量} \\ 0,\text{其他情况}\end{cases}$$

可得到如下结论：

定义 12.20　已知对角置零枝向量矩阵$A_{n\times n}=(a_{ij})_{n\times n}$，称其第一行至第$n-1$行，各行上三角元素与对应列下三角元素依次分别相乘求和称为矩阵上下三角元素乘运算，记为$F_2(A_{n\times n})$，其中 2 表示此运算可求出全体二阶反馈环。

定理 12.5(贾晓菁，2005)　已知流率基本入树模型$T_1(t),T_2(t),\cdots,T_n(t)$的对角置零枝向量矩阵$A_{n\times n}=(a_{ij})_{n\times n}$，则矩阵上下三角乘运算$F_2(A_{n\times n})=(a_{12}a_{21}+a_{13}a_{31}+\cdots+a_{1n}a_{n1})+(a_{23}a_{32}+a_{24}a_{42}+\cdots+a_{2n}a_{n2})+\cdots+a_{n-1n}\times a_{m-1})$的各项的枝向量链构成网络存量流量图$G_{12\cdots n}(t)=\overset{n}{\underset{i=1}{\vec{\bigcup}}}T_i(t)$的全部二阶反馈环，并可由此二阶反馈环产生其全部二阶极小基模。

证：已知流率基本入树模型$T_1(t),T_2(t),\cdots,T_n(t)$，将第一棵树的第 2 枝至第$n$枝的尾流位$L_2(t)$至$L_n(t)$，分别与第二棵树根中$L_2(t)$至第$n$棵树根中$L_n(t)$依次对应相连，又分别取第二棵树至第$n$棵树以$L_1(t)$为尾的枝，构成

$$(R_1(t),L_{12}(t),L_2(t),R_2(t),C_{21}(t),L_1(t))$$
$$(R_1(t),L_{13}(t),L_3(t),R_3(t),C_{31}(t),L_1(t))$$
$$\vdots$$
$$(R_1(t),L_{1n}(t),L_n(t),R_n(t),C_{n1}(t),L_1(t))$$

生成$n-1$条二阶反馈环。此构成运算对应对角置零枝向量矩阵运算是：将第一行的元素$a_{12}\sim a_{1n}$分别与第一列各对应元素$a_{21}\sim a_{n1}$依次对应相乘得对应$n-1$项之和$a_{12}a_{21}+a_{13}a_{31}+\cdots+a_{1n}a_{n1}$。

将第二棵树从第 3 枝至第 n 枝的尾流位 $L_3(t)$ 至 $L_n(t)$ 分别与第三棵树根中 $L_3(t)$ 至第 n 棵树根中 $L_n(t)$ 依次对应相连，又分别取第三棵树至第 n 棵树的以 $L_2(t)$ 为尾的枝，构成

$$(R_2(t),L_{23}(t),L_3(t),R_3(t),C_{32}(t),L_2(t))$$

$$(R_2(t),L_{24}(t),L_4(t),R_4(t),C_{42}(t),L_2(t))$$

$$\vdots$$

$$(R_2(t),L_{2n}(t),L_n(t),R_n(t),C_{n2}(t),L_2(t))$$

注：上述构造中，未取 $(R_2(t),C_{21}(t),L_1(t),R_1(t),C_{12}(t),L_2(t))$，其原因是，根据反馈环定义，它与 $(R_1(t),L_{12}(t),L_2(t),R_2(t),C_{21}(t),L_1(t))$ 为同一反馈环。以下同。

此构造运算，生成 $(n-2)$ 条二阶反馈环。此构造对应对角置零枝向量矩阵算法：将第二行的上三角形元素 $a_{23}\sim a_{2n}$ 分别与第二列中下三角元素 $a_{32}\sim a_{n2}$ 依次对应相乘得 $n-2$ 项之和 $a_{23}a_{32}+a_{24}a_{42}+\cdots+a_{2n}a_{n2}$。

如此类推，依次对第 k 棵树 $(k=3,4,\cdots,n-1)$ 作下列构造运算。将第 k 棵树第 $k+1$ 枝的尾流位至 n 枝的尾流位 $L_n(t)$，分别与第 $k+1$ 棵树根中 $L_{k+1}(t)$ 至第 n 棵树根中 $L_n(t)$ 相连，又分别取第 $k+1$ 棵树至第 n 棵树中以 $L_k(t)$ 为尾的枝，构成

$$(R_k(t),C_{k(k+1)}(t),L_{k+1}(t),R_{k+1}(t),C_{(k+1)k}(t),L_k(t))$$

$$(R_k(t),C_{k(k+2)}(t),L_{k+2}(t),R_{k+2}(t),C_{(k+2)k}(t),L_k(t))$$

$$\vdots$$

$$(R_k(t),C_{kn}(t),L_n(t),R_n(t),C_{nk}(t),L_k(t))$$

此构造，生成 $n-(k+1)$ 条二阶反馈环。

此构造对应对角置零枝向量矩阵的运算是：将第 k 行的上三角形中元素 $a_{k(k+1)}\sim a_{kn}$ 分别与第 k 列下三角形中元素 $a_{(k+1)k}\sim a_{nk}$ 依次对应相乘得 $(a_{k(k+1)}a_{(k+1)k}+a_{k(k+2)}a_{(k+2)k}+\cdots+a_{kn}a_{nk})$，其中含 $n-(k+1)$ 项。

如此类推，按组合原理，由上述构造得到了 $G_{12\cdots n}(t)=\overrightarrow{\bigcup_{i=1}^{n}}T_i(t)$ 的全部二阶反馈环，所以对角置零枝向量矩阵的上下三角元素运算 F_2 的全体二项式 $a_{ij}(t)a_{ji}(t)$ 包含且仅包含 $G_{12\cdots n}(t)$ 的全部二阶反馈环。这些二阶反馈环中入树经嵌运算构成的基模一定是二阶极小基模，因此已求得全体二阶极小基模。

证毕。

定理 12.6 解决了求二阶极小基模的问题，二阶极小基模是基模生成集中的主要元素，有的模型，二阶极小基模就构成了基模生成集；但有的模型，基模生成集还需要二阶以上的极小基模，用枝向量矩阵求新增反馈环的方法可求得二阶以上极小基模。即分别求出 $G_{12}(t)=T_1(t)\overrightarrow{\bigcup}T_2(t),G_{123}(t)=G_{12}(t)\overrightarrow{\bigcup}T_3(t),\cdots,G_{12\cdots k}(t)=G_{12\cdots(k-1)}(t)\overrightarrow{\bigcup}T_k(t)$ 的新增反馈环，得一个极小基模与一棵入树作嵌运算新增的全部反馈环，由反馈环确定基模，这样就解决了生成全部极小基模及对生成基模进行反馈环分析的问题。

12.4.2 二阶极小基模生成集法进行基模分析的步骤

以下给出用二阶极小基模矩阵生成法进行反馈分析的具体步骤，依照此步骤，可以

规范地构建系统存量流量图并利于进行基模分析。

步骤 1 建立流率基本入树模型。

建立流率基本入树模型 $T_1(t), T_2(t), \cdots, T_n(t)$。

步骤 2 求二阶极小基模。

(1) 由定理 12.6 的矩阵上下三角元素乘法运算 F_2，求出 $G_{12\cdots n}(t)=\overrightarrow{\bigcup_{i=1}^{n}} T_i(t)$的全体二阶极小基模。

若所有的入树都进入二阶极小基模中，则全体二阶极小基模构成基模生成集。

若存在入树未进入二阶极小基模，转(2)。

(2) 求 k 阶($3\leqslant k\leqslant n$)极小基模。

不妨设经过 a 以后，二阶极小基模和未进入二阶极小基模的入树集合分别为 $A_2(t)=\{G_{i_1i_2}(t)\mid i_1, i_2\in I_2\subseteq\{1,2,\cdots,t_2\}\}$，$\{T_{t_2+1}(t), T_{t_2+2}(t),\cdots,T_n(t)\}$

对 $G_{i_1i_2}$ 与 $T_{t_2+1}(t), T_{t_2+2},\cdots,T_n(t)$分别作嵌运算，

$$G_{i_1i_2i_3}=G_{i_1i_2}(t)\cup T_{i3}(t), i_3\in\{t_{2+1}, t_{2+2},\cdots,n\}$$

求新增三阶反馈环：若 $G_{i_1i_2i_3}(t)=G_{i_1i_2}(t)\overrightarrow{\cup}T_{i3}(t)$，存在新增三阶反馈环，则$G_{i_1i_2i_3}(t)$为三阶极小基模。

经以上运算后，若 $T_{t_2+1}(t), T_{t_2+2}(t),\cdots,T_n(t)$都进入三阶极小基模，则由二阶极小基模，三阶极小基模构成基模生成集。

若还存在入树未进入极小基模，按上述同样方法，对全体 $G_{i_1i_2i_3}(t)$与未进入极小基模的入树分别作嵌运算，求四阶反馈环，确定四阶极小基模。

若求四阶反馈环后，还有入树没进入极小基模，重复上述步骤，直到所有入树都进入极小基模，求出基模生成集。

步骤 3 对基模生成集中极小基模分类。

不妨设，由步骤 2 生成的二阶至 k 阶($k\leqslant n$)的全体极小基模构成的基模生成集

$$A(t)=\{G_{i_1i_2}(t),\cdots,G_{i_3i_4i_5}(t),\cdots,G_{i_ki_{k+1}\cdots i_{2k}}(t)\}$$

为了下一步用基模生成集 $A(t)$生成各类具有实际意义的基模，对基模生成集中极小基模进行分类。

分类标准：①基模中反馈环的极性；②研究对象和研究目的。

步骤 4 由基模生成集生成具有确定特性的基模 $G_{xy\cdots z}(t)$，由公式

$$G_{xy\cdots z}(t)=\alpha_{i_1i_2}G_{i_1i_2}(t)\overrightarrow{\cup}\alpha_{i_3i_4i_5}G_{i_3i_4i_5}(t)\overrightarrow{\cup}\cdots\overrightarrow{\cup}\alpha_{i_ki_{k+1}\cdots i_{2k}}G_{i_ki_{k+1}\cdots i_{2k}}(t)$$

其中，$\alpha_{i_1i_2}, \alpha_{i_3i_4i_5},\cdots,\alpha_{i_ki_{k+1}\cdots i_{2k}}\in\{0,1\}$。

通过 $\alpha_{i_1i_2}, \alpha_{i_1i_2}, \alpha_{i_3i_4i_5},\cdots,\alpha_{i_ki_{(k+1)}\cdots i_{2k}}$ 取不同的 0,1 值，产生具有实际意义的基模。

步骤 5 对复杂基模进行反馈环分析。

对极小基模生成的复杂基模，进行反馈环计算，可发现新增反馈环，可研究新增反馈环的实际意义。

步骤 6 对各具有确定意义的基模进行分析，产生复杂系统的管理方针。

12.4.3 极小基模矩阵生成集方法实例

1. 用二阶极小基模矩阵生成集法建立二阶极小基模生成集

如 12.3 节所述，企业人力资源管理流率基本入树模型为图 12-9 所示的 6 棵流率基本入树构成。该流率基本入树模型是经典的流率基本入树模型，而非流率基本入树模型的拓展，其对应的对角置零枝向量矩阵为

$$\boldsymbol{A}_{6\times 6}=\begin{bmatrix} 0 & (R_1,C_{12},L_2) & (R_1,C_{13},L_3) & (R_1C_{14},L_4) & (R_1,C_{15},L_5) & 0 \\ (R_2,C_{21},L_1) & 0 & 0 & (R_2,C_{24},L_4) & 0 & (R_2,C_{26},L_6) \\ 0 & 0 & 0 & (R_3,C_{34},L_4) & 0 & (R_3,C_{36},L_6) \\ 0 & (R_4,C_{42},L_2) & 0 & 0 & (R_4,C_{45},L_5) & (R_4,C_{46},L_6) \\ 0 & 0 & 0 & (R_5,C_{54},L_4) & 0 & (R_5,C_{56},L_6) \\ (R_6,C_{61},L_1) & (R_6,C_{62},L_2) & (R_6,C_{63},L_3) & (R_6,C_{64},L_4) & (R_6,C_{65},L_5) & 0 \end{bmatrix} \tag{12-10}$$

其中，各变量省略自变量 t。

将 $\boldsymbol{A}_{6\times 6}$ 的上、下三角元素作乘运算后求 $G_{1,2,\cdots,11}=\overrightarrow{\bigcup_{i=1}^{6}}T_i(t)$ 的全部二阶极小基模。

$$\begin{aligned} F_2(\boldsymbol{A}_{6\times 6})= & (R_1(t),C_{12}(t),L_2(t),R_2(t),C_{21}(t),L_1(t))+(R_2(t),C_{24}(t),L_4(t), \\ & R_4(t),C_{42}(t),L_2(t))+(R_2(t),C_{26}(t),L_6(t),R_6(t),C_{62}(t),L_2(t)) \\ & +(R_3(t),C_{36}(t),L_6(t),R_6(t),C_{63}(t),L_3(t))+(R_4(t),C_{45}(t),L_5(t), \\ & R_5(t),C_{54}(t),L_4(t))+(R_4(t),C_{46}(t),L_6(t),R_6(t),C_{64}(t),L_4(t)) \\ & +(R_5(t),C_{56}(t),L_6(t),R_6(t),C_{65}(t),L_5(t)) \end{aligned} \tag{12-11}$$

二阶极小基模 1 $G_{12}(t)$：$G_{12}(t)=T_1(t)\overrightarrow{\bigcup}T_2(t)$ 由 $F_2(\boldsymbol{A}_{6\times 6})$ 结果 $(R_1(t),C_{12}(t),L_2(t),R_2(t),C_{21}(t),L_1(t))$ 确定。$G_{12}(t)$ 的存量流量图结构见图 12-45(a)，图中表示正反馈环。

图 12-45(a) $G_{12}(t)$ 含二阶正反馈环的二阶极小基模，阐述采用绩效薪酬激励制度后，激活了内部员工提升绩效的动力，奖金与员工绩效相互促进，所以绩效薪酬激励制度是一个有效的人力资源管理制度。

二阶极小基模 2$G_{24}(t)$：$G_{24}(t)=T_2(t)\overrightarrow{\bigcup}T_4(t)$ 由 $F_2(\boldsymbol{A}_{6\times 6})$ 结果 $(R_2(t),C_{24}(t),L_4(t),R_4(t),C_{42}(t),L_2(t))$ 确定。$G_{24}(t)$ 的存量流量图结构见图 12-45(b)。

图 12-45(b) $G_{24}(t)$ 是含二阶正反馈环的二阶极小基模，阐述采用绩效薪酬激励制度后，吸引外系统的人才，特别是拔尖人才，使系统人才增加且人才不断按绩效薪酬收入标准努力，奖金与人员数相互促进的动态变化过程。

二阶极小基模 4$G_{34}(t)$：$G_{34}(t)=T_3(t)\overrightarrow{\bigcup}T_4(t)$ 由 $F_2(\boldsymbol{A}_{6\times 6})$ 结果 $(R_3(t),C_{34}(t),L_4(t),R_4(t),C_{43}(t),L_3(t))$ 确定。$G_{34}(t)$ 的存量流量图结构见图 12-45(c)。

图 12-45(c) $G_{34}(t)$ 是含二阶正反馈环的二阶极小基模，阐述培训费与员工数的相互促进的循环关系。

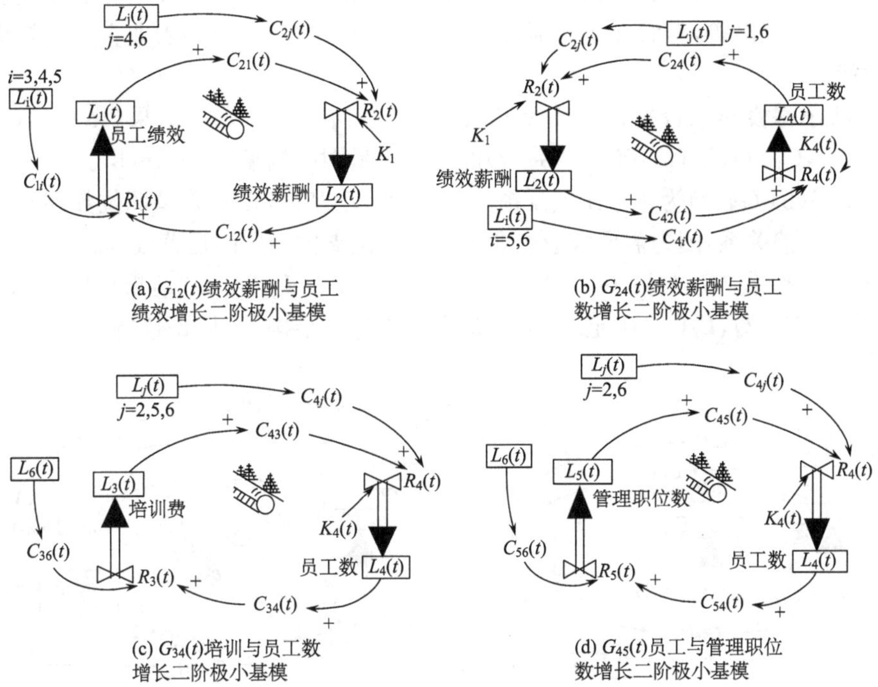

(a) $G_{12}(t)$绩效薪酬与员工绩效增长二阶极小基模

(b) $G_{24}(t)$绩效薪酬与员工数增长二阶极小基模

(c) $G_{34}(t)$培训与员工数增长二阶极小基模

(d) $G_{45}(t)$员工与管理职位数增长二阶极小基模

图 12-45　增强二阶极小基模

二阶极小基模 4$G_{45}(t)$：$G_{45}(t)=T_4(t)\vec{\cup}T_5(t)$由$F_2(\boldsymbol{A}_{6\times6})$结果($R_4(t)$,$C_{45}(t)$,$L_5(t)$,$R_5(t)$,$C_{54}(t)$,$L_4(t)$)确定。$G_{45}(t)$的存量流量图结构见图 12-45(d)。

图 12-45(d) $G_{45}(t)$是含二阶正反馈环的二阶极小基模，阐述员工数与管理职位数的相互促进的循环关系。

二阶极小基模 5$G_{46}(t)$：$G_{46}(t)=T_4(t)\vec{\cup}T_6(t)$由$F_2(\boldsymbol{A}_{6\times6})$结果($R_4(t)$,$C_{46}(t)$,$L_6(t)$,$R_6(t)$,$C_{64}(t)$,$L_4(t)$)确定。$G_{46}(t)$的存量流量图结构见图 12-46(a)，图中[天平符号]表示负反馈环。

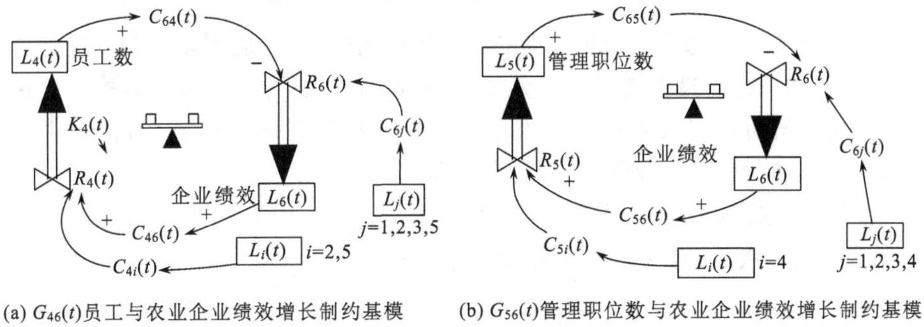

(a) $G_{46}(t)$员工与农业企业绩效增长制约基模　(b) $G_{56}(t)$管理职位数与农业企业绩效增长制约基模

图 12-46　制约二阶极小基模

图 12-46(a) $G_{46}(t)$为含二阶负反馈环的极小基模，揭示员工需要消耗农业企业的成本，如需要福利保障等，对农业企业绩效产生负因果作用，员工数与农业企业绩效构成负反馈环关系。

二阶极小基模 6$G_{56}(t)$：$G_{56}(t)=T_5(t)\overrightarrow{\cup}T_6(t)$由$F_2(\mathbf{A}_{6\times6})$结果($R_5(t)$,$C_{56}(t)$,$L_6(t)$,$R_6(t)$,$C_{65}(t)$,$L_5(t)$)确定。$G_{56}(t)$的存量流量图结构见图 12-46(b)。

图 12-46(b) $G_{56}(t)$为含二阶负反馈环的二阶极小基模，揭示管理职位数和农业企业之间存在负反馈关系，因为需要农业企业为管理职位支付相应的运营成本。

二阶极小基模 7$G_{26}(t)$：$G_{26}(t)=T_2(t)\overrightarrow{\cup}T_6(t)$由$F_2(\mathbf{A}_{6\times6})$结果($R_2(t)$,$C_{26}(t)$,$L_6(t)$,$R_6(t)$,$C_{62}(t)$,$L_2(t)$)确定。$G_{26}(t)$的存量流量图结构见图 12-47(a)。

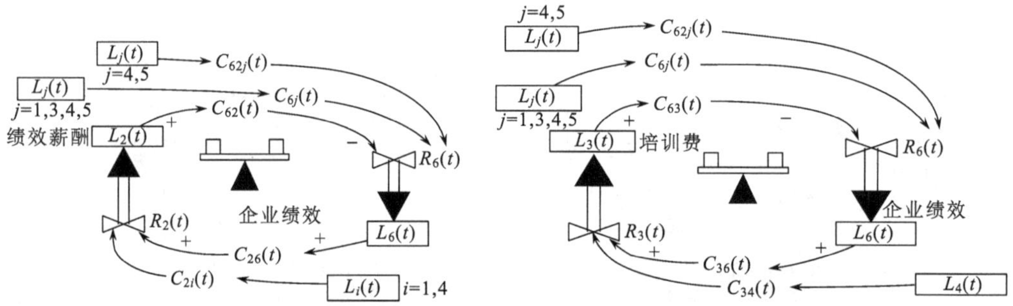

(a) $G_{26}(t)$薪酬对农业企业绩效制约极小基模　　(b) $G_{36}(t)$培训费对农业企业绩效制约极小基模

图 12-47　制约二阶极小基模

图 12-47(a) $G_{26}(t)$为含二阶负反馈的二阶极小基模，揭示采用绩效薪酬激励制度后，薪酬增加，农业企业支付的薪酬成本增加，绩效薪酬至农业企业绩效形成负的因果关系；另外，农业企业绩效越大，支持薪酬的能力越强，农业企业绩效至薪酬构成正的因果关系，两因果链形成制约负反馈二阶极小基模。不少农业企业都是因为无法即时支付此薪酬而未能引用绩效薪酬激励制度，未能有效调控此基模的制约。

二阶极小基模 8$G_{36}(t)$：$G_{36}(t)=T_3(t)\overrightarrow{\cup}T_6(t)$由$F_2(\mathbf{A}_{6\times6})$结果($R_3(t)$,$C_{36}(t)$,$L_6(t)$,$R_6(t)$,$C_{63}(t)$,$L_3(t)$)确定。$G_{36}(t)$的存量流量图结构见图 12-47(b)。

图 12-47(b) $G_{36}(t)$为含二阶负反馈的二阶极小基模，揭示运用培训制度进行人力资源提升，这是人力资源管理中的重要一翼，培训需要消耗农业企业的成本，构成培训与农业企业绩效之间的负因果关系；同时，农业企业绩效提供对培训的支持，构成正因果关系，二者共同形成制约负反馈环的二阶极小基模。

综上所述，所求出的 8 个二阶极小基模包含了$T_1(t)$、$T_2(t)$、$T_3(t)$、$T_4(t)$、$T_5(t)$、$T_6(t)$6 棵流率基本入树，则基模生成集$A(t)$已构建完成。

$$A(t)=\{G_{12}(t),G_{24}(t),G_{34}(t),G_{26}(t),G_{36}(t),G_{45}(t),G_{46}(t),G_{56}(t)\}$$

2. 极小基模分类

(1) 按极性分类。

二阶正反馈基模：$G_{12}(t)$、$G_{24}(t)$、$G_{34}(t)$、$G_{45}(t)$。

二阶负反馈基模：$G_{46}(t)$、$G_{56}(t)$；$G_{26}(t)$、$G_{36}(t)$。

(2) 按实际意义分类。

绩效薪酬增强二阶正反馈基模：$G_{12}(t)$、$G_{24}(t)$。

员工数与培训费、管理职位数增强二阶正反馈基模：$G_{34}(t)$、$G_{45}(t)$。

制约二阶极小基模：$G_{26}(t)$、$G_{36}(t)$、$G_{46}(t)$、$G_{56}(t)$。

3. 由极小基模集生成具实际意义的基模

由基模生成集生成具特性的基模计算公式为

$G_{xy\cdots z}(t)=a_{12}G_{12}(t)\overrightarrow{\bigcup}a_{24}G_{24}(t)\overrightarrow{\bigcup}a_{34}G_{34}(t)\overrightarrow{\bigcup}a_{45}G_{45}(t)\overrightarrow{\bigcup}a_{26}G_{26}(t)\overrightarrow{\bigcup}a_{36}G_{36}(t)\overrightarrow{\bigcup}a_{46}G_{46}(t)\overrightarrow{\bigcup}a_{56}G_{56}(t)$

取 $a_{12}=a_{24}=a_{34}=a_{45}=1$，其他 $a_{ij}=0$，得基模 $G_{1234}(t)=G_{12}(t)\overrightarrow{\bigcup}G_{24}(t)\overrightarrow{\bigcup}G_{34}(t)\overrightarrow{\bigcup}G_{45}(t)$，为绩效薪酬激励增长基模，其存量流量图见图 12-48。

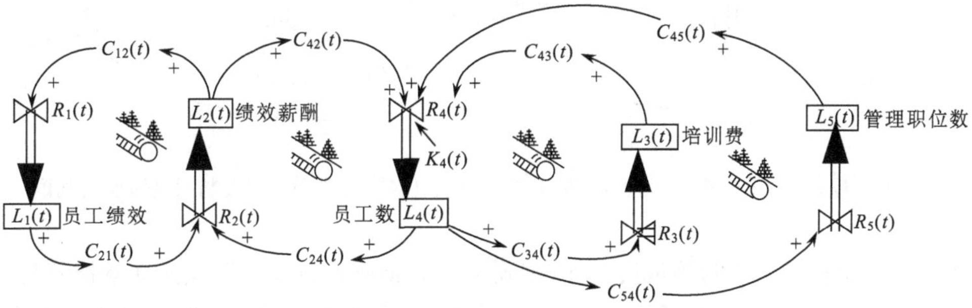

图 12-48　$G_{12345}(t)$绩效薪酬激励增长反馈基模

薪酬激励增强基模由 4 个正反馈环构成，它刻画了绩效薪酬激励在人力资源管理中的巨大作用。

首先，绩效薪酬激励机制可激发农业企业的全体人员努力提高员工绩效，图 12-48 左边的第一个正反馈环揭示了这一点。一方面，它说明人力资源管理中采用薪酬激励机制，能够给予绩效高的员工获得更高等级薪酬激励的机会，从而使高绩效员工得到更大的满足，产生相对持续的工作动力。另一方面，绩效欠佳的员工在绩效薪酬激励机制中，认识到平均主义的分配制度已经被打破，激发起努力进取的动力，按照农业企业的要求提升个人绩效，争取获得较高的奖金收入。

其次，绩效薪酬激励机制可使农业企业人才队伍人尽其才、有序壮大。图 12-48 左起第二个的正反馈环揭示了这一点，它说明了人力资源管理采用绩效薪酬激励机制吸引人才，使人才流向薪酬吸引力高的农业企业规律。因为农业企业根据发展战略的需要制订绩效薪酬激励方案，考评员工的业绩并按员工绩效计酬，则对农业企业发展有更大贡献的人才会根据本人的能力从人才市场中有序地流入本农业企业。

再次，培训与员工发展相互促进。图 12-48 右起第一个正反馈环刻画了企业的培训力度对外部人员的吸引力，培训力度增大，可使引入的人才增加，而更多的人员又需要更多的培训投入，两者是正反馈作用关系。

最后，人员与管理职位的数目相互促进。图 12-48 右起第二个正反馈环刻画人员增加，各类人才增加，管理职位数也会增加。管理职位增加，能提供更多有吸引力的岗位，人员数又随之增加的正反馈作用。

取 $\alpha_{26}=\alpha_{36}=\alpha_{46}=\alpha_{56}=1$，其他 $\alpha_{ij}=0$，得基模 $G_{23456}(t)=G_{26}(t)\overrightarrow{\bigcup}G_{36}(t)\overrightarrow{\bigcup}G_{46}(t)\overrightarrow{\bigcup}G_{56}(t)$为绩效薪酬、培训费、员工数、管理职位数对农业企业绩效制约的主体基模，其存量流量图见图 12-49。

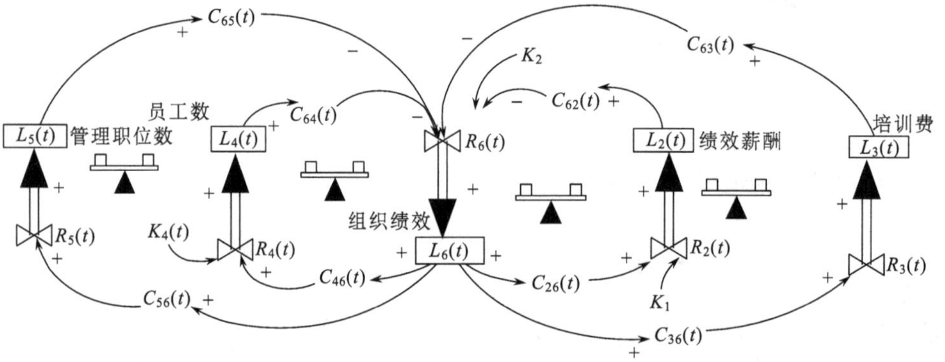

图 12-49 $G_{23456}(t)$绩效薪酬、培训费、员工数、管理职位数、农业企业绩效制约主体反馈基模

$G_{23456}(t)$中存在 4 个制约负反馈环，刻画了农业企业人力资源管理活动承担着员工、管理职位、培训、薪酬 4 个方面的成本压力。所以，一些农业企业由于难以承受成本方面的压力，而难以推行绩效薪酬激励制度，或者绩效薪酬激励制度遭到失败。

取 $a_{ij}=1$，得总体存量流量图 $G_{123456}(t)=G_{12}(t)\overrightarrow{\bigcup}G_{24}(t)\overrightarrow{\bigcup}G_{34}(t)\overrightarrow{\bigcup}G_{45}(t)\overrightarrow{\bigcup}G_{26}(t)\overrightarrow{\bigcup}G_{36}(t)\overrightarrow{\bigcup}G_{46}(t)\overrightarrow{\bigcup}G_{56}(t)$，见图 12-50。

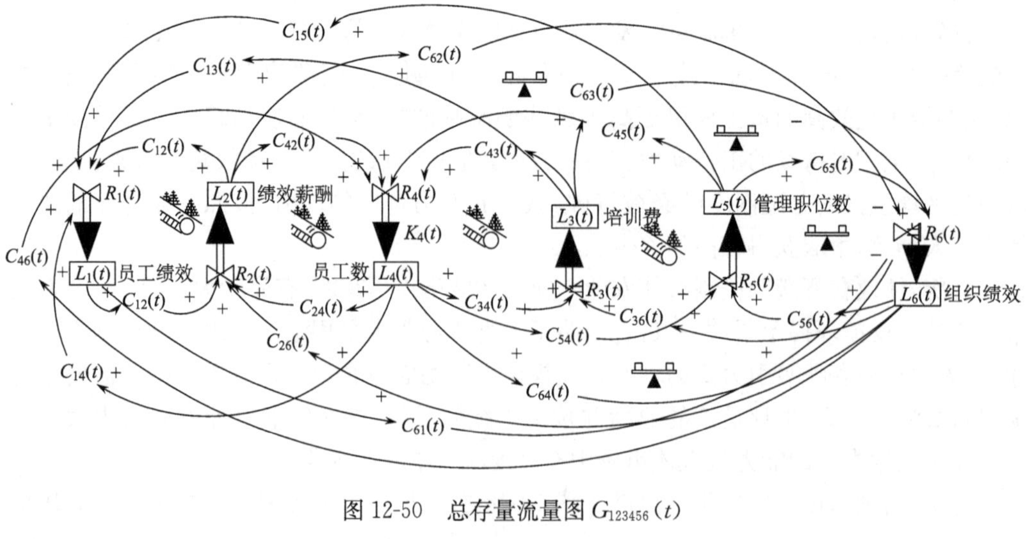

图 12-50 总存量流量图 $G_{123456}(t)$

由图 12-50，得出绩效薪酬激励机制人力资源管理系统的第一层结构为增长上限反馈基模，其中增长部分含 4 个正反馈环，制约部分含 4 个负反馈环。

Peter M. Senge 博士在 *The Fifth Discipline*：*The Art and Practice of the Learning Organization* 中反复强调，对于增长上限基模系统的管理方针和杠杆解是消除增长上限。所以，在实施绩效薪酬激励时，准备充足的薪酬成本，员工工资和福利保障、培训费用、管理职位运作费用是系统的杠杆解。当然，对于这一增长上限结构，制定合理的、适度的薪酬发放等级也是一个关键环节，否则增长基模就不能发挥作用。

➢思考题

1. 阐述流率基本入树模型与存量流量图模型之间的联系和区别，并写出建立流率基本入树模型的基本步骤。

2. 本章共学习了几种反馈环计算方法？并分别说说这几种反馈环计算方法的计算步骤。

3. 用流率基本入树建模法建立一个简单的有实际意义的模型，并对其进行二阶极小基模分析。

第13章

模型测试

13.1 模型测试概述

怎样才能建立一个好的模型？什么样的模型才能算做一个好的模型？作为建模者，你如何知道你所建立的模型的结果是可信的？作为模型使用者，你怎样才会接受一个模型并将其作为你采取行动的依据？在建立模型的过程中，你该问哪些问题，引用哪些事实，采用哪些标准？谁来决定这些问题？为了更好地回答这些问题，我们必须先理解以下几个问题。

1. 模型的目的、适用性和边界问题

(1) 这个模型的目的是什么？

(2) 这个模型的边界在哪里？对目的而言，非常重要的问题是否都已被当做内生变量？有没有重要的变量或问题被当做外生变量，或者根本未被考虑的？有没有考虑重要变量的原因是否是没有数据资料来对它们进行量化？

(3) 同此问题相关的时间范围有多长？这个模型是否包含了在考虑的时间范围内会发生重大变化，以及同这些变化相关的变量是否内部化？

(4) 对现实系统的概括程度与模型目的是否相符？

2. 物理结构和政策

(1) 模型是否符合基本的物理规律，如物质守恒？

(2) 方程的量纲是否保持前后一致？

(3) 存量流量结构是否表述得清晰，并与模型目的相符？

(4) 是否考虑了适当的时间延迟、限制条件和可能的瓶颈？

(5) 人们是否被假定为会根据理性行事并优化他们的表现？模型是否考虑到人们的认知局限、组织现状、非经济动机和其他政治因素？

(6) 是否根据现实决策者所能获得的信息来构建？模型是否考虑到信息流中的延迟、扭曲和噪声？

3. 强壮性和对于其他假设的敏感度

(1) 模型在输入条件或政策发生极端变化的情况下，是否依然适用？

(2) 被推荐使用的政策对假设(包括关于参数、概括程度和模型边界等的假设)的合理变动是否敏感？

4. 模型使用的技巧和策略

(1) 是否作过对模型的文字阐述？这种阐述可以公开获得吗？你是否可以在自己的计算机上运行这个模型？

(2) 曾使用过什么类型的数据来构建和测试这个模型(比如，由第三方收集的概要统计数据、原始数据来源、以观察或实地调查为根据的量化数据、档案材料和面谈)？

(3) 建模者如何描述他们测试模型和建立信心的过程？批评家和独立的第三方是否曾回顾过这个模型？

(4) 这个模型的结果可以重复吗？建模者是否在模型中“引入额外因素”或采用了其他方式的杜撰？

(5) 运行模型需要花多大的成本？资金预算是否允许进行足够的灵敏度测试？

(6) 修改和更新这个模型要花多长时间？

(7) 模型是由它的设计者，还是由第三方来操作执行？

(8) 建模者和客户的倾向、意识形态和政治倾向是什么？不管是有意还是无意，这些倾向将会如何影响模拟结果？

这些问题是我们在建立模型时必须要考虑的，并且在模型建立之后还要对模型进行测试，看其是否较好地回答和解决了上述问题。模型测试就是用来发现错误，使你和你的客户能理解模型的局限性并改进它，最终使模型能协助我们进行决策。那么我们应该怎样理解模型测试呢？

现实中，我们经常会考虑这样的问题，如某种方法有没有效？某件事情会不会发生？这个处理结果是正确还是错误？竞争的结果赢了还是输了？等等。很容易发现，这些都是一些逻辑是非问答，我们寻求的答案也都是黑白分明，有效或无效、发生或不发生、正确或错误、输了或赢了等。如图 13-1 所示。

图 13-1 是与非的判断

现在，我们再从另外一个角度考虑类似的几个问题，如你对这个问题有多少自信？他的领导能力有多强？我们的国民有多富有？这种说法有几分道理等。可以发现，这些问题都给回答者一个很广的思考范围。比如，“他的领导能力有多强”这个问题，回答者的大脑中一定会有一个由弱到强的变化带，如图 13-2 所示。

图 13-2 判断的连续变化过程

那么什么是模型测试呢？模型测试的目的不是为了证明模型是黑还是白，是有效还是无效，正如任何一个建模者都不能准确地评价自己的模型是有效的还是无效的一样，他只会问自己，这个模型到底在多大程度上可以被相信。而这个相信的程度是一个连续的变化过程。所以，模型测试不是判断模型好坏，而是判断它在特定情形下到底有多大的作用。

13.1.1 模型测试的目的

模型是为客户服务的，但是由于现实系统的复杂性，模型中会有理想性的假设，因此模型只是在一定条件下对现实世界的简化和抽象。任何一个模型都不可能完全反映现实，所以建立客户对模型的信任是非常重要的。模型的测试就是为了让客户相信模型对他有用，可以帮助客户理解、分析和解决问题。

模型是对现实的模拟，确切地说是对我们感知到的现实的模拟。为了验证模型的可用性，我们必须确定我们在现实中观察到的规律、法则在模型中仍然成立。确认的途径是运用正规的或不正规的方法来比较模型表现与检验指标是否符合。比较的方法有：观察一系列的数据结果，看设立的条件是否符合关于问题的定性描述，对模型假设进行敏感性分析，以及对模型特性及特征模式的来源进行考量。

如何保证模型能够在一定条件下来模拟现实世界，通过测试可以发现模型中潜在的问题，并给予修正。要想又快又好地发现模型中存在的问题，模型测试不能盲目地去干。模型测试要有一定的程序和步骤，要带着问题去做，在特定情况下要特别地重用某种测试，而且要发现尽可能多的模型漏洞并反复修正，直到客户满意为止。

模型测试具有证伪性，因此模型测试是贯彻始终的，从模型建立之初直到完成模型，模型测试在建模过程中必须同时进行，而不是在完成模型后才开始的一项“关卡”工程。

13.1.2 数据：模型测试的前提

模型测试有一个先决条件，那就是要有充分的数据。Forrester (1980) 指出，构建模型中的结构和决策准则所需要的数据可以分为三类：数值数据、书面数据和主观数据。数值数据就是我们熟悉的时间数列和各种以数值形式记录的统计数据。书面数据即以文本形式存在的数据，包括诸如组织结构图表、流程和步骤、媒体报告、电子邮件和其他档案资料的记录。主观数据则涵盖人们主观意识模型中的所有信息，包括他们的印象、对系统和实际决策过程的理解、如何处理例外情况等。

数值数据在书面数据库的信息中仅占很小的一部分，而书面数据与人们心智模式的信息则比较丰富。我们对这个世界的大多数认识都是描述性的，而根据印象得来的，从未被记录下来，而这种信息对于理解和构建复杂系统是至关重要的。试想一下光靠可获得的数值数据或书面数据来管理一个学校、工厂或城市，而如果没有专业人员的参与，其结果将会是异常混乱的。主观数据不能直接获取，而必须通过面谈、观察等方法来得到。定量信息和数值数据有时被称为“硬数据”或“硬变量”。与之相对，不好度量和数值信息不易获得的变量，诸如目标、观察和预期之类的因素被称为“软变量”。术语“硬”意在表现数值数据比定性数据更为精确和真实，很多人认为“软变量”是不实在和不可靠的。一般来说，实际中对决策至关重要的很多变量，是无法得到其数值数据的。这些变量可能包括顾客对产品质量的观察、一位经理和其手下之间的信任度、采购经理对一个供应商可靠程度的看法等。

尽管定性的信息非常重要，一些建模者依然会局限于那些可以找到数值数据的变量和那些可以根据的统计数据来建立模型。这些建模者抵制使用软变量，他们认为，这样做比凭空“杜撰”参数值和相互关系要科学得多。他们会问，如何测试软变量估值的精确程度？统计测试怎么可以脱离数值数据而进行？但是，如果因为数值数据不可得而省去明知是重要的结构或数据，比尽量去估计它们的数值来得更不科学、更不精确。有些建模者走到了另一个极端，即完全低估了用统计方法估计和数值数据的作用。他们认为，定性的见解比数值上的精确更为重要，而且模型行为对大多数参数值的变动都不太敏感。

这两种做法都有其局限性。如果过分地依赖“软变量”，可能增加建模的主观性，因此在实际中必须将二者结合起来，严格定义构件，努力度量它们，并且使用最恰当的方法来估计它们的重要性，从而克服随意经验主义和心智模式的错误。在数值数据可得的情况下，使用恰当的统计方法来估计参数并分析模型重现历史数据的能力是非常重要的。与此同时，要花很多的成本和精力去获取构建和测试模型所需要的大量数据也是不经济的。在建模的最初始阶段，使用经验性数据和主观臆测参数值往往是有价值的，这样可以使你尽快进行模型的初始运行。然后，对初始模型的灵敏度分析可以帮助确定哪些参数和结构对系统行为和推荐使用的策略是敏感的。对那些不会明显影响结果的参数，不需要估计得很精确，这样你就可以集中有限的资源来攻克那些至关重要的因素，使它们得到更为精确的模拟和估计。

使用数据对模型进行检验，一方面可以直接显示给客户模型生成的各个阶段的行为在多大程度上同现实系统相符合，也可以为自己检查建模的全过程提供极大的方便。另一方面，数据使得第三方重现模型的行为并检验其有效性成为可能。科学的一个基本特征就是可重复性，让完全不知情的人，按照所提供的数据可以完全复制模型以及行为，这样的模型才是充分可靠的，而且还可以让更多的人发现模型的问题。

13.1.3 模型测试的种类

系统动力学建模者已经创建了各种专门的测试来发现缺陷并改进模型(Forrester，1973；Forrester，Senge，1980；Barlas，1989，1990，1996)。这些测试能帮助你回答上面讨论的宏观问题(表 13-1)。

表 13-1 模型测试的种类、目的和步骤

测试名称	测试目的	工具和步骤
(1)边界适当性测试	用来描述问题的重要概念是否被作为内生变量？ 当边界假设被放宽时，模型的行为是否变动剧烈？ 当模型边界被扩展时，有关政策的建议是否会发生改变？	使用模型边界图、子系统示意图、因果回路图、存量流量图，并直接检查模型的方程 通过面谈、研讨会的方式听取专家的意见、获取档案材料、回顾相关文献、直接视察/参与实际系统的运行过程，等等 修改模型，使其包括合理的额外结构；内部化各种常量和外生变量，然后重复灵敏度和政策分析

续表

测试名称	测试目的	工具和步骤
(2)结构评价测试	模型结构是否与相关描述性的系统认知相符合？ 模型的概括程度是否恰当？ 模型是否遵守基本的物理规律，如物质守恒定律等？ 决策准则是否抓住了系统参与者的行为特征？	使用政策结构图、因果关系图、存量流量图，并直接检查模型的方程 通过面谈、研讨会的方式听取专家的意见、获取档案材料、回顾相关文献、直接视察/参与实际系统的运行过程，等等 对决策准则的预期原理进行局部模型测试 在实验室中进行试验，获取系统参与者的心智模式和决策准则 创建更为细化的子模型并比较其运行结果与概括程度高的设计有何区别 对不确定的结构进行细分，然后重复灵敏度和政策分析
(3)量纲一致性测试	在没有使用无现实意义的参数的情况下，每个方程的量纲是否能做到前后一致？	使用软件进行量纲分析 检查不确定参数的方程表达
(4)参数估计测试	参数值与相关描述性和数值方面的系统认知是否相符？ 所有的参数是否都能在现实世界中找到其对应物？	使用统计方法估计参数值 进行局部模型测试，校验子系统 基于面谈、专家意见、焦点小组、档案材料、直接经验等作出主观判断 创建更为细化的子模型，来估计用在更为概要模型中的相互关系
(5)极端条件测试	在输入变量采用极端值的情况下，每个方程是否依然有意义？ 在受到极端策略、波动和参数的影响时，模型的响应是否依然合理？	检查每一个方程是否稳健和鲁棒 单独和联合测试每一个输入变量的极端值所带来的反应 使模型受到巨大波动和极端情况的影响。进行测试，验证模型是否遵循基本的物理规律(比如，没有库存就不能发货，没有劳动力就不能生产)
(6)积分误差测试	模型结果是否对差分步长的选择或数学积分方式敏感？	令运算间隔减半，测试运行结果的变化。使用各种不同的积分方式，测试运行结果的变化
(7)行为重现测试	模型是否重现了系统中我们感兴趣的行为(包括从定性和定量的角度)？ 模型是否自然产生出激发此项研究的现象？ 模型是否展现出在现实系统中观察到的各种行为模式？ 变量之间的频率和相位关系是否与数据相吻合？	计算模型和数据之间的统计相关度：描述性统计数值(如 R^2，MAE)；时域方法(如自相关方程)；频率领域方法(如光谱分析)等 把模型输出结果和数据进行定性比较，包括行为模式、变量形态、相似性、相对振幅和相位、异常事件 检查模型对试验输入量、波动和噪声的反应

续表

测试名称	测试目的	工具和步骤
(8)行为异常测试	当我们改变或删除模型的假设条件时，是否会出现异常行为？	屏蔽主要回路的影响(回路中断分析) 将均衡假设替换为不均衡的结构
(9)家族成员测试	模型是否能生成在相同系统的其他例子中所观察到的现象？	调整模型，使其适用于更广范围内的相关系统
(10)意外行为测试	模型是否生成尚未观察到或尚未意识到的现象？ 模型是否成功地预测了系统对新条件的反应？	对模型模拟结果保持精确、完整和及时的记录。使用模型去模拟可能的未来系统行为 解决模型行为和你对现实世界理解之间的所有差异 在建模之前，记录下参与者和客户的心智模式
(11)灵敏度测试	数值方面的灵敏度：变量值是否变化显著…… 行为方面的灵敏度：模型生成的行为模式是否变化显著…… 政策的灵敏度：政策的含义是否变化显著…… 当有关参数值、边界和概括程度的假设在合理的不确定范围内发生变动时系统的行为是否变化较大？	进行单变量和多变量的灵敏度测试 使用分析方法(线性化、局部和全局的稳定性分析等) 实施模型边界和概括程度的测试，所用方法同(1)和(2)中所列 使用优化方法，找出最优参数值和政策 使用优化方法，找出会生成不合理结果或颠覆政策效果的参数组合
(12)系统改进测试	此项研究的建模过程能否永久性地帮助改善系统？	事先设计工具来分析建模过程对人们的心智模式和行为结果的影响 用处理和控制小组、随机分配、事前干预和事后干预等方法设计可控制的实验

资料来源：〔美〕斯特曼·J D. 商务动态分析方法：对复杂系统的系统思考与建模. 朱岩，钟永光等译. 北京：清华大学出版社，2008. 606

如上所述，模型测试实质上是一个证伪的过程，但是要想从方方面面来证明模型中存在的漏洞是不可能的，因此全面的测试既不便于操作也没有必要。一般情况下作几种重要的测试就可以了。这里重点讲述如下几种测试：①系统边界测试；②心智模型测试；③模型结构及行为测试；④参数估计测试；⑤积分误差测试；⑥量纲一致性测试；⑦极端情况测试；⑧敏感性测试。

13.2　模型测试

下面结合一个例子，通过 Vensim 仿真平台来阐述模型测试。

实例：某小型公司只生产一种产品，并通过销售该产品来赢利。当销售量下降时，库存就堆积起来了，这时就要想办法裁员。但是通常这样做会造成生产速率降低，库存也随之减少。当库存太少的时候，又开始雇佣新员工，但是往往又雇得太多而出现供大于求。总之，最后的结果是库存量和工人数都不随人愿地波动起来，而这种波动，稍微有点经济管理基础的人都知道，代价是相当大的。3 年前，该公司销售量突然从每年 6 万件降到了 54 000 件，并且一直保持着这个数目。但是公司并不知道销售量会一直保持，采取移动平均法对未来销售量进行预测,即通过过去 3 个月的销售量来估计下一个月的销售量。为了更有效地组织生产,公司设立了目标库存:假定公司不生产了,所要拥有的库存仍能维持公司未来 3 个月的销售量,这就是目标库存。一旦实际库存与目标库存发生偏差,公司都会尽力用 3 个月的时间来消除偏差。3 年前,该公司共有 50 名员工,每名员工的年劳动生产效率为 1200 件/(人/a)。另外,该公司无论是要雇佣新员工,还是裁员,所需的时间都是半年。即裁员要提前半年通知当事人,雇佣要经过半年培训才能上岗。

这是一个很简单的实例,其模型也容易建立。模型的存量流量图如图 13-3 所示。

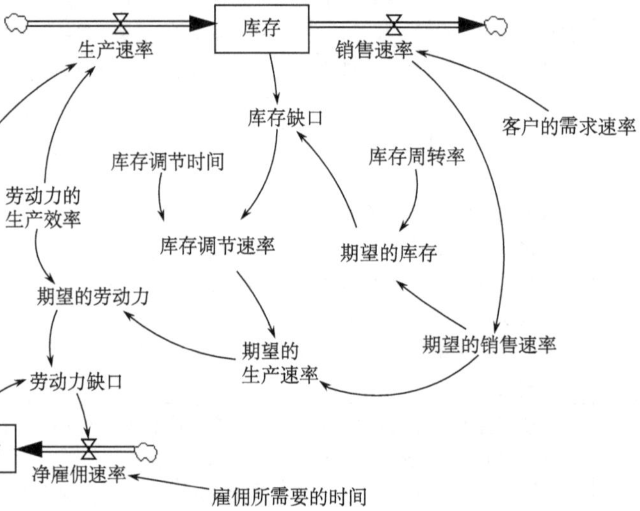

图 13-3　公司生产系统销售、劳动力存量流量图

模型以年为单位,用 Vensim 进行仿真分析。其基本方程和相关参数如下:

库存=INTEG(生产速率-销售速率,15 000)

生产速率=劳动力的生产效率×劳动力

劳动力的生产效率=1200

劳动力=INTEG(净雇佣速率,50)

净雇佣速率=劳动力缺口/雇佣所需要的时间

雇佣所需要的时间=0.5

劳动力缺口=期望的劳动力-劳动力

期望的劳动力=期望的生产速率/劳动力的生产效率

期望的生产速率=库存调节速率+期望的销售速率

库存调节速率=库存缺口/库存调节时间

库存缺口=期望的库存-库存

期望的库存=期望的销售速率×库存周转率

库存调节时间=0.25

期望的销售速率=SMOOTHN(销售速率,1,销售速率,1)

库存周转率=0.25

销售速率=客户的需求速率

客户的需求速率=60 000−STEP(6000,1)

模拟控制参数(simulation control parameters)如下:

结束时间=第 5 年

初始时间=第 0 年

数据记录步长=时间步长

时间步长=0.031 25a

13.2.1　系统边界测试

系统边界测试主要是检查系统中重要的概念和变量是否是内生变量,同时测试系统的行为对系统边界假设的变动是否敏感。系统边界的确定主要取决于所研究和关心的变量,以及时间的跨度。比如说,要研究一个生产厂家某种产品的库存,那么短期内人口、医疗、教育就应该属于系统边界以外,在模型中不予考虑。但是,如果从长期视角来看,人口会影响劳动力市场,进一步影响该厂家雇佣劳动力的难易程度,那么人口在模型中就应该作为外生变量考虑。

进行系统边界测试,一方面可以同专家会谈、向客户咨询和交谈,也可以对系统实地考察。根据专家、客户的意见和观点来进一步了解所要研究的系统,进而确定哪些要素应该包括在所研究的系统中。另一方面可以通过添加或去掉某个变量,观察系统是否能够形成闭合的回路。如果目前的变量不能形成回路,那么说明系统的边界应该扩大。在构成回路的前提下,可以通过逐个添加和去除某个变量,观察系统的行为是否会因之而发生较大变化,对于那些对系统行为影响很大的变量对系统的作用规律,即是内生还是外生,一定要与现场工作人员或客户沟通,征求实际管理者的意见。

在此例中,只有 3 年的时间,一般说来人口还不足以影响劳动力市场,同时在客户所给出的案例中,他所关心的变量也只有库存和工人数量,因此系统中重要的水平变量只有这两个。在确定了系统中的水平变量之后,再进一步确定同这两个水平变量相关的速率变量和辅助变量,以及速率变量的变化规律。这样,以水平变量为中心就可以比较容易地确定系统的边界。

13.2.2　心智模型测试

心智模型测试就是看系统模拟的行为是否能复制客户所提供的数据(时间序列)。模拟曲线与时间序列的吻合有两种情况:一是绝对数据的吻合;二是趋势的吻合。后者往往更为重要,因为系统动力学模型就是以系统微观结构为基础建立的模型,结构决定系统的行为特征,而趋势是行为特征的重要标志。

系统动力学模型的主要目的是研究系统的行为特征,分析系统的结构,因此,即使模型能简单地复制数据也不能说明模型已经很好地拟合现实。也就是说,即使心智模型测试过了关,也不一定说明模型就没有问题。但是,如果心智模型测试不能通过,则模型一定存在问题。因此说,心智模型测试是最直接、最基础的测试。

如果客户并没有提供确切的数据，不妨先进行模拟，根据模拟结果从定性的角度对比模拟的结果与客户所提供的信息是否相吻合。模拟的结果如图 13-4 所示。

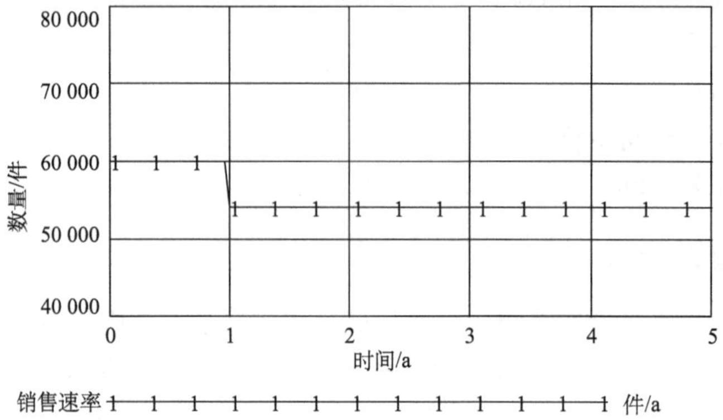

(a) 市场销售速率的变化

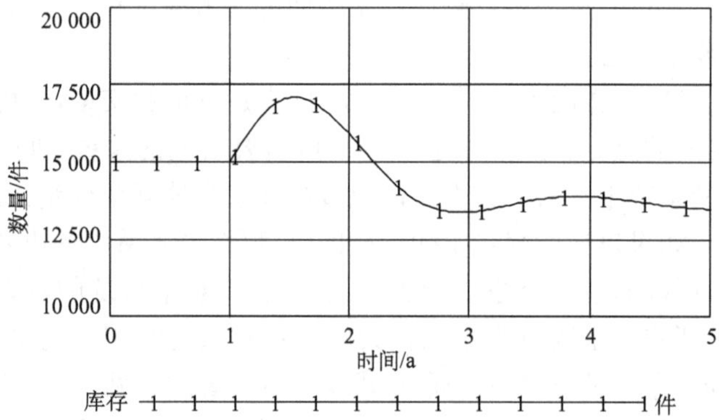

(b) 库存量的变化

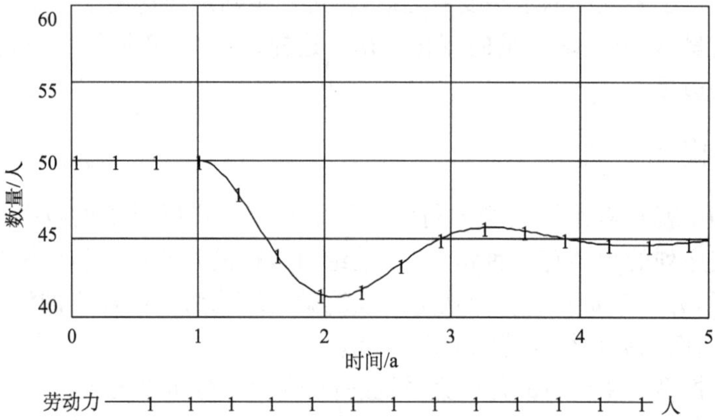

(c) 员工数量劳动力的变化

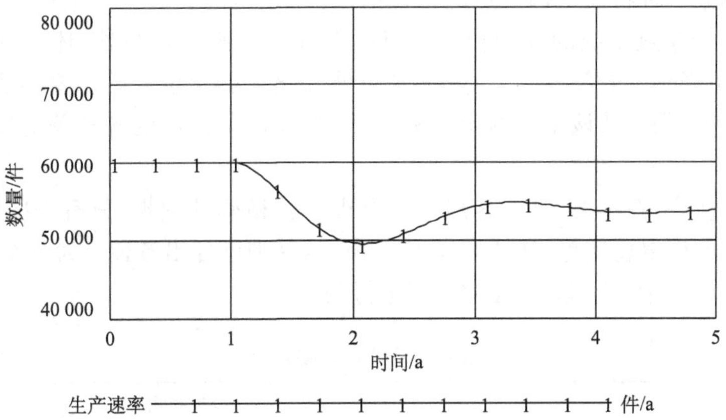

(d) 生产量的变化

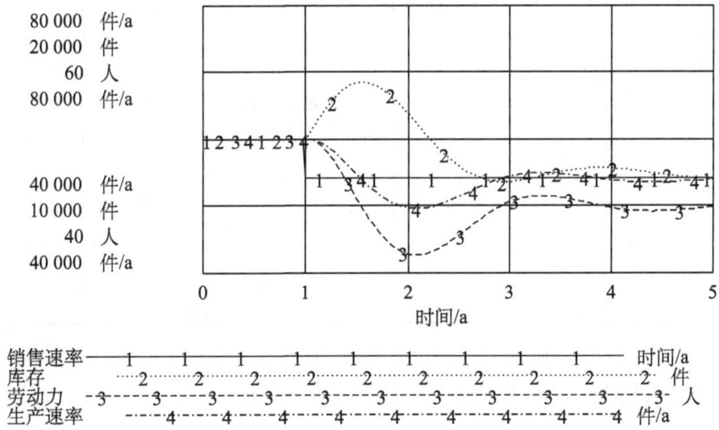

(e) 模拟结果的汇总

图 13-4 心智模型测试模拟结果图

为了更好地观察系统的行为是否同前面案例介绍中公司的生产和销售状况相符合，我们将图 13-4(a)、(b)、(c)、(d)4 个图合并为图 13-4(e)，见图 13-4(e)。

可见，当销售量突然减少以后，由于公司事先不知道销售量减少而按原计划组织生产，因此库存量会增加。公司为了控制库存就开始解雇工人，使得员工数量开始减少，同时生产量也随之减少，于是库存量开始下降。当库存量降低到一定程度时，公司又开始雇佣工人，使得生产量增加，于是库存再度上升。这样就会产生周期性变化。可见，模拟的结果与该公司的实际情况的描述还吻合得比较好，这一点应该能让公司建立对模型的初步信任。

13.2.3 模型结构及行为测试

系统动力学认为，系统结构决定系统的行为，而典型的结构产生典型的行为。所谓典型的行为特指存在内在规律性的行为，如振荡、S 形、寻的等行为。而每种典型行为必然是由系统的某一种特征结构决定的。比如,含有延迟的大多负反馈环会造成振荡,一般的负反馈环会导致系统的寻的行为。但是系统除了典型行为外,还会具有一般的行为,如简单的下降和上升等,这些一般都是由外部突然变化引起的。要弄清楚该系统有何种行为,首先必须弄清该系统的参考模式,即由客户所提供的各种关键变量的时间序列曲线。

正如前面所说,在本案例中,客户并没有提供很精确的数据,只有一些定性的描述,诸如振荡、下调、恢复稳定等,详情如表 13-2 所示,其中已标出各种行为所设想的原因,但是在模型结构测试中,就不对外在的原因进行测试了。

表 13-2　系统行为特点总结

系统行为	行为特性	设想的原因			
		外在的		内在的	
		有/无	说明	有/无	说明
扰乱	无				
方向变动	下降	有	销售速率下降	无	
指数增长	无				
寻的行为	有	无		有	负反馈
振荡	有	无		有	含有延迟的大负反馈环
重点转移	无				

再看一下上面所建的模型,其因果图如图 13-5 所示。

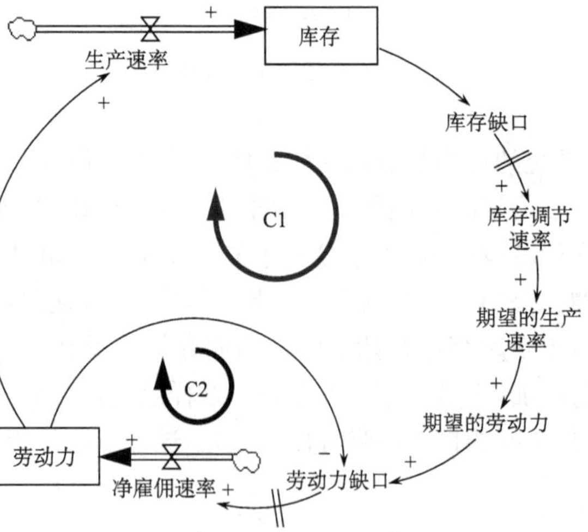

图 13-5　模型中的回路

再结合表 13-2 可以看出，振荡就是由 C1 引起的，寻的行为则是由 C2 引起的。这些都是设想，可以通过模拟来进行证实。证实的办法就是通过切断某个反馈环检测其对系统行为的影响是否与设想相一致。

例如，如果要切断 C1，方法就是让该反馈环中的时间常数接近无穷大，在本案例中令库存偏差的调节时间取足够大的正数(库存调节时间＝∞)。如果切断 C1 以后，从系统运行的机理来看，该系统就不应该再有振荡了，而是只有寻的行为。我们可以通过模拟，观察结果同想象的是否一致，如果不一致则说明模型结构可能存在问题。图 13-6 是利用 Vensim 模拟的结果。

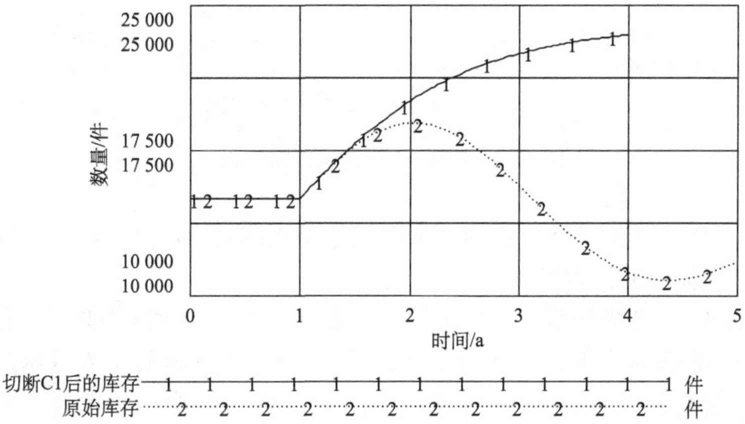

(a) 切断C1后的库存变化

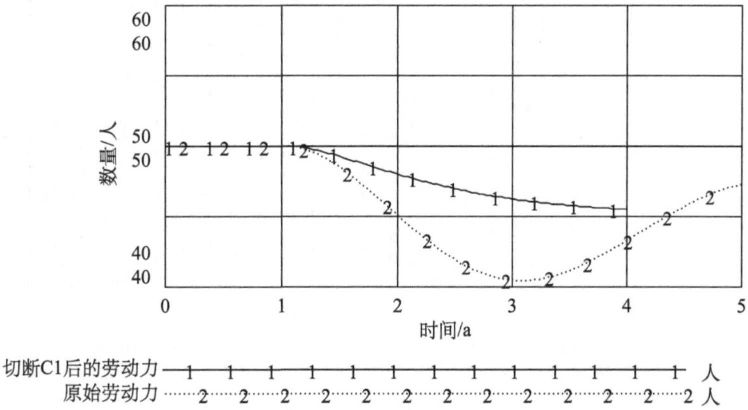

(b) 切断C1后的员工变化

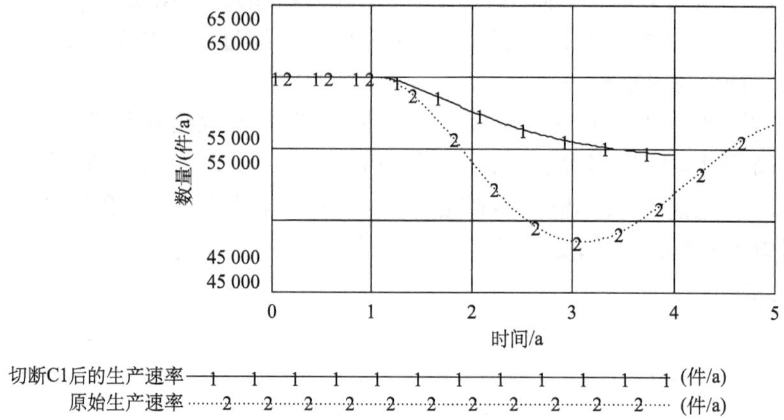

(c) 切断C1后的生产速率变化

图 13-6　切断 C1 回路模拟结果图

可以看出，建立模型时关于结构与行为的设想是正确的，以上库存、工人及生产率在切断 C1 后都没有振荡的行为特征。

下面再检测 C2。如果切断 C2，系统会如何反应？由于 C1 和 C2 共用雇佣时间这个时间参数，因此切断反馈环的方法有所不同。在此，将从工人数到工人数偏差之间的联系切断，将工人数差定义为目标工人数减去一个常数，如在本例中，该常数定义为 45。然后用 Vensim 模拟的结果如图 13-7 所示。

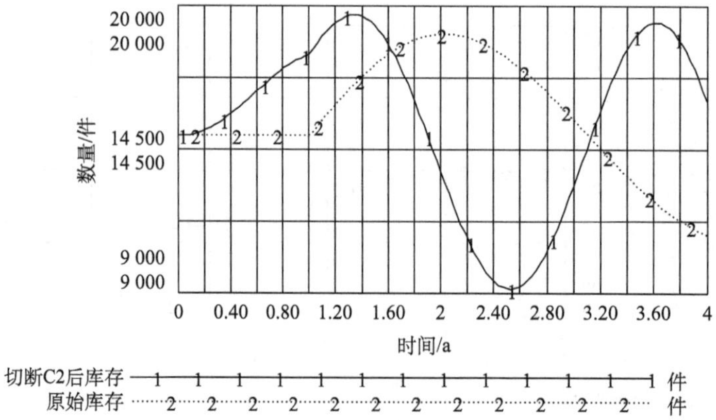

(a) 切断C2后的库存变化

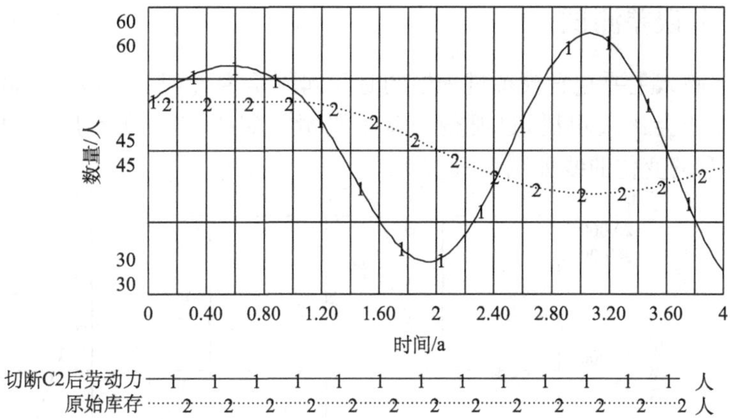

(b) 切断C2后的员工变化

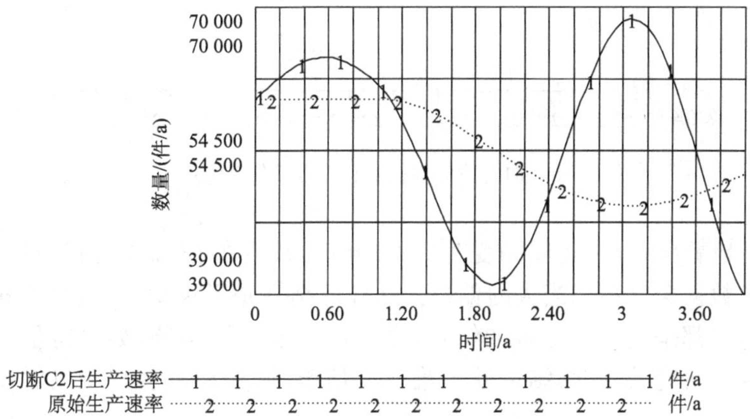

(c) 切断C2后的生产速率变化

图 13-7　切断 C2 回路模拟结果图

可以看出，在切断 C2 后，系统的行为是放大的振荡，并不追求某一特定的目标，所以关于 C2 与其对应的行为特征的设想也是正确的。

这样就完成了对模型结构与系统行为的测试。

13.2.4　参数估计测试

参数估计测试主要是看模型中的参数值是否与关于系统的描述性或数值性信息相吻合，同时是否同决策者决策时涉及的参数相对应。

参数估计测试可以利用统计方法来进行，也可以咨询专家意见，或者与客户交谈了解。如果客户也无法提供，则可根据实际估计参数数值，但是也需要测试，这一点将在敏感性测试中详细说明。

13.2.5 积分误差测试

积分误差测试主要是看模拟过程中的时间间隔是否合理。一般当时间间隔太大时，得到的模拟曲线会比较粗糙，过渡得极其不平滑。如图 13-8 所示库存，当时间间隔取 0.25年时，库存的变化曲线如图 13-8 所示。

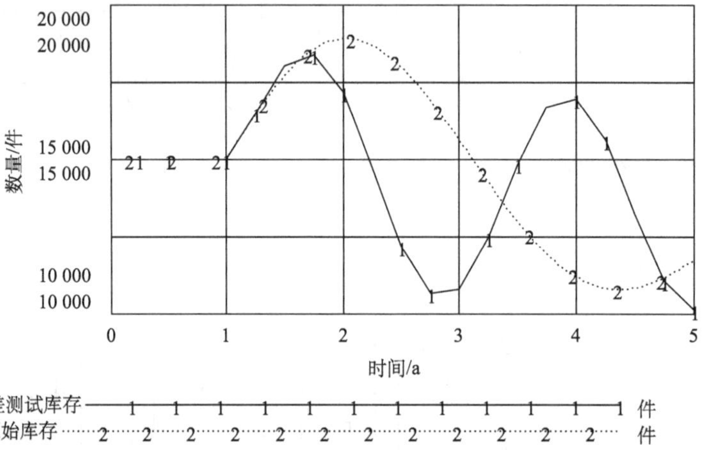

图 13-8 加大差分步长 DT 后的库存变化曲线

可以明显地看出，当时间间隔变为 0.25 年时，库存的模拟曲线相当粗糙，而且在数量上与现实数据会存在相当大的偏差。这样的结果是不准确的，也是不科学的。因为任何一种科学都是定性与定量的结合，系统动力学也不例外，如果定量分析不能在一定程度上保证研究的精度，结果就很难让人信服，于是导致客户难以对模型建立基本的信任。

处理这类问题时，可以将时间间隔减半，然后观察系统行为(模拟曲线)，不停地减半调试，不停地观察。经验公式是:时间间隔≤1/2(模型中最小的时间参数)。

13.2.6 量纲一致性测试

在确保量纲具有现实意义的前提下，还要能保证方程内部的量纲是统一的。比如，以人作为计量单位的变量就不能与一个以件数为计量单位的变量求和。量纲一致性测试有两种方法:一方面可以通过逐一核对每一个方程的量纲;另一方面可以通过模型软件本身自带的功能，自行测试并报错。Vensim、Powersim 和 Stella 均有此种功能。

比如，在此例中，工人生产效率的量纲原本应该是件/(人/a)，但是如果把其量纲弄成件/人，这时若用 Vensim 来检验量纲(Ctrl+U)，其结果如图 13-9(a)所示。

Vensim 将会报告错误的详细内容。将错误全部改正过后，再次测试量纲的一致性，会出现如图 13-9(b)所示的结果。这时量纲就是一致的了。

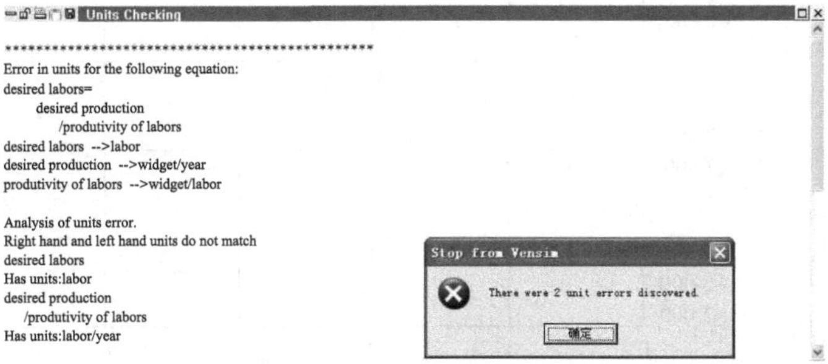

(a) 量纲检测失败的事例

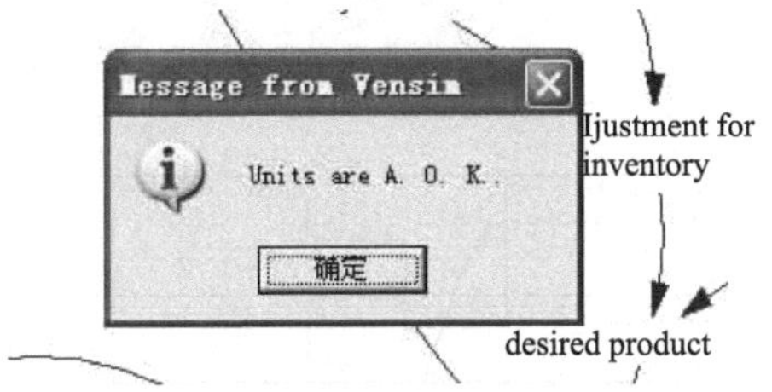

(b) 量纲检测成功的事例

图 13-9　量纲测试结果图

13.2.7　极端情况测试

极端情况测试主要是用来检测模型中的方程是否稳定可靠，是不是在任何极端情况下都能反映现实系统的变化规律或决策者的意愿。极端情况测试的方法是通过模型对冲击所作出的反应来判断。所谓冲击，是指把模型中的某个变量或某几个变量(包括参数)置于极端情况，如取“0”或者取无穷大。比如，在一个库存——劳动力模型中，当劳动力的人口突然变成“0”，库存的平衡态也应该是“0”，如果为负，则说明模型中至少有一个方程不具有鲁棒性，应该考虑完善该方程，把极端情况都考虑到。

极端情况测试的第一种方法就是人工检测模型中每一个方程，通过仔细推敲来判断其是否考虑了各种可能出现的极端情况。第二种方法可以通过将系统中某些变量取至极限值，然后模拟、观察系统行为的反应，看其有没有现实中不可能出现的反应。例如，库存为负值、工人数为负值、生产量为负值等，都是实际中不可能的。

下面采取前一种方法，考虑现实中可能出现的各种冲击，比如，当外在的销售速率突然降为“0”。在建立的模型中，令客户的需求速率＝0，利用 Vensim 进行模拟，可以得到如图 13-10 所示的结果。

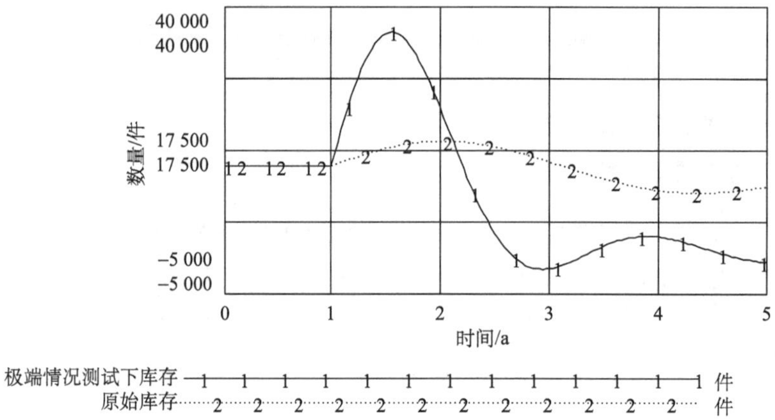

(a) 外在销售速率降为“0”后的库存变化

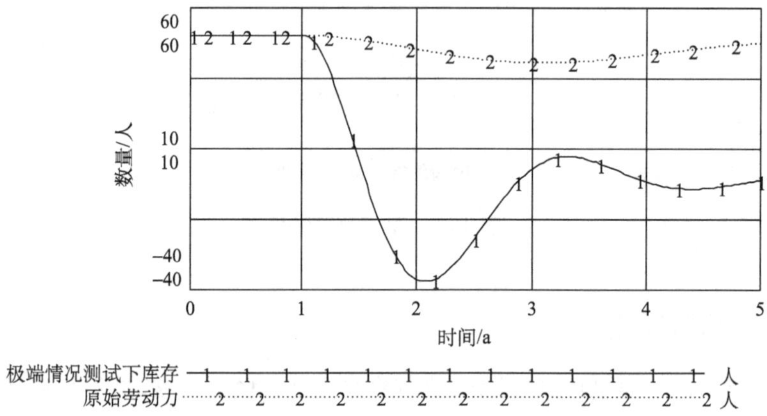

(b) 外在销售速率降为“0”后的员工变化

图 13-10 极端情况测试图

这时可以看到库存和工人数量在某个阶段降至负值，这是不符合现实的(实际中最小为“0”值)。也就是说明模型中的方程一定有考虑不全面的描述。

原因何在呢？我们知道，目标库存是由外在销售速率决定的(期望的库存=期望的销售速率×库存固转率)，当外在销售速率突然降至“0”的时候，目标库存也会最终降至“0”，这时按照模型中已定义的方程，人事政策可能就会采取过激的行为，即一下子把所有的工人都解雇了还不够，因为还有库存量，所以工人甚至降为负值，生产量也为负值，这样可以将已有的库存抵消为“0”。这显然是不符合实际情况的。这时就可以试着修改一下从目标库存到目标工人数的方程，将目标工人数加一个下限，那就是“0”，即员工人数不能为负值。修改后的方程为：净雇佣速率=max{劳动力缺口/雇佣所需要的时间，0}。

修改后的模拟结果如图 13-11 所示。

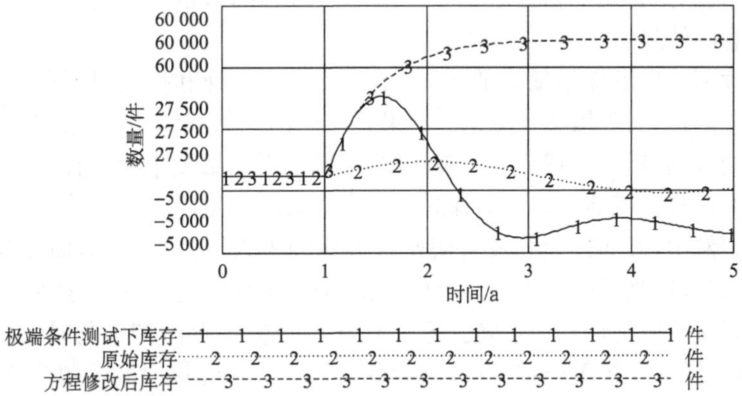

(a) 外在销售速率降为“0”后的库存变化

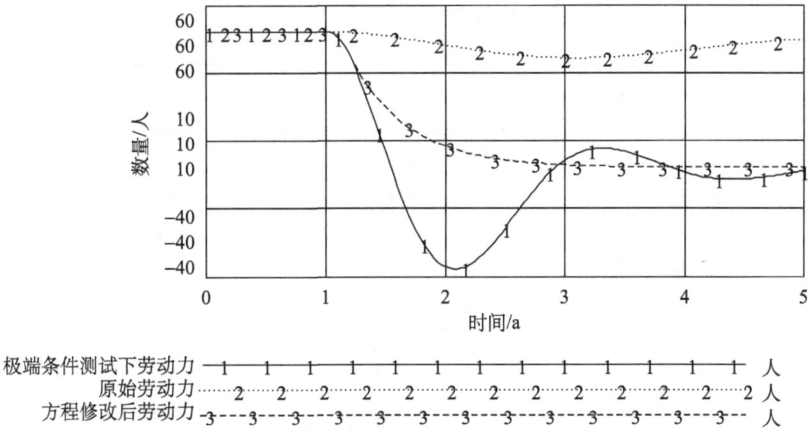

(b) 外在销售速率降为“0”后的员工变化

图 13-11　修改后的极端情况测试图

凭直觉判断，现在得到的结果是现实的，因为当外在销售速率降为“0”的时候，系统中工人的数量最终必然慢慢接近“0”，而库存则是保持在原来的基础上不变。

本案例的极端条件测试还没有做完，应该对所有的速率方程和辅助方程进行极端条件测试，尤其是速率方程，应使其更加稳定和鲁棒。由于测试的方法类似，在此就不再一一列举了。

13.2.8　敏感性测试

敏感性测试主要用于对模型中某个或某些参数估计，或者是对系统中的某些结构把握得不是很准确情况下的测试。实际中，敏感性测试用得非常多，因为对现实系统建立模型的过程中，未知的永远比已知的多。同客户沟通所获得的知识是有限的，专家的建议也不一定能完全反映现实世界，所以一般都要通过到敏感性测试来加以分析和改进。因为参数对系统行为的影响力是不同的，有些参数的变化对系统行为的影响很敏感，有些则不敏感，所以我们只要集中精力求证和推敲那些敏感的参数和结构，就可以用较小的投入换取较满意的效果。

对于在敏感性测试中不是很敏感的部分，不需要反复求证和推敲，尽可能地获取相关知识就足够了。但是，对于敏感性测试的结果是敏感的参数或结构，参数取不同的值，或者说不同的结构，最后模型的行为有显著的差异，则说明参数要准确估计，或者结构需要准确描述或重新调整。下面同参数估计测试结合起来详细叙述。

在本部分的案例中，假如公司并没有明确告诉雇佣工人所需的时间，而在与公司相关人员沟通和咨询后，还是没能给出确切的数据，这时就要估计这个时间参数，然后通过敏感性分析来检测该参数估计是否正确。比如事先不知道是半年，建模的时候估计是半年，但是并不知道这样估计是否合理，可以进行敏感性分析。让该时间参数为 0.3～0.7 符合均匀分布，结果如图 13-12 所示。

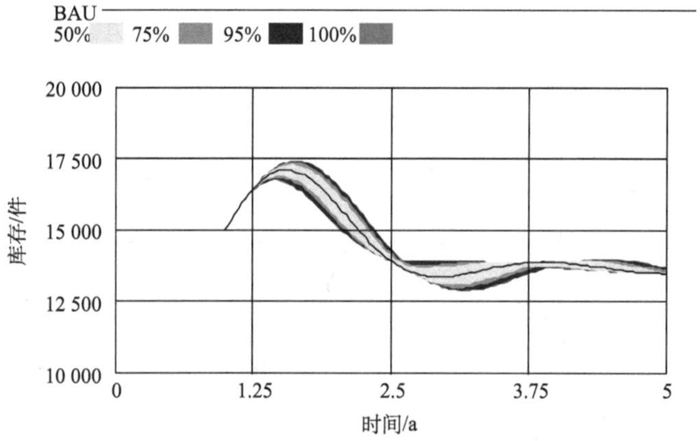

图 13-12　敏感性测试结果

可以看出，所有模拟的结果都是在 BAU 的模拟结果周围均匀分布的，而且可以看出，偏离 BAU 的模拟结果越远的那些模拟，模拟的结果越集中。这表明这个时间参数并不是敏感的，所以只需进行一个粗略的劳动力市场调查，就可以基本估计该时间参数的值了。

但是敏感性分析并不止于参数估计检测，敏感性分析还可以用来衡量某些政策参数是否关键，如果关键则需仔细研究和考证，但是方法都是一样的。另外，敏感性分析也不止于参数，还可以对模型结构进行敏感性分析，但一般用得不多。

➤思考题

1. 模型测试的目的是什么？
2. 数据在模型测试中的作用是什么？
3. 举例说明什么是心智模式测试？
4. 举例说明极端情况测试及其必要性。

第二篇

系统动力学应用篇

第14章

新产品的销售过程建模

14.1 新产品销售过程案例背景

一般来说，新产品和新观念的推广是个逐步深入人心的过程。如图 14-1 所示，我们假设有一家名叫数字器材集团的在欧洲销售微型计算机 VAX11/750（Modis，1992）。VAX 系列是这家公司很成功的产品。每台 VAX 型计算机的售价为 100 000～150 000 美元，价格的变动取决于配套外设（如磁带机）的差别。与现在的主流计算机相比，VAX

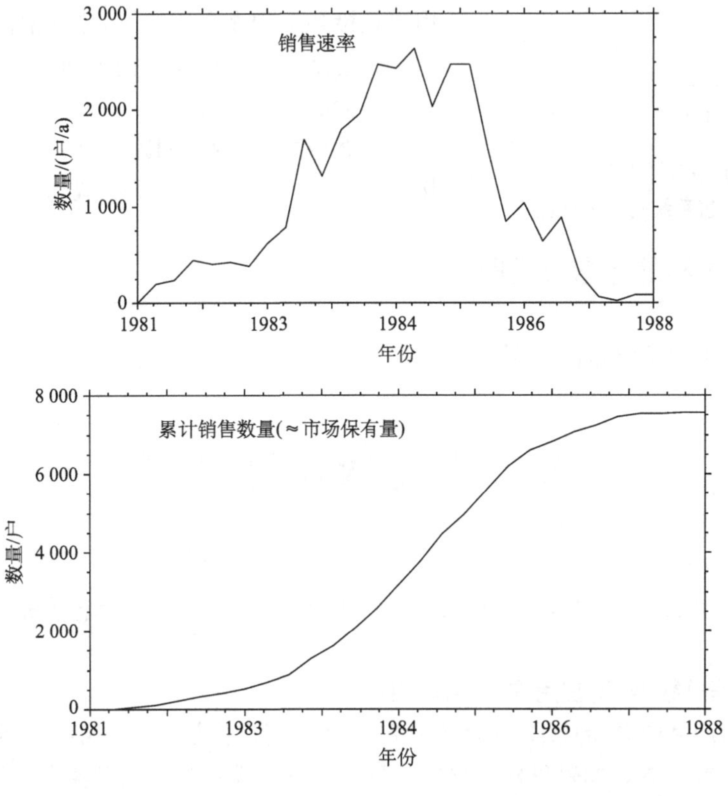

图 14-1 数字器材集团 VAX11/750 型计算机的销售情况历史数据

资料来源：Modis T. Predictions. New York：Simon and Schuster，1992. 58

型计算机很具有竞争力，这种计算机主要用户集中在大公司、研究组织和大学，主要应用于数据处理、科学和工程计算、产品开发部门的设计和科学研究等领域。VAX11/750型微型计算机1980年试制成功。其销售主要靠用户的口头传播，销售曲线呈现为正态分布，销售峰值出现在1984年。到1989年，这一产品退出市场。产品累计销售曲线呈现为S形结构。由于这种型号计算机的生命周期比产品市场供应期长，因此，我们有理由假设在1989年产品下市前，没有几台计算机被淘汰。这样一来，我们可以使计算机的累计销售量近似等于其市场保有量。

问题：如果我们想快速占领目标市场，可以采取哪些策略？这些策略的效果又如何？

14.2 销售过程的因果回路图

这个销售过程有两个反馈回路，见图14-2。图中上半部分的回路：当前用户越多，就会有越多的用户去接触潜在用户，因此销售速率就越快，而销售速率越快，当前用户就会增加得更快。这是一个正反馈加强型回路，它使销售速率快速增长。图中下半部分的回路：潜在用户越多，销售速率越快，潜在用户就会越少，潜在用户减少了，当前用户就接触不到潜在用户了，这样销售速率就会降低了。这是一个负反馈平衡型回路，它控制了销售速率不会超过一定的量。

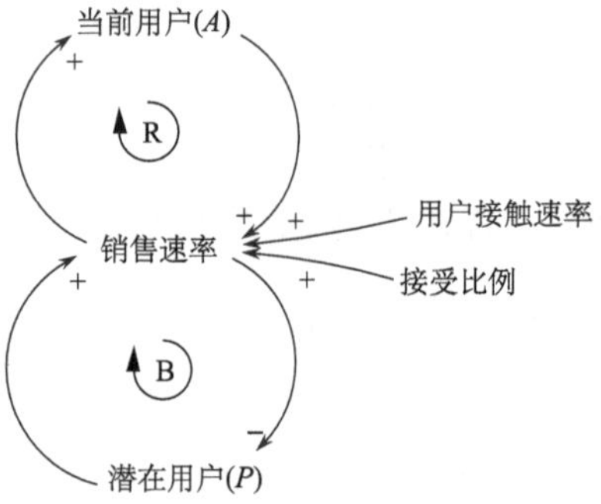

图14-2 数字器材集团VAX11/750型计算机销售系统的因果回路图

当然，除了这两个回路外，用户接触速率越高，接受比例越大，销售的速率也就越快。

14.3 销售过程的存量流量图

销售过程的存量流量图如图14-3所示。

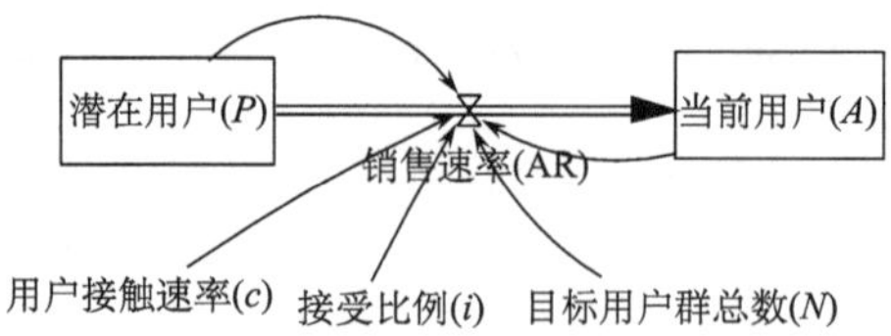

图14-3 数字器材集团VAX11/750型计算机销售系统的存量流量图

1. 目标用户群总数N，潜在用户P，当前用户A

每一个新产品或者新技术，都是为一定的目标用户群设计的，我们本案例中确定的目标用户群总数为N。如果目标用户群总数基本恒定或者变化相对较小，那么N可以是一个常数。如果目标用户群总数会随着时间的推移或情况的变化而发生较大的变化，那么N应该是一个变量。在本案例中，目标用户群总数变化较小，所以N是一个常数，并

且等于潜在用户 P 与当前用户 A 的总和。当前用户，顾名思义，是已经使用此项新产品或新技术的用户。潜在用户是目标用户群中目前尚未使用此项新产品或新技术但有可能在将来使用此项新产品或新技术的用户。每销售一个此项新产品或新技术，便有一个潜在用户成为一个当前用户，即潜在用户数减少一个，当前用户数就增加一个。

2. 销售速率 AR，用户接触速率 c，接受比例 i

1980 年 VAX11/750 刚刚推出时，只有少数用户购买了该产品，因为大多数用户还不了解它，还只是潜在用户。用户们会互相接触，而接触之后，一些潜在用户会发现有人在用 VAX11/750，而且这个产品口碑不错。这些潜在用户接受了此项新产品或新技术，愿意购买它，他们从潜在用户变成了当前用户。随着当前用户的增加，由于互相的接触有更多的人了解到了此项新产品或新技术，并且接受了此项新产品或新技术，成为当前用户。这个阶段，销售速率是增加的。渐渐地，目标客户群中的大部分人都拥有了此项新产品或新技术，潜在的客户越来越少了，这时，销售速率便会渐渐慢下来了。当所有的目标客户都购买了此项新产品或新技术，成为当前客户时，潜在客户下降至 0，也就不会再有销售发生了，销售速率下降为 0。

3. 模型主要变量之间的关系及参数

根据系统的结构，我们可以得到下面的变量之间的关系：

目标用户群总数 N= 潜在用户 P+当前用户 A

潜在用户 P_{t+1}= 潜在用户 P_t－销售速率$_t$× 计算的时间间隔 DT

当前用户 A_{t+1}=当前用户 A_t+销售速率$_t$×计算的时间间隔 DT

销售速率 AR=用户接触速率 c×接受比例 i×(当前用户 A/目标用户群总数 N)
×潜在用户 P

这里的"用户接触速率 c"当然包括潜在用户，从潜在用户的角度来看，即 1 个潜在用户的接触速率 c；潜在用户接触到当前用户，并且潜在用户接受的接受比例为 i；接触到当前用户的可能性为：(当前用户 A/目标用户群总数 N)；一共有潜在用户的数量为：潜在用户 P；故销售速率 AR 为连乘关系。

或者

销售速率 AR =用户接触速率 c× 接受比例 i×(潜在用户 P/ 目标用户群总数 N)
× 当前用户 A

这里的"用户接触速率 c"当然包括当前用户，从当前用户的角度来看，即 1 个当前用户的接触速率 c；当前用户接触到潜在用户，并且潜在用户接受的接受比例为 i；接触到潜在用户的可能性为：(潜在用户 P/目标用户群总数 N)；一共有当前用户的数量为：当前用户 A；故销售速率 AR 为连乘关系。

目标用户群总数 N=8000 户，其含义是：VAX11/750 的目标用户有 8000 户。

当前用户 A_0=10 户，其含义是：1980 年，VAX11/750 刚推出时，有 10 户用户，所以模型变量当前用户的初始值是 10。

潜在用户 P_0＝7990 户，其含义是：由于初始时当前用户是 10，所以潜在用户的初始值便是 7990。

用户接触速率 c＝2.8(户・次)/a，其含义是：在一年中，一个当前用户会接触 2.8(户・次)潜在用户。

接受比例 i＝50%/(户・次)，其含义是：在每一(户・次)的接触中，有 50%的概率潜在用户会接受新产品或新技术。

说明：每一个系统动力学的模型变量都是有单位的，每一个系统动力学模型的公式，其等号两边的单位一定是一致的。这一点，我们会在 14.1.4 模型的检测中再作详细的说明。另外，了解变量的含义和单位也可以帮助我们对变量进行测量、取值。

14.4 模型测试

14.4.1 单位一致性的检测

我们小时候在数学、物理课上，解应用题时，列出了方程式之后，老师总是会要求我们检验等式两边的单位是不是一致。例如，距离＝速度×时间，距离的单位是米，速度的单位是米/秒，时间的单位是秒，那么，很清楚，米＝米/秒×秒。这样就能保证我们所列的方程式是正确的，有实际意义的。我们没有随意地说：苹果＋梨＝橙子，而是在计算一个苹果＋一个苹果＝ 两个苹果。

这种单位的一致性，即公式的有意义性对于系统动力学的模型的公式也一样适用。让我们再回过头去看 14.1.3 中的第 3 点：变量之间的关系。我们把公式再一次列在下面，并增加了每一个变量的单位。请大家着重检查“＝”两边的单位是不是一致。

目标用户群总数 N(户)＝潜在用户 P(户)＋当前用户 A(户)

潜在用户 P_{t+1}(户)＝潜在用户 P_t(户) －销售速率 t (户/a)
×计算的时间间隔 DT(年)

当前用户 A_{t+1}(户) ＝当前用户 A_t(户)＋销售速率 t (户/a)
×计算的时间间隔 DT(年)

销售速率 AR(户/a)＝用户接触速率 c((户・次)/a)×接受比例 i(1/(户・次))
×(当前用户 A(户)/目标用户群总数 N(户))×潜在用户 P(户)

很明显，前三个公式等号两边的单位是一致的。如果最后一个公式比较复杂，一下子看不出来，我们可以从等式的右边对单位进行推演：

右边：((户・次)/a)×(1/(户・次))×((户)/(户))×(户)＝(户 /a)＝左边

14.4.2 现实性测试

一个完善的模型，它的运行结果必须在任何情况下都符合现实的情况，符合自然规律；否则，这个模型便存在错误，需要改进。所以我们要对模型进行现实性测试。这里举一个简单的例子。

假设：在新产品上市两年半后，突然之间由于某种原因人们的接触速率大大降低了，比如，某种流行病的肆虐，我们将模型的接触速率设置为接触速率＝IF THEN ELSE(time＜＝1983.5,2.8,0.8)。如果模型是符合现实的，那么它的新运行结果就会和初始结果接触速率一直是 2.8 不同：从新产品上市两年半后，销售速率会下降，当前用户的增加会减慢。由于用户的接触速率降低很多，所以两个运行结果的当前用户数应该差得比较大。

我们可以看到图 14-4 中两个运行结果的比较：标有“1”的线是初始结果，标有“n”的线是现实性测试运行结果。如我们所料，从第 10 个季度后，现实性测试运行结果中当前用户的增加减慢了。我们可以从现实性测试运行结果中看到，由于用户接触速率下降，这个新产品最终也没有得到广泛的应用。这一个现实性测试没有问题。如果经过多个现实性测试，都没有问题，那么我们可以说模型通过了现实性测试。

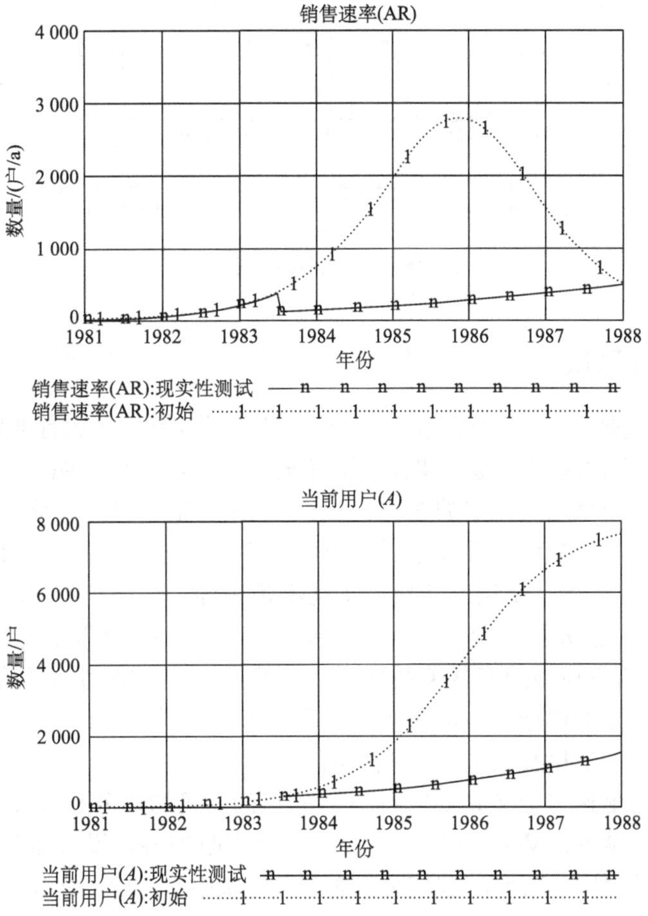

图 14-4　现实性测试图

14.4.3　极限测试

即使在极限的情况下，模型的运行结果也应该符合自然规律，如人数不可能出现负数，销售速率不可能出现负数等。这里我们也举一个简单的例子。

如果在每一次的当前用户和潜在用户的接触中，潜在用户都会接受新产品或新技术，即接受比例为 100%，那么我们可以想象，这个新产品会很快被推广开来。

从运行结果的图 14-5 上，我们可以看到，大约在第 4 年后，所有的潜在用户都成了当前用户，与初始运行结果比较，时间缩短了一半，这是因为接受比例增加了 1 倍。这一个极限测试没有问题。如果经过多个极限测试，都没有问题，那么我们可以说模型通过了极限测试。

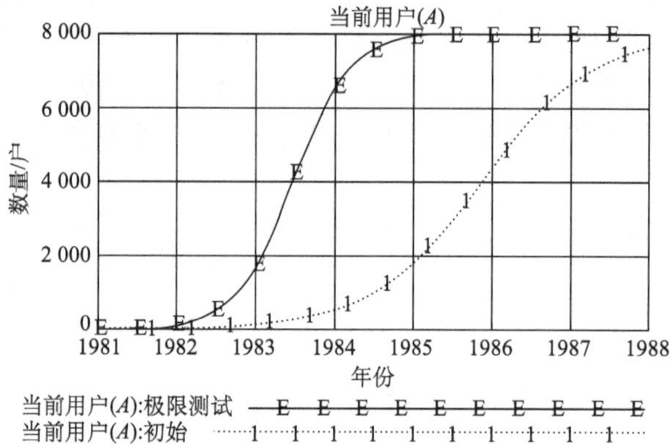

图 14-5　极限测试

14.4.4　敏感性测试

敏感性测试是看一个变量如果在一定的范围里变化，模型的运行结果将会发生多大的变化。敏感性测试的结果不像现实性测试和极限测试那样标准明白。一般而言，一个变量的变化会引起模型结果一定的变化，但是不应该发生趋势的变化，运行结果的图形状态应该大致相同。不应该出现过于敏感或者过于不敏感的情况。如果出现过于敏感的情况，则需要进一步检查模型的变量关系是不是正确。如果正确，那么说明这个变量是一个关键变量，对它进行改变可以大大改变系统的行为。如果出现过于不敏感的情况，也需要进一步检查模型的变量关系是不是正确。如果正确，那么我们要考虑是不是不需要这个变量。好的模型应该是尽可能地简单明了，对模型运行结果没有很大影响的变量应该尽量去除。这里我们也举一个简单的例子。

我们把用户接触速率定义成 1.2～2.8 区间里的随机均匀分布，让模型运行 200 次，看运行结果的分布情况。Vensim 里自带了敏感性测试的功能，设置如图 14-6 所示。

运行的结果如图 14-7 所示，我们可以看到 200 次中有 50%，即 100 次落在最中间的黄色区域，75%，即 150 次落在最中间加上第二层绿色的区域，以此类推。当前用户数的趋势没有改变，是增长的，只要人们有接触，总会有一部分的人从潜在用户加入到当前用户的行列。但是运行结果的图形状态发生了变化，上面一些是 S 形的，即当前用户的增加速度先是越来越快，后来变得越来越慢了。而下面的一些，只反映了当前用户的增加速度越来越快的情况。仔细分析一下原因，这是因为接触速率低了，当前用户的增加变慢了。如果我们把运行时间拉长了，过一段时间后，下面的那些运行结果也会显示出 S 形。

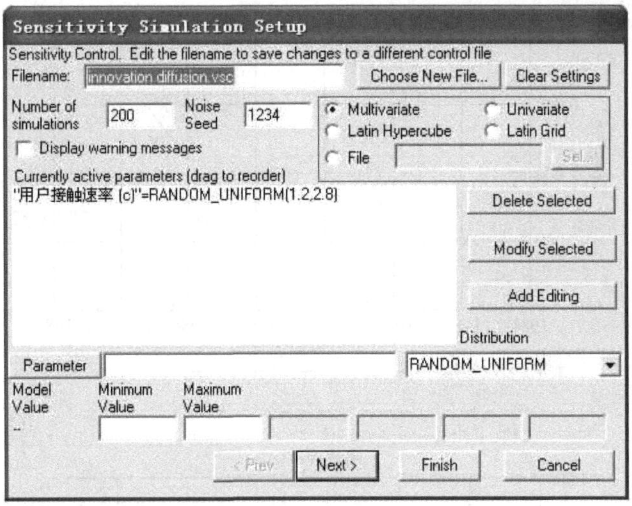

图 14-6　敏感性测试设置界面图

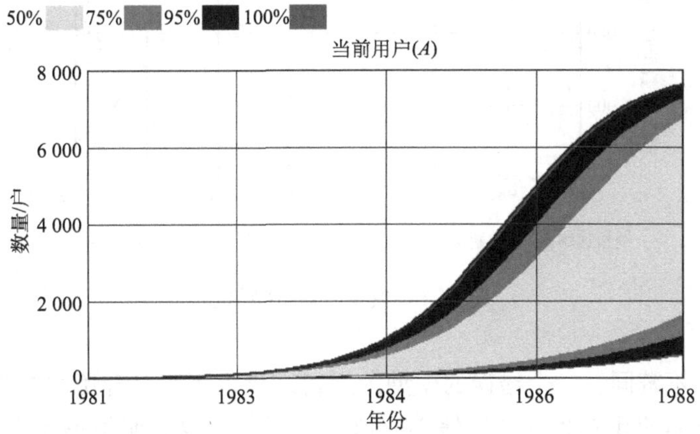

图 14-7　敏感性测试图

经过分析，我们觉得这个敏感性测试也没有什么问题。不过我们也注意到，用户接触速率的变化会引起模型的结果发生比较大的变化，是一个比较敏感也比较重要的变量，在我们以后的政策分析中，可以用到它。

14.5　政策设计

14.5.1　模型在既定参数取值下的运行结果

图 14-8 是模型在既定参数取值下的运行结果。

我们可以将模型的运行结果和历史数据进行比较，见图 14-9。可以看到，模型运行的结果和历史数据的符合性比较强。很多人会认为这一点很重要，可以证明模型的正确性，

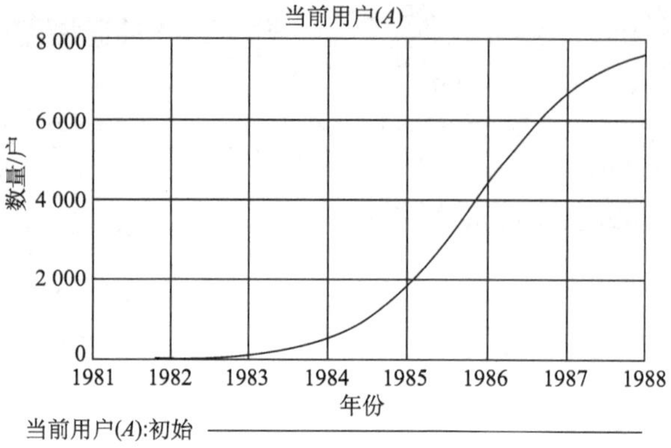

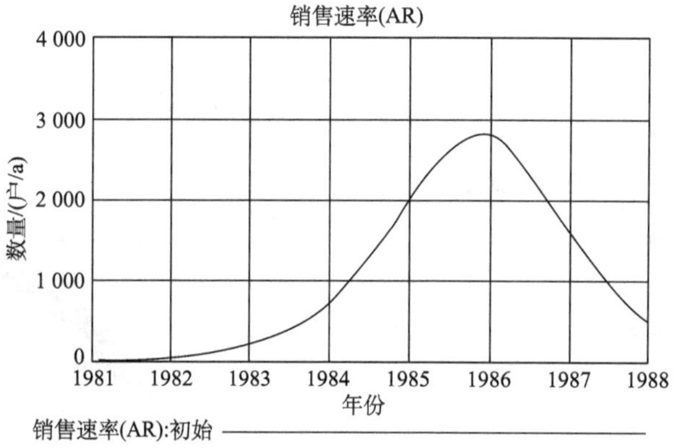

图 14-8　模型的运行结果

这种观点我们并不赞同。一个错误的模型的运行结果也可能符合历史数据。所以，与历史数据的符合确实使我们对模型的信心有所增加，但是，要证明模型是正确的、完善的，我们需要进行上面提到的多种测试。最重要是保证模型的结构即因果关系是正确的。

14.5.2　政策分析

对于一个公司，如果目标为使新产品或新技术更快地进入市场，那么我们可以通过改变参数，如表 14-1 所示，观察模型的运行结果，从而得到一些启发。

表 14-1　使新产品或新技术更快进入市场的策略

初始	策略 1	策略 2
目标用户群总数 N=8 000	目标用户群总数 N=8 000	目标用户群总数 N=8 000
当前用户 A_0=10	当前用户 A_0=10	当前用户 A_0=20
潜在用户 P_0=7 990	潜在用户 P_0=7 990	潜在用户 P_0=7 980
用户接触速率 c=2.8	用户接触速率 c=3.2	用户接触速率 c=2.8
接受比例 i=50%	接受比例 i=50%	接受比例 i=50%

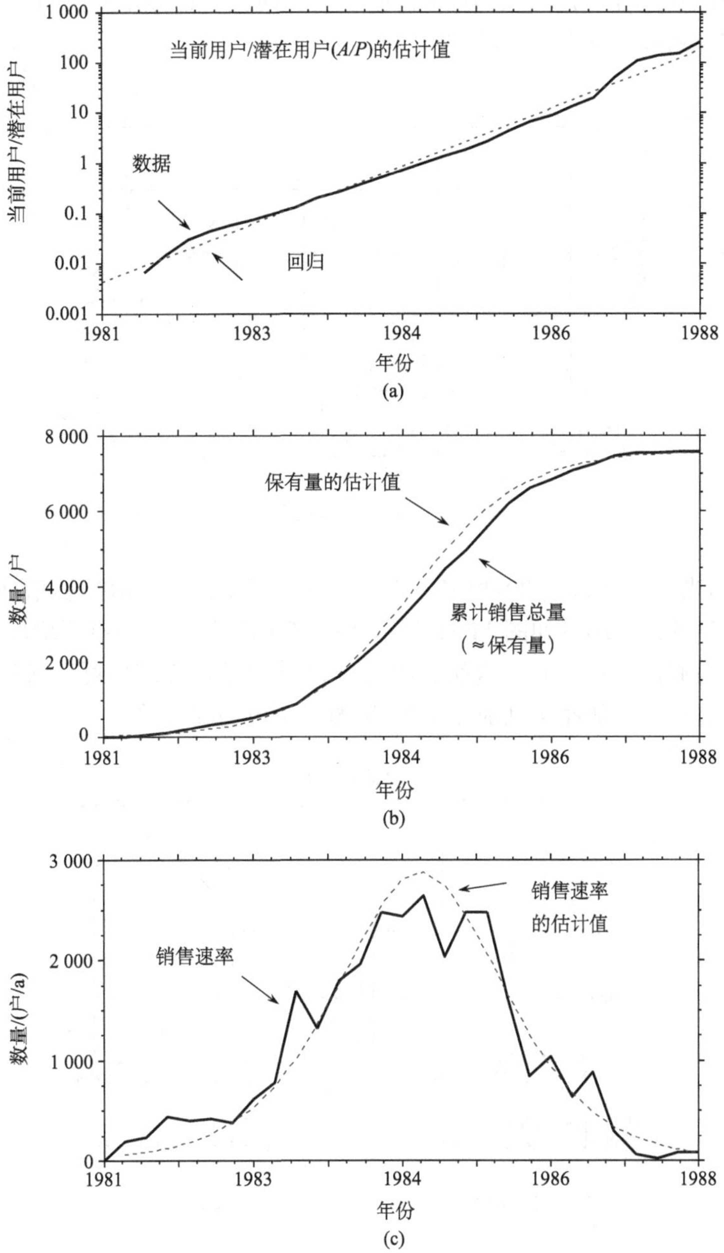

图 14-9　模型运行结果和历史数据比较

策略 1 中,用户接触速率 $c=3.2$,比原来的高了 10%,原来是 2.8(户・次)/a,现在是 3.2(户・次)/a,模型的运行结果如图 14-10 所示,策略 1 的销售速率增长更快,更早达到顶点,而且顶点更高。如果希望产品快速进入市场,那么公司就应该提到用户的接触速率,如定期召开目标客户的见面会、做电视广告、路牌广告、互联网网络广告、报纸广告等。

当然，随着潜在用户的迅速消失，销售速率在后期也更快地下降。有了这样的预期，公司也可以有计划地安排生产，及时地减产。

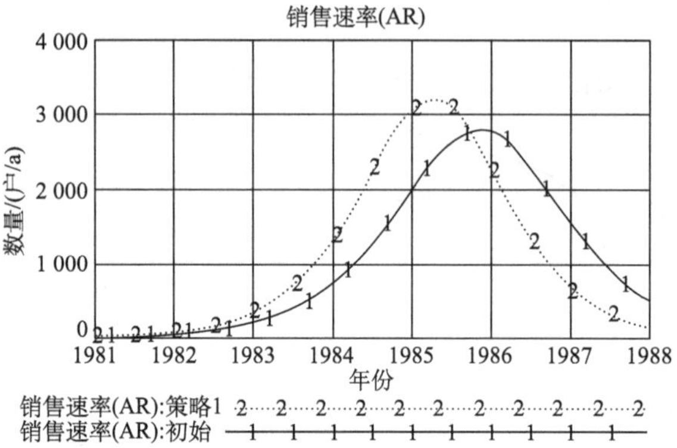

图 14-10　策略 1 模型运行结果图

策略 2 中，当前用户 $A_0=20$，原来是 10 户，现在是 20 户。相应地，潜在用户的初始值下降了。模型的运行结果如图 14-11 所示，策略 2 的销售速率也有所增加，更早地到达了顶点。顶点与原模型一样高。这就表明，公司在新产品上市时，可以通过发放试用品等方法，增加当前用户，从而达到加速销售、快速占领市场的目的。

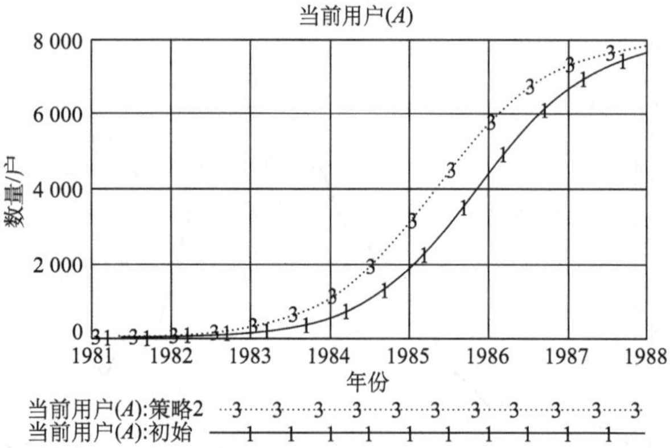

图 14-11　策略 2 模型运行结果图

这里我们只是举了两个例子，大家还可以尝试其他的策略，如把接受比例从 0.5 增加到 0.6。大家可以自己运行并比较哪一个策略更好。当然在下结论之前，我们还要考虑每一个策略的成本。这个不在我们当前考虑的范围，如果要考虑，模型要增加新的变量和结构。

➢思考题

1. 接受比例从 0.5 增加到 0.6，哪一个策略更好？

2. 传染病的传播具有类似 S 形增长模式，与新产品的销售过程相似。一般来说，受某种传染病感染的人数刚开始的时候以指数规模增长，然后达到峰值，之后随着传染期的结束而逐渐绝迹。画出传染病传播过程的因果回路图。

第 15 章

管理可再生能源游戏

15.1 游戏规则

你将扮演一个驯鹿牧场的主人，你的任务是使你的牧场每年尽可能多地生产更多的驯鹿肉。注意：你同时需注意你的操作对于牧场的管理是一种可持续的发展，这意味着你需要达成最有可能的可持续屠宰率，你也应该试着以最短的时间来达到这个目标。

当可持续的鹿群数目达到最大值时，可持续的肉产量也将达到最大。因此，你所努力的方向应该是使鹿群达到最大的可持续数目。你有 15 年的时间来帮你达到目标，每一年你唯一能作的决策是设置下一年所期望的鹿群数。

你是这个被指定驯鹿牧场唯一的农场主，除此之外没有其他牧场有驯鹿，而且没有其他动物在你的牧场。在夏天的时候，牧场中有充足的青草和植被。有限制的资源是可以维持驯鹿活过冬季的青苔。青苔是一种长在地上的小的植物。从生物角度而言，它是菌类和藻类的混合体。青苔地夏天生长，冬天停止，然后从第二年的夏天在其当前的最高处继续开始成长。当仅有很少一部分青苔时，成长量会很少。当有很多青苔时，青苔的净增长速率趋于零，增长的量仅仅能弥补植物根部腐烂的长度。在这两种极端情况之中，青苔的净增长速率有一个最大值。当驯鹿吃青苔时，它们吃掉植物的顶部，而植物从其剩下的高度再继续生长。作为一个来衡量牧场中到底有多少青苔的方式，我们可以测量青苔的平均高度，也就是青苔的厚度。

牧场的大小可以通过下面给出的信息来估算：在一年中，被 1000 只驯鹿吃掉的青苔足以使整个牧场中青苔的平均厚度减少 4mm。我们可以简化并假定每只驯鹿需要吃的量在有青苔的情况下并不取决于青苔的数量。当然，青苔对于驯鹿的生存是必要的；假定没有青苔了，那所有的驯鹿都无法存活。你并不需要考虑驯鹿中的雌雄比、小驯鹿的数量以及动物数量的损失，甚至其年龄结构或者驯鹿被屠杀、贩卖。你可以每年一次自由调节驯鹿的数量。

所有针对驯鹿数量以及青苔厚度的测量都很完善，每一年中鹿群或者青苔的生长都没有随机地变化。在你接管这个牧场之前，上一位农场主已经稳定地将驯鹿数量从 1150 只提高到 1900 只。伴随而来的结果是青苔厚度从 50mm 减少到 24.4mm。历史数据图见图 15-1、图 15-2 及表 15-1。

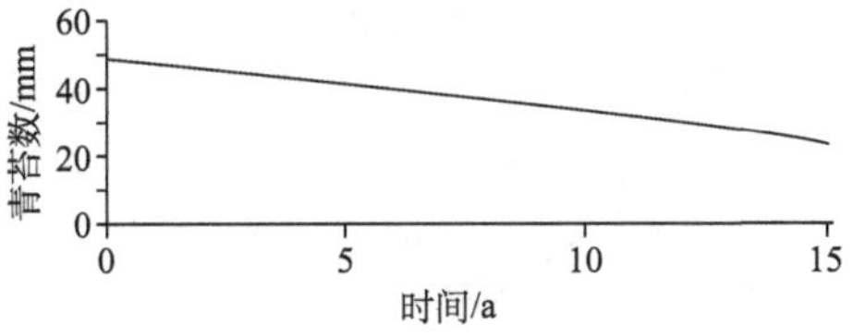

图 15-1　青苔历史数据图

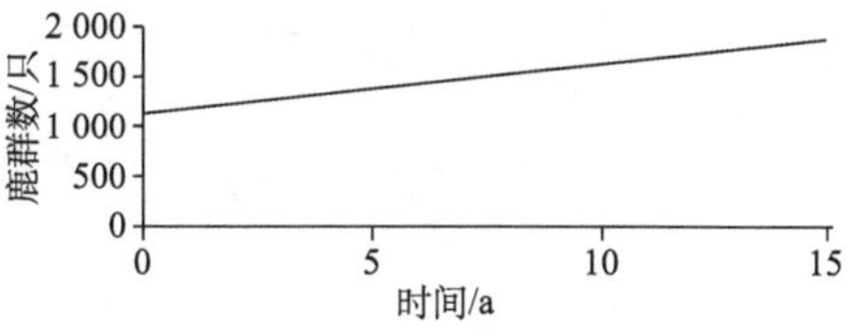

图 15-2　驯鹿数历史数据图

表 15-1　青苔数、鹿群数历史数据

时间/年	青苔数/mm	鹿群数/只
0	50.0	1 150
1	48.2	1 200
2	46.5	1 250
3	45.0	1 300
4	43.6	1 350
5	42.1	1 400
6	40.7	1 450
7	39.3	1 500
8	37.8	1 550
9	36.3	1 600
10	34.7	1 650
11	32.9	1 700
12	31.1	1 750
13	29.1	1 800
14	26.9	1 850
15	24.4	1 900

15.2　游戏分析

15.2.1　系统的反馈回路

我们可以很容易地得出如图 15-3 所示的系统反馈回路（Moxnes，2000），此系统一共有两个反馈回路，图 15-3 左半部分是加强型的正反馈，青苔生长速率越快，增加的青苔量也越高，青苔量增加使得整体的生长率增加，反之亦然；右半部分是平衡型的负反馈，青苔量越多，驯鹿可以放牧消耗的速率越大，而消耗速率大当然会进一步减少青苔的量。

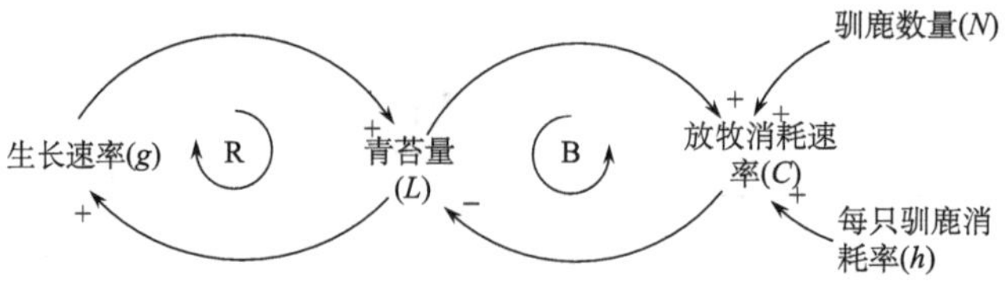

图 15-3　系统的存量流量图

15.2.2　系统的存量流量图

从这个实验中给出的背景信息，我们得知参与者完全可以根据所给出的信息来绘制存量流量图（Moxnes，2004），系统的存量流量图如图 15-4 所示的情况。

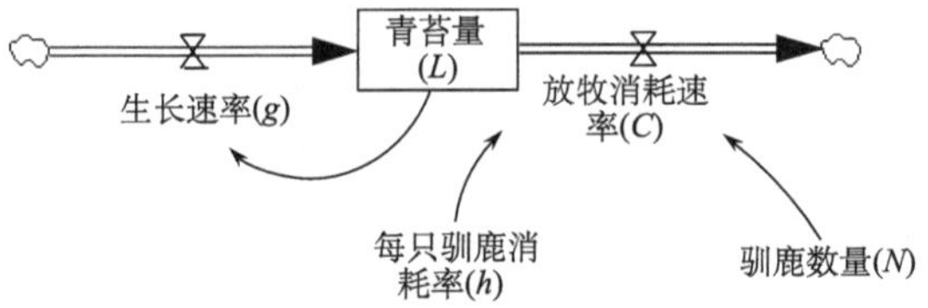

图 15-4　系统的存量流量图

这个案例是关于管理某一种可再生资源，即一个驯鹿牧场。驯鹿管理中最重要的一个动态因素是青苔。对于驯鹿来说，这种植物是冬季主要的饲料。如图 15-4 所示，青苔这类植物在这个案例中通过自然增长（生长速率 g）来增加，通过放牧给驯鹿（放牧消耗速率 C）而减少。放牧消耗率取决于鹿群的数量（N）以及每只驯鹿消耗率（h），而鹿群数量 N 是参与者可以自由决定的变量（因为参与者被告知可以通过每年一次的买卖或者屠杀等手段来自由决定鹿群数量）。

注意：根据给定的信息，我们无法得知具体的生长速率，但可以确定它是根据青苔量变化的一个函数。当然，青苔有一定的承载能力。

15.2.3　最佳策略分析

生长率根据已经描述给参与者的状况可以推测并显示大致如图 15-5 所示的情况。

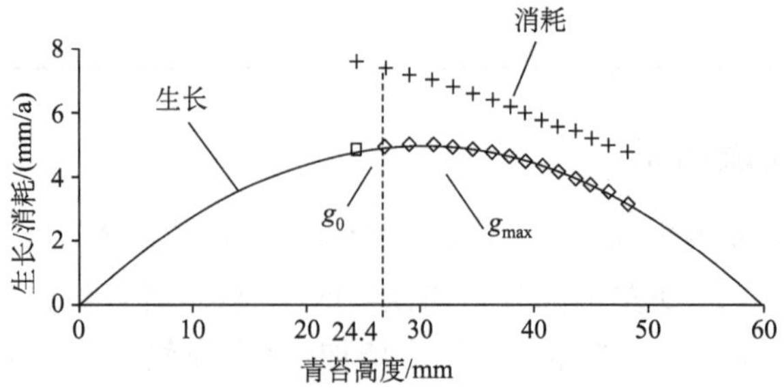

图 15-5　生产消耗趋势图

如果模型的存量流量图已经构建出来了，那么我们大致可以估测如图 15-5 所示的生长曲线。我们把青苔量 L 用平均厚度(mm)来衡量，并写出如下公式：

$$L_{t+1}=L_t+g_t-hN_t \tag{15-1}$$

其中，N_t 为驯鹿的数量；g_t 为青苔的生长速率；h 为每只驯鹿消耗青苔的量。重新改写式(15-1)把 g_t 放在等式的左侧，可得

$$g_t=L_{t+1}-L_t+hN_t \tag{15-2}$$

我们得到一个有着生长速率数据点作为青苔厚度的函数，见图 15-5 中加入的用空心方块所表示的点。把表 15-1 中的数据和 h=0.004mm 代入式(15-2)，历史数据表明 g 的最大值为 5mm/a，又因为青苔的最大生长速率应在满足可持续发展的前提下达到，即 L_{t+1} 近似等于 L_t，此时 $g_{\max}=hN$，结合两者可大致判断出最大生长值的位置大概在青苔厚度 30mm 的位置。这是可以做到最大的可持续增长的青苔厚度，即青苔生长率达到 $g_{\max}$=5mm/a，此时我们发现最大的可持续发展状态下的鹿群数目为 $N_{\max}=g_{\max}/h=$1250(只)。如果有人能得出上述结论，那他将在花费几分钟计算后得到一个完善的模型。

在以上案例中，实验者需要做的是在最短的时间内达到最大的可持续发展状态下的鹿群数(还有最大的青苔可持续增长量)。一开始实验者面对的状态其实是过度放牧的情况，青苔厚度在 24.4mm(少于 30mm)。从图 15-5 中可以推断出起始增长率 g_0 比最佳增长率要略微低一些，而最初的消耗率(即 hN_0)比最初的增长率要高约 50%。

根据历史发展图 15-1、图 15-2，青苔高度呈线性下降，而驯鹿数呈线性增长，这显然已经处于过度放牧状态，持续增加驯鹿数最终会使青苔、驯鹿两者都得不到长足发展。因此我们需要做的是先减少驯鹿的量以使得青苔在未来几年中有一个缓冲式的增长，然后再逐步增加驯鹿数。此游戏的目的是用最短时间来达到青苔在可持续发展状态下的最大驯鹿数，因此最佳的策略是在第一年的时候将鹿群数量减少为零，使得青苔得到最快的增长速度，然后在第二年提高到 1056 只(正好达到最大生长速度)，这样就可以在第三年把鹿群数定在最大的可持续发展鹿群数 1250 只，相对应的青苔厚度达到 30mm(注意：因为实验者可以在市场上任意买卖任意数量的驯鹿)。假定图 15-5 可以由实验者推断出，那么合理的解决方法将变得很容易。第一，这张图确认了放牧消耗量必须被调节到低于现有的增长率来提高青苔厚度。第二，从生长率最高点开始 3 年期的超过 50%的过度放牧暗示了要达到生长最高峰必须由 3 年的低于 50%的生长率的放牧。第三，要尽快达到期望的状态，鹿群数必须在第一年减少为零。然后在以后的发展中所反馈的信息可以被用来将鹿群数提高到最大可持续发展状态量。

由于通过简单的方式来得到最佳策略是可能的，因此，我们选择最佳策略中的结果作为评判参与者表现的标准。

➢思考题

1. 请阅读本章案例并尝试进行一次游戏，根据案例及相关信息绘制系统的因果关系图和存量流量图。

2. 假设你接手牧场后有25年的期限来管理，每一年你需要做的只是调整鹿群的期望值以达到青苔可持续生长的最大值，请问最佳的策略(即以最短时间达到目标的)是什么?

3. 在最佳策略的前提下，你得出的鹿群数是否仍会有变?如没有变化，请问此时您将设定为多少?

4. 假设土壤中青苔的数量随着新策略或新技术的采用，承载能力提高，那么此时的系统因果回路图又如何?

参考文献

程进,王华伟,何祖玉. 2002. 基于遗传算法的系统动力学仿真模型研究. 系统工程,20(3):77～80

洪佩军,陈思根,张列平. 1999. 企业过程改进成败原因的系统动力学分析. 系统工程,17(2):46～50

胡玲,贾仁安 . 2001. 强简化流率基本入树模型及枝向量矩阵反馈环分析法 . 系统工程理论与实践,21(11):83～88

胡玉奎,韩于羹,曹铮韵. 1997. 系统动力学模型的进化. 系统工程理论与实践,10:132～136

贾仁安,丁荣华. 2002. 系统动力学——反馈动态性复杂分析. 北京:高等教育出版社

贾仁安,胡玲,丁荣华等 . 2001. 系统动力学简化流率基本入树模型及应用. 系统工程理论与实践,21(10):137～144

贾仁安,王翠霞,涂国平等 . 2007. 规模养种生态能源工程反馈动态复杂性分析. 北京:科学出版社

贾仁安,伍福明, 徐南孙 . 1998. SD 流率基本入树建模法 . 系统工程理论与实践,18(6):90～95

贾晓菁,贾仁安 . 2007. 基模生成集分析的矩阵算法及在人力资源管理中的应用 . 数学的实践与认识,10:37～49

斯特曼 · J D. 2008. 商务动态分析方法:对复杂系统的系统思考与建模 . 朱岩,钟永光等译 . 北京:清华大学出版社

宋世涛,魏一鸣,范英. 2004. 中国可持续发展问题的系统动力学研究进展. 中国人口、资源与环境,14(2):42～48

陶在朴. 2005. 系统动态学:直击《第五项修炼》奥秘. 北京:中国税务出版社

涂国平,贾仁安,朱军平等. 2003. 吉安市典型沼气生态农业模式的结构和效益分析. 江西农业学报,15(4):52～57

王翠霞,贾仁安 . 2006. 中国中部规模养殖沼气工程系统顶点赋权图分析 . 南昌大学学报(理科版),30(6):538～544

王翠霞,贾仁安. 2007a. 中部农村规模养殖生态系统管理策略的系统动力学仿真分析. 系统工程理论与实践,27(12):158～169

王翠霞,贾仁安 . 2007b. 复杂系统顶点赋权因果关系图模型及其应用研究 . 安徽农业科学,35(6) :1574～1576 ,1596

王其藩. 1994. 系统动力学(第 2 版). 北京:清华大学出版社

王其藩. 1995. 高级系统动力学. 北京:清华大学出版社

徐南孙,贾仁安. 1998. 王禾丘农村能源系统生态工程研究. 南昌:江西科学技术出版社

徐南孙,贾仁安,伍福明. 1998. 王禾丘能源系统生态工程主导结构流率基本入树序列. 系统工程理论与实践,18(7):84～88

Abdel-Hamid T K, Madnick S E. 1991. Software project dynamics: an integrated approach. Englewood

Cliffs NJ: Prentice Hall

Alexandre R. 1996. The role of system dynamics in project management. International Journal of Project Management, 14 (4): 213～220

Alfeld L E, Graham A K. 1976. Introduction to urban dynamics. Cambridge MA: Productivity Press

Alfeld L,Graham A. 1976. Introduction to urban dynamics. Waltham MA: Pegasus Communications

Argyris C,Putnam R,Smith D. 1985. Action science: concepts methods and skills for research and intervention. San Francisco: Jossey-Bass

Arthur W. 1994. Increasing returns and path dependence in the economy. Ann Arbor MI: University of Michigan Press

Bahn P ,Fleney J. 1992. Easter island, earth island. London: Thames and Hudson

Barlas Y. 1989. Multiple tests for validation of system dynamics type of simulation models. European Journal of Operational Research, 42(1):59～87

Barlas Y. 1990. An autocorrelation function-test for output validation. Simulation, 55(1):7～16

Barlas Y. 1996. Formal aspects of model validity and validation in system dynamics. System Dynamics Review, 12(3):183～210

Bessler D,Brandt J. 1992. An analysis of forecasts of livestock prices. Journal of Economic Behavior and Organization, 18(2):249～263

Brown G. 1992. Improving education in public schools: Innovative teachers to rescue. System Dynamics Review,8(1): 83～90

Cooper K G. 1980. Naval ship production : a claim settled and a framework built. Interfaces, 10 (6): 20～36

Davidsen P. 1988. A Dynamic Petroleum Life Cycle Model for the United States. Technical Documentation. MIT System Dynamics Group Memo D—3947. Cambridge, MA 02139:1870～2050

Disney S M, Potter A T, Gardner B M. 2003. The impact of vendor managed inventory on transport operation. Transportation Research E, 39(5): 363～380

Emmerson R, Fretz R, Shaw L. 1995. Writing ethnographic fieldnotes. Chicago: University of Chicago Press

Finan J. 1993. System dynamics analysis of an ordering system used for commercial aircraft manufacure. MS thesis, MIT Sloan school of Management, Cambrige MA 02142(unpublished)

Forrester J W,Senge P. 1980. Tests for building confidence in system dynamics models *In*:Legasto A, Forrester J W, Lyneis J . System dynamics TIMS studies in the management sciences 14. New York: North-Holland:209～228

Forrester J W. 1958. Industrial dynamics: a breakthrough for decision makers. Harvard Business Review, 36(4): 37～66

Forrester J W. 1961. Industrial dynamics. Cambridge: MIT Press; Currently available from Pegasus Commulations:Waaltham MA

Forrester J W. 1964. Modeling the dynamic processes of corporate growth. Proceedings of the IBM Scientific Computing Symposium on Simulation Models and Gaming. Reprinted in Forrester J W. 1975a. Collected Papers of Jay W. Forrester. Waltham MA: Pegasus Commulations

Forrester J W. 1965. A new corporate design. Industrial Management Review, 7(1):5～17. Reprinted in Forrester J W. 1975a. Collected Papers of Jay W. Forrester. Waltham MA: Pegasus Commulations

Forrester J W. 1968. Principles of systems. Cambridge MA: Productivity Press

Forrester J W. 1969. Urban dynamics. Waltham MA: Pegasus Commulations

Forrester J W. 1971. World dynamics. Waltham MA: Pegasus Commulations

Forrester J W. 1973a. Confidence in models of social behavior-with emphasis on system dynamics models. MIT System Dynamics Group Memo D-1967, Cambridge MA 02139(unpublished)

Forrester J W. 1973b. World Dynamics(2nd). Cambridge MA: Productivity Press

Forrester J W. 1977. Growth cycles. De Economist, 125(4):525～543

Forrester J W. 1983. Innovation and economic change. *In*: Freeman C. Long waves in the world economy. London: Butterworths: 126～134

Forrester J W. 1989. The system dynamics national model: macrobehavior from microstructure modelling growth strategy in a biotechnology startup firm. System Dynamics Review, 7 (2): 93～116

Gillette R. 1974. Oil and gas resources: did USGS gush too high? Science, 185(12 July):127～130

Glaser B, Strauss A. 1967. The discovery of grounded theory. Chicago: Aldine

Henderson R, Clark K. 1990. Architectural innovation: the reconfiguratiom of existing product technologies and the failure of established firms. Administrative Science Quarterly, 35(1):9～30

Homer J. 1979a. Home insurance in a changing residential community: a system dynamics approach and cause study. MIT System Dynamics Group Memo D-3180, Cambridge MA 02142

Homer J. 1979b. INSUR1: a dynamic model of property insurance coverage in an urban neighborhood. MIT System Dynamics Group Memo D-3120, Cambridge MA 02142

Homer J. 1983a. A dynamic model for analyzing the emergence of new medical technologies. PhD thesis, MIT Sloan School of Management. Cambridge MA 02142(unpublished)

Homer J. 1983b. Partial-model testing as a validation tool for system dynamics, Proceedings of the 1983 Intl. System Dynamics Conference, Chestnut Hill MA: System Dynamics Society

Homer J. 1987. A diffusion model with application to evolving medical technologies. Technological Forecasting and Social Change, 31(3):197～218. Also chapter 9 in Richardson G. 1996. Modeling for management. (Vol. 2). Aldershot UK: Dartmouth Publishing Co

Hubbert M. 1962. Energy Resources: Washington: National Academy of Sciences, National Research Council 1000—D. Reprinted as National technical Information Service PB-222401 (1973).

Hubbert M. 1975. Hubbert estimates from 1956 to 1974 of U. S. oil and gas. *In*: Grenon M. Methods and models for assessing energy resources. Oxford: Pergamon

James M L. 1980. Corporate planning and policy design: a system dynamics approach. Cambridge Mass: MIT Press

Jia Renan, Wang Cuixia, Jia Xiaojing, et al. 2007a. Approaches of SD feedback dynamic complexity analysis to complex system . SS-MS-SD conference, Oct: 19～21

Jia Renan, Wang Cuixia, Jia Xiaojing. 2007b. A system dynamics analysis of intensive pig farming eco-energy system based on the rate variable fundamental in-tree model. The 25th International Conference of the System Dynamics Society, July28-Aug, 3

Kleiner A, Roth G. 1997. How to make experience your company's best teacher. Harvard Business Review, 75(5):172～177

Kurian G. 1994. Datapedia of the United States, 1790～2000: American Year by Year. Lanham MD: Bernan Press

Lotka A. 1956. Elements of mathematical biology. New York: Dover Publications

March J, Sproull L, Tamaz M. 1991. Learning from samples of one or fewer. Organization Science, 2

(1): 58～70.
Marquez A C, Bianchi C, Gupta J N D. 2004. Operational and financial effectiveness of e-collaboration tools in supply chain integration. European Journal of Operational Research, 159(2): 348～363
Mass, N J. 1980. Stock and Flow Variables and the Dynamics of Supply and Demand. In Elements of the System Dynamics Method. Cambridge MA: Productivity Press.
Mass N J. 1974. Readings in urban dynamics(Vol. I). Cambridge MA: Productivity Press
Mass N J. 1975. Economic cycles:an analysis of underlying causes. Cambridge MA:MIT Press
Meadows D H, et al. 1974. Dynamics of growth in a finite world. Waltham MA:Pegasus Communications
Meadows D H, Meadows D L, Randers J,et al. 1972. The limits to growth: a report for the club of Rome's project on the predicament of mankind. New York: Universe Books
Meadows D H, Meadows D L, Randers J. 1992. Beyond the limits: confronting global collapse, Envisioning A Sustainable Future. Post Mills VT: Chelsea Green
Meadows D H, Randers J, Meadows D L. 2004. The limits to growth:the 30-Year update. Post Mills VT: Chelsea Green
Meadows D H,Richardson J,Bruckmann G. 1982. Groping in the dark. Chichester England:John Wiley and Sons
Meadows D H,Robinson J. 1985. The electronic oracle:computer models and social decisions. Chichester England:John Wiley and Sons
Meadows D L. 1970. Dynamics of commodity production cycles. Waltham MA: Pegasus Communications

Meadows D L, Meadows D H. 1974. Toward global equilibrium: collected papers. Cambridge MA: Productivity Press
Mitchell B. 1975. European historical statistics:1750～1970. New York:Columbia University Press
Modis T. 1992. Predicitions. New York:Simon and Schuster
Morecroft J. 2007. Strategic modelling and business dynamics: a feedback systems approach. Chichester: John Wiley & Sons
Morecroft J,Sterman J. 1994. Modeling for learning. Portland OR:Productivity Press
Moxnes E. 1998. Not only the tragedy of the commons misperceptions of bioeconomics. Management Science,44(9):1234～1247
Moxnes E. 2000. Not only the tragedy of the commons misperceptions of feedback and policies for sustainable development: System Dynamics Review,16 (4): 325～345
Moxnes E. 2004. Misperceptions of basic dynamics the case of renewable resource management. System Dynamics Review,20 (2):139～162
Moxnes E. 2005. Policy sensitivity analysis: simple versus complex fishery models. System Dynamics Review,21 (2): 123～145
Murray J. 1993. Mathematical biology(2nd). Berlin:Springer-Verlag
Naill R F. 1977. Managing the energy transition. Cambridge MA:Ballinger Publishing Co
Naill R F. 1992a. A system dynamics model for national energy policy planning. System Dynamics Review, 8 (1): 1～19
Naill R F. 1992b. An analysis of the cost effectiveness of U. S. energy policies to mitigate global warming. System Dynamics Review, 8 (2): 111～128

Nisbett R, Wilson T. 1977. Telling more than we can konw: verbal reports on mental processes. Psychological Review, 84:231～259

Oliva R. 1996. A dynamic theory of service delivery: implications for managing service quality. PhD thesis, MIT Sloan School of Management, Cambrige MA 02142 (unpublished)

Packer D. 1964. Resource acquisition in corporate growth. Cambrige MA: MIT Press

Paith M, Streman J. 1993. Boom, bust, and failures to learn in experimental markets. Management Science, 39(12):1439～1458

Richardson G P, Pugh III A L. 1981. Introduction to system dynamics modeling with DYNAMO. Cambridge MA: Productivity Press

Roberts N, Andersen D F, Deal R M, et al. 1983. Introduction to computer simulation: a system dynamics modeling approach. Reading MA: Addison-Wesley

Saeed K. 1986. The dynamics of economic growth and political instability in the developing countries. System Dynamics Review, 2 (1): 20～35

Schroeder W W, Sweeney III R E, Alfeld L E. 1975. Readings in urban dynamics(Vol. II). Cambridge MA: Productivity Press

Schroeder W, Sweeney R, Alfeld L. 1975. Reading in urban dynamics (Vol. 2). Waltham MA: Pegasus Communications

Senge P M. 1978. The system dynamics national model investment function: a comparison to the neoclassical investment function. PhD thesis, MIT Sloan School of Management, Cambrige MA 02142 (unpublished)

Senge P M. 1990. The fifth discipline: the art and practice of the learning organization. New York: Doubleday Currency

Senge P M. 1994. The fifth discipline fieldbook -strategies and tools for building a learning organization. New York: The Marsh Agency, England and The Spieler Agency

Steadman D. 1995. Prehistoric extinctions of Pacific Island birds: biodiversity meets zooarchaeology. Science, 267(4Feb):1123～1131

Sterman J D. 1985. A behavioral model of the economic long wave. Journal of Economic Behavior and Organization, 6 (1): 17～53

Sterman J D. 1986. The economic long wave: theory and evidence. System Dynamics Review, 2 (2): 87～125

Sterman J D. 1989a. Deterministic chaos in an experimental economic system. Journal of Economic Behavior and Organization, 12: 1～28

Sterman J D. 1989b. Modeling managerial behavior: misperceptions of feedback in a dynamic decision making experiment. Management Science, 35(3): 321～339

Sterman J D. 2000. Business dynamics, systems thinking and modeling for a complex world. New York: Irwin McGraw-Hill

Sterman J, Repenning N, Kofman F. 1997. Unanticipated side effects of successful quality programs: exploring a paradox of organizational improvement. Management Science, 43(4):501～521

Sterman J. 1980. The use of aggregate production functions in disequilibrium models of energe-economy interactions, MIT System Dynamics Group Memo D-3234, Cambridge MA (unpublished) 02142

Sterman J. 1983. Economic vulnerability and the energy transition. Energy Systems and Policy, 7(4): 259～301

Sterman J. 1985a. The growth of knowledge: testing a theory of scientific revolutions with a formal model. Technological Forecasting and Social Change, 28(2):93～122

Sterman J. 1985b. A behavioral model of the economic long wave. Journal of Economic Behavior and Organization, 6:17～53

Sterman J. 1986. The economic long wave:theory and evidence. System Dynamics Review , 2(2):87～125

Sterman J. 1987. Expectation fomation in behavioral simulation models. Behavioral Science, 32: 190～211

Sterman J. 1989a. Misperceptions of feedback in dynamic decision making. Organizational Behavior and Human Decision Processes, 43(3):301～335

Sterman J. 1989b. Modeling managerial behavior:misperceptions of feedback in a dynamic decision making experiment. Management Science, 35(3):321～339

Sterman J. 1989c. Deterministic chaos in an experimental economic system. Journal of Economic Behavior and Organization, 12:1～28

Sturm R. 1993. Nuclear prower in Eastern Europe:learning or forgetting curves? Energy Economics, 15 (3):183～189

Van Maanen J. 1988. Tales of the field. Chicago:University of Chicago Press

Wallace W. 1994. Ethics in modeling. White Plains, NY: Pergamon

Wang Q,Sterman J. 1985. A disaggregate population model of China. Simulation, 45(1):7～14

Warren K D. 2002. Competitive strategy dynamics. New York: John Wiley & Sons Inc

Warren K D. 2008. Strategic management dynamics. New York: John Wiley & Sons Inc

Yin R. 1994. Case study research. Newbury Park CA:Sage Publications

附　录

国际系统动力学学会 Jay Wright Forrester 奖得主及作品

2012

J. Bradley Morrison, Jenny W. Rudolph, and John S. Carroll

The dynamics of action-oriented problem solving: linking interpretation and choice. Academy of Management Review 34(4): 733-756, 2009

2011

No Award

2010

Mark Paich, Corey Peck, and Jason Valant

Pharmaceutical Product Branding Strategies: Simulating Patient Flow and Portfolio Dynamics, published by Informa Healthcare; 2nd edition March 2009

2009

No Award

2008

Kimberly M. Thompson, Radboud J. Duintjer Tebbens

Eradication versus control for poliomyelitis: an economic analysis. The Lancet, 2007, 369(9570): 1363～1371

2007

David Lane, Elke Husemann

Steering away from scylla, falling into charybdis: the importance of recognizing, simulating and challenging reinforcing loops in social systems. Entscheiden in Komplexen Systeme [Decision-making in Complex Systems], 2002

2006

Thomas S. Fiddaman

Exploring policy options with a behavioral climate-economy model published in the System Dynamics Review, 2002, 18(2)

2005

Kim D. Warren

Competitive strategy dynamics. 2002

续表

2004 **Eric F. Wolstenholme** Towards the definition and use of a core set of archetypal structures in system dynamics. System Dynamics Review,2003,19(1)
2003 **Nelson P. Repenning** Understanding fire fighting in new product development. Journal of Product Innovation Management,2001
2002 **John D. Sterman** Business dynamics, systems thinking and modeling for a complex world. McGraw-Hill, 2000
2001 **Peter Milling** Modeling innovation processes for decision support and management simulation. System Dynamics Review, 1996,12(3): 211～234
2000 **Erling Moxnes** Not only the tragedy of the commons: misperceptions of bioeconomics. Management Science, 1998, 44(9): 1234～1248
1999 **Jac A. M. Vennix** Group model building: facilitating team learning using system dynamics. John Wiley and Sons, 1996
1998 No Award
1997 **Jack B. Homer** A system dynamics model of national cocaine prevalence. System Dynamics Review, 1993, 9(1): 49～78
1996 **Andrew Ford** Estimating the impact of efficiency standards on uncertainty of the northwest electric system. Operations Research, 1990
1995 **Khalid Saeed** Towards sustainable development: essays on system analysis of national policy. Progressive Publishers, 1991
1994 **Tarek Abdul-Hamid, Stuart Madnick** For software project dynamics: an integrated approach. Prentice Hall, 1991
1993 **George P. Richardson** Feedback thought in social science and systems theory. University of Pennsylvania Press, 1991
1992 **Peter M. Senge** The fifth discipline. Doubleday, 1990

续表

1991 **Dennis L. Meadows** STRATAGEM
1990 **John D. W. Morecroft** Rationality in the analysis of behavioral simulation models. Management Science，1985，31(7)：900～916
1989 **Barry M. Richmond** STELLA and the academic user's guide To STELLA
1988 **John D. Sterman** Modeling managerial behavior：misperceptions of feedback in a dynamic decision making experiment. Management Science，1988，35(3)：321～339
1987 No Award
1986 **Erik Mosekilde，Javier Aracil** Multiple articles on complex nonlinear dynamic systems
1985 **George P. Richardson，Alexander L. Pugh，III** Introduction to system dynamics modeling with DYNAMO. MIT Press，1981
1984 No Award
1983 **Nancy H. Roberts，David F. Andersen，Ralph M. Deal，Michael S. Garet，William A. Shaffer** Introduction to computer simulation. Addison Wesley，1983

资料来源：http://www.systemdynamics.org/award-recipients/（2013-5-12）